労働者保護法の基礎と構造

法規制の柔軟化を契機とした日独仏比較法研究

桑村裕美子

有斐閣

はしがき

　日本の労働法は，歴史的に労使の個別合意を信頼せず，国家が社会的に公正妥当と考える最低労働条件を法律で設定し，それをあらゆる労働関係に適用することこそ望ましいと考えてきた。しかし，特に1980年代以降は，強行規制を一律に適用するよりも，労使に異なる規範設定の余地を認める方が適切と考えられ，労働基準法を中心として，労使協定や労使委員会決議による例外設定が次々と認められている。しかし，労働者保護法が誕生した歴史的経緯を踏まえれば，国家規制の例外を安易に認めるべきでなく，いかなる事項について，誰に，どの程度の決定権限を付与すべきかを慎重に検討する必要がある。本書はこうした問題意識から，強行規制をそのまま維持するのでも廃止するのでもなく，いわばその中間形態として，労使合意による例外設定（逸脱）を認める規制手法に注目する。そして，その有用性と限界を論じることで，労働者保護法のあるべき姿を模索するものである。

　本書の着想の基礎となったのは，法学協会雑誌125巻5号～10号（2008年）に掲載された「労働条件決定における国家と労使の役割―労使合意に基づく労働条件規制柔軟化の可能性と限界（1～6・完）」である。しかし，同論文には心残りが多く，その気持ちを克服できないまま，2010年9月，ドイツ留学に出発した。ゲーテ（フランクフルト）大学での2年間は，本研究からいったん離れることになったが，その間ドイツでは労働協約法制に大きな展開があり，国家規制と協約自治の関係を考え直すきっかけとなった。上記法協論文では，労働協約に対する高度の信頼の基礎がドイツ労働法の歴史にあることを指摘したが，同論文公表後の協約制度の変容をみるにつれ，労働組合に高度の信頼を付与する暗黙の前提があり，信頼付与の制度的基盤を具体的に解明できるのではないかとの感触を得た。また，労働者の従属性を大前提としてきたフランスにおいて，2008年に個別契約による逸脱可能性を認める労働法規定が登場したことで，国家規制と労使合意の関係性について，個別的合意の位置づけを含めて，もう一度一から考えてみたいと思うようになった。

こうして，日本に帰国後，新たな活力を得て，本書の構想に着手した。本書では，筆者の最初の問題関心に立ち返り，使用者との関係での「労働者保護」のあり方に焦点を絞ることにした。これにより，労働者集団の内部で問題となる「多様な意見の集約・調整」という視点は，思い切ってカットした。その代わり，法協論文で扱った国家と集団の関係以外に，集団と個人，そして国家と個人の関係まで検討対象を拡大し，労働者保護の実現において誰がどのように関わるのが適切であるかを包括的・体系的に論じることにした。

　法協論文公表後から今日まで，ドイツ，フランスでは多くの法改正があった。本書の関心は，そうした個々の改革自体よりも，その意義・背景を各国の歴史と法体系の中に位置づけ，変化の基礎にある理念や思考方法を抽出することにある。そのため，本書刊行後に新たな改革が行われたとしても，労働者保護法の根本理念を論じる本書の中核部分は影響を受けるものではないと考えている。

　筆者は2004年4月，東京大学大学院法学政治学研究科にて，荒木尚志先生の助手として研究者生活をスタートさせた。考えてみれば，そのときから既に10年以上たつ。この間，筆者は自分なりに研究を進めてきたつもりであるが，先生の導きなしには何もできなかった。本書は当初の予定よりも多くの時間を要したが，先生はその間も信じて待っていてくださった。本書が先生の学恩に少しでも報いるものとなればと願う。また，同じく東京大学の岩村正彦先生は，特にフランス法について親身にご指導くださったほか，留学中を含め，筆者が苦しい時期に何度も手を差し伸べてくださった。さらに，東北大学名誉教授の外尾健一先生は，東北大学の研究会の場で，常に学問を楽しみ，学問に対して誠実であることの重要性を示してくださる。これらのお名前はごく一部であるが，大変お世話になったすべての先生方に，改めて深甚の感謝を申し上げる。

　なお，本書の企画・構想段階では，前有斐閣常務取締役の酒井久雄氏に大変なご尽力をいただいた。また，出版作業を担当くださった書籍編集第一部の一村大輔氏には，原稿提出の遅れにより繰り返しご迷惑をおかけしたが，常に行き届いた丁寧な対応をしてくださった。そして，本書につながる基礎的研究でも多くの支援をいただいた。ドイツ留学中は，日本学術振興会・海外特別研究員（平成22年度）として多大な支援を受けた。また，法協論文公表後のドイツ・フランス法の新展開については，労働問題リサーチセンターの委託研究

はしがき

（平成21年度，25年度，26年度）の中で研究を進め，村田学術振興会の研究者海外派遣援助（平成25年度）を受けてドイツ現地調査も行った。そして，本書の第2編第2章および第4編第2章は，直接的には日本学術振興会科学研究費交付金・若手研究（B）（課題番号26780030）の成果として位置づけられる。

　こうした数々の支援の下，本書はようやく刊行に至る。多くの改革構想がある労働法分野において，本書が労働者保護のあり方を考える一助になれば幸いである。

　　　2016年10月

桑村　裕美子

目　次

はしがき
文献略語

第 1 編　問題の所在

第 1 章　労働法の特徴と問題点 …………………… 2
- Ⅰ　労働法の沿革と特徴　2
- Ⅱ　1980 年代以降の変化　4

第 2 章　国家規制と労使合意の関係 …………………… 6
- Ⅰ　伝統的枠組み（1970 年代まで）　6
- Ⅱ　1980 年代　7
- Ⅲ　1990 年代〜2000 年代　8
- Ⅳ　労働時間制度の全体的見直し　9
- Ⅴ　まとめ　11

第 3 章　学説の議論 …………………… 13

第 1 節　労働者代表制度の不備 …………………… 13
- Ⅰ　過半数代表　13
- Ⅱ　労使委員会　14
- Ⅲ　労働時間等設定改善委員会　17
- Ⅳ　従業員代表の立法論　19

第 2 節　国家規制の要否・内容 …………………… 20
- Ⅰ　時間外労働の規制　20
- Ⅱ　高度プロフェッショナル労働制　22
- Ⅲ　西谷教授の体系的研究　22

第3節　ま　と　め……………………………………………23

第4章　法規制からの逸脱と労働者の同意………25

第1節　集団的合意と労働者の同意の要否………………25
　Ⅰ　個別同意が法律上の要件とされていない場合　25
　Ⅱ　個別同意が法律上の要件とされている場合　28

第2節　労働者の個別同意に基づく逸脱…………………29
　Ⅰ　現　行　法　29
　Ⅱ　立　法　論　31

第3節　ま　と　め……………………………………………32

第5章　本書の検討内容………………………………33
　Ⅰ　問題状況の把握と本書の目的　33
　Ⅱ　検討の視点　35
　　1　総論的論点（35）　2　各論的論点（35）　3　総括・展望（37）
　Ⅲ　比較法的考察　37
　　1　アメリカ（38）　2　イギリス（39）　3　オーストラリア（40）　4　スウェーデン（41）　5　ドイツ（42）　6　フランス（43）　7　比較法の対象国（44）
　Ⅳ　本書の特徴と構成　45

第2編　ド　イ　ツ

序　章　ドイツ労働法の沿革と本編の構成…………49

第1章　伝統的労働協約制度と国家規制……………53

第1節　憲法と労働協約制度の概要………………………53
　Ⅰ　基本法の構造　53

1　社会国家原理（53）　2　団結自由（54）　3　協約自治保障（54）

　Ⅱ　労働組合の組織と労働協約の実態　56

　　　1　労働組合の特徴（56）　2　労働協約の特徴（57）

　Ⅲ　労働協約の締結権者　58

　　　1　基本法9条3項にいう団結体（58）　2　協約能力要件と交渉力審査（59）

　Ⅳ　労働協約の適用関係　61

　Ⅴ　労働協約の適用範囲・効力とその本質論　62

　Ⅵ　国家法と労働協約の関係　63

　　　1　法律と法律に代替する判例法（63）　2　国家法の労働協約に対する効力（65）

第2節　労働協約に開かれた法規範の発展　…………………………65

　Ⅰ　1970年代までの展開　66

　　　1　労働協約に開かれた法規範の出現・拡大（66）　2　Biedenkopfの命題（67）　3　労働協約に開かれた判例法の展開（68）　4　学説（69）

　Ⅱ　1980年代以降の展開　70

　　　1　労働法の柔軟化の流れと改革の概要（71）　2　1994年労働時間法改革（72）　3　EU法の発展（73）　4　労働者派遣法と改正経緯（76）

　Ⅲ　小括——1980年代前後での傾向の違い　81

第3節　労働協約に開かれた法規範をめぐる理論問題…………82

　Ⅰ　憲法上の疑義　82

　Ⅱ　明文の許容規定の要否　83

　Ⅲ　労働協約による逸脱の限界　85

　　　1　法律による制約（85）　2　憲法による制約（89）

　Ⅳ　法規制から逸脱する労働協約の適用問題　90

1　適用範囲および効力（91）　　2　協約自治と私的自由（93）

　第 4 節　労働者保護法の伝統的構造とその背景………………95
　　Ⅰ　労働協約と国家規制　95
　　Ⅱ　労働協約に開かれた法規範の実質的根拠　96

第 2 章　労働組合をめぐる変容と労働法体系への影響… 99

　第 1 節　労働組合をめぐる状況変化とその背景………………99
　第 2 節　労働組合の分散化・多様化と労働協約制度の変容……102
　　Ⅰ　協約能力要件における交渉力審査の緩和　102
　　　1　新興小規模組合と交渉力審査（102）　　2　2006 年以前の状況（104）　　3　2006 年 3 月 28 日決定（106）　　4　2010 年 10 月 5 日決定（108）　　5　BAG 決定の到達点と意義（108）
　　Ⅱ　協約単一原則の廃止　110
　　　1　協約単一原則の意義と機能（110）　　2　BAG 2010 年 7 月 7 日判決（114）
　　Ⅲ　実務への影響と協約法上の課題　116
　　　1　「強すぎる」組合―専門職業別組合―の台頭（117）　　2　「弱すぎる」組合の出現―CGZP の協約能力（118）

　第 3 節　労働協約制度の改革論・立法動向………………120
　　Ⅰ　学説の議論　120
　　　1　協約能力要件の交渉力審査の厳格化？（120）　　2　労働協約の内容審査の強化？（122）　　3　労働協約に開かれた法規範の再編？（123）
　　Ⅱ　賃金規制の導入・強化　125
　　　1　派遣労働者の賃金下限規制（125）　　2　最低賃金制度（127）　　3　賃金をめぐる立法改革の意義と協約自治への影響（133）
　　Ⅲ　協約単一法　135
　　　1　趣旨・背景（135）　　2　協約単一原則の法定―労働協約法新 4a 条（135）　　3　意義と評価（137）

第4節　労働協約と国家規制の関係をめぐる法構造 ……………139

第3章　事業所委員会制度と国家規制 …………144

第1節　事業所委員会制度の概要 ……………144
Ⅰ　基本構造と設置要件　144
Ⅱ　事業所委員会の共同決定権と争議行為の禁止　146
Ⅲ　事業所委員会の活動支援　146
Ⅳ　国家法，労働協約，事業所協定の関係　147

第2節　事業所協定による法規制からの逸脱の承認・発展 ……149
Ⅰ　1970年代までの状況　149
Ⅱ　1980年代以降の展開　150
　1　集団的労働条件決定の分権化（151）　2　法律規定の事業所協定への開放（154）
Ⅲ　逸脱の枠組み　157
　1　労働協約が存在しない場合の逸脱（157）　2　労働協約の承認に基づく逸脱（157）　3　法規定から逸脱する協約規定の援用（159）　4　労働協約に基づく逸脱権限の援用（160）
Ⅳ　小　括　161

第3節　事業所協定に開かれた法規範をめぐる理論問題 ………163
Ⅰ　事業所協定による逸脱の憲法上の疑義　163
Ⅱ　事業所協定による逸脱の限界　163
Ⅲ　法規制から逸脱する事業所協定の適用の問題　165
　1　人的適用範囲（165）　2　効力（166）　3　事業所自治の内在的制約（166）
Ⅳ　事業所委員会の限定的権限とその背景　168
　1　一般的説明（168）　2　事業所委員会の交渉力評価―事業所協定の公正審査をめぐる議論から（170）　3　新たな説明の可能性（172）

第4章　ドイツ法の分析 …………………………… 174
　Ⅰ　労使合意を媒介とした法規制の柔軟化の位置づけ　174
　Ⅱ　柔軟化の適否と基準　177
　Ⅲ　主体の選択と逸脱の枠組み決定　179
　　1　労働者代表との関係（179）　2　労働者個人との関係（185）
　Ⅳ　ドイツ法総括—労働者保護法の基礎と構造　186

第3編　フランス

序　章　フランス労働法の沿革と本編の構成 ……… 191

第1章　団体交渉・労働協約制度の概要 …………… 195
　Ⅰ　憲法による保障　195
　　1　国家による労働者保護（195）　2　組合自由（196）
　　3　団体交渉および集団的自治の意義（196）　4　ストライキ権（198）
　Ⅱ　労働組合の特徴　199
　Ⅲ　団体交渉の構造　201
　Ⅳ　団体交渉・労働協約締結の資格要件　202
　　1　代表性資格の要求と意義（202）　2　代表性の取得方法（203）
　Ⅴ　労働協約の効力とその本質　204
　Ⅵ　国家法，労働協約，個別労働契約の相互関係　205

第2章　法規制の柔軟化と労働協約 ………………… 207
　第1節　背景・概観 ………………………………………… 207

第 2 節　2004 年法以前の展開 ･･････････････････････････････ 208
 Ⅰ　逸脱協定の承認　209
  1　1982 年 1 月 16 日のオルドナンス（209）　2　意義（210）
 Ⅱ　労働時間規制　211
  1　1980 年代（212）　2　1990 年代〜2000 年代初頭（212）
  3　パートタイム労働者の特別規制（214）
 Ⅲ　派遣労働・有期契約労働　214
  1　派遣労働（215）　2　有期契約労働（216）
 Ⅳ　明文の許容規定が存在しない場合　216
 Ⅴ　2004 年以前の改革の特徴と問題点　218
  1　改革の特徴（218）　2　逸脱手段・レベルの特徴（219）
  3　問題点—有利性比較の困難性（222）

第 3 節　2004 年法 ･･ 223
 Ⅰ　趣旨・背景　223
 Ⅱ　企業・事業所レベルでの逸脱協定の対象拡大　224
  1　改正内容（224）　2　違憲審査（226）
 Ⅲ　協約間の適用関係の見直し　227
  1　趣旨・経緯（227）　2　改革内容（228）
 Ⅳ　2004 年法の意義と評価　229

第 4 節　2008 年法 ･･ 230
 Ⅰ　趣旨・背景　230
 Ⅱ　労働時間法改革　231
 Ⅲ　2008 年法の意義・特徴　232
 Ⅳ　そして 2016 年法へ　234

第 5 節　逸脱協定をめぐる理論上・制度上の問題 ･･････････････ 234
 Ⅰ　立法者の本質的限界　234
  1　憲法による制約（234）　2　EU 法による制約（235）

Ⅱ　労働協約による逸脱の限界　237
　　　Ⅲ　逸脱協定の適用と個別契約　240
　　　　　1　有利原則（240）　　2　労働契約変更法理（241）　　3　個別契約による抵抗の余地（243）

　第6節　改革の到達点と課題……………………………………244

第3章　法規制の柔軟化に付随する改革……………246

　第1節　労働組合を担い手とする団体交渉制度の改革…………246
　　　Ⅰ　労働組合の代表性と正統性　246
　　　　　1　2004年以前の展開（247）　　2　2004年法（248）　　3　2008年法（249）　　4　2016年法（251）　　5　小括（251）
　　　Ⅱ　団体交渉のあり方の規制　252
　　　　　1　1982年オルー改革（252）　　2　誠実交渉の考え方（255）
　　　Ⅲ　まとめ　257

　第2節　交渉主体の拡大………………………………………………258
　　　Ⅰ　従業員代表制度の概要　258
　　　　　1　種類と設置要件（259）　　2　権限（260）
　　　Ⅱ　2004年以前の展開　261
　　　　　1　改革の背景（261）　　2　1990年代半ばまでの展開（262）　　3　1996年11月12日の法律（263）　　4　オブリー法（266）
　　　Ⅲ　2004年法から2015年法まで　267
　　　　　1　2004年法（267）　　2　2008年法（270）　　3　2015年法（273）
　　　Ⅳ　まとめ　274

第4章　フランス労働法の変容と評価……………278

第1節　公序の変容と国家の役割……………………278
第2節　学説の評価と展望………………………280
Ⅰ　肯　定　説　280
Ⅱ　消　極　説　281
Ⅲ　小　　括　282

第5章　法規制の柔軟化と個別契約……………284

第1節　個別契約の重要性の増大…………………284
Ⅰ　労働者個人の自由の増大とその背景　284
Ⅱ　幹部職員の特別な労働時間制度　285
　1　沿革（285）　2　労働日数の一括合意の実施要件と効果（285）　3　労働日数の法定上限の超過（286）　4　制度設計の特徴と評価（288）
Ⅲ　日曜休日原則の例外　289
　1　日曜休日原則とその例外（289）　2　2009年法（290）　3　制度設計の特徴と評価（291）
Ⅳ　小　　括　292

第2節　労働契約の抵抗可能性の制約………………293
Ⅰ　労働協約と労働契約の関係性とその帰結　293
　1　労働契約による抵抗の余地（293）　2　2010年9月28日判決（294）
Ⅱ　労働協約の拘束力の強化　295
　1　2012年法（295）　2　2013年法・2016年法（296）
Ⅲ　小　　括　298

第3節　ま　と　め………………………………298

第6章　フランス法の分析 …………………… 300

 I　労使合意を媒介とした法規制の柔軟化の位置づけ　300
 II　柔軟化の適否と基準　302
 III　主体の選択と逸脱の枠組み決定　304
  1　労働者代表との関係（304）　2　労働者個人との関係（311）
 IV　フランス法総括―労働者保護法の基礎と構造　314

第4編　総　括

第1章　ドイツ・フランスの比較 …………………… 319

 I　労使合意を媒介とした法規制の柔軟化の位置づけ　319
  1　労使合意への開放の限界（319）　2　労使合意への開放義務の有無（321）
 II　柔軟化の適否と基準　322
 III　主体の選択と逸脱の枠組み決定　324
  1　労働者代表との関係（324）　2　労働者個人との関係（330）
 IV　労働者保護法の基礎と構造　333

第2章　日本法の分析 …………………… 334

 I　法規制の柔軟化と法体系上の位置づけ　334
  1　憲法25条1項・27条2項と労働者保護（334）　2　憲法の人権規定と労働者保護（339）　3　集団的労使自治の意義（342）
 II　柔軟化の適否と基準　344
  1　日本法の特徴（344）　2　比較法的示唆（345）
 III　主体の選択と逸脱の枠組み決定　348
  1　労働者代表との関係―現行法の特徴（348）　2　日本法の評価と比較法的示唆（356）　3　労働者個人との関係（362）

第3章　結論と展望……………………………………… 370
　Ⅰ　労働者保護法の基礎と構造　370
　Ⅱ　本書の成果と残された課題　373

事項索引（375）

〔文献略語一覧〕

＜日本関係＞（ドイツ・フランス関係の邦語文献を含む）

【雑誌略語】
季　労：季刊労働法
学会誌：日本労働法学会誌
ジュリ：ジュリスト
日労研：日本労働研究雑誌
日労協：日本労働協会雑誌
労　旬：労働法律旬報
労　判：労働判例
労民集：労働関係民事裁判例集
法　時：法律時報
法　協：法学協会雑誌
民　集：最高裁判所民事判例集

【文献略語】
荒木・労働法：荒木尚志『労働法（第3版）』（有斐閣，2016年）
大内 2015：大内伸哉『労働時間制度改革　ホワイトカラー・エグゼンプションはなぜ必要か』（中央経済社，2015年）
研究会報告書 2013：労働政策研究・研修機構『様々な雇用形態にある者を含む労働者全体の意見集約のための集団的労使関係法制に関する研究会報告書』（2013年）
講座 21 世紀(1)(3)(5)：日本労働法学会編『講座 21 世紀の労働法(1)(3)(5)』（有斐閣，2000年）
菅野・労働法：菅野和夫『労働法（第 11 版）』（弘文堂，2016年）
注釈時間法：東京大学労働法研究会『注釈労働時間法』（有斐閣，1990年）
注釈労基法（上）（下）：東京大学労働法研究会編『注釈労働基準法　上巻・下巻』（有斐閣，2003年）
注釈労組法（上）（下）：東京大学労働法研究会『注釈労働組合法　上巻・下巻』

(有斐閣，(上) 1980 年・(下) 1982 年)
藤内 2006：藤内和公「労働契約法制における労働者代表制度をどう構築するか」季刊労働法 212 号（2006 年）39 頁
藤内 2003：藤内和公「従業員代表立法構想」岡山大学法学会雑誌 53 巻 1 号（2003 年）272 頁
西谷・労組法：西谷敏『労働組合法（第 3 版）』（有斐閣，2012 年）
西谷 1989：西谷敏「過半数代表と労働者代表委員会」日本労働協会雑誌 356 号（1989 年）2 頁
西谷 1992：西谷敏『労働法における個人と集団』（有斐閣，1992 年）
西谷 2004：西谷敏『規制が支える自己決定―労働法的規制システムの再構築―』（法律文化社，2004 年）
西谷 2016：西谷敏『労働法の基礎構造』（法律文化社，2016 年）
水町 2001：水町勇一郎『労働社会の変容と再生―フランス労働法制の歴史と理論』（有斐閣，2001 年）
労基局（上）（下）：厚生労働省労働基準局編『平成 22 年版労働基準法（上）（下）』（労務行政，2011 年）
リサーチセンター 2001：労働問題リサーチセンター『企業内労働者代表の課題と展望―従業員代表法制の比較法的検討―』（2001 年）

＜ドイツ関係＞

【略　語】

Anm.:	Anmerkung
AP:	Arbeitsrechtliche Praxis, Nachschlagewerk des Bundesarbeitsgerichts
AuR:	Arbeit und Recht（Zeitschrift）
BAG:	Bundesarbeitsgericht
BAGE:	Entscheidungen des Bundesarbeitsgerichts
BB:	Betriebs-Berater（Zeitschrift）
BT-Drs.:	Drucksachen des Deutschen Bundestages
BVerfG:	Bundesverfassungsgericht
BVerfGE:	Entscheidungen des Bundesverfassungsgerichts
DB:	Der Betrieb（Zeitschrift）
G.:	Gesetz

NJW:	Neue Juristische Wochenschrift（Zeitschrift）
NZA:	Neue Zeitschrift für Arbeitsrecht（Zeitschrift）
RdA:	Recht der Arbeit（Zeitschrift）
RGBl.:	Reichsgesetzblatt
Rn.:	Randnummer/Randnummern
WSI:	Wirtschafts- und Sozialwissenschaftliches Institut
ZESAR:	Zeitschrift für Europäisches Sozial- und Arbeitsrecht
ZfA:	Zeitschrift für Arbeitsrecht

【文献略語】

Anzinger/Koberski, ArbZG: Anzinger/Koberski, Kommentar Arbeitszeitgesetz, 4. Aufl. 2013, Frankfurt am Main

Berg/Kocher/Schumann/*Bearbeiter*, TVG: Berg/Kocher/Schumann（Hrsg.）, Tarifvertragsgesetz und Arbeitskampfrecht. Kompaktkommentar, 5. Aufl. 2015, Frankfurt am Main

Biedenkopf 1964: Biedenkopf, Grenzen der Tarifautonomie, 1964, Karlsruhe

Bock 2005: Bock, Tarifdispositives Arbeitnehmerschutzrecht und Tarifautonomie, 2005, Berlin

Buschmann/Ulber, ArbZG: Buschmann/Ulber, Arbeitszeitgesetz. Basiskommentar mit Nebengesetzen und Europäischem Recht, 8. Aufl. 2015, Frankfurt am Main

Däubler/*Bearbeiter*, TVG: Däubler（Hrsg.）, Tarifvertragsgesetz mit Arbeitnehmer-Entsendegesetz, 3. Aufl. 2012, Baden-Baden

ErfK/*Bearbeiter*: Müller-Glöge/Preis/Schmidt（Hrsg.）, Erfurter Kommentar zum Arbeitsrecht, 16. Aufl. 2016, München

Fitting/Engels/Schmidt/Trebinger/Linsenmaier, BetrVG: Fitting/Engels/Schmidt/Trebinger/Linsenmaier, Betriebsverfassungsgesetz mit Wahlordnung. Handkommentar, 28. Aufl. 2016, München

Gamillscheg 1997: Gamillscheg, Kollektives Arbeitsrecht. Ein Lehrbuch. Band I: Grundlagen/Koalitionsfreiheit/Tarifvertrag/Arbeitskampf und Schlichtung, 1997, München

GK-BetrVG/*Bearbeiter*: Wiese/Kreutz/Oetker/Raab/Weber/Franzen/Gutzeit/Jacobs, Betriebsverfassungsgesetz. Band Ⅱ： §§ 74-132 Gemeinschaftskommentar, 10. Aufl. 2014, Köln

Junker 2016: Junker, Grundkurs Arbeitsrecht, 15. Aufl. 2016, München

Kempen/Zachert/*Bearbeiter*, TVG: Kempen/Zachert (Hrsg.), Tarifvertragsgesetz, 5. Aufl. 2014, Frankfurt am Main

Linnenkohl/Rauschenberg, ArbZG: Linnenkohl/Rauschenberg, Arbeitszeitgesetz. Handkommentar, 2. Aufl. 2004, Baden-Baden

Löwisch/Rieble, TVG: Löwisch/Rieble, Tarifvertragsgesetz. Kommentar, 3. Aufl. 2012, München

Richardi/*Bearbeiter*, BetrVG: Richardi (Hrsg.), Betriebsverfassungsgesetz mit Wahlordnung. Kommentar, 15. Aufl. 2016, München

Schmidt 2011: Schmidt, Tarifpluralität im System der Arbeitsrechtsordnung, 2011, Berlin

Wiedemann/*Bearbeiter*, TVG: Wiedemann (Hrsg.), Tarifvertragsgesetz mit Durchführungs- und Nebenvorschriften. Kommentar, 7. Aufl. 2007, München

Zmarzlik/Anzinger, ArbZG: Zmarzlik/Anzinger, Kommmentar zum Arbeitszeitgesetz, 1995, Heidelberg

Zmarzlik/Anzinger, JarbSchG: Zmarzlik/Anzinger, Jugendarbeitsschutzgesetz. Kommentar, 5. Aufl. 1998, München

＜フランス関係＞

【略　語】

AN:	Assemblée nationale
Cass. soc.:	Arrêt de la Chambre sociale de la Cour de cassation
Cons. const.:	Conseil constitutionnel
Dares:	Direction de l'animation de la recherche, des études et des statistiques
Dr. ouvr.:	Droit ouvrier
Dr. soc.:	Droit social
JCP:	Juris-Classeur Périodique (La semaine juridique), édition Générale
JCP E:	Juris-Classeur Périodique, édition Entreprise
JO:	Journal officiel de la République française
Liaisons soc.:	Liaisons sociales
RDT:	Revue de droit du travail

RJS: Revue de jurisprudence sociale (F. Lefebvre)
Sem. soc. Lamy: Semaine sociale Lamy

【判決・公的文書等の政府系検索サイト】
La Documentation Française http://www.ladocumentationfrancaise.fr/
Légifrance https://www.legifrance.gouv.fr/

【文献略語】

F. Canut 2007: F. Canut (Préface de F. Gaudu), *L'ordre public en droit du travail*, L. G. D. J., 2007.

F. Guiomard 2005: F. Guiomard, L'intervention des juges dans la vie conventionnelle, in: G. Borenfreund/A. Lyon-Caen/M.-A. Souriac/I. Vacarie (dir.), *La négociation collective à l'heure des révisions*, Dalloz, 2005, p. 33.

G. Auzero/E. Dockès 2015: G. Auzero/E. Dockès, Droit du travail, 29e édition, Dalloz, 2015.

G. Borenfreund 2004: G. Borenfreund, La négociation collective dans les entreprises dépourvues de délégués syndicaux, *Droit social* 2004, p. 606.

G. Borenfreund/M.-A. Souriac 2003: G. Borenfreund/M.-A. Souriac, Les rapports de la loi et de la convention collective: une mise en perspective, *Droit social* 2003, p. 72.

J. Barthélémy 1985: J. Barthélémy, Le choix du niveau de négociation des accords dérogatoires, *JCPE* 85 I-14995, p. 414.

J. Barthélémy 2003: J. Barthélémy, Droit de la durée du travail: la tendance à la contractualisation, *Droit social* 2003, p. 25.

J. Barthélémy/G. Cette 2006: J. Barthélémy/G. Cette, Réformer et simplifier le droit du travail via un rôle accru du droit conventionnel, *Droit social* 2006, p. 24.

J.-M. Verdier 1974: J.-M. Verdier, Realité, authenticité et représentativité syndicales, in: Asscher-Vonk/Audinet/Balzarini/Perenstein etc., *Études de droit du travail offertes à André Brun*, Diffusion Librairie sociale et économique, 1974, p. 571.

M.-A. Souriac 2004: M.-A. Souriac, L'articulation des niveau de négociation, *Droit social* 2004, p. 579.

M.-A. Souriac 2005: M.-A. Souriac, Quelle autonomie pour la négociation collective d'entreprise?, in: G. Borenfreund/A. Lyon-Caen/M.-A. Souriac/I. Vacarie (dir.), *La négociation collective à l'heure des révisions*, Dalloz, 2005, p. 89.

M.-A. Souriac/G. Borenfreund 2001: M.-A. Souriac/G. Borenfreund, La négociation collective entre désillusion et illusions, in: *Droit syndical et droits de l'homme à l'aube du XXIe siècle : mélanges en l'honneur de Jean-Maurice Verdier*, Dalloz, 2001, p. 181.

S. Frossard 2009: S. Frossard, La supplétivité des règles en droit du travail, *Revue de droit du travail* 02/2009, p. 83.

第 1 編 問題の所在

第1章

労働法の特徴と問題点

I 労働法の沿革と特徴[1]

　近代市民法の下では，労使は法的に独立対等な当事者とみなされる。しかし，細井和喜蔵が『女工哀史』（1925年）に描いたように，第二次世界大戦以前は，生きていくためにいかなる劣悪な労働条件であっても受け入れざるを得なかった労働者は過酷な工場労働やたこ部屋で搾取され，契約自由の名の下に悲惨な状況に追いやられた。こうした中，政府は労働者の国家的保護の必要性を認識し，1911年に，工場労働の労働条件の最低基準を定めて，その遵守を罰則や行政監督によって強制する立法（工場法）を行った。同法は，女性および年少者の就業制限を中心的内容としていたが，次第に適用事業・適用対象者・保護内容を拡大し，ついに1947年に，労働条件の最低基準を包括的に定める個別的労働関係の基本法として労働基準法（以下「労基法」という）が制定された。労基法には工場法を基礎とする労働者保護規定が置かれたほか，戦前の労働関係における使用者の専制支配の経験に鑑みて，「労働憲章」と称される労働者の人権規定も多く設けられた。同年には労働関係の主務官庁として労働省（現厚生労働省）も発足し，刑事罰や行政監督という公法上の手段によって労基法を遵守させる体制が整えられた。
　また1947年には，市民法原理による過失責任主義が労働者に過酷な帰結をもたらす労働災害について，使用者の無過失責任を定める労災補償制度が導入され，同時にその責任を担保するために労働者災害補償保険法が制定された。そして，労働者の求職活動における営利職業紹介業等による中間搾取や強制労

---

1) 菅野・労働法1頁以下，荒木・労働法9頁以下，西谷・労組法27頁以下等。

働の弊害を排除するための職業安定法，失業者対策としての失業保険法も制定された。その後，労基法から分離独立する形で，1959年に最低賃金法が，1972年に労働安全衛生法が制定された。そして，オイルショック後の1974年には，失業保険法が雇用保険法に改正され，1976年には，労働者の賃金債権保全のための賃金支払確保法が制定された。

1980年代以降は，産業構造の変化や女性の社会進出等を受け，労働市場の変化に対応するための新立法が相次いだ。この時期に，労働者派遣法・男女雇用機会均等法（1985年），高年齢者雇用安定法（1986年），育児休業法（1991年）等が制定されている。

こうして日本では，国家が個別労働者と使用者の関係に介入し，強行的な最低基準を設定したり，使用者に対して一定の行為を禁止または義務づけたりすることで，経済的弱者たる労働者に特別な保護を及ぼしてきた。そして，これらの市民法原理を修正する労働者保護立法は，憲法25条1項（生存権保障），27条2項（勤労条件法定主義）および3項（児童酷使禁止）を規制根拠として発展してきた。

日本が労働者保護のために採ったもう一つの手法が，労働組合による団体交渉の保護である。労働者の地位向上のための団結活動は，治安警察法（1900年）等を通じて当初は抑圧されたが，1945年の労働組合法（以下「労組法」という）（旧労組法）により，刑罰をもって組合活動を保護する政策がとられた。そして，翌年に公布された日本国憲法の28条では，団結権，団体交渉権，団体行動権がすべての勤労者の基本的人権として保障された。この旧労組法時代の枠組みは1949年に大改正され，不当労働行為に対し，刑罰ではなく労働委員会による行政救済の制度が整えられた。こうして現在では，憲法と労組法によって労働組合の団体交渉を促進する制度（団体交渉制度およびその実効性を争議権等の団体行動権で担保する制度）が確立されている。

以上のような経緯を経て，日本の労働法は，国家による労働者保護立法と労働組合による団体交渉制度を主軸とし，両者の関係は，国家規制をあらゆる労働関係に全面的・一律に適用し，それを上回る労働条件設定について労働組合による団体交渉を促進するという形で整理されてきた[2]。

II　1980年代以降の変化

　しかし，1980年代以降になると，労働をめぐる経済・社会環境の変化により，伝統的な労働法規制のあり方に修正が求められるようになった[3]。

　まず，経済のグローバル化によって国際競争が激化し，日本企業が熾烈な経済競争を生き抜くためには経済変動に迅速に対応しうる柔軟な法制度が必要と考えられた。また，産業構造が第二次産業から第三次産業に変化し，ホワイトカラー労働者や非正規労働者（パートタイム労働者，派遣労働者，嘱託，契約社員等）が増大した結果，就労形態や労働者の価値観が多様化し，労働者処遇の個別化も進んだ。これにより，特定の場所で固定的・集団的に働く工場労働者を前提とする画一的規制では，労働者の多様なニーズを満たすことができなくなった。さらに，経済成長と所得の配分によって労働者の経済生活が向上し，情報技術も飛躍的に進歩したことで，自律的に判断しうると考えられる労働者が増大し，使用者の言いなりになるほかない従属的な労働者像の相対化も指摘されるようになった。

　このような労働をめぐる状況変化は，日本だけでなく，1980年代以降，先進諸国が共通して直面した事態であり，多くの国々で，国家規制の縮減による労使の決定自由の拡大が目指された。実際の法制度の変容過程は各国の伝統的枠組みによって異なる[4]が，詳細な最低基準規制を有する国では規制の廃止や例外許容が行われ，産別組合による集団的労働条件決定が主流の国では，産業

---

2)　荒木尚志「労働条件決定・変更と法システム」講座21世紀(3)2頁以下参照。
3)　詳細は，西谷敏「雇用・就業形態の多様化と労働者保護法体系」学会誌68号（1986年）5頁，菅野和夫＝諏訪康雄「労働市場の変化と労働法の課題」日労研418号（1994年）2頁，島田陽一「日本型雇用慣行と法政策」日労研423号（1995年）16頁，土田道夫「変貌する労働市場と法」岩村正彦ほか『岩波講座現代の法〈12〉職業生活と法』（岩波書店，1998年）46頁以下，荒木・前掲注2)論文・3頁以下，西谷2004・17頁以下等。
4)　詳細はHepple & Veneziani (Ed.), The Transformation of Labour Law in Europe: A comparative study of 15 countries 1945-2004 (2009).

レベルから企業・事業所レベルへの分権化が進行した[5]。

　これに対し，企業レベルの労働条件決定が主流の日本では，国家規制に対する企業レベルの労使の決定自由の拡大が焦点となった。また，就労形態や労働者の価値観の多様化によって労働組合の組織率が低下すると[6]，集団的労働条件における交渉主体の確保も重要な政策課題となった。

　もっとも，労基法は，その制定当初から集団的合意による逸脱を一部許容しており，その担い手として労働組合以外の労働者代表（過半数代表者）の設置も可能であった。そのため，1980年代以降の改革は，まずは労基法上の既存の制度（過半数代表制）の適用範囲を拡大する形で進められ，これでは不十分な事項について新たな交渉主体が制度化されていく。次章では，労基法制定時とそれ以降でいくつか時期を区分し，国家規制と労使合意の関係性，そして労働者側の交渉主体をめぐる改革の流れを把握する。

---

[5]　英独仏等の外国法の紹介として，『労働法における規制緩和と弾力化』学会誌93号（1999年）所収の論文，西谷2004・106頁以下，日労研555号（2006年）2頁以下の労使関係の分権化に関する特集等。

[6]　戦後の推定組織率は1949年の55.8％が最高であり，1970年代半ばまでは35％程度であったが，その後は減少傾向にあり，1980年代には30％を，2000年代には20％を割り込んでいる（いずれも厚生労働省の労働組合基礎調査による。直近では平成27年6月時点で17.4％。「平成27年労働組合基礎調査」）。

第 2 章

国家規制と労使合意の関係

I 伝統的枠組み（1970 年代まで）

　労基法は，労働者保護規制をあらゆる労働関係に画一的に適用することを基本としつつも，1947 年の同法制定時から，国家規制が実務上のニーズに対応しきれないことに配慮した例外的枠組みを一部許容していた。特に重要なのが，1 日 8 時間および週 48 時間（当時）の法定労働時間を超える時間外労働または休日労働の実施を，事業場の過半数代表（過半数組合または過半数代表者）との書面による協定（労使協定）とその行政官庁への届出を要件に認めていたこと（36 条 1 項）である。この制度趣旨は次のように説明されていた。1 日 8 時間労働制は，労働者の健康保持のための最長労働時間としてよりも，労働者のために余暇を確保しその文化生活を保障するために必要な最長労働時間として規定されることが一般の定説であり[7]，労働者の任意の同意があれば労働時間・休日規制を強制する必要はないが，個々の労働者は同意を強制されるおそれがあるため，集団的な過半数代表による労使協定によってのみ例外を許した[8]，とされたのである。

　また，賃金の通貨払いおよび全額払いの原則（24 条 1 項）についても，その徹底は実務上不都合で，労働者の利益に結びつかない場合もあるとして，労基法制定時から労働協約に基づく例外設定が認められていた[9]。しかし，全額払原則については，労基法の 1952 年改正で，労働組合が存しない事業場でも控

---

[7] 寺本廣作『勞働基準法解説』（時事通信社，1948 年）236 頁。
[8] 末弘厳太郎「労働基準法概説（一）」法時 20 巻 3 号（1948 年）32 頁。
[9] 末弘・前掲注 8)論文・24 頁，労基局（上）・345 頁以下。

除を認めることが便宜であるとして，控除の要件が過半数代表との労使協定に変更されている（現24条1項但書）。また，労基法の1952年改正では，計算の煩雑さを防ぐためとして，年休手当の算定基礎の変更も労使協定に認められた（現39条7項但書）ほか，手続の簡素化のため，使用者が労働者から任意の委託を受けて貯蓄金を管理する際の行政許可制度が廃止され，労使協定の届出制とされた（18条2項）。

II　1980年代

1980年代になると，労働をめぐる状況変化（第1章II）から労使の決定自由を拡大する法改正の要請が高まった。特にこの時期には，組合組織率の低下（注6）参照）によって労働組合の存しない事業場が増え，交渉の担い手の確保が重要な政策課題となったため，この点に対応可能であった過半数代表による労使協定制度が活用されていく。

1980年代は，オイルショックを克服した日本の経済躍進に対し，長時間労働によるソーシャルダンピングとの国際的非難が向けられた。そこで政府は，労働時間短縮を国際的公約とし，1987年に労基法の労働時間規制の大改正を行う。その主な内容は，週40時間労働制への（段階的）移行と産業構造や就業事態の変化に対応した労働時間規制の柔軟化であり，フレックスタイム制（32条の3）と変形労働時間制[10]が労使協定によって導入可能となった。また，労働時間の算定方法の特例として，事業場外のみなし労働時間制が労基法の本則に規定され，みなし労働時間の決定が労使協定に認められた（38条の2第2項）。さらに，一定の限定業務について専門業務型裁量労働制が労使協定で導入可能となった（38条の3）。

他方で，政府は労働者の余暇の活用を目指し，1987年改正で年休付与日数を6日から10日に引き上げ，5日を超える年休について労使協定による計画

---

[10]　労基法制定当初は，4週間の変形労働時間制が「就業規則その他により」認められていた（当時の32条2項）。1987年改正はこの変形制の単位を4週間から1か月に改め，3か月単位の変形制と1週間単位の非定型的変形制を新設した。

年休制度を導入し（現39条6項），年休取得を促進した。また，通達で実施されていた賃金の口座払いについても，労働者の同意を要件とし，通貨払原則の例外として適法化した（労基法24条1項但書，同施行規則7条の2）。

さらに，労基法1985年改正では，次代を担う国民の健全な育成の観点から，産後休業期間が6週間から8週間に延長されたが，産後6週間経過後は女性が請求した場合に，医師が支障がないと認めた業務に限り，就業可能とされた（65条2項但書）。

Ⅲ　1990年代～2000年代

1990年代になると，市場原理主義に基づき，労働法における規制緩和が本格化する。

まず労基法1993年改正で，労働時間配分のより一層の柔軟化を目指して3か月単位の変形制を1年単位に改めた（現32条の4）。そして，1998年改正でその適用対象者を拡大し，休憩時間の一斉付与原則の例外も労使協定で可能とした（34条2項但書）。

労基法1998年改正で最も重要なのは，事業活動の中枢にある労働者を対象として企画業務型裁量労働制を新設し，その導入要件を，労使協定ではなく，新設の労使委員会の決議とした点である（38条の4）。この決議は当初労使委員会委員の全員一致が要求されていたが，2003年に委員の5分の4以上の賛成に緩和されている。

なお，労使委員会は労使混同の組織であり，そのモデルとなったのは，1992年制定の「労働時間の短縮の促進に関する臨時措置法」（時短促進法）における労働時間短縮推進委員会であった。この労働時間短縮推進委員会および労使委員会には，一定の事項で労使協定代替決議が認められた。

その後，2000年代に入ると長時間労働の抑制が重要な政策課題となり，労基法2008年改正で，①月60時間超の時間外労働割増率50％への引上げ（37条1項但書），②その引上げ分に係る代替休暇付与（同3項），③時間単位年休（39条4項）が実現され，②③の導入要件が労使協定とされた。そしてこれと同時に，労使委員会および2005年に労働時間短縮推進委員会から名称変更さ

れていた労働時間等設定改善委員会に対し，②③について労使協定代替決議を認める法改正が行われた（労基法38条の4第5項，労働時間等の設定の改善に関する特別措置法7条1項）。

　また，労基法以外でも，例えば1991年制定の育児休業法では，育児休業の対象外となる労働者の選択が労使協定で可能となった（現・育児介護休業法6条1項但書）。この規定は，1995年改正で介護休業に（同12条2項），2004年改正で子の看護休暇に（同16条の3第2項），2009年改正で介護休暇に（同16条の6第2項）準用され，同種の規定が所定外労働免除（16条の8第1項）および短時間勤務（23条1項但書）についても設けられた。さらに，高年齢者雇用安定法では，1994年改正で60歳未満定年制が禁止され，2004年改正で65歳までの雇用確保措置が義務づけられたが，後者の措置について継続雇用制度の対象者を労使協定で限定できる枠組みが導入された（当時の9条2項。ただし同規定は2012年に段階的廃止が決定）。

Ⅳ　労働時間制度の全体的見直し

　さらに最近では，労働者が主体性をもって働くことを可能とするために労働時間規制の全体的見直しが議論され，その中で，労使合意による例外設定の拡大が構想されている。

　労働時間法制の全般的見直しは，2006年1月27日の厚生労働省「今後の労働時間制度に関する研究会報告書」にて提言がなされ，活発に議論されてきた[11]。同報告書は，ホワイトカラー労働者の増加と働き方の多様化が進み，特に，自律的に働き，かつ，労働時間の長短ではなくその成果や能力等により評価されることがふさわしい労働者が増加しているとして，アメリカのホワイトカラーエグゼンプション（割増賃金の適用除外）を参考としつつ，日本独自

---

[11]　季労214号（2006年）の「特集　労働時間法のゆくえ」の各論文，労旬1641号（2007年）の「特集／2006年12月27日労政審答申の検討」の各論文，鶴光太郎＝樋口美雄＝水町勇一郎編著『労働時間改革』（日本評論社，2010年）所収の論文等。最近では大内2015がある。

の労働時間の新たな適用除外制度(新しい自律的な労働時間制度)の導入を提案した。その後,議論は労働政策審議会に移り,紆余曲折を経て2007年1月25日に労働条件分科会に諮問された法律案要綱では,新たな適用除外制度が自己管理型労働制として構想されていたが,同制度は過重労働をもたらし労働者の健康を害するとして労働側が強く反発し,立法化が見送られた。

しかし,2012年12月に第2次安倍政権が誕生すると,いわゆるアベノミクスの経済政策の一環として,企業活動の自由を制約する規制緩和の必要性が強調された[12]。そして,内閣府に設置された規制改革会議が2013年12月5日に公表した「労働時間規制の見直しに関する意見」では,① 労働時間の量的上限規制,② 休日・休暇取得に向けた強制的取組み,③ 一律の労働時間管理がなじまない労働者に適合的な労働時間制度の創設が必要とされ,これらを一体にした改革として,労働時間の新たな適用除外制度の創設が提案された。

こうした議論と並行して,厚生労働省では労働政策審議会で労働時間法制の見直しが審議された。そして,2015年2月13日に公表された「今後の労働時間法制等の在り方について」(以下「建議」という)では,1) 働き過ぎ防止のための法制度,2) フレックスタイム制の見直し,3) 裁量労働制の見直し,4) 時間ではなく成果で評価される働き方を希望する労働者に適用される新たな労働時間制度(高度プロフェッショナル労働制)の創設が提案された。4)に関しては,現行の裁量労働制(労基法38条の3,38条の4)でも対応可能であるとして,労働条件分科会で労働者代表委員は新制度の導入に反対した[13]。しかし,建議を基礎として法律案要綱が作成され,労基法等の改正案が2015年の通常国会に提出された(継続審議)[14]。

本改正案の目的は長時間労働の抑制と多様で柔軟な働き方の実現であり,後者に関しては,労基法改正による① フレックスタイム制の清算期間の上限延長,② 企画業務型裁量労働制の対象業務拡大,③ 特定高度専門業務・成果型

---

[12] 第2次安倍政権下の労働法改革論議の詳細は,西谷敏ほか『日本の雇用が危ない』(旬報社,2014年)所収の論文および資料を参照。

[13] 学説でも,新たな適用除外制度の創設に反対する意見が強い。西谷敏「全面的な規制緩和攻勢と労働法の危機」西谷ほか・前掲注12)書・25頁以下,和田肇「アベノミクスの労働時間政策を検証する」季労245号(2014年)42頁以下等。

労働制(高度プロフェッショナル労働制)の創設を構想している。このうち③は,労基法上の実労働時間規制の大部分(労基法第4章の労働時間,休憩,休日および深夜割増賃金に関する規定)を適用除外とする効果があり,その制度の要否とともに制度設計のあり方が激しく議論された。この点,上記の2015年労基法改正案は,高度の専門的知識等を必要とし,その性質上従事した時間と成果との関連性が通常高くない業務に従事する,一定の年収要件(1075万が基準)を満たす労働者を対象として,労使委員会決議で導入可能とすることを構想している(新41条の2)。

V まとめ

以上みたように,日本では,労基法の制定当初から,法定労働時間と賃金支払原則について,国家による画一的規制の徹底が不都合と解され,労働協約または労使協定による例外設定の余地があった。そして,1980年代になると,国際的要請を踏まえた労働時間短縮とともに産業構造や就労形態の多様化に対応した規制の柔軟化が重要な政策課題となり,労働時間の領域を中心に,労使の集団的合意による逸脱を認める明文が次々と導入された。同時期には,組合組織率の低下の中で組合の存しない事業場でも交渉主体を確保する制度改革が求められ,まずはこの点に対応可能であった過半数代表の逸脱権限が拡大された。そして,1990年代以降は,過半数代表とは別に,労使混同組織である労働時間短縮推進委員会(現・労働時間等設定改善委員会)および労使委員会が制度化され,多くの事項で労使協定代替決議が認められている。

以上により,現在労働法規定の例外設定が可能なのは,(少数組合を含む)労働組合(労組法2条),過半数代表(過半数組合または過半数代表者),労使委員会,労働時間等設定改善委員会の4種類である。こうして,現行法は法規定の

---

14) 同改正案の解説と検討は,桑村裕美子「労働時間法制をめぐる動向と展望」ジュリ1482号49頁,新村響子「新しい労働時間法制(労基法改正案)の問題点」労旬1838号24頁,和田肇「労働基準法の労働時間規定の改正案」学会誌126号210頁,名古道功「労働基準法(労働時間規制)改正案の検討」季労251号48頁(すべて2015年)等。

第1編　問題の所在

例外設定手続に関して複数の制度を併存させ，異なる労働者代表に対し，多くの事項で相互に代替的合意を行うことを認めている点に特徴がある。

第3章

学説の議論

第1節　労働者代表制度の不備

　以上の改革過程では，法規定から逸脱する権限が大幅に拡大された過半数代表，労使委員会，労働時間等設定改善委員会について，労働者代表としての制度的不備が問題とされた。以下，各制度の具体的内容と学説による批判の要点を整理していく。

I　過半数代表

　第1に，過半数代表は，当該事業場に，労働者の過半数で組織する労働組合がある場合にはその労働組合（過半数組合），そうした組合が存しない場合には労働者の過半数を代表する者（過半数代表者）である。
　過半数代表制における問題点は，過半数代表者について選出手続や資格要件等が何も定められておらず，使用者による指名等，労働者全体の過半数による支持を確認することなく選出されるケースが少なくなかった点にある。そのため1978年に，三六協定について，過半数代表者の選出は使用者による指名，役職者の自動就任，役職者の互選等は認められないこと（昭和53・6・23基発355号），過半数代表者の候補者が三六協定を締結することの適否について労働者が判断する機会が与えられており，かつ，当該事業場の労働者の過半数が当該候補者を支持していると認められる手続がとられていること等の準則が，通達で示された（昭和53・11・20基発642号）。この通達は1998年に労基法施行規則（以下労基則という）に格上げされ，現在では，過半数代表者は労基法41

条 2 号の管理監督者でなく，かつ，法が規定する協定等をする過半数代表者を選出することを明らかにして実施される投票，挙手等の方法により選出された者であること（6条の2第1項），および，過半数代表者に対する不利益取扱いをしないようにしなければならないこと（同第3項）が規定されている。

しかし学説は，過半数組合・過半数代表者の双方について，① 常設性および包括性を欠き，真の従業員の代表といえないこと，② 従業員の意見を適正に集約する制度的保障がなく，労働者の多様な意思を適正に反映しうるという意味での公正代表性が担保されないことを問題視した[15]。また，過半数代表者については，不利益取扱いを「しないようにしなければならない」との規定（労基則6条の2第3項）の法的効力が明らかでなく[16]，職務遂行に必要な専門知識を身につける研修機会や労働時間中の打ち合わせ時間の保障もないため，自主対等性の程度が低い[17]との指摘もある。

II 労使委員会

第2に，労使委員会は，賃金，労働時間その他の当該事業場における労働条件に関する事項を調査審議し，事業主に対し当該事項について意見を述べることを目的とする，労使双方で構成される委員会である（労基法38条の4第1項）。

---

15) 西谷1989・5頁以下，川口美貴「『過半数代表』制の性格・機能」学会誌79号（1992年）56頁以下，土田道夫「労働保護法と自己決定」法時66巻9号（1994年）61頁以下，糠井常喜「労働保護法と『労働者代表』制」外尾健一先生古稀記念論集『労働保護法の研究』（有斐閣，1994年）31頁以下，リサーチセンター2001・35頁以下〔川田琢之〕，注釈労基法（上）・37頁以下〔川田琢之〕等。

16) 努力義務規定とするものとして，藤内2006・44頁。不利益取扱いは公序違反（民法90条）で違法無効とするものとして，渡辺章「労働者の過半数代表法制と労働条件」講座21世紀(3)159頁。公序違反構成の可能性を指摘するものとして，注釈労基法（上）・46頁〔川田〕。

17) 藤内2006・44頁。なお少数説として，使用者は，過半数代表の代表活動に必要な資料の作成・配布，集会等の開催，次期過半数代表者の選任等の行為に必要かつ相当の範囲で費用負担等の信義則上の義務を負うとの見解もある（渡辺・前掲注16)論文・159頁）。

委員の半数は労働側委員であり，過半数代表により任期を定めて指名される（同第 2 項 1 号）。管理監督者が労働側委員になることはできず（労基則 24 条の 2 の 4 第 1 項），使用者は，労働側委員に対し不利益取扱いを「しないようにしなければならない」（同第 6 項）。

　労使委員会は過半数代表よりも労働者代表としての正統性が高められていると評価されることが多い。労使委員会は過半数代表と異なり，常設機関で関与事項にも法文上包括性があり[18]，委員会内部で労使が対話を通じて意見を調整しやすく，さらに，1998 年の制度導入時は労働側委員に事業場の全労働者による信任手続があったからである[19]。しかしそれでも，労働側委員が過半数代表に指名される点で，代表選出段階で労働者の意見表明の機会が確保されておらず[20]，また労働側委員の信任手続も 2003 年に廃止されたため，正統性・公正代表性が確保されていないとの批判がある[21]。さらに，労使委員会は労使混成機関であり，委員個々人の判断で対応することになるため，労働者側で利害調整の上，統一的意見を形成して使用者への提案に統一的利益を反映させる上では不利との指摘もある[22]。加えて，労働側委員は職務遂行に必要な専門的知識を身に着ける機会が与えられていないこと[23]，団結権を背景としないシステムである以上，労使同数の構成であることは必ずしも労使間の対等性を担保しないこと[24]も問題点とされる。

　労使委員会の中心的任務は企画業務型裁量労働制の導入であるが，労使委員会決議は，過半数の労働者の意思反映という点で労使協定とその意義および効果を同じくするものと考えられ[25]，手続の重複を避ける等の目的で，労働時

---

18) 荒木尚志「裁量労働制の展開とホワイトカラーの法規制」社会科学研究 50 巻 3 号（1999 年）21 頁，注釈労基法（上）・55 頁〔川田〕。
19) リサーチセンター 2001・38 頁〔川田〕，藤内和公「労使委員会による労使協定代替決議」岡山大学法学会雑誌 53 巻 1 号（2003 年）250 頁。
20) 注釈労基法（上）・38 頁〔川田〕。
21) 藤内 2006・44 頁等。
22) 藤内 2006・44 頁。
23) 藤内 2006・44 頁。
24) 斉藤義久「労働者を代表しうる主体とは？」北海道大学労働判例研究会編『職場はどうなる　労働契約法制の課題』（明石書店，2006 年）70 頁。

間および年次有給休暇にかかる柔軟な措置の導入[26]について，労使協定代替決議が認められた（38条の4第5項）。

労使協定代替決議は労使協定の必要的記載事項を含むものでなければならない。また，時間外・休日労働に関しては，労使協定の有効要件である行政官庁への届出が協定代替決議にも必要となる。これに対し，労使協定の有効要件ではないが労基法上の義務である行政官庁への届出については，変形労働時間制（1年単位，1か月単位，1週間単位），事業場外労働のみなし制および専門業務型裁量労働制に関しては，労使委員会決議では不要である（以上，38条の4第5項による読み替えの帰結）。

労使委員会は過半数代表とは独立した制度であるため，同一の事業場で労使協定代替決議と労使協定の競合が生じうるところ，学説の一部は，過半数代表よりも労使委員会の方が民主性および代表性の点で優れているとし，競合の場合は労使委員会決議を優先させるべきとした[27]。しかし，同論者による労使委員会の方が優れているとする評価の基礎にあった労働側委員の信任手続は，2003年に廃止されている。そのため現在は，労使協定とその代替決議が法文上同列に扱われていることを理由に，両者が競合した場合は「後法は前法を排す」の原則に従い，後になされた協定ないし決議が優先するとの見解[28]が有力である。行政解釈も同様の立場に立つ（平成12・3・28基発180号）。

---

25) 労働省労働基準局編著『早わかり改正労働基準法 決定版』（労務行政研究所，1999年）155頁，浜村彰「労使委員会による労使協定に代わる決議」労旬1488号（2000年）38頁．

26) 具体的には，①フレックスタイム制，②変形労働時間制（1か月，1年，1週間単位），③休憩時間一斉付与原則の例外，④時間外・休日労働，⑤月60時間超の時間外労働に対する代替休暇，⑥事業場外労働制のみなし時間の決定，⑦専門業務型裁量労働制，⑧計画年休の導入，⑨時間単位年休，⑩年休手当算定基礎の変更である．

27) 大沼邦博「改正労基法の政策と法理〈中〉」労旬1463号（1999年）43頁，藤内・前掲注19)論文・249頁．

28) 注釈労基法（上）・60頁〔川田〕．

III　労働時間等設定改善委員会

　第3に，現在の労働時間等設定改善委員会の前身たる労働時間短縮推進委員会は，1992年の時短促進法に基づき，企業・事業所内で自主的な労働時間短縮のための施策について協議する機関として制度化された。時短促進法は時限立法であり，2度延長後，2005年に「労働時間等の設定の改善に関する特別措置法」（労働時間等設定改善法）に名称変更の上，恒久法とされた。それにともない，「労働時間短縮推進委員会」も「労働時間等設定改善委員会」に改められている。

　労働時間等設定改善法の目的は，労働時間等の設定の改善に向けた事業主の自主的な努力の促進であり（1条），そこでいう「労働時間等の設定」は，「労働時間，休日数，年次有給休暇の時季その他の労働時間等に関する事項を定めること」である（1条の2第2項）。

　同法にいう「労働時間等の設定」の改善に関する事項を調査審議し，事業主に対し意見を述べることを目的として設置されるのが労働時間等設定改善委員会であり，全事業場に一個または事業場ごとに任意に設置される（6条）。そして，同委員会が事業場ごとに設置され，労働側委員が過半数代表の推薦に基づき（事業主に）指名されている等一定の要件を満たす場合には，委員の5分の4以上の多数による議決により，労働時間に関連する一定の事項[29]について労使協定代替決議をなしうる（7条1項）[30]。行政の説明によると，同委員会は労

---

29)　具体的には，①フレックスタイム制，②変形労働時間制（1か月，1年，1週間単位），③休憩時間一斉付与原則の例外，④時間外・休日労働，⑤月60時間超の時間外労働に対する代替休暇，⑥事業場外労働制のみなし時間の決定，⑦専門業務型裁量労働制，⑧計画年休の導入，⑨時間単位年休である。
30)　なお，労働時間等設定改善委員会が設置されていない事業場において，労働安全衛生法18条1項の衛生委員会（19条1項の安全衛生委員会も含む）が，委員全体の半数が過半数代表の推薦を受けて指名されたものである等の一定の要件を満たす場合には，当該委員会を労働時間等設定改善委員会とみなし，それと同様の労使協定代替決議を行うことができる（労働時間等設定改善法7条2項）。

働時間の問題について恒常的に話し合いを行うので，話し合いの結果を事業場の労働時間短縮の促進に活かしていくことが重要である。この点で，上記規定は委員会決議が労使協定と実質的に同視できることを要件とした上で労使協定に代えることを認めたものであり，これによって手続の重複が避けられるとしている[31]。労働時間等設定改善委員会による労使協定代替決議の範囲は労使委員会のそれとほぼ重なるが，唯一，年休手当の算定基礎の変更（労基法39条7項但書）は除外されている。

法所定の事項での労使協定代替決議は，日常的かつ専門的に議論を行う委員会による適正な決議であると信頼できるため，行政指導の必要はない[32]として，労使委員会の場合と同様に，時間外・休日労働を除き，行政官庁への届出が免除されている（労働時間等設定改善法7条1項による読み替えの帰結）。なお，法所定の事項について委員会決議と労使協定が併存する場合は，労使委員会決議の場合と同様に，後からなされた方が適用されるとするのが行政解釈である[33]。

現行の労働者代表制に対する学説の関心は，主として労基法上の過半数代表と労使委員会に向けられているが，労働時間等設定改善委員会についても，労働側委員は（過半数代表の推薦によるとしても）使用者が指名するため，労働者の多様な利益を代表する者であることが保証されない点，使用者との対等性を確保する措置が設けられていない点が制度的欠陥として指摘されている[34]。

なお，労使協定代替決議をなしうる労働時間等設定改善委員会は事業場ごとの設置が基本であるが，2015年に国会に提出された労働時間等設定改善法の改正案では，時間外労働の代替休暇，年休の時間単位取得および計画年休について，企業レベルで設置される「労働時間等設定改善企業委員会」によっても労使協定代替決議を認めることが構想されている。

---

31) 厚生労働省労働基準局賃金時間課編『改正時短促進法の詳解』（労務行政研究所，2002年）81頁以下．
32) 厚生労働省労働基準局賃金時間課編・前掲注31)書・91頁．
33) 厚生労働省労働基準局賃金時間課編・前掲注31)書・89頁．
34) 斉藤・前掲注24)論文・70頁．同旨，藤内2006・39頁．

第 3 章　学説の議論

Ⅳ　従業員代表の立法論

　以上のように，現行法上は，非組合代表（過半数代表者，労使委員会・労働時間等設定改善委員会の労働側委員）を中心に多くの制度的欠陥が指摘されるため，学説では，その欠陥を補った統一的労働者代表として，新たに従業員代表[35]を制度化すべきとの論調が高まっている[36]。そして，その制度設計においては，①代表機能の強化のために常設機関とすること，②正統性の強化のため，選挙管理委員会の設置，自由な立候補の保障，全労働者による直接・秘密投票，使用者の干渉の排除等を最低限保障した上で比例選挙を実施し，従業員集会等の直接民主主義の原理に基づく制度を設け，さらに労働者代表に対して利害関係者の意見聴取を義務づけること，③従業員代表の保護のため，不利益取扱いを罰則つきで明確に禁止し，勤務時間中に有給で会議の開催を認め，部屋や専門書の提供等，従業員代表が自らの方針を形成できるように支援して使用者との対等性を確保すること等が提案されている。

　労働組合以外の労働者代表制度のあり方は，2007 年制定の労働契約法や 2008 年労基法改正（労働時間改正）の立法過程でも重要な検討課題とされ[37]，学説の検討も続いている[38]。しかし，これまでの労働法改革では，労働者代表制度の見直しはその都度将来に持ち越されてきた。2015 年労基法改正案（第

---

35)　労働組合以外の労働者代表は，「従業員代表」として提言されることが多い。「従業員代表」に法律上の定義はないが，学説では「従業員集団が選挙などによりその代表を選び，その代表から構成される機関が従業員の利益を代表して使用者と協議その他の活動を行う権限を保有する制度」と定義されている（大内伸哉『労働者代表法制に関する研究』（有斐閣，2007 年）28 頁）。本書もこの定義に依拠する。

36)　西谷 1989・10 頁以下，毛塚勝利「わが国における従業員代表法制の課題」学会誌 79 号（1992 年）129 頁，藤内 2003 等。2007 年までの学説の概況は，労働政策研究・研修機構編『労働条件決定システムの現状と方向性』（2007 年）243 頁以下〔内藤忍〕参照。ただし学説には，労働者は憲法上団結権を保障されていることを理由に従業員代表の立法化に消極的な立場もある（大内・前掲注 35)書・71 頁以下）。

37)　厚生労働省「今後の労働契約法制の在り方に関する研究会報告書」（2005 年 9 月 15 日），同「今後の労働時間制度に関する研究会報告書」（2006 年 1 月 27 日）等。

2章Ⅳ）でも，労働者代表（過半数代表，労使委員会，労働時間等設定改善委員会）について長らく指摘されてきた制度的欠陥に根本的に対処することなく，既存の代表者（過半数代表および労使委員会）の権限拡大が予定されており，これでは労働者の意向を踏まえた実質的に妥当な合意形成をなしえないとの批判がある[39]。

第2節　国家規制の要否・内容

1980年代以降の改革過程で，労働者代表制度のあり方とともに議論されたもう一つの論点は，労働者保護のための国家規制の要否・内容である。

Ⅰ　時間外労働の規制

労基法は，三六協定に基づく法定労働時間の超過に関し，健康上特に有害な業務について労働時間延長を1日2時間以内とする（36条1項但書）ほかは，絶対的上限を定めておらず，そのことの当否が議論されてきた。

この点，行政実務では，時間外労働は本来臨時的なものとして必要最小限にとどめるべきとして，1979年に延長限度時間に関する指針（昭和57年労告69号）が行政指導基準として設定された。その後，1998年労基法改正で，労働大臣（現厚生労働大臣）が三六協定に基づく労働時間延長の限度について基準（以下「限度基準」という）を設定することに法律上の根拠が与えられ（36条2項），三六協定の当事者がこの「限度基準」に「適合したものとなるようにしなければならない」とする規定（同3項），同基準の遵守のため行政指導を行うことができるとする規定（同4項）が設けられた。この改正にともない，時

---

[38]　季労216号（2007年）の「特集　労働者代表制度の再設計」所収の論文，水町勇一郎「新たな労働法のグランド・デザイン」水町勇一郎＝連合総研編『労働法改革』（日本経済新聞出版社，2010年）47頁，研究会報告書2013等。

[39]　桑村・前掲注14)論文・55頁。

間外労働の限度基準が従来の指針の内容を引き継ぐ形で定められ[40]，今日に至っている。ただし，この労基法改正の経緯や 36 条 3 項の規定の仕方から，限度基準は労使協定の当事者が時間外労働の上限を定める上での遵守事項を定めたもので，時間外労働の絶対的強行規定ではなく，これに違反する労使協定も無効にならないと解されている[41]。

このように，時間外労働の絶対的上限を定めるのではなく，行政指導を通じて長時間労働を抑制するという手法は，時間外労働が日本の長期雇用システムにおいて雇用保障の代償として機能してきたことに配慮するもので，学説では肯定的評価もある[42]。しかし，何らの制限もなしに時間外・休日労働を容認するのは，「労働者保護法としての任務を放棄したものとしか論評のしようがない」[43]等として批判も強く，絶対的上限を定めるべきとの主張[44]も強い。

なお，時間外・休日労働には割増賃金支払いが義務づけられており（労基法37 条 1 項），時間外労働の割増率は当初一律 25% であったが，時間外労働の抑制効果をねらい，2008 年に月 60 時間超の場合に 50% に引き上げられた（同但書）。しかし，企業は割増賃金の算定基礎賃金を抑えることで負担を軽減することができ，また労働者にとっては長時間労働の推進要因にもなるため，割増賃金規制の強化は健康面では逆効果との指摘がある[45]。そして，このような立場からは，2008 年の労基法改正において，割増率 50% への引上げ分につき労使協定に基づく代替休暇を許容した（37 条 3 項）点は，労働者の休息時間の確保につながり，健康確保という点ではより適切と評価されている[46]。

[40) 「労働基準法第 36 条第 1 項の協定で定める労働時間の延長の限度等に関する基準」（平成 10・12・28 労告 154 号。最終改正・平成 21・5・29 厚労告 316 号）。なお，限度基準を超えて時間外労働を行わせなければならない特別の事情に備え，限度基準を超える労働時間延長を認める「特別条項」を三六協定に付すことが認められている（同告示 3 条 1 項但書）。
41) 平成 11・3・31 基発 169 号。菅野・労働法 489 頁以下。
42) 安枝英訷「働き方の多様化と法的規制の再編成」日労研 464 号（1999 年）52 頁。
43) 西谷 1989・10 頁。
44) 西谷 2004・346 頁，大内 2015・194 頁以下等。
45) 大内 2015・189 頁以下。同旨，荒木・労働法 169 頁以下。
46) 荒木・労働法 171 頁，大内 2015・191 頁。

なお，2015年労基法改正案では，一般的な長時間労働対策として，月60時間超の時間外割増50％についての中小事業主への猶予措置（138条）の撤廃と，時間外労働の限度基準の策定および助言指導における労働者の健康確保の考慮の明確化が予定されている。これに対し，時間外労働の量的上限規制や全労働者を対象とした勤務間インターバル（終業時刻から次の始業時刻まで一定時間空ける制度）については，労働条件分科会で結論が得られず，法案に組み込まれなかった。

II　高度プロフェッショナル労働制

最近，国家による健康確保規制のあり方が重要な論点となっているのが，高度プロフェッショナル労働制である（第2章Ⅳ）。2015年労基法改正案では，労働時間の長さによる規制になじまない労働者に対し，労使委員会決議を要件に労基法第4章の労働時間，休憩，休日および深夜割増賃金に関する規定を適用除外とする代わりに，次のような健康確保規制の新設を予定している。すなわち，① 使用者の「健康管理時間」の把握義務，② イ．継続休息時間の保障かつ深夜労働の回数制限，ロ．健康管理時間の上限遵守，ハ．年間104日（週休2日相当）以上，かつ，4週間を通じ4日以上の休日確保，のいずれかの実施義務，③ 健康管理時間の状況に応じた健康福祉確保措置を講じる旨の労使委員会決議の義務である。また，上記労基法改正案と一緒に提出された労働安全衛生法の改正案により，事業者には，健康管理時間が一定時間を超える者に対する医師の面接指導義務が罰則付きで課される予定である。しかし，これらの規制では長時間労働対策として不十分という批判が強い[47]。

III　西谷教授の体系的研究

以上のような個別の議論の一方で，西谷教授は，実務のニーズを受けて次々と規制緩和されていく流れに危機感を持ち，より一般的・本質的に規制緩和の

---

47)　和田・前掲注14)論文・214頁，名古・前掲注14)論文・53頁等。

限界を指摘した。同教授は，憲法25条の生存権理念と結びついた憲法27条2項は，立法者が労働条件基準の法定によって私的自治を制約することを許容するのみでなく，それを義務づけてもいるとし，一定範囲の労働者を合理的根拠なしに労基法上の保護から排除すること，私的自治を通して労働者の基本的人権が侵害されることを容認すること，国際的基準に対応する規定を合理的根拠なく削除することは憲法違反の疑いを招くとしたのである[48]。

　もっとも，同教授によっても，労働者保護法が設定する最低基準にある程度の弾力性をもたせることによって，かえって適切な基準を設定することが可能となることがあり，以下の要件を満たす場合には労使自治による制限解除の可能性を認めることが妥当とした[49]。すなわち，① 労働者の人間らしい生活の保障にとって絶対的に必要とされる労働条件基準（最低限の休憩時間・休日や安全衛生上の諸基準等）については弾力化は許されないこと，② 基準の解除はいつでも解除が許される限度に関する明確な規定とともに認められるべきであること，③ 法律の規制を解除する労働者集団の合意が，真に労働者の多数意思に基づくものであることを法的に担保する必要があること，である。

第3節　ま　と　め

　本章では，1980年代以降に集団的合意による逸脱を認める法規定が増えていく中で生じた学説の議論を整理した。学説が最も問題としたのは労働者代表の制度設計であり，常設性・包括性，労働者の意見集約手続（選出手続も含む），使用者との対等性の点で，非組合代表（特に過半数代表者および労使委員会）に制度的欠陥が大きいとして，新たな従業員代表を導入すべきとの主張が強まっている。しかし，現在まで労働者代表制度の抜本的な改革は行われておらず，労働者代表にかかる従前の制度的選択肢を維持し，その欠陥を引き継いだまま，その権限が拡大されてきた。

---

[48]　西谷2004・268頁以下。
[49]　西谷2004・345頁以下。

他方で，1980年代以降の改革過程では，労働時間の分野を中心に長時間労働規制のあり方が議論され，高度プロフェッショナル労働制の構想でも主要論点となっている。こうした中，学説では国家規制と集団的合意の関係性について体系的検討が試みられているが，国家と集団的労使の権限関係をめぐる根本的検討はいまだ少ない。

第4章

法規制からの逸脱と労働者の同意

続いて，法規制からの逸脱を認める場合の労働者の個別同意の位置づけをみていこう。

第1節　集団的合意と労働者の同意の要否

日本では，法規定から逸脱する措置の導入要件を集団的合意とし，それ以外に法律上労働者の個別同意を要求しないのが通常である（Ⅰ）が，詳しくみていくと，集団的合意に加えて個別同意が逸脱の要件とされる場合がある（Ⅱ）。以下，それぞれの場合の制度内容をみていき，現行法における集団的合意と個別同意の関係性を整理する。

Ⅰ　個別同意が法律上の要件とされていない場合

まず，個別同意が法律上の要件とされていない場合，法規定から逸脱する集団的合意は個々の労働者にどのように適用され，いかなる効力を及ぼすか。

法律上，法規定からの逸脱を認める集団的合意として広く活用されてきたのは労使協定および労使協定代替決議であり，かかる集団的合意（委員会決議も含むものとする）は当該事業場の全労働者に適用される。しかし，そのすべてが個々の労働者を拘束するわけではない。

まず，年次有給休暇は，労働契約ではなく労基法に基づく権利であり（39条），計画年休協定（同6項）は労基法上の労働者の時季指定権（同5項）を排除するものであるため，同協定（ないし労使協定代替決議）による年休取得の効

果は個々の労働者に当然に及ぶと解されている[50]。同様の理由で，育児介護休業の権利も育児介護休業法によって初めて付与されるため，労使協定で休業付与の対象外を定めた場合（育児介護休業法6条1項但書等）は，その効果が労働者に当然に及ぶことになる[51]。

しかし，その他の労使協定（以下労使協定代替決議も含むものとする）は労働者を直接規律するものではなく，使用者に労基法違反の刑事責任を免れさせ，かつ労基法の私法的強行性を解除する効力（制限解除的効力）をもつだけと解するのが伝統的通説であった[52]。これに対しては，労基法の1987年改正で労使協定の対象事項が飛躍的に増大し，労働時間制度における労使協定の基準形成機能が高まったとして，労使協定は制限解除的効力だけでなく労働条件を決定する効力をもつに至ったとする見解も主張された[53]。しかし，明文がない以上，労使協定の当事者が法的に労働契約の内容形成の権限をもつと解するのは困難とされ，現在でも，労使協定は原則として制限解除的効力に限定されるとの立場が支配的である[54]。したがって，使用者が労使協定に基づく処遇を行うには，別の手段で権利義務を労働契約上設定しておく必要がある[55]。

---

50) 注釈時間法44頁，注釈労基法（上）・50頁〔川田〕，水町勇一郎『労働法（第6版）』（有斐閣，2016年）281頁，三菱重工業事件・福岡高判平成6・3・24労民集45巻1＝2号123頁等。

51) 『改訂版 詳説育児・介護休業法』（労務行政，2005年）206頁。平成37年3月31日に完全に廃止される継続雇用制度の対象外を定める労使協定（2012年改正前の高年齢者雇用安定法9条2項）についても同様と解される。西谷敏＝野田進＝和田肇編『新基本法コンメンタール 労働基準法・労働契約法』（日本評論社，2012年）526頁〔野田進〕。

52) 青木宗也『個別的労働関係法』（日本評論社，1969年）157頁以下，蓼沼謙一「三六協定をめぐる一問題点」一橋論叢64巻6号（1970年）751頁以下等。

53) 菊池高志「労働時間法改正と労使協定の機能」季労146号（1988年）25頁以下。

54) 昭和63・1・1基発1号，渡辺・前掲注16)論文・151頁，注釈労基法（上）・49頁以下〔川田〕，菅野・労働法491頁以下，荒木・労働法35頁等。

55) なお，労使協定が労働協約の形式（労組法14条）で締結された場合に，組合員との関係で労働協約の規範的効力（同16条）が生じるか否かには争いがある。通説はこれを肯定する（有泉亨『労働基準法』（有斐閣，1963年）340頁，菅野・労働法491頁等）が，労使協定と労働協約は趣旨が異なるとして否定する立場もある（三六

問題は，労使協定がある場合に，具体的権利義務を労働協約または就業規則によって集団的に設定できるのか，それとも，本来的に労働者の個別同意が不可欠となる事項があるかである。労基法の例外的枠組みが問題となる多くの場面では，就業規則または労働協約上の包括的規定によって具体的権利義務を設定しうる点に争いはないが，三六協定に基づく時間外・休日労働義務の発生根拠に関しては，労働者の同意の要否が活発に議論されてきた[56]。

この問題は協約自治の限界論と関連させて論じられることが多い。協約自治の限界論には，労働協約が処分できない個人の権利の存否に関する議論が含まれており，組合員個人の既発生の債権や特定組合員の雇用の終了は労働組合の一般的な協約締結権限の範囲外で，労働協約で規律しても規範的効力は発生しないと解されてきた[57]。そして，学説の一部は，時間外・休日労働に関しても，労働者の私的時間の処分にあたるため，本質的に労働者個人の意思に反して義務を設定することはできないと主張している[58]。しかし最高裁は，日立製作所武蔵工場事件において，就業規則上の包括的規定による時間外労働義務の発生を肯定し[59]，同事件の味村治裁判官・補足意見は，労働協約も同様に残業義務の発生根拠となるとした。学説でも，時間外労働義務は労働条件事項そのものであるとして労働協約の規範的効力を肯定する立場が有力である[60]。

協定について，蓼沼・前掲注52)論文・756頁以下）。例外設定が労働協約にのみ留保されている賃金通貨払原則（労基法24条1項但書）についても，当該協約の規範的効力の有無につき同様の議論があるが，こちらは否定説が多いようである（高木紘一「賃金の支払方法」『労働基準法』季労別冊1号（1977年）240頁，有泉亨＝青木宗也編『基本法コンメンタール〔新版〕労働基準法』（日本評論社，1983年）121頁〔竹下英男〕）。

56) 学説の詳細は渡辺章「時間外労働協定の法理」労働法文献研究会編『文献研究労働法学』（総合労働研究所，1978年）39頁以下参照。

57) 花見忠「労働協約と私的自治」日本労働法学会『労働法』21号（1963年）54頁以下，荒木・労働法618頁，菅野・労働法880頁等。

58) 西谷1992・284頁以下，西谷・労組法358頁以下。なお，時間外・休日労働の例外性や労働者の自由時間の確保の重要性から労働者の個別合意が必要とするものとして，注釈労基法（下）626頁〔中窪裕也〕。

59) 最一小判平成3・11・28民集45巻8号1270頁。

60) 下井隆史「労働協約の規範的効力の限界」甲南法学30巻3＝4号（1990年）358

したがって、判例および学説の通説的見解によれば、法規制と異なる柔軟な措置の導入要件が法文上集団的合意のみとされている場合は、労働者の個別同意がなくとも、集団的規範によって同措置を一律に実施できることになる。

II 個別同意が法律上の要件とされている場合

以上に対し、労基法2008年改正は、法規制の例外設定において、法律上集団的合意だけでなく労働者個人の同意を必要とする場面を設定している。同改正によれば、① 月60時間超の時間外労働に対する50%以上の割増賃金支払いに代えての休暇付与（37条3項）および ② 年休の時間単位付与（39条4項）については、集団的合意（労使協定または労使協定代替決議）が存在する場合で、かつ労働者がそれを取得ないし請求したときに効力が生じる。この条文構造からすれば、①②を就業規則または労働協約によって集団的に実施することはできず、制度適用の有無が最終的に個々の労働者にゆだねられることになる（平成21・5・29基発0529001号）。その意味で①②は、集団的合意に加えて、実質的に労働者の個別同意を必要とする類型に分類できる[61]。

さらに、法文上明記されていないが、③ 企画業務型裁量労働制（38条の4）についても、労使委員会決議のほかに、立法経緯から労働者個人の同意を得ることが必要と解されている[62]。そして、立法論としても、2015年労基法改正案では、④ 高度プロフェッショナル労働制について、労使委員会の決議に加えて労働者の同意が明確に適用要件とされている（法案41条の2第1項柱書）。

頁以下、土田道夫『労務指揮権の現代的展開』（信山社、1999年）368頁以下、荒木・労働法618頁等。

61) 西谷＝野田＝和田編・前掲注51)書・526頁〔野田〕参照。
62) 盛誠吾『わかりやすい改正労働基準法』（有斐閣、1999年）85頁、大沼・前掲注27)論文・36頁以下、注釈労基法（下）679頁〔水町勇一郎〕、西谷敏『労働法（第2版）』（日本評論社、2013年）313頁等。吉田美喜夫「裁量労働制」講座21世紀(5) 272頁以下も同旨と思われる。

第 2 節　労働者の個別同意に基づく逸脱

次に，これまでほとんど注目されてこなかったが，現行法には，労働者の個別同意だけで法規制からの逸脱を認める場合もある。

I　現　行　法

まず，賃金の通貨払原則の例外としての口座払い，退職金の銀行小切手等による支払いは，集団的合意がなくとも労働者の同意があれば可能である（労基法24条1項但書，労基則7条の2）。この規定の沿革をたどると，同規定が導入された1987年以前は，口座払いは一定の要件で通達（昭和50・2・25基発112号）で許容されていた。その要件とは，① 労働者の意思に基づいていること，② 労働者が指定する本人名義の預金または賃金の口座に振り込まれること，③ 振り込まれた賃金の全額が，所定の賃金支払日に引き出しうる状況にあること，である。1987年の法改正はこの通達の内容を条文化し，同時に退職手当の小切手等の支払いを新たに認めた。その後，1998年の省令改正で，一定の要件を満たす金融商品取引業者に対する当該労働者の預り金への振込みも可能になった。なお，労基則7条の2は口座払い等の要件を「労働者の同意」とし，個別同意と明記していないが，上記昭和50年の通達では個別同意であることが前提とされており[63]，学説でも同様に理解されている[64]。

次に，女性労働者の産後休業についても，産後6週間経過後は本人の請求があれば就労させることが可能であり（労基法65条2項但書），これも国家規制の解除を労働者の個別的意思にゆだねる規定といえる[65]。

---

63)　現在の行政解釈も同様の立場である。平成10・9・10基発530号，平成13・2・2基発54号，平成19・9・30基発0930001号。

64)　西谷2004・371頁・405頁。賃金が確実に労働者の手に渡ることを保障するため，「同意」は個別同意でなければならないと指摘するものとして，小西國友「賃金の口座払いに関する法的諸問題（一）」労判376号（1982年）8頁。

労働者の個別同意に基づく規制解除の手法は，法律上その数がきわめて少ないこともあり，ほとんど議論の対象にならなかったが，1990年に最高裁が個別合意に基づく労基法の例外を解釈によって認めたことを契機に，注目が集まった。

　賃金の全額払原則（労基法24条1項）については，使用者による相殺禁止も含むと解するのが判例・通説である[66]が，日新製鋼事件最高裁判決[67]は，法定の例外事由（法令または労使協定による賃金控除の許容。24条1項但書）に該当する場合でなくとも，労働者の同意が自由意思に基づくと認めるに足りる合理的理由が客観的に存在する場合には，使用者による相殺が許容されるとした。本最高裁判決は，解釈によって労基法24条の例外を創出するものと理解され[68]，労働者の自由意思に関わらず一律に適用される最低基準を定めた労基法の建前に反するとして，学説の批判を受けた[69]。

　下級審レベルでは，全額払原則以外でも，労基法37条1項の割増賃金規制について，解釈によって個別合意に基づく適用除外を認める裁判例があり[70]，学説から同種の批判を受けている[71]。さらに，最近の最高裁判決には，男女

---

65)　西谷2004・404頁参照。
66)　関西精機事件・最二小判昭和31・11・2民集10巻11号1413頁，日本勧業経済会事件・最大判昭和36・5・31民集15巻5号1482頁。菅野・労働法436頁。
67)　最二小判平成2・11・26民集44巻8号1085頁。
68)　なお最高裁は，日新製鋼事件以前にも，調整的相殺（福島県教組事件・最一小判昭和44・12・18民集23巻12号2495頁）および解雇期間中の中間収入の控除（米軍山田部隊事件・最二小判昭和37・7・20民集16巻8号1656頁）について，明文の規定なく全額払原則の例外を許容していた。
69)　島田陽一「労働者の個別労働関係法上の権利を放棄または制限する合意は有効か」日労協501号（2002年）67頁，菅野・労働法437頁以下等。しかし下級審では，その後も労働者の同意に基づく使用者による相殺を適法とする裁判例が続いている。本譲事件・神戸地姫路支判平成9・12・3労判730号40頁，山一證券破産管財人事件・東京地判平成13・2・27労判804号33頁，全日本空輸事件・東京地判平成20・3・24労判963号47頁。
70)　モルガン・スタンレー・ジャパン（超過勤務手当）事件・東京地判平成17・10・19労判905号5頁。
71)　橋本陽子・ジュリ1315号（2006年）211頁。

雇用機会均等法 9 条 3 項の強行性を認めつつも，労働者の同意に基づく例外を認めたかのような判示があり[72]，その位置づけが問題となっている[73]。

II 立法論

学説では，解釈によって労基法の例外を認めることに批判が強いが，立法論としては，労働者の自由意思に基づく同意がある場合に国家規制の例外を認めることに賛同する立場も有力である。

例えば西谷教授は，労働者保護法の任務の中に労働者の自己決定の支援を見出し，以下の要件が法律に明記され，これらすべてが充足されれば，法定の原則的最低基準を下回る個々の労働者の自己決定を許容することが法政策的に望ましいとする。すなわち第 1 に，労働者保護法の原則的最低基準から逸脱するという労働者の意思が真意に基づくものであること，第 2 に，逸脱が認められるのは労働者の生活に重大な影響を及ぼすおそれのない事項に限定され，例えば労働時間については現行法上の例外を超えて労働者個人の同意に基づく労働時間延長は認められないこと，第 3 に，当該労働者の同意はいつでも撤回する自由が認められることである[74]。

土田教授も同様の方向性を志向し，労働保護法は労働者の自己決定を実現するための基盤を提供するものと理解する[75]。そして，労働者の生命・健康に直接影響する事項（安全衛生の原則的規定・最低限の休憩時間の保障），最低限の所得保障（最低賃金），雇用上の平等の保障等は，自己決定を排除してでも労働者を保護する必要性が高いが，それ以外の労働契約法制（広義の労働保護法）では，労働者の真意に基づく同意があり，かつ規制解除の歯止めがあれば，規

---

[72] 広島中央保健生協（Ｃ生協病院）事件・最一小判平成 26・10・23 民集 68 巻 8 号 1270 頁。

[73] 水町勇一郎・ジュリ 1477 号（2015 年）106 頁，長谷川聡・ジュリ 1479 号（2015 年）230 頁等。

[74] 西谷 2004・407 頁。なお西谷 2016・164 頁以下は，労働者の個別同意による強行規定からの逸脱を認めることに極めて慎重な立場にシフトしているように読める。

[75] 土田・前掲注 3)論文・53 頁以下。

制の弾力化を認めることが自己決定の理念に合致するとする[76]。

最後に，労働者の多様化に対応するため，個別的合意による逸脱を積極的に認めるべきとするのは大内教授である[77]。同教授は，労働者の人格的な利益の保護を目的とする規制（例えば労働者の生命・身体の安全に関わる規制）は公序性があり，個別的合意による適用除外が認められないが，単に契約当事者間の実質的対等性の欠如に着目して契約内容の正当化を目的とする規制（例えば労基法第2章の規定や最低賃金法の規制）は，労働者の真意による同意があれば適用除外の効力を認めることが妥当としている。

第3節　ま と め

本章では，国家規制に対する労働者の個別同意の意義・位置づけに着目した。法規制からの逸脱に際しては，法律上集団的合意のみ要求されることが多く，かかる合意が存在する場合には，就業規則や労働協約上の包括的規定で例外的措置を一律に実施でき，労働者個人の同意は不要と解するのが一般的である。しかし，ごく一部の法規定では，集団的合意に加えて労働者の同意（個別同意）が逸脱の要件とされる場合や，労働者の同意だけで規制が解除される場合もある。また判例は，これら以外でも解釈によって個別的合意で逸脱可能な法規定の存在を認めており，学説では，労働者の自己決定の観点から労働者の同意に基づく逸脱をより積極的に認めるべきとの立法論がある。

こうして，労働法規制との関係性は，集団的合意についてだけでなく，個別的合意ないし労働者の同意についても問題となっているが，集団的合意と個別同意の組み合わせの基準について体系的分析は試みられていない。

---

76)　土田・前掲注15)論文・63頁以下。
77)　大内伸哉「労働保護法の展望」日労研470号（1999年）38頁，同「従属労働者と自営労働者の均衡を求めて」中嶋士元也先生還暦記念論集『労働関係法の現代的展開』（信山社，2004年）57頁以下。

第 5 章

本書の検討内容

I 問題状況の把握と本書の目的

　日本では，労働者の経済的従属性を出発点として，国家が最低基準等の労働者保護規制を行い，これをあらゆる労働関係に全面的・一律に適用してきたが，ここまでみてきたように，1980 年代以降，労働をめぐる経済・社会環境の変化の中で労働法の再編が迫られ，多くの法規定が労使合意による逸脱可能な枠組みへと修正されている。こうした改革過程において学説は，現行制度の不備を指摘し，立法論的検討を行ってきた。しかし従来は，労働者の多様な利益を適正に代表する労働者代表制度のあり方や長時間労働対策等，特定の論点に議論が集中する傾向があり，一連の改革の基礎にある，国家と労使のいずれがいかなる事項を決定すべきか，労使であれば具体的に誰にどの程度の決定権限を付与すべきか，という根本問題の検討は極めて少ない。

　労使合意による逸脱の許容は近年様々な労働法分野に及んでおり，今後も労働関係の多様化・複雑化が進んでいけば，その対象拡大の要請が高まることが予想される。ここで労働者保護規制のあり方を根本的に検討しなければ，実務の要請をそのまま是認して規制が過度に弱められ，また改正も場当たり的なものになりかねない。そこで本書は，1980 年代以降活用されてきた，法規制の例外を労使当事者に認める手法に焦点を当て，その利用可能性や限界，そして制度設計を，労働法の労働者保護の理念に則って体系的に論じる。これは，労働条件決定における国家と労使の役割を問い直すもので，今後労働者保護法の制度設計にあたって重要となる基本的視点の抽出が本書の最終目的となる。

　ここで，本書で用いる基本的概念を定義しておく。

　まず，本書で労働者保護規制ないし労働者保護法という場合，経済的弱者た

る労働者が不利な立場に置かれやすい労働関係において，社会的公正さを確保するため国家が設定した私法的強行規範を，罰則規定の有無に関わらず広く含むものとする。日本では，憲法 25 条 1 項，27 条 2 項・3 項および憲法の人権規定を根拠とする労働法規制がこれに該当し，具体的には労基法，最低賃金法，労働安全衛生法，賃金支払確保法，男女雇用機会均等法等の規定が妥当する。これらの保護法規は，その履行を国家が罰則等の公法的手段によって担保する点で「労働保護法（ドイツの Arbeitsschutzrecht に対応）」と呼ばれることもある[78]。しかし本書は，労働者保護を目的とする私法的強行規範の規制手法を一般的に問題とするため，公法上の履行確保手段を持つか否かの視点を除く意味で，「労働者保護法」という一応区別された概念を用いることにする。

なお，近年の労働立法には，労働者保護だけでなく，ワーク・ライフ・バランス（育児介護休業法），雇用促進（労働者派遣法，高年齢者雇用安定法），非正規労働者の処遇改善（パートタイム労働法 9 条，労働契約法 20 条）といった特別な政策目的を含む立法規制や，使用者の利益も考慮しつつ労使間で公正妥当な民事ルールを設定する立法（労働契約法）が存在し，これらの中には私法上の効力が不明確な規定が少なくない。もっとも，これらの法律が採る規制手法は，労働者保護理念に基づく法規制のあり方にも示唆をもたらしうるので，本書の分析で付随的に取り上げることにする。

次に，労使合意による国家規制からの「逸脱（derogation）」は，「国家規制の強行性を解除し，それと異なる規範を設定すること」と定義する。特に明記しない限り，労働者に不利な方向での規範設定を意味する。そして，ある規制を単純に撤廃するのではなく，当該規制を原則的基準として維持しつつ，一定範囲でその例外設定（逸脱）の余地を認めるのが，国家規制の「柔軟化」である。「柔軟化」は，先進諸国を含め 1980 年代以降頻繁に用いられるようになった概念であるため，それ以前から国家規制の例外設定が認められていた場合は，本書では労使合意による「逸脱」の許容と表現することが多い。そして，本書で「伝統的枠組み」という場合，法規制の「柔軟化」が活発化する前の，1970年代までの法制度を基本的に想定している。

---

[78] 菅野・労働法 5 頁，荒木・労働法 20 頁。

Ⅱ　検討の視点

1　総論的論点

本書ではまず，総論として2つの問いを立てる。

　第1に，労使合意を媒介とした法規制の柔軟化がそもそも法体系上いかなる問題として議論され，位置づけられるのかである。具体的には，法規制を労使合意に開放するか否かは立法裁量の問題なのか，それとも何らかの規範的要請に基づき原理的に解決されるべき問題なのかを検討する。これにより，国家規制と労使合意の関係性について，本質的に労使にゆだねてはならない事項，あるいは逆に労使にゆだねなければならない事項があるのかを解明する。

　第2に，いかなる事項が労使による決定に適しているのか，柔軟化の適否はいかなる基準で判断されるのかである。本書では，労使合意による逸脱が認められている規制の特徴や共通点，当該規制が労使合意に開放された理由を体系的に検討し，今後新たに労使合意に開放することが考えられる規制事項の抽出を試みる。

2　各論的論点

次に，各論として，ある法規定を労使合意に開放する場合に，具体的に誰に対し，いかなる枠組みで逸脱を認めるべきかである。

⑴　集　　団

　日本では，法規制からの逸脱は集団的労働者代表に認めるのが基本であるが，その種類は，労組法上の労働組合，過半数代表（過半数組合または過半数代表者），労使委員会，労働時間等設定改善委員会と多様である。そして，これらの代表者は多くの場合に相互に代替的な合意を行うことが認められている（第2章Ⅴ参照）。しかし，労働組合と非組合代表とでは法的地位・権限に決定的違いがある。労働組合は，憲法28条および労組法の不当労働行為救済制度により，団体交渉が制度的に保障されているが，非組合代表（過半数代表者，労使委員会・労働時間等設定改善委員会の労働側委員）はこれらによる保護が及ば

ない[79]からである。

　日本で法規制からの逸脱を労働者代表に認めてきたのは，労働者個人の従属性を集団のレベルで解消しようとしたものであるが，実際には労働者保護のために法的地位・権限が強力に保障された労働組合とそうでない非組合代表に対し，多くの事項について代替的に逸脱権限が付与されてきたのであり，このことの当否が問われるべきである。これまで学説は，労働者代表制度に関し，労働者の多様な意見の反映という視点で代表者の正統性・公正代表性の強化を提言してきた（最近では研究会報告書2013）が，使用者との関係で労働者利益を防御・貫徹するための手段をもたない非組合代表が，そもそも国家規制からの逸脱の担い手として正当化されうるのかという，集団的合意と国家規制との関係性に注目した検討はほとんどなかった。そこで本書では，新たな試みとして，労働者代表に法規制からの逸脱を認める上で最低限保障すべき法的地位・権限とは何か，そして労働者代表間で法的地位・権限に違いが生じる場合に，そのことが法規制からの逸脱を認める主体の選択および枠組み決定（逸脱可能な規制の数・範囲，要件）にいかなる影響を与えるのかを分析する。

　なお，労働者代表が労働者利益を守るために保障された法的地位・権限という点では，非組合代表についても法律上一定の保護規定を置くことで労働組合との違いが解消できる部分も多いと思われるが，労働者利益を貫徹する手段として重要な争議行為は憲法上労働組合にしか保障されず，非組合代表との基本的違いとして残る。したがって本書では，法的地位・権限の違いとして，究極的には争議権保障の有無が柔軟化の制度設計にいかなる影響を与えるかの解明を目指す。そして，争議権保障の有無を中心とした労働者代表の法的地位・権限の差異を法規制柔軟化の制度設計に反映させる必要があるとすれば具体的にどのようにすべきなのか，反映させる必要がないとすれば，代わりにいかなる基準・要素に基づき枠組み決定を行い，労働者保護を図ることが適切かを論じてみたい。

---

[79]　一般的見解である。西谷1989・7頁，リサーチセンター2001・265頁以下〔川田琢之，中村涼子，奥野寿〕，神吉知郁子「従業員代表制設計の検討課題」法時88巻3号（2016年）36頁等。

(2) 個　　人

　さらに進んで，本書では，法規制の柔軟化における労働者個人の同意の位置づけも検討する。現行法には，集団的合意に加えて労働者の同意（＝個別同意）を逸脱の要件とする場合や，労働者の同意だけで法規制からの逸脱を認める場合があるが，そうした制度選択の基準は詳しく分析されてこなかった。また，労働者の同意による逸脱をより積極的に認めるべきとする学説は，労働者の自己決定権の観点からの主張であり（第4章第2節Ⅱ），労基則7条の2のように労働者の同意のみによる逸脱が，労働法における労働者保護の理念に照らしてどのように評価されるのかは必ずしも明らかでない。そこで本書では，法規制からの逸脱を認める場合の労働者の同意の位置づけに注目し，法規制からの逸脱はいかなる場合に集団的合意のみで可能であり，いかなる場合に労働者の同意も追加で必要とされるのか，また労働者の同意だけでの逸脱は，労働者保護の観点からいかに正当化されうるのかを検討する。

3　総括・展望

　最後に，以上の分析結果を踏まえながら，今後のあるべき労働者保護法の姿について論じる。日本では，これまで労働者保護が国家の最低基準規制を基盤に構築されてきたが，問題状況が複雑化する中で，国家の保護規制が不要となることはあるのか。そもそも国家と労使（集団および個人）の役割分担はどうあるべきなのか。これらの問いを通じて，望ましい労働者保護規制のあり方を模索する。

Ⅲ　比較法的考察

　本書では，以上の点で豊富な議論が存在する諸外国の法制度・解釈を素材とし，比較法的考察から日本の問題を検討する。以下，労働法規制のあり方について主要6か国の議論状況を概観し[80]，本書の問題意識に適合的な比較法の対象国を選定する。

　80）　以下の外国法の記述は，労働政策研究・研修機構『労働条件決定の法的メカニズ

第1編　問題の所在

1　アメリカ

　アメリカでは，労働関係においても契約自由が強調され，労使の個別交渉・個別契約を重視する法制度がとられていた。しかし，1929年の大恐慌を契機に労働者間の社会的格差が拡大したため，団体交渉に保護を与えることが適切と考えられ，1935年に全国労働関係法（National Labor Relations Act [NLRA]）が制定された。同法は労働組合の排他的交渉代表制を採用し，排他的交渉代表と使用者間の労働協約は交渉単位内の全労働者を拘束し，有利な労働契約の締結も排除されることになった。他方で，従業員代表制はNLRAによる会社組合（御用組合）の禁止の下で違法視された。

　また，1930年代には，最低賃金および時間外割増賃金を定めた連邦法として公正労働基準法（Fair Labor Standards Act [FLSA]）が制定され，同法によって直接労働者の利益保護が図られた。もっとも，これらの一部の規制を除けば，アメリカにおける労働条件決定は労使の個別交渉にゆだねられ，それによる弊害は労働組合の団体交渉によって是正するというのが基本であった。

　しかし，1940年代から50年代にかけてストライキが蔓延すると，労働組合の権限強化が疑問視されるようになる。そして，次第に労働組合の権限に制限が加えられ，労働組合による団体交渉は衰退していく。これにより，1960年代以降は，個別の制定法で労働者個人に直接権利を付与する動きが活発化し，連邦レベルでは労働者の健康と安全の増進を図る立法や大量解雇の場合の予告を義務づける立法が行われた。公民権運動の成果として，公民権法第7編に代表される一連の差別禁止法が制定されたのもこの時期である。

　もっとも，これらの連邦法においても，その時々の政治色や裁判所の思想の影響を強く受けて例外的措置が認められている。例えばFLSAでは，労働協

ム：7カ国の比較法的考察』（2005年），労働問題リサーチセンター『労働法における規制手法・規制対象の新展開と契約自由・労使自治・法規制』（2006年），水町勇一郎編『個人か集団か？変わる労働と法』（2006年）109頁以下，日労研555号（2006年）2頁以下，同630号（2013年）13頁以下，The Japan Institute for Labour Policy and Training, System of Employee Representation at the Enterprise (2012)，研究会報告書2013・21頁以下に依っている。なお第1章Ⅱも参照。

約で変形労働時間制を導入すれば、特定の週に法定労働時間（週40時間）を超えても割増賃金を支払う必要がない。また、年齢差別禁止法では40歳以上の労働者が年齢差別から保護される権利の放棄が認められており、連邦仲裁法においては、雇用契約上の仲裁合意によって制定法上の請求権を実現するための訴訟を不可能にする法解釈が広く採用されている。

2 イギリス

イギリスでは、労働関係がコモンロー上の契約概念によって規律され、個別契約が労働法の最も重要な法源とされてきた。とりわけ包括的な国家規制はコストが高く有用でないとされ、一般的な最低基準立法は存在しなかった。そして、労働者代表に関しては労働組合のみの一元的制度にあり、労働組合の団体交渉を中心とする集団的自由放任主義がとられていた。もっとも労働協約自体に法的拘束力はなく、協約基準は個別契約による編入を通じて効力を持ちえた。

1960年代になると、事業所レベルの違法な争議行為が頻発し、労働組合が経済を硬直化させると考えられるようになった。そこで、1960年代後半から制定法によって労働者の個別的権利が付与されるようになり、剰員整理手当や不公正解雇制度等を定める立法が続いた。

こうした保護的枠組みは、1979年からのサッチャー政権下で廃止・緩和され、全国的な産別交渉も衰退したが、1997年にブレアを党首とする労働党が政権を奪還すると、効率性と公正さの両立を目指す、いわゆる「第三の道」が選択された。集団法の領域では法定組合承認制度の復活によって自発的な団体交渉が促進され、労働者の個別的権利については、労働時間と賃金に関する初めての包括的最低基準立法として、1998年労働時間規則および1999年全国最低賃金法が制定された。また、不公正解雇からの保護範囲の拡大、家庭に優しい政策のための諸権利の拡充、差別禁止立法の整備が進められた。もっとも、1998年労働時間規則では、基準期間（原則17週）で週平均48時間の最長労働時間規制について、労使の個別的合意による逸脱（オプトアウト）が可能であり（5条1項）、これを許容するEC労働時間指令の当否が欧州レベルで問題となっている。

次に、労働組合による一元的労働者代表制度については、1990年代以降、

ECからの外圧により修正が迫られ，2002年一般労使協議指令の国内法化として，2004年に被用者代表（従業員代表）への情報提供・協議手続を定める規則（被用者情報提供・協議規則）が制定された。しかし，同規則の目的は被用者の情報提供および協議の権利に関して最低限の要件を定める一般的枠組みの確立にあり，被用者代表に使用者との共同決定権が付与されているわけではない。

なお，集団法の領域では，2016年5月4日に労働組合法案が成立し，争議行為批准投票において投票権者の50%の参加要件が付加され，この要件を満たす投票で50%以上の支持を得ないで行われる「非民主的」な争議行為が広く違法となった。労働組合は，本改正はストライキの可能性を著しく制約するとして強く反発している[81]。

3　オーストラリア

オーストラリアでは，19世紀末の労働争議における暴力とそれがもたらした深刻な経済的・社会的混乱を背景に，1904年に，独立した連邦レベルの労使審判所（industrial tribunal）の裁定（award）を通じて労働紛争の予防および解決が図られる制度が構築された。そして，同制度の下で労働組合は登録制となり，労働協約も登録手続を経て拘束力が付与された。労使審判所による裁定は当初は労働組合による団体交渉を補完するものであったが，次第に紛争当事者間の最低労働条件を設定する立法の役割を果たすようになった。

しかし，1980年代以降の経済的苦境の中で規制緩和を求める声が強まり，1990年代以降，裁定による中央集権的規制からの脱却と企業レベルの交渉促進が図られる。まず，1996年連邦職場労使関係法は産別組合に付与していた制度的助成の多くを撤廃し，「関連する裁定に比べて不利でない」という条件で（いわゆる非不利益性の審査）企業協定の締結を認めた。同法はまた，その性質上集団的なものでなければならないとされていた協定（agreement）について，使用者と個別労働者による締結を認め，個別的交渉を促進した。その後2005年労働選択法（Work Choices Act 2005）は，企業レベルの協定に対する

---

81)　本改正の法案段階での解説として，鈴木隆「イギリス労働組合法案の動向」季労252号（2016年）148頁。

「非不利益性の審査」を廃止する一方で，全労働者に適用される「オーストラリア公正賃金・労働条件基準（Australian Fair Pay and Conditions Standard)」を連邦レベルの最低基準として初めて設定し，企業レベルの集団的および個別的協定については，この基準で定める権利保障の有無が審査されることになった。

その後 2007 年に労働政権が誕生すると，政策の重点が労働者の集団的権利の強化に置かれ，2009 年公正労働法（Fair Work Act）によって，一定の場合に労働者の情報提供および協議の権利を企業協定に含める義務等が導入された。また，労働組合に最低労働条件の実効性確保のための諸権利を付与し，団体交渉の手続規制も強化した。さらに，2009 年法は，従業員が例外的に労働組合以外を企業協定の交渉代表に指名する余地を認めた点で新しい。

オーストラリアにおける労働者の利益代表は現在まで労働組合が優先的地位にあり，使用者との共同決定権を有するような従業員代表は存在しない。法律に基づき設置が強制される代表機関には職場の安全衛生委員会が存在するが，同委員会の権利は情報提供および諮問を受ける権利にとどまり，企業レベルの労働条件決定には影響を与えない。また，組合組織率の低下を受けて職場で自主的に設置されている労使双方で構成される委員会にも法的根拠がなく，従業員代表は制度的に労働組合に匹敵する労働者代表にまで発展していない。

4 スウェーデン

スウェーデンにおける労働条件決定は，主として産別組合による団体交渉にゆだねられており，伝統的に最低基準規制は少なかった。そして，労働者保護規定が存在する場合でも，労働組合と使用者（団体）は多くの場合に労働協約によってこれを除去することが可能であり，実際に労働法規からの逸脱は非常によく行われている。スウェーデンでは組合組織率が 70～80% でほぼ安定しており，労使間の強い信頼・協調・相互理解を背景に，立法よりも労働協約による自主規制が好まれてきたのである。1960 年代末には，違法なストライキが大規模に行われたため，社会的正義の実現を目的として労働分野で立法活動が活発化したが，それでも，労働協約であれば法規制から不利に逸脱しうるという基本構造は維持されていた。

この流れが変化したのは1990年代以降である。この時期になると，スウェーデンも労働をめぐる状況変化に直面し，労働条件決定の分権化や個別化が進められた。他方で，就労形態の多様化は個々の労働者の差別からの保護の必要を高めることになり，スウェーデンがECに加盟した1995年以降は，EC・EU法の影響を受けて立法活動が再び活発化した。この頃にEU指令を受けて制定された差別禁止法は労働協約であっても逸脱を許容しないものであり，同法は協約自治を尊重してきたスウェーデンの基本的考え方に重大な修正を迫るものとなった。

集団的労働条件決定の担い手としては，スウェーデンでは伝統的に労働組合に限定され，企業や事業所レベルでも，多くの場合に産別組合の下部組織の労働組合が使用者との団体交渉を担ってきた。労働組合とは異なる代表組織としては，職場環境（安全衛生）に関わる企業の計画策定等に関与する安全委員会（労使混同組織）が存在するが，同委員会は使用者の諮問機関にすぎず，交渉権限をもつものではない。そして，スウェーデンでは組合組織率が極めて高いため，交渉主体の不存在に対応するための従業員代表の導入論も出てこない。もっとも，EU法との関係では，2002年一般労使協議指令が加盟国に対して求める，労働者が（組合加入や協約の有無に関わらず）適切なレベルで情報提供および協議の権利を行使する手段の創設に対応していない可能性が指摘されている。

5 ド イ ツ

ドイツでは，労働者個人の従属的地位を考慮し，伝統的に国家が詳細な最低基準規制を行ってきたが，労働協約との関係では，第一次世界大戦後の比較的早い段階から，不利な逸脱をも認める法規定が労働時間の分野に存在していた。そして，高度経済成長期の1960年代には，年次有給休暇や疾病時の経済的待遇について労働者の権利を連邦レベルで統一する立法が進んだが，このとき新たに導入された法規定の多くが労働協約に開放された。また，法律規制が存在しない領域で強行的に適用されていた判例法上の法原則も，1966年に労働協約による不利な逸脱を認める判決が出たことで，国家規制と協約自治との関係性について学説の議論が活発化した。なお，ドイツの労働組合は戦後産別組織が主流となり，法規制からの逸脱は労働協約が産業レベルで締結されることを

前提に認められていた。

これに対し，事業所レベルでは，労働組合とは別個の従業員代表たる事業所委員会（Betriebsrat）が制度化され，協約優位原則の下で使用者との共同決定権が付与されていたが，法律規定との関係では不利な逸脱は一切認められていなかった。

しかし1980年代以降は，ドイツでも経済・社会情勢の変化を受けて画一的規制の問題性が指摘されるようになり，労働時間の分野で，労働協約と並んで事業所協定による逸脱を認める法規定が導入された。また，労働協約との関係では，2002年の労働者派遣法改正で派遣労働者の不利益取扱禁止原則が開放されており，EU法の影響も受けて近年労働協約に開かれた法規定の種類が多様化している。

もっとも，産別組合の統制力は，1990年代から組合員数の減少により低下し，2010年以降は最低賃金法の制定など協約自治への国家介入が強まっている。これにより，国家規制との関係でも労働協約を広く優先させてきた従来の枠組みの意義が問い直され，労働者保護法のあり方が学説で議論されている。

6　フランス

フランスでは，労働者個人の従属性を前提に，伝統的に国家が極めて詳細な最低労働基準を定め，国家規制・労働協約・個別労働契約の関係は，最も有利な規定が適用されるという原則で規律されていた。そして，集団的交渉に関しては，「代表性（représentativité）」を有する産業レベルの労働組合が当事者となり，企業レベルでも産別組合が直接足場を形成し，団体交渉・労働協約締結権を独占していた。企業レベルでは組合代表とは別に従業員代表が制度化されていたが，従業員代表は労働者の苦情処理や使用者の諮問機関としての位置づけにとどまった。

しかし，1980年代以降の労働法の柔軟化の流れの中で上記枠組みが修正され，労働時間規定を中心に，産業レベルと企業レベルの双方で労働協約による不利な逸脱が認められていく。1980年代以降，政府が特に重視したのが企業別交渉の促進であり，1982年から2016年8月までの改革により，法規制から逸脱する協約締結において企業レベルが産業レベルに優先する構造が形成され

ている。この改革過程では，労働者代表・団体交渉制度の改革も進められ，企業レベルでは従業員代表だけでなく組合代表の種類も多様化している。また，1990年代後半以降は，組合組織率の低下を受けて従業員代表にも団体交渉・協約締結権限が付与され，従業員代表と組合代表とで同一事項につき法規定からの逸脱が可能となっている。

さらに，最近の法改革で注目されるのが，2008年に，一部の労働時間規定において，フランスで初めて個別合意単独での逸脱が認められた点にある。この改革を受けて，逸脱の手段として集団的合意を活用してきた従来の改革との整合性や国家規制と個別契約の関係性，さらには集団と個人の規律関係が問題となっている。

7　比較法の対象国

以上の外国法の状況に照らし，本書はドイツ，フランスを比較法の対象国とする。

ドイツ，フランスは，① 契約自由に基づき個別契約を重視してきた英米法系の国（アメリカおよびイギリス。オーストラリアはやや特殊である）と異なり，国家が労働者の従属性を前提に詳細な労働者保護規制を行ってきたが，1980年代以降法規制を柔軟化し，法規定を企業レベルの集団的合意にも開放している点，および，② 労働組合とは別に従業員代表を制度化した上で，近年では労働組合と並んで非組合代表に法規制からの逸脱権限を付与している点で，日本と同様の流れにある。この二国を扱うことで，労働法規制のあり方について日本と共通の問題意識に立った分析が可能となる。

その一方で，ドイツ・フランスは，企業レベルでどの程度逸脱を促進し，また労働組合との比較で従業員代表に対してどの程度逸脱を認めるかの制度設計に大きな違いがある。その基礎にある考え方の違いは，企業レベルで多くの場合に労働組合と非組合代表を代替的に位置づける日本法の評価を行う上で有益と思われる。また，日本とドイツの比較法研究は多いが，ドイツで特に2010年以降確認される労働組合への規制強化の意義はいまだ詳細に検討されておらず，これらがドイツ労働者保護法の構造に与えうるインパクトは，日本の労働者保護法のあり方を考える上で興味深い。

第5章　本書の検討内容

さらにフランスでは，最近になって個別労働契約による逸脱を認める労働時間規定が登場し，そうした規定をもたないドイツと異なる発展をみせている。このフランスの新展開は，経済的弱者たる労働者のために保護規制を拡充してきた国において，個人による逸脱の可否がいかなる形で議論され，正当化されうるのかに着眼する本書の問題意識に適合的である。個別的合意による逸脱の可否の論点は，当該規制の趣旨や集団的労働条件決定の意義を問い直すものであり，その比較法分析は，国家・集団・個人の関係性に注目して労働者保護法のあり方を論じようとする本書の検討で，有用な視点をもたらしてくれよう。

Ⅳ　本書の特徴と構成

最後に，本書の特徴と位置づけを今一度確認しておく。

本書のテーマは西谷教授が長年取り組んでこられた課題と共通し，ドイツ法との比較を中心とする同教授の体系的検討の成果が既に公表されている（西谷1992, 西谷2004）。本書の総論的論点は，その成果を十分踏まえながら，同成果公表後の法制度の展開をも踏まえて再検討を試みるものである。

そして各論では，本書独自の視点を加えながら，労働者保護規制のあり方について，より踏み込んだ検討を行う。本書は特に，労働者代表の法的地位・権限（究極的には争議権保障）の違いに注目して主体の選択のあり方を検討する点，および，労働者個人の同意に基づく逸脱が労働者保護の要請とどのように両立し，具体的制度設計において集団的合意と個別同意の関係がどのように整理されるのかを体系的に分析する点に特徴がある。

以下ではドイツ法（第2編），フランス法（第3編）の順で検討し，両国の比較法的考察を基に，個々の論点について日本法への示唆を導く（第4編）。本書の最後では，これまでの検討を踏まえ，国家と労使当事者が果たすべき役割を意識しながら，今後の労働者保護法のあり方を論じる。

第2編 ドイツ

序　章

ドイツ労働法の沿革と本編の構成

労働者保護法の生成[1]

　ドイツでは，労働関係は当初，市民法上の契約自由にゆだねられており，19世紀半ば頃までは，労働に関する規定は経済法の領域である営業法と商法典に存在していただけであった。こうした状況で，ドイツで初めて一般的な労働者保護規定を設け，市民法上の契約自由の原理を修正したのは1869年北ドイツ連邦営業法である。同法は，日曜・祝日労働の禁止，健康への危険からの労働者の保護，賃金の現物支給の禁止等を規定し，その履行を罰則や行政監督によって担保した。その後同法には年少者や女性のための保護規定も設けられた。

　ドイツで労働者保護立法が発展したのはワイマール時代であり，8時間労働制を定める労働時間命令（1918年・1919年），夜間のパン製造禁止命令（1918年），大量解雇を制限する休業令（1920年），重度障害者法（1923年），母性保護法（1924年），閉店時間法（1929年）等が制定された。そして，司法制度においても1926年に労働裁判所制度が創設され，労働法が独立の法分野として承認された。その後ナチス時代（1933-1945年）には，労働時間法（1934年・1938年），年少者保護法（1938年）が制定された。

　第二次世界大戦後も労働者保護立法が相次ぎ，家内労働法（1951年），解雇制限法（1951年），重傷者法（1953年），母性保護法（1959年），年少労働者保護法（1960年），連邦休暇法（1963年），賃金継続支払法（1969年），改正解雇制限法（1969年解雇制限法），労働者派遣法（1972年）等が制定された。また，民法典にも労働に関する規定が挿入され，1960年代以降，解約告知期間，営業譲渡に伴う労働関係の承継，労働者の差別的・不利益取扱禁止規定等が導入

---

[1] Löwisch/Caspers/Klumpp, Arbeitsrecht, 10. Aufl. (2014), Rn. 74 ff.

された。

集団的労働法の生成[2]

　他方で，労働者の団結活動は，当初は前近代的なツンフト体制の維持のために禁止され，1845年のプロイセン一般営業法は，労働者や職人の革命運動を摘み取るため労働者の団結を全面的に禁止した。しかし，これらの規定も1848年革命における労働運動の激流を阻止できず，組合運動は産業革命を背景に1860年代に飛躍的に発展した。こうした中，1869年の北ドイツ連邦営業法は団結禁止を解除し，団結放任政策をとったが，団結は特別の権利とはされず，団結の自由は様々な規定によっていまだ大幅な制約を受けていた。

　その後，労働組合の法的・社会的地位の不安定な状況は，第一次世界大戦の勃発によって一変する。政府は労働組合を禁止しない代わりにストライキの停止を約束させ（いわゆる城内平和），労働組合はもはや反体制的なアウトサイダーではなく，戦争遂行上不可欠の，信頼に足る協力者と認識されたのである。政府および軍部は労働組合を積極的に承認し，重要な社会政策的措置については組合幹部と協議する等，労働組合との協力体制を確立させた。そして，1916年の改正結社法および1918年の改正営業法は団結自由を確保し，団結体を公法上の社団並みの地位に引き上げたのであった。

　こうして戦時中の協力体制下で労働組合が積極的に国家・社会秩序に取りこまれたことは労働組合の法的地位に重要な影響を及ぼし，ワイマール体制下で団結が全面的に承認された。1919年ワイマール憲法の159条が初めて団結の自由を基本的人権として宣言し，しかもそれが使用者との関係においても保障されることを明記したのである。

　そして，団結活動の結果締結される労働協約については，1918年労働協約令（Tarifvertragsverordnung）が強行的直律的効力（1条）と効力拡張制度（2条）を規定し，翌年のワイマール憲法165条1項は経済的・社会的事項に対する労使の同権的参加の理念を定め，賃金および労働条件を定める労使の集団的

---

　2)　Wiedemann/*Oetker*, TVG, Geschichte, Rn. 1 ff.; 西谷敏『ドイツ労働法思想史論』（日本評論社，1987年）。

合意（労働協約）を承認した。その後ナチス時代には，労働組合と使用者団体の緊張関係が身分的思想と矛盾するとして団結体は解散させられたが，第二次世界大戦後に集団的契約による自主規制に回帰し，1949 年労働協約法（Tarifvertragsgesetz）によって 1918 年労働協約令の骨格が継承された。さらに，それまで存在した強制仲裁制度が廃止され，労働協約の締結をめぐる紛争は争議行為によって解決されることになり，労使自治を重視する法制度が確立した。そして，第二次世界大戦後に労働組合は産別組織が主流となり，労働協約も産業レベルで締結されていった。

以上に対し，事業所レベルでは，第一次世界大戦後，労働者が事業場での利益を積極的に主張できるようにし，かつ，企業の生産プロセスに従業員を参加させるべきであるとの認識が高まり，従業員の代表組織たるレーテ（Räte）の決定権限の承認を求める運動が広まった。これに対し労働組合は，従業員利益を主張する経営内組織の有用性を認めつつも，レーテを自らの競争者ととらえ，レーテの法的地位が憲法に明記されることには猛烈に反対した。結局ワイマール憲法では，165 条 2 項以下で，事業所・地区・全国の労働者評議会と地区・全国の経済評議会の制度について規定するとともに，労働組合に一定の規制権限を留保することで一応の決着を見た。

ワイマール憲法の下，事業所レベルの従業員代表組織として事業所委員会（Betriebsrat）を制度化したのが 1920 年の事業所委員会法（Betriebsrätegesetz）である。同法は，従業員が 20 人以上の事業所に事業所委員会の設置を義務づけ，使用者が作成する就業規則（Arbeitsordnung）や労働義務を具体化する勤務規定（Dienstvorschriften）の内容，および賃金その他の労働条件に関して事業所協定の締結を認めた。ナチス時代には従業員代表制度は廃止されたが，1952 年事業所組織法（Betriebsverfassungsgesetz）によって新たな事業所委員会制度が構築され，事業所委員会に 1920 年法よりも広範な共同決定権が付与された。同法は 1972 年にも改正され，事業所委員会の共同決定権が拡大している。

本編の構成

以上のようにして，ドイツでは，使用者に従属する労働者に保護を及ぼすた

第2編 ドイツ

め，労働者保護法と集団的労働関係法（労働組合および従業員代表による労働条件決定制度）が整備されてきた。このことを前提に，本編では以下の順で検討を進める。

まず第1章では，ドイツにおける労働協約制度と国家規制の関係に着目し，その伝統的枠組みを労働者保護のあり方という視点で整理する。第2章では，その枠組みが特に2000年以降修正されていく過程を追い，それが労働者保護法の構造に与えたインパクトを分析する。続く第3章では，従業員代表たる事業所委員会と国家の権限関係に焦点を移し，法規制の柔軟化における事業所協定と労働協約の位置づけの異同およびその背景に関する議論状況を整理する。そして，第1章から第3章では，集団的合意と個別的合意の関係性にも留意する。最後に第4章で，本書の分析軸から検討を加え，労働者保護法の基礎と構造に関するドイツ法の考え方を総括する。

第 1 章

伝統的労働協約制度と国家規制

第 1 節　憲法と労働協約制度の概要

I　基本法の構造

1　社会国家原理

　ドイツでは，労働者保護のための法規範を収める統一的な法典はなく，分野ごとの個別法が多数存在し，これら全体で詳細な保護を定めている。そして，これらの労働者保護規制の根拠は憲法上の社会国家原理（Sozialstaatsprinzip）に求められるのが一般的である[3]。ドイツの現行憲法たる基本法（Grundgesetz）は，20条1項で「ドイツ連邦共和国は民主的で社会的な連邦国家である」と定め，28条1項1文は，「州における合憲的秩序とは，この基本法の意味における，共和的，民主的及び社会的な法治国家の諸原則に合致していなければならない」と定める。社会国家原理はこの2つの規定を根拠に導かれ，負担の公平な分配と不利な立場にある人々への特別な配慮を国家の責務とするものである[4]。ここで，基本法上の営業の自由（12条1項）と財産保護（14条1項）は行き過ぎた労働者保護規制を禁止するものとなる（過剰性の禁止）が，社会国家原理は，労働分野で従属的立場にある労働者の保護規定が過少であることを禁止するものとなる（過少性の禁止）[5]。

　連邦制をとるドイツにおいて，事業所組織，労働保護および職業紹介を含む

---

[3]　Wiedemann/*Wiedemann*, TVG, Einl. Rn. 333.
[4]　BVerfG 17. 8. 1956, BVerfGE 5, 85; Wiedemann/*Wiedemann*, TVG, Einl. Rn. 333.
[5]　Junker 2016, Rn. 15.

労働法,ならびに失業保険を含む社会保険は連邦と州の競合管轄とされている（基本法74条1項12号）が,実際には,労働者保護法の多くは連邦法であり,労働分野での州法の役割は極めて限定的である。そこで以下,労働者保護法という場合,特に明記しない限り連邦法を指すものとする。

2 団結自由

基本法9条3項1文は,「労働条件及び経済条件を維持し発展させるために団結体を結成する権利は全ての個人及び職業に保障される」と規定し,団結自由を保障している。同2文によると,団結の自由を制限または妨害することを目的とした合意は無効であり,これを目的とした措置は違法である。

ドイツでは,憲法上の基本的権利（基本権）は直接的には国家を拘束し,私人は私法上の一般条項（民法典138条1項,242条,315条1項）を介して間接的に拘束されるにすぎないのが原則である[6]。しかし,基本法9条3項2文はこの例外であり,団結自由は,国家との関係だけでなく第三者（私人）との関係でも直接保障されることを明らかにしたものである。したがって,団結活動を理由とする差別的・不利益取扱いは同規定によって当然に違法・無効となる[7]。

3 協約自治保障

基本法9条3項は個別的団結自由を定めるだけであるが,同規定の保護は団結体の集団的団結自由および団結活動にも及ぶと解されている[8]。後者のいわゆる団結活動保障の中核が,使用者（団体）および労働組合がその構成員のために労働条件および経済条件の秩序を定める自由,すなわち協約自治である[9]。協約自治が承認されなければ団結体は基本法9条3項で認められた機能を実効的に果たし得ないとして,基本法9条3項は当然に協約自治を保障していると理解されている[10]。

---

[6] BAG 27. 2. 1985, BAGE 48, 122.
[7] なお法律レベルでも,労働者が自らの権利（団結権も当然含まれる）を許容される方法で行使したことによる不利益取扱いは一般的に禁止されている（民法典612a条）。
[8] BVerfG 18. 11. 1954, BVerfGE 4, 96.
[9] Wiedemann/*Wiedemann*, TVG, Einl. Rn. 82.

憲法上の協約自治保障は，国家からの自由を保障すると同時に，国家に対し労働協約制度を整備する義務を設定したものと考えられている（協約制度保障)[11]。これを受けて 1949 年に立法されたのが労働協約法（Tarifvertragsgesetz）であり，同法は労働協約の内容・形式，締結当事者，効力等を定めている。

また，労働協約締結を目的とする争議行為は基本法 9 条 3 項の団結活動保障の一環として憲法上の保護を受け[12]，国家は団結体が労働条件および経済条件の維持・発展のために行う争議行為を制限してはならない（基本法 9 条 3 項 3 文）。なお，ドイツでは団体交渉をめぐる紛争は争議行為を通じて解決されることが予定されており，協約当事者（使用者）に団体交渉義務はないと理解されている[13]。

後述の通り，労働協約には強行的直律的効力（規範的効力）が付与されており，基本法 9 条 3 項に根拠を持つ協約当事者の規範設定権限については，かつてこれを国家の立法権限と同視し，国家と協約当事者間で規制権限が分割されると主張されたことがあった[14]。しかし同説は，団結体の活動手段として認められる協約当事者の規範設定権限を，国家主権の反映である立法権限と同視する点で批判を浴び，現在では，協約自治は団結体に認められた基本権の行使として理解されている[15]。なお，憲法上の協約自治保障の範囲について，連邦憲法裁判所 BVerfG は当初，労働協約制度の「中核的領域（Kernbereich)」ないし「必要不可欠な範囲」に限定する立場にあった[16]が，1995 年に，団結活動保障は団結体に適合的なあらゆる活動に及ぶとして判例変更している[17]。

---

10) BVerfG 19. 10. 1966, BVerfGE 20, 312; Wiedemann/*Wiedemann*, TVG, Einl. Rn. 83.
11) BVerfG 18. 11. 1954, BVerfGE 4, 96; 1. 3. 1979, BVerfGE 50, 290; Wiedemann/*Wiedemann*, TVG, Einl. Rn. 91.
12) BVerfG 26. 6. 1991, BVerfGE 84, 212.
13) BAG 2. 8. 1963, AP Nr. 5 zu Art. 9 GG; 14. 7. 1981, DB 1982, 178.
14) Biedenkopf 1964, S. 152 ff.
15) 詳細は Bock 2005, S. 289 ff.; BVerfG 18. 11. 1954, BVerfGE 4, 96.
16) BVerfG 18. 11. 1954, BVerfGE 4, 96; 26. 5. 1970, BVerfGE 28, 295.
17) BverfG 14. 11. 1995, BVerfGE 93, 352; 27. 4. 1999, BVerfGE 100, 271.

第2編　ドイツ

　ところで，協約自治を基本権の行使として捉えると，最低基準規制によって協約当事者による不利な規範設定を排除することが憲法上許容されるかが問題となる。この点，基本法 9 条 3 項は団結自由・協約自治保障に明文で特別な制限を課していないが，このような場合でも，競合する第三者の基本権や憲法上の価値を有するその他の法益を保護するために公権力が基本権に制限を加えることは可能と解されている[18]。ただし，そのために国家が講じる手段（基本権の制約）には比例原則（Verhältnismäßigkeitsgrundsatz）の審査が及び，当該制約が ① 目的達成に役立つこと，② 最も緩やかな手段であること，③ 制約の程度がその目的と均衡がとれていることが必要となる[19]。したがって，最低基準規制によって協約自治に加えられる制約も，これらの観点から正当化されなければならない。特に，賃金額や労働時間の長さは伝統的に労働協約が規律してきた事項であることから，協約自治を制限する法律の許容性は厳格に解すべきと指摘される[20]。

II　労働組合の組織と労働協約の実態

1　労働組合の特徴

　ドイツの労働組合は歴史的には職業別組織が先に登場した[21]が，1933 年のナチスによる組合解散後，1945 年にその再建が始まったときに，労働組合の分散化を防ぎ，勢力を集中させる組織形態が目指された。そのため，1949 年に連邦レベルで設立された労働組合のナショナルセンター DGB（Deutscher Gewerkschaftsbund ドイツ労働総同盟）は，産業別組織原理を採用するとともに，同一産業内で労働組合の競合を避けるために単一組合の方針を採った。これにより，DGB 傘下の労働組合は主要産業でただ一つしか組織されず，労働組

---

18)　BVerfG 26. 5. 1970, BVerfGE 28, 243.
19)　詳細は *Sachs* in ders. (Hrsg.), Grundgesetz Kommentar, 7 Aufl.（2014），Art. 20 Rn. 149 ff.
20)　Löwisch/Rieble, TVG, Grundl. Rn. 170.
21)　組合組織の沿革の詳細は *Löwisch/Rieble* in: Münchener Handbuch zum Arbeitsrecht Band 2, 3. Aufl. (2009), §159 Rn. 1 ff.

の集約化が進んだ。現在，ドイツ全体でDGB系の産別組合は8つである[22]。

ドイツではDGB傘下の労働組合が支配的であり，DGB系産別組合は日本の労働組合と比較にならないほど巨大である。例えば，ドイツの労働組合で最大規模を誇るIG Metall（金属・電機産業組合）は，2015年末時点で約227万人の組合員を擁する。また，サービス部門の産別組合Ver.diは1000以上の職業（銀行員，客室乗務員，教職員，公務員等）をカバーし，2015年末時点で組合員は約200万人である。DGB系産別組合は価値観や思想において中立的であり，特定の思想をもつ戦前の傾向組合（Richtungsgewerkschaften）の組合員の多くも組織に取り込んだ。

これに対し，1955年設立のキリスト教労働総同盟CGB（Christliche Gewerkschaftsbund）は傾向組合を統合し，DGB系組合と対抗関係にある。もっとも，CGBは傘下の14組合すべて合わせて組合員は「28万人超」と公表しており（CGBのHPによる［2016年5月閲覧］），DGBと比較して組織力がはるかに小さい。

このほか，ドイツには特定の職業に従事する者のみを組織する職業別組合がいくつか存在する。パイロット労組Vereinigung Cockpit，医師労組Marburger Bundがその代表例である。もっとも，これらの職業別組合は伝統的にDGB系産別組合と協約共同体（Tarifgemeinschaft）を形成し，産別組合と共同で協約を締結するのが通例であり，DGB系産別組合と協調関係にあった。

2　労働協約の特徴

戦後DGBで採用された産業別組織原理によれば，労働組合は職業に関係なく一定の産業部門に属するすべての労働者を代表するものと把握され，労働組合（DGB系産別組合）は，使用者団体との間で当該産業のあらゆる労働者をカバーする産別協約を締結するのが一般的である。そして，DGBの一産業一組

---

[22]　具体的には，①NGG（食品・飲料・飲食業産業），②GEW（教育・学術），③IG Metall（金属・電機産業），④GdP（警察），⑤IG BAU（建設・農業・環境産業），⑥IG BCE（鉱業・化学・エネルギー産業），⑦Ver.di（サービス部門），⑧EVG（交通・鉄道）である。

合の方針により，一つの事業所には一つの組合しか存在せず，協約交渉においては当該事業所内のすべての職業の労働者が連帯し，単一協約の獲得のために闘う構図となった。こうしてドイツでは，DGB 系の巨大な産別単一組合が協約交渉の担い手となって一つの産業をカバーする労働協約を締結し，産別協約は当該産業内の全職業のための統一的最低基準を設定してきた。なおドイツでは，産別協約のほかに個々の企業と産別組合が締結する企業別協約も存在するが，企業別協約は，ごく一部の巨大企業（著名なのはフォルクスワーゲン社）との間でのみ慣行的に締結され，しかもそれは，産別協約をそのまま援用するか，産別協約よりも有利な労働条件を規定するものにすぎなかった[23]。

III　労働協約の締結権者[24]

1　基本法9条3項にいう団結体

ある労働者団体が基本法9条3項の保護を受けるには，同規定にいう「団結体（Vereinigungen）」[25]に該当しなければならない。基本法9条3項の団結体は同条1項が保障する「結社（Vereine und Gesellschaften）」と同義であり，「結社」の定義を具体化する法律規定として結社法（Vereinsgesetz）2条1項がある。同規定によると，「結社」とは，① 相当期間，② 共通の目的のために ③ 自由意思で結集し，④ 組織的な意思決定に服する団体である。②の目的は，9条3項の団結体については，同規定にいう「労働条件及び経済条件を維持し発展させるため」となる。

また，労働者団体については，判例により，⑤ 対抗者（使用者）独立性（Gegnerunabhängigkeit）および ⑥ 第三者（国家，教会，政党）からの独立性も要求されている[26]。⑤は，従属労働を基礎とする労働関係では使用者から独立している団体だけが労働者の利益を真に代表できるという考え方に基づくも

---

23)　Däubler/*Reim*/*Nebe*, TVG, §1 Rn. 77.

24)　藤内和公「西ドイツにおける労働協約論の一局面」岡山大学法学会雑誌33巻1号（1983年）67頁参照。

25)　BVerfGはこれを「Koalition」と呼んでいる。BVerfG 18. 11. 1954, BVerfGE 4, 96.

26)　BVerfG 18. 11. 1954, BVerfGE 4, 96.

ので，労働者団体の「対抗者」が一人でも組織されており，その者が構成員としての権利を行使して団体の意思決定に何らかの影響力を及ぼしうる場合には独立性が否定される[27]。いわゆる管理職員（leitende Angestellte 事業所組織法5条3項）は，ここでいう「対抗者」に直ちに該当するわけではなく，企業および使用者組織において，同人が当該労働者団体の構成員の労働法的および経済的立場に影響を及ぼしうる任務を果たす場合に初めて「対抗者」とみなされる[28]。また，使用者側からの財政援助は，支払中止の脅迫によって労働者団体の意思形成に影響が出る場合に対抗者独立性が否定される[29]。

2　協約能力要件と交渉力審査

(1) 協約能力とその不存在の帰結

労働協約法2条1項によると，労働者側の協約当事者は「労働組合」である。しかし，ドイツには労働組合の定義を定める日本の労組法2条のような規定がなく，労働協約法2条1項にいう「労働組合」の要件が解釈問題となっている。ここで，連邦労働裁判所 BAG は，労働者団体が労働協約を有効に締結するには基本法9条3項の団結体に該当するだけでは足りず，協約能力（Tariffähigkeit）が必要としており[30]，労働組合の概念論は，協約能力論としても展開されている。すなわち，基本法9条3項の「団結体」のうち協約能力を有する労働者団体が，労働協約法2条1項にいう「労働組合」に該当し，労働協約締結権を取得するのである。労働者団体が協約締結時に協約能力を有しない場合は当該協約は最初から無効であり，協約締結後に協約能力を失った場合はその時点から無効となる[31]。

ところで，協約能力はすべての労働者団体について協約締結前に審査が義務づけられるものではなく，ある労働者団体の協約能力についての異議が，地域的・分野的に管轄を有する労働者団体または使用者団体，連邦労働監督庁，州

---

27) Löwisch/Rieble, TVG, §2 Rn. 59.
28) BAG 15. 3. 1977, NJW 1977, 1551; Löwisch/Rieble, TVG, §2 Rn. 60.
29) Löwisch/Rieble, TVG, §2 Rn. 71.
30) BAG 9. 7. 1968, AP Nr. 25 zu §2 TVG.
31) Löwisch/Rieble, TVG, §2 Rn. 160 ff.; ErfK/*Franzen*, §2 TVG Rn. 5.

の最上級監督官のいずれかから申し立てられた場合に，労働裁判所が協約能力を審査することになる（労働裁判所法97条1項，2a条1項4号）。そして，労働裁判所が当該労働者団体の協約能力を否定した場合には，当該団体の協約能力の不存在は，当該裁判所決定が重視した事実や法律関係が本質的に変動するまで妥当する[32]。つまり，ある時点で協約能力を否定された場合には，それ以降当該団体の協約締結権が一括して否定され，事情変更がない限り締結された協約も一律無効になるのである。

(2) 協約能力の具体的要件

BAGが協約能力の具体的要件として言及してきたのは，① 民主的組織構造，② 協約締結意思，③ 現行法制度の承認，④ 争議行為の準備（Arbeitskampfbereitschaft），⑤ 交渉実力性（soziale Mächtigkeit），⑥ 協約の実施能力（Leistungsfähigkeit），⑦ 超事業所組織（Überbetrieblichkeit）である[33]。

このうち④の「争議行為の準備」は，ある労働者団体が自らの目的を争議行為によって実現する用意があることをいい，規約等で争議行為の可能性を明記していない団体や，反対に争議行為を紛争解決手段としない旨を明記している団体について問題となる。

ドイツでは，19世紀末以降，労働運動に対する使用者側の反撃として事業所内に労働組合が組織された歴史があり，こうした御用組合の再来を防ぐため，BAGは当初，争議行為（ストライキ）の準備を明確に協約能力の要件としていた[34]。しかしBVerfGは，1964年に，カトリック教会の家政婦団体の協約能力が争われた事案において，同団体は争議行為ではなく協約当事者の意見と善意を信頼して労働条件を平穏に決定することを予定しているとし，協約能力の審査において争議行為の準備を不要とした[35]。本件はストライキによる闘争になじまないカトリック家政婦団体の特殊な事案であったが，BAGは同判決

---

32) BAG 23. 5. 2012, NZA 2012, 623.

33) 詳細はLöwisch/Rieble, TVG, §2 Rn. 90 ff.; Kempen/Zachert/*Kempen*, TVG, §2 Rn. 24 ff.

34) BAG 6. 7. 1956, AP Nr. 11 zu §11 ArbGG 1953; 19. 1. 1962, AP Nr. 13 zu §2 TVG.

35) BVerfG 6. 5. 1964, BVerfGE 18, 18.

以降，次第に「争議行為の準備」に言及しなくなり，現在では同要件を一般的に協約能力要件に含めない立場に立っている[36]。

　もっとも，BAG は団結体の交渉力審査の一切を放棄したわけではない。BAG は，労働協約制度は協約当事者間の力の対等性を前提としているから労働者団体の交渉力の十分性を確認するための要件が必要との立場で一貫しており，1960 年代末以降は争議行為と異なる観点から労働者団体に一定の交渉力を求めているのである[37]。こうして新たに設定された交渉実力性の要件は，労働者団体の交渉力を，争議行為によるものに限定されない，より広い観点から審査するものである（詳細は第 2 章第 2 節 I）。

　なお，⑦の「超事業所組織」は，労働組合は一つの事業所レベルを超えた組織でなければならないというものであり，一部の事案でその不可欠性が指摘されている[38]。これは，「事業所組合」はその存続が当該企業に依存するため，労働者利益を十分に防御できないという考え方によるものである[39]。しかし，理論的には，事業所レベルの労働者団体が当然に協約能力を否定されるわけではなく，組織レベルは基本法 9 条 3 項の団結体の要件である対抗者独立性や協約能力における交渉力審査の判断要素と位置づけるのが妥当と指摘される[40]。実際，労働者団体が大企業で組織されている場合に，「超事業所組織」でないとして協約能力が否定された例はない[41]。

IV　労働協約の適用関係

　基本法 9 条 3 項にいう団結体に該当し，かつ協約能力を有する労働組合による書面化された合意（労働協約法 1 条 2 項）は労働協約として有効であるが，

---

36) BAG 15. 3. 1977, AP Nr. 24 zu Art. 9 GG; 15. 3. 1978, AP Nr. 30 zu §2 TVG.
37) BAG 9. 7. 1968, AP Nr. 25 zu §2 TVG.
38) BVerfG 1. 3. 1979, BVerfGE 50, 290; BAG 28. 3. 2006, AP Nr. 4 zu §2 TVG Tariffähigkeit.
39) Berg/Kocher/Schumann/*Kocher/Berg*, TVG, §2 Rn. 36.
40) Berg/Kocher/Schumann/*Kocher/Berg*, TVG, §2 Rn. 36; Junker 2016, Rn. 466.
41) Däubler/*Peter*, TVG, §2 Rn. 51 f.

ドイツでは有効な労働協約のすべてが組合員に適用されるわけではない。ドイツでは，適用範囲が重複する2つ以上の労働協約が締結された場合には，そのうち一つだけが適用されるという法原則がBAGによって形成されていたのである。労働協約の適用範囲が重複するケースには，協約抵触（Tarifkonkurrenz）と協約多元性（Tarifpluralität）の2つがある[42]。

まず，協約抵触は，同一の労働関係において同一事項を規定する労働協約が2つ以上締結された場合に生じる。このケースでは，複数の矛盾する規定は同時に適用できないので，BAGは一つの協約が選択・適用されなければならないとしていた。これを協約単一原則（Grundsatz der Tarifeinheit）という。

次に，協約多元性は，一つの事業所において，同一事項を規定する労働協約が2つ以上締結され，使用者はそのすべてに拘束されるが，労働者はその一つに拘束される場合に生じる。日本では，同一事業所で異なる労働組合が使用者と労働協約を締結した場合，組合員は自己の労働組合が締結した労働協約に拘束され，一つの事業所で複数の労働協約が併存するのが当然と考えられているが，ドイツではそうではない。BAGは，1950年代後半以降，協約多元性の場合にも協約単一原則を適用しており，同一の事業所ではただ一つの労働協約しか適用を認めなかったのである。こうして協約単一原則を協約多元性のケースにも適用すれば，労働協約が排除される労働組合の協約自治および当該組合員の積極的団結自由との抵触が問題となるが，BAGは同原則を一貫して合憲と解していた。こうした協約適用に関するルールの詳細は後に詳しく扱う（第2章第2節Ⅱ）。

V 労働協約の適用範囲・効力とその本質論

労働協約は協約当事者およびその構成員を拘束し（労働協約法3条1項），原則として双方が労働協約に拘束される労働関係に直律的強行的に適用される

[42) この2つの概念の区別については，Jacobs, Tarifeinheit und Tarifkonkurrenz (1999), S. 95 ff. 協約適用に関するルールの詳細はWiedemann/*Wank*, TVG, §4 Rn. 278 ff.

（同 4 条 1 項。労働協約の規範的効力）。ただし，こうした構成員資格に基づく協約の拘束力には法律上 2 つの例外がある。第 1 に，「事業所および事業所組織法上の問題」に関する協約規範は当該事業所の全労働者に適用される（同 3 条 2 項）。第 2 に，労働協約に一般的拘束力宣言（Allgemeinverbindlichkeitserklärung）が付された場合には，当該協約はその適用範囲内で，それまで当該協約に拘束されていなかった労使に拡張適用される（同 5 条）。

このほかに，ドイツでは，労働協約の規範的効力が及ばない場合も，協約基準が個別契約による援用を通じて大部分の労働関係に適用されるのが通例である[43]。

規範的効力という契約上の効力を超える特別な効力をもつ協約規範については，かつてはその本質を憲法上国家から授権されたものと理解し，団結体は公法上の任務として労働条件を規制するという見解（授権説）が多かった[44]。しかし同説は，① 規範的効力が原則として団結体の構成員にしか及ばないことを説明できない，② 労働条件および経済条件の決定は基本法 9 条 3 項によって本来的に団結体にゆだねられているとみるべきである，等として批判され，近年では，協約当事者の規範設定権限は，団体に服するという個人の意思表示（組合への任意加入）に求められるとする見解（集団的私的自治説）が増えている[45]。

VI 国家法と労働協約の関係

1 法律と法律に代替する判例法

ドイツには統一的な労働法典が存在せず，個別の連邦法によって労働関係が

---

43) Junker 2016, Rn. 538.

44) Säcker, Grundprobleme der kollektiven Koalitionsfreiheit（1969），S. 73 ff.; Wiedemann/*Wiedemann*, Tarifvertragsgesetz, 6. Aufl.（1999），§ 1 Rn. 43. 労働協約の本質論の議論状況は，労働政策研究・研修機構『労働関係の変化と法システムのあり方』（2006 年）102 頁以下〔橋本陽子〕参照。

45) Rieble, Der Tarifvertrag als kollektiv-privatautonomer Vertrag, ZfA 2000, 5 (23 ff.); Waltermann, Zu den Grundlagen der Tarifautonomie, ZfA 2000, 53 (65 ff.).

詳細に規制されている。これらの法律を分類すると，① 契約当事者の権利義務を規制し，その履行を当事者の訴訟提起によって確保する諸法規の総体である労働契約法（Arbeitsvertragsrecht）と，② 最低基準としての労働条件を定め，その履行を行政上の監督と罰則によって確保する諸法規の総体である労働保護法（Arbeitsschutzrecht）がある[46]。労働契約法に属するのは，民法典（Bürgerliches Gesetzbuch），商法典（Handelsgesetzbuch），営業法（Gewerbeordnung），証明書法（NachweisG），賃金継続支払法（EntgeltfortzahlungsG），連邦休暇法（BundesurlaubsG），解雇制限法（KündigungsschutzG），パートタイム・有期契約労働法（Teilzeit- und BefristungsG）等の労働関係規定である。そして，労働保護法に属するのは労働時間法（ArbeitszeitG），閉店法（LadenschlussG），母性保護法（MutterschutzG），年少労働保護法（JugendarbeitsschutzG）等である。

以上の立法のほか，ドイツでは，裁判官が立法者に代わって強行的な法規範を形成することが認められている。裁判官が形成する法は「法律に代替する判例法（gesetzesvertretendes Richterrecht 以下単に「判例法」ともいう）」と呼ばれ，裁判官が単なる法律解釈を超える独自の法形成を行いうる点に特徴がある。BAG は，「ある規定が立法者が想定していない事案に適用され，立法者が想定していないような帰結がもたらされるときで，かつ，立法者がこの事態を認識していたならば現行法のようには規定していなかったと考えられる場合には，裁判所は，裁判官の法形成という承認された原則を考慮し，法律の根本思想および目的に従ってそれを発展させる権限がある」[47]とし，その根拠を基本法20条3項に求めた。同規定によると，裁判官は法（Gesetz und Recht）に拘束されるが，BAG は，これは裁判官を法律の「文言の擁護者」とするものではなく，法律の「意味と目的の擁護者」とするものとした。したがって，裁判官は将来の事案を適切に解決するために現在の法規定から逸脱し，一定の目的や規定の趣旨に合致して，立法者が現在の状況を見れば行っていたと考えられる規制を実現する権利義務を有しているとしたのである。

---

46) Junker 2016, Rn. 3.
47) BAG 16. 3. 1962, AP Nr. 19 zu §1 HausarbTagsG Nordrh.-Westfalen.

労働分野では，BAG が法律の欠缺を埋めるために多くの強行的な法原則を形成しており，法律に代替する判例法は法律改正をときに誘導する等，労働者保護法の発展において重要な役割を果たしてきた。以下「国家法（国家規制）」という場合，特に断らない限り，法律と法律に代替する判例法の双方を含むものとする。

2　国家法の労働協約に対する効力

以上のような国家による労働者保護規制は，最低基準としての意義を有し，それを下回る合意の効力は否定されるのが原則である。しかしドイツでは，労働時間法や連邦休暇法を典型として，有利・不利に関わらず労働協約による逸脱を認める法規定が数多く存在し，法律に代替する判例法に関しても，後に詳しくみる通り，BAG は労働協約による不利な逸脱を認めている。このように労働協約による不利な逸脱をも許容する国家法は，「労働協約に開かれた法規範（tarifdispositives Recht）」と呼ばれる。

ドイツで労働協約に開かれた法規範が数多く存在するのはなぜなのか。この点を解明するため，次節では，ドイツにおいて労働協約に開かれた法規範がどのようにして形成され，発展していったのかをみていく。

第 2 節　労働協約に開かれた法規範の発展

労働協約に開かれた法規範は第一次世界大戦後に初めて登場し，労働立法の整備とともに増大するが，1980 年代以降は労働法の柔軟化の流れを受けてその内容が多様化・複雑化し，議論状況にも変化がみられる。そこで以下では，1970 年代までと 1980 年代以降に時期を区分し，労働協約に開かれた法規定の発展の経緯を追っていく[48]。

---

48)　労働協約に開かれた法規範の沿革は Bock 2005, S. 48 ff. 邦語文献として，西谷・前掲注 2) 書・608 頁以下，桑村裕美子「ドイツにおける労働協約に開かれた法規範と協約自治」労働問題リサーチセンター『労働法における規制手法・規制対象の新展開

第2編　ドイツ

I　1970年代までの展開

1　労働協約に開かれた法規範の出現・拡大

　労働協約に開かれた法規範は，第一世界大戦直後の1919年3月18日の労働時間命令[49]が，7条1文で労働協約による法定労働時間（1日8時間）等の例外設定を許容したのが最初である[50]。同様の規定は，1923年12月21日の労働時間命令[51] 2条，1938年労働時間法（Arbeitszeitordnung）7条1項でも用いられ，労働協約に開かれた法規定の定式は，その後1963年の連邦休暇法で広く採用されることになる。

　年次有給休暇は，もともと労働組合が協約交渉を通じて使用者から勝ち取っていた権利であり，1963年連邦休暇法はこの権利を連邦レベルで統一する目的があった。同法の立法過程では，当初，年次有給休暇の権利を連邦法で保障しつつ，労働協約による逸脱を法規定よりも有利な場合か家内労働に限定して認める予定であった。しかし，協約当事者は，有給休暇は本質的に労働協約で定める事項であり，これを法律で一律に定めることは憲法上の協約自治保障の侵害にあたると主張した。そこで政府は，有給休暇に関し協約当事者が果たしてきた歴史的役割に配慮する形で，連邦休暇法の大部分の法規定を労働協約に開放した[52]。これにより，連邦休暇法の法規定は，基本原則を定める1条（毎

　　と契約自由・労使自治・法規制』（2006年）19頁以下等。
49)　Verordnung über die Regelung der Arbeitszeit der Angestellten während der Zeit der wirtschaftlichen Demobilmachung v. 18. 3. 1919, RGBl. 1919 I, S. 315.
50)　なお，1918年11月23日の労働時間命令（RGBl. 1918, S. 1334）も労使の集団的合意による労働時間規制の例外創出を認めていた（Abschnitt VII）が，その実施には管轄の監督機関の許可が必要であり，労使合意だけで例外的措置の実施が可能となるものではなかった。
51)　Verordnung über die Arbeitszeit v. 21. 12. 1923, RGBl. 1923 I, S. 1249.
52)　連邦休暇法の沿革と内容の詳細は，中島正「西独逸の年次有給休暇制度（一）・（完）」社会労働研究11巻1号1頁，同2号51頁（1964年），名古道功「ドイツにおける年次有給休暇制度の生成と発展」金沢法学27巻1＝2号（1985年）335頁が詳しい。

暦年の有給休暇権の保障)，2条（適用範囲)，3条1項（最低休暇日数（現在年間24週日)）を除くすべての法規定[53]につき，労働協約による不利な逸脱が可能となった (13条1項1文)。

1960年代には，連邦休暇法以外でも，例えば1969年の民法典改正で，職業部門によって異なる法律で規制されていた解約告知期間（使用者による場合は解雇予告期間）を統一する一般的規定が置かれ，同時に同規定が労働協約に開放された（現622条4項)。また同年には，疾病時の賃金保障を定めた賃金継続支払法 (Lohnfortzahlungsgesetz [LohnfortzG] → 1994年に EntgeltfortzahlungsG [EFZG] に改編）の制定と同時に，賃金に関する協約当事者の自主的規律の伝統を重視して，疾病時の継続支払賃金の算定方法の規定が労働協約に開かれた (LohnfortzG2条3項。EFZG4条4項に相当)。

2 Biedenkopfの命題

こうして労働協約に開かれた法規範が増大する中で，学説は，そもそも国家規制と労働協約はいかなる関係にあるかを問題とするようになる。この問いに最初に本格的に取り組んだ Biedenkopf は，1964年の著書『協約自治の限界』(Biedenkopf 1964) の中で，国家と協約当事者はそれぞれ労働条件規制の管轄を有するという立場をとり，協約自治の「中核的領域 (Kernbereich)」における国家規制の補完性 (Subsidiarität) を主張した[54]。この見解の特徴は，協約自治の「中核的領域」を，公共の利益のために国家規制が不可欠となる事項[55]以外の全て，と極めて広く解し，賃金その他の実質的労働条件[56]の大部

---

53) 例えば，有給休暇権取得の待機期間（4条)，部分休暇の要件（5条)，休暇の二重請求禁止（6条)，休暇付与の時期・繰越し・買取りの要件（7条)，休暇中の就労禁止（8条)，休暇手当の算定方法・支払時期（11条）等が労働協約に開かれている。

54) Biedenkopf 1964, S. 152 ff., 178 ff., 205 ff. 同見解の詳細は，桑村・前掲注 48) 論文・23頁以下。

55) 国家規制が不可欠な事項は国家の排他的管轄に属し，例えば最低賃金，賃金請求権の差押え制限・強制執行の禁止，生活扶助規制，労働者保護法の刑法による履行確保がこれに該当するとした。Biedenkopf 1964, S. 155.

56) ドイツではかつて実質的労働条件 (materielle Arbeitsbedingungen) と形式的労

分は「中核的領域」に属し，明文がなくとも労働協約による逸脱が認められるとした点にある。そして Biedenkopf は，法律規制に対して協約優位を広範に肯定する考え方を「法律に代替する判例法」にも転用し，その後の BAG 判例の展開に大きなインパクトを与えた。

3　労働協約に開かれた判例法の展開

Biedenkopf の著書が出版されてから 2 年後の 1966 年，BAG は「労働協約に開かれた判例法」の存在を認める注目すべき判決を行った[57]。そこで問題となった事案は次の通りである。

ドイツでは，賞与の支払い後，一定期間を経ずに退職した労働者に賞与の返還を義務づける条項が個別契約に置かれることがあるが，BAG は労働者の退職自由の確保のため，当該条項の効力を制限する判例法（法律に代替する判例法）を形成していた。これによると，賞与の額が 100 マルクを超え 1 か月の給与未満の場合は，次暦年の 3 月 31 日より前に退職した労働者に対して賞与返還を義務づけることが許されるが，3 月 31 日の満了をもって退職する労働者にまで返還義務を課すことは禁止される。しかし本事案では，月給の 3 分の 1 にあたる約 170 マルクの賞与につき，労働協約が次暦年の 3 月 31 日の満了をもって退職する労働者にも返還義務を課していたため，従来の判例法から不利に逸脱するものとして，その効力が争われた。

本件で BAG は，1966 年 3 月 31 日の判決で，Biedenkopf の上記著書を引用しながら，① 労働組合に法的に認められている意思貫徹手段は労働者個人のそれより強力であるため労働組合に特別の保護の必要性はないこと，② 憲法による協約自治保障の下では，基本法や強行法規に違反する場合を除き労働協約に広範な保護を与えるべきであることを指摘し，本件労働協約による従来の

　　働条件（formelle Arbeitsbedingungen）の区別があり，前者は賃金，労働時間の長さ，休暇，解雇等の労働関係の主たる義務の内容・範囲を決定する事項を，後者は事業所秩序，労働時間の配置等の給付提供の外的状況に関わる事項を意味した（荒木尚志『雇用システムと労働条件変更法理』（有斐閣，2001 年）154 頁）。しかし現在では，こうした分類は用いられていない。Wiedemann/*Thüsing*, TVG, §1 Rn. 411.

57)　BAG 31. 3. 1966, AP Nr. 54 zu §611 BGB Gratifikation.

判例法からの逸脱はわずかであり無効の評価にはつながらないとした。

本件は，法律に代替する判例法について労働協約による不利な逸脱を認めた初めての判決である。これが Biedenkopf の上記命題の影響を受けたことは，判旨の中で彼の著書が引用されていることからも明らかである。

なお，本判決で BAG は本件労働協約による逸脱は「わずか」としており，これは 3 月 31 日の取扱いのみ判例法に違反するという意味と解される。しかし，翌年の 1967 年に，BAG は労働協約が判例法をどの程度遵守しているかは重要でないとして，賞与返還に関する判例法から逸脱する労働協約の効力を広く認めた[58]。その後，労働協約による判例法からの逸脱は賞与返還以外の事項でも肯定され[59]，判例法についても労働協約に広く開かれていることが明らかになった。

4 学　説

国家法に対する協約優位を広く認める BAG の考え方について，学説は大きく 3 つに分かれて対立した。

第 1 に，これを積極的に支持する見解がある。例えば Herschel は，法源論の観点から，裁判官を立法者と同程度に自らが設定した法原則の主であると考え，裁判官は自ら形成する法原則について協約優位を導くことも可能であるとした[60]。また Säcker も，公共の福祉のために最低限必要とされる保護以外は，制定法であれ判例法であれ，原則として労働協約に開かれていると解すべきとし，労働協約による国家法からの逸脱を広く肯定した[61]。

第 2 に，これに反対する見解がある。Lieb[62] は，Biedenkopf のように協約

---

[58] BAG 23. 2. 1967, AP Nr. 57 zu §611 BGB Gratifikation.
[59] 有期労働契約の締結に客観的理由を要求する判例法について，BAG 4. 12. 1969, AP Nr. 32 zu §620 BGB Befristeter Arbeitsvertrag. 競業避止特約の効力要件を定める商法典 74 条以下を商業に従事する職員以外の労働者に類推適用する判例法について，BAG 12. 11. 1971, AP Nr. 28 zu §74 HGB.
[60] Herschel, Tarifdispositives Recht, DB 1971, 2114 (2115).
[61] Säcker (Fn. 44), S. 45 ff.
[62] Lieb, Kritische Gedanken zum tarifdispositiven Richterrecht, RdA 1972, 129 (132

自治の中核的領域を広く解すと,実際上あらゆる労働条件および経済条件の決定が労働協約にゆだねられ,協約自治保障の異常なまでの拡張につながるとして,前掲BAG1966年3月31日判決を批判した。そして,BAGと異なり判例法に絶対的価値を認めても協約自治の中核的領域の侵害にはあたらないこと,またそもそも,BAGが形成した法原則は,厳格に適用され,その違反には無効というサンクションが与えられる絶対的禁止規範とみるべきであることを指摘し,労働協約が法律に代替する判例法から逸脱することは許されないとした。

第3に,肯定説と否定説の中間に位置づけられる独自の理論を展開したのがCanaris[63]である。Canarisはまず,基本法20条3項は司法よりも立法を優位に置くため,裁判官は立法者と同程度に協約開放性の可否を決定できるわけではなく,法規定の目的論的解釈によって法律の欠缺を埋めることだけが可能とする。その上で,当時の法律がいかなる基準で協約開放性の可否を決定しているかを検討し,立法者は保護規定の「根本思想」とその「法技術的具体化(rechtstechnische Einkleidung)」を区別し,後者のみを労働協約に開いているとする[64]。そして,同様のことは「法律に代替する判例法」にも妥当しており,協約開放性の有無は,保護規定の根本思想か,その具体化かの区別によって決定されるとした。

II 1980年代以降の展開

以上のように,1960年代・70年代は,労働協約に開かれた法規範の有無・範囲が憲法論として活発に議論されたが,1980年代になると,多くの法規定

---

　　ff.).

63) Canaris, Tarifdispositive Normen und richterliche Rechtsfortbildung, in: Hueck/Richardi (Hrsg.), Gedächtnisschrift für Rolf Dietz (1973), S. 199 ff., 217 ff.

64) 例えば,疾病時の賃金継続支払原則を定める当時の規定(民法典616条2項2文)が,疾病時の賃金継続支払いを要求する法原則(保護規定の「根本思想」)ではなく,その期間を具体的にどれ程に設定するか(根本思想の法技術的具体化)を労働協約にゆだねており,労働協約による期間の短縮が同原則の潜脱にあたる場合にはその協約は無効になることを指摘していた。Canaris (Fn. 63), S. 218.

が立法政策上の理由で労働協約に開放されていく。

1 労働法の柔軟化の流れと改革の概要

1980年代は，労働をめぐる状況変化によって労働法の柔軟化の要請が高まった時期である[65]。特にドイツが苦しんだのは失業問題であり，1982年に失業者が200万人を超え，1990年の東西ドイツ統一でその数はさらに増大した。こうした中，行き過ぎた法規制の緩和や労働条件の引下げによる雇用量の増大，弱小企業の倒産回避，パートや派遣等の非典型雇用の促進が必要と考えられた。また，経済のグローバル化による国際競争の激化により，企業への規制の緩和による国際競争力の強化が課題となった。さらに，急激な技術革新による産業構造の変化により，派遣労働やパートタイム労働，在宅勤務等の多様な就労形態が可能となり，これに対応した柔軟な法制度が求められた。

以上のような状況において，ドイツは1980年代以降，国家規制に対して労使の決定自由を増大させる労働法改革を進めていく[66]。

第1に，雇用創出効果をねらって非典型雇用の規制を緩和し，1985年の就業促進法（BeschäftigungsförderungsG）制定以降，労働契約の期間設定に必要な「客観的理由」を一部不要としたり，雇用期間の上限を延長したりした。有期労働契約をめぐる規制はその後2000年制定のパートタイム・有期契約労働法に引き継がれたが，同法は，有期労働契約の更新回数の上限や客観的理由なく有期契約が利用可能な合計期間を労働協約に開放する等，労働協約の決定自由を増大させた。また，労働者派遣法（ArbeitnehmerüberlassungsG）において

---

[65] Heinze, Flexibilisierung des Arbeitsrechts, ZfA 1987, 239; Zöllner, Flexibilisierung des Arbeitsrechts, ZfA 1988, 265 (266 ff.); Fuchs, Flexibility in Labour Law: The German Approach, in: Caruso/Fuchs (eds.), Labour Law and Flexibility in Europe (2004), p.47. 邦語文献として，西谷敏「ドイツ労働法の弾力化論（一）」大阪市立大学法学雑誌39巻2号（1993年）247頁以下，和田肇「ドイツ労働法の変容」学会誌93号（1999年）63頁以下等。

[66] 1980年代以降の改革の概要は西谷敏「ドイツ労働法の弾力化論（二）」大阪市立大学法学雑誌42巻4号（1996年）806頁以下，和田・前掲注[65]論文・67頁以下，橋本陽子「第2次シュレーダー政権の労働法・社会保険法改革の動向」学習院大学法学会雑誌40巻2号（2005年）177頁以下等。

も，1985年以降，派遣可能期間の延長や許可義務の免除の規定が設けられた。さらに，解雇制限法の適用除外が拡大され，整理解雇の人選基準の規制も緩和された。

第2に，労働時間の分野では，法規制を単純に緩和ないし廃止するのではなく，多くの場合に，集団的合意に基づく例外設定を認めた。すなわち，年少労働保護法の1984年改正では，年少者のための特別な労働時間規定の多くが労働協約や事業所協定に開放され，同様の枠組みが1994年労働時間法（ArbeitszeitG）改革でも広く採用された。本書の問題意識からは，従来の規制水準を維持しつつ，労使合意に一定の逸脱を認める手法が，労働時間の分野を中心に多用された点は大いに注目される。そこで以下，そうした改革の代表例として1994年労働時間法改革を取り上げ，その背景や内容を詳しくみていくことにする。

2　1994年労働時間法改革

ドイツでは長い間，労働時間については1938年労働時間法と1969年営業法が一般的規制を行っており，1938年労働時間法では法定労働時間が1日8時間，週では営業法による日曜休日規制により計算上48時間となっていた[67]。ただし実務では，労働協約が週休2日制を導入して大幅な労働時間短縮を実現しており，順調な経済成長がこれを後押ししていた。しかし，1970年代半ばからの経済不況によって失業率が増大すると，これ以上の時短は企業の国際競争力を弱め，失業者の増大をもたらすと考えられ，時短の流れはいったん停滞した。

1980年代になると，労働組合は仕事の分け合いによる失業の克服を目指して時短を再び要求するようになり，使用者側はそれを受け入れる代わりに労働力を有効活用しうる柔軟な労働時間制度の実施を求めた。使用者側の柔軟化の要求に対しては，労働組合は当初反対したが，柔軟な労働時間制度は労働者の生活の多様化に合致するとの考え方が広まり，労働組合にも受け入れられるようになった。しかし法律上は，1938年労働時間法が限定的な単位での変形労

---

[67]　詳細は荒木尚志「西ドイツの労働時間制度」山口浩一郎＝渡辺章＝菅野和夫編『変容する労働時間制度』（日本労働協会，1988年）20頁以下。

働時間制（4条）と労働協約による1日の労働時間の上限超過（7条1項）を認めるだけで，非常に硬直的であった。そこで協約当事者は，フレックスタイム制の導入や変形制の調整期間の拡大等，法律が認める以上の柔軟な労働時間編成を独自に実現していった。こうして，厳密には違法と解される協約実務が横行し，国家法としての労働時間規制の柔軟化の必要性が認識されたことが，1994年の労働時間改革の大きな要因になったとされる[68]。

1994年労働時間法の立法過程では，多くの法規定を労働協約に開放すれば労働者保護が実現されなくなるとして反対の声が強かったが，連邦政府は，集団的労使に規範設定をゆだねれば，実務に即し，客観的に妥当で実効的な労働者保護を実現することができるとした[69]。こうして成立した1994年労働時間法は，7条と12条で労働協約（および一定の要件の下で事業所協定）に新たに多くの法規定を開放し，手待ちの場合の1日の労働時間の上限，変形制の調整期間，休憩時間の最小分割単位，1日ごとの連続休息時間，深夜時間帯の開始，非労働日たる日曜の数，祝日労働に対する代償休息付与等について不利な逸脱が可能となった。その一方で，労働者の健康に特別な危険が及ぶことが想定される職種・労働・労働者集団については，労働者の健康保護に必要な限りで，連邦参議院の同意の下，政令によって労働協約または事業所協定による例外設定の可能性を制限しうることとした（8条）。

3 EU法の発展

続いて，1990年代以降の労働協約に開かれた法規範の形成において見逃すことができないのがEC・EU（以下両者を厳密に区別しない）法の発展である。

(1) EU法の発展とドイツ国内法への影響

1993年マーストリヒト条約で設置されたEC（European Community 欧州共同体）を前身とし，2009年リスボン条約で設置されたEU（European Union 欧州連合）は，欧州レベルで多くの「法」を設定している。EUの「法」は，① 基

---

[68] 1994年労働時間法の立法経緯は和田肇『ドイツの労働時間と法』（日本評論社，1998年）13頁以下。

[69] BT-Drs. 12/5888, S. 52 f.

本条約（EU 条約，EU 基本権憲章，EU 運営条約）を中心とする第一次法と，②これらの法律文書で付与された権能に基づき EU の機関が制定する第二次法（規則，指令等）に分けられる[70]。労働分野では，賃金，団体法，ストライキおよびロックアウトを除き，EU が法制定の管轄を有する（EU 運営条約 153 条Ⅴ）。EU の第一次法・第二次法ともに，EU 加盟国の憲法を含む国内法に優先し，加盟国の国内法は可能な限り EU 法と両立する解釈を行わなければならない[71]。EU 法と両立する解釈が不可能な国内法規定は不適用とするのが通説である[72]。近年，労働分野では第二次法に分類される指令が多数成立しており，EU 法はドイツの国内法にも大きな影響を与えている。

　上記の通り，EU 指令は加盟国の国内法に優位し，ドイツ憲法にも当然に優位する。したがって，EU 指令の国内法化に際しては，それがドイツ憲法で保障された協約自治を制約する内容でも，協約自治侵害の問題は生じない[73]。ある規制が EU 指令に由来するものであれば，そこからの逸脱の可否および範囲は，当該指令が加盟国に例外設定の余地をどの程度認めているかに依存し，当該指令が例外を一切認めていなければ，ドイツ国内でいかに協約自治が保障されていようと，ドイツの立法者は当該規制を労働協約に開放してはならないのである。

　このような観点から，EU 指令がドイツにおける労働協約に開かれた法規範の形成に影響した例として，1994 年 6 月 22 日の年少労働保護指令（94/33/EC）がある。ドイツで年少労働者（15 歳以上 18 歳未満）の保護のために 1976 年に制定されていた年少労働保護法は，年少労働者に対し，1 日の労働時間が①4 時間半を超え 6 時間までの場合に 30 分間，②6 時間超の場合に 60 分間の休憩時間を保障している（11 条 1 項 2 文 1 号・2 号）。そして，これらの規

---

70) Junker 2016, Rn. 26 ff. EU 発足前の欧州労働法の詳細は，ロジェ・ブランパン（小宮文人 = 濱口桂一郎監訳）『ヨーロッパ労働法』（信山社，2003 年）参照。

71) Europäischer Gerichtshof (EuGH) 5. 10. 2004-C-397/01 u.a., Sammlung der Entscheidungen des Europäischen Gerichtshofs 2004, I-8835-Pfeiffer; Junker 2016, Rn. 41.

72) Huber, Recht der Europäischen Integration, 2. Aufl. (2002), §9 Rn. 15 ff.; Bock 2005, S. 330 ff.

73) Bock 2005, S. 330 ff.

定は1984年改正で集団的合意（労働協約または事業所協定）に開放され，休憩時間を最大15分間短縮することが可能であった（1984年改正を経た21a条1項2号）。しかし，上記1994年の年少労働保護指令が，労働時間が4時間半超の場合に最低30分間の休憩時間の保障を加盟国に義務づけた（指令12条）ため，ドイツでは年少労働保護法改正が必要となった。そこで，同法が1996年に改正され，集団的合意による逸脱が可能な規制事項から①が除外された（現21a条1項2号，11条1項2文2号）。

これに対し，EU指令がドイツの労働協約に開かれた法規範を増大させる方向で作用した例もある。すなわち，労働時間に関しては，1994年労働時間法で既に多くの法規定が集団的合意に開放されていた（7条，12条）が，2003年11月4日に成立した労働時間指令（03/88/EC）で新たな逸脱形態が認められた。こうした中で2003年にドイツ労働時間法が改正され，労働時間中に常態として手待時間が含まれ，かつ労働者の健康に危険がないことが保障される場合に，労働協約または事業所協定により，調整を行うことなく週日の労働時間を8時間を超えて設定することが新たに認められた（7条2a項）。

もっとも，2003年労働時間指令で許容された逸脱可能性がドイツの立法者によってすべて採用されたわけではない。例えば，2003年指令は，1日の労働時間が6時間超の労働者（年少労働者を除く）に休憩時間付与を義務づける一方で，その時間数や要件は労働協約その他の集団的合意でも設定可能とする（指令4条）が，ドイツ労働時間法は最低限の休憩時間を30分または45分に設定し（4条1文），その短縮を認めていない。また，同指令は，深夜労働の一般的定義や特別な危険のある深夜労働の規制についても労使の決定にゆだねることを可能とする（指令18条，8条）が，ドイツ労働時間法はこれらを労使合意にゆだねていない（2条3項）。

(2) 差別禁止・不利益取扱禁止規制の発展

EU法において最近発展が目覚ましいのが差別禁止・不利益取扱禁止の規制である。欧州レベルでは，2000年から差別禁止指令が相次いで採択され[74]，

---

74) 具体的には，人種・民族差別禁止指令（2000/43/EC），雇用差別禁止指令（2000/78/EC），男女差別禁止指令改正（2002/73/EC），財産・サービス供給契約上

EU加盟国で国内法の整備が急がれた。ドイツでは，これらの指令の国内法化として2006年に一般平等取扱法（Allgemeine GleichbehandlungsG）が制定され，人種，民族，性別，宗教・世界観，障害，年齢または性的指向を理由とする差別的（不利益）取扱いが，労働関係の開始から終了に至るまで禁止された（1条，7条）。

また，パートタイム労働，有期契約労働については，それぞれフルタイム労働，無期契約労働との不利益取扱いを禁止する指令が1997年と1999年に成立した（97/81/EC, 99/70/EC）。これを受けてドイツでは，2000年にパートタイム・有期契約労働法が制定され，パートタイム労働または有期契約労働であることを理由とする客観的理由のない不利益取扱いが禁止された（4条1項，2項）。当該規制はEC指令で例外が認められていないため，ドイツのパートタイム・有期契約労働法でも労使合意による不利な逸脱はできないと明記された（22条1項）。

さらに，雇用形態に着目した欧州レベルの差別禁止・不利益取扱禁止は派遣労働者にも及んでいるが，ドイツでは派遣労働者の不利益取扱禁止原則が労働協約の逸脱を許容しており，その他の差別禁止規制にはない特徴がある。そこで以下，項目を改めて，ドイツにおける労働者派遣法の展開を，特に労働協約との関係性に着目して整理していく。

4　労働者派遣法と改正経緯

(1)　沿　　革[75]

ドイツでは，身分が不安定になりやすい派遣労働者に一定の社会的保護を及

の男女差別禁止指令（2004/113/EC）および労働・雇用問題における男女平等取扱指令（2006/54/EC）である。2000年までのEU差別禁止指令の条文訳は，柴山恵美子＝中曽根佐織編訳『EU男女均等法・判例集』（日本評論社，2004年）79頁以下。EU差別禁止指令の展開の詳細は，櫻庭涼子「EUの雇用平等法制の展開」法時79巻3号（2007年）64頁，同「雇用差別禁止法制」水町勇一郎＝連合総合生活開発研究所編『労働法改革』（日本経済新聞出版社，2010年）119頁以下等参照。

[75]　詳細はBoemke/*Lembke*, Arbeitnehmerüberlassungsgesetz, 3 Aufl. (2013), §9 Rn. 2 ff. ドイツ労働者派遣法の展開と内容を詳述する邦語文献として，大橋範雄

ぼすため，1972年に労働者派遣法を制定し，労働者派遣事業の許可制度や同一企業への派遣可能期間の上限等を定めていた。同法は，当初は労使合意による例外を許容していなかったが，産業部門によっては，派遣可能期間等の一律の規制が派遣労働者の雇用喪失につながり，また合理的な人事交流を阻害しうるという問題があった[76]。そこで，同法の1985年改正により，派遣元と派遣先に適用される労働協約がその旨定めたときに，同法の規定の一部を適用除外とした（1条3項1号）。これ以降，ドイツでは失業対策として派遣労働が促進され，頻繁にこの分野で規制緩和が行われた。しかしその過程では，派遣労働者を保護するための規制も新設されている。

まず，2001年改正では，連続1年を超えて派遣労働者を同一企業に派遣する場合に，派遣企業は1年経過後，派遣先の事業所で比較可能な労働者に適用される賃金を含む労働条件を当該派遣労働者に保障することが義務づけられた（当時の10条5項）。この規制は，派遣労働者を，同人を雇用する派遣企業の従業員と比較するのではなく，派遣先企業の労働者と比較して不利益取扱いを禁止するものであり，同一企業内の労働条件格差が問題となるその他の差別禁止規制（女性，有期契約，パートタイム労働に対する差別禁止）とは性格が異なる[77]。この規制の趣旨について，政府は，派遣労働者が1年を超えて同一の派遣先で活動する場合には，事実上派遣先事業所との関係が強固になるので，派遣労働者を派遣先の事業所の労働条件と区別することは正当化されなくなると説明していた[78]。

その後2002年2月には，シュレーダー首相が抜本的な労働市場改革（ハルツ改革[79]）に乗り出し，同年12月にいわゆる第1次ハルツ法が成立した。同

　　　『派遣法の弾力化と派遣労働者の保護』（法律文化社，1999年），同『派遣労働と人間の尊厳』（法律文化社，2007年）85頁以下，髙橋賢司『労働者派遣法の研究』（中央経済社，2015年）70頁以下がある。
- 76) BT-Drs. 10/3206, S. 32 f.
- 77) ErfK/*Wank*, §3 AÜG Rn. 11.
- 78) BT-Drs. 14/6944, S. 53 f.
- 79) ハルツ改革の内容は橋本・前掲注66)論文・180頁以下，大橋範雄「労働者派遣法の改正について」労旬1550号（2003年）24頁以下，同「ドイツにおける派遣法の弾

法は雇用創出のために労働者派遣法を大きく改正し，派遣可能期間の制限を撤廃する等して規制緩和を進める一方で，派遣開始の1年後から設定されていた派遣労働者の不利益取扱禁止原則[80]を派遣期間の初日から設定して保護を強化した[81]。これにより，派遣労働者は，賃金を含む本質的労働条件（賃金額，労働時間および有給休暇の長さ，社会的施設の利用）について，派遣開始の日から，派遣先の比較可能な労働者よりも不利益に扱うことが禁止された（3条1項3号）。この規定に反して派遣先労働者よりも不利に扱う合意は無効であり（9条2号），当該派遣労働者には派遣先の比較可能な労働者の労働条件が保障される（10条4項）。

派遣労働者の不利益取扱禁止原則については，派遣企業の使用者団体の団結自由を侵害する等として違憲抗告がなされたが，BVerfGは，同原則は労働市場で不利な立場に置かれている派遣労働者の地位を向上させるという社会政策上の目的に加え，派遣労働者の社会的受容と質を高めて就業可能性を高め，大量失業を解消するという公益目的があり，労働市場および社会的・経済的秩序の形成は立法者の広範な裁量が認められるとして合憲とした[82]。

(2) 不利益取扱禁止原則の例外

派遣労働者の不利益取扱禁止原則について注目されるのが，2002年改正で同原則が一般化されたときに，同原則に2つの例外が設定された点である。例外の第1が，失業者を最長6週間，直前に失業手当として受けていた賃金実額以上の賃金を保障して派遣する場合であり，第2が労働協約が逸脱を許容する場合である（当時の3条1項3号，9条2号）。

労働者派遣法の2002年改正は，同年3月20日に出された欧州委員会のEC

力化と均等待遇原則」労旬1594号（2005年）11頁以下等。

[80] 同原則はしばしば平等取扱原則（Grundsatz der Gleichbehandlung）と呼ばれるが，派遣労働者を派遣先労働者より有利に扱うことは許される（ErfK/*Wank*, §3 AÜG Rn. 11）ので，不利益取扱禁止原則と呼ぶ方が正確とされる（Boemke/*Lembke* (Fn. 75), §9 Rn. 70）。本書ではこの指摘に基づき不利益取扱禁止原則と訳す。

[81] 詳細は大橋・前掲注**79**)労旬1594号4頁参照。

[82] BVerfG 29. 12. 2004, NZA 2005, 153. 同判決については橋本・前掲注**66**)論文・186頁以下も参照。

指令案[83]）をモデルとし，その成立に先駆けてその内容を国内法化するという意味があった[84]）。この EC 指令案は，派遣労働者を客観的理由なく派遣先労働者より不利益に扱うことを禁止する（5条1項）のと同時に，① 派遣元と無期労働契約を締結した派遣労働者の場合（同2項），② 不利益取扱禁止原則から逸脱する労働協約がある場合—ただし派遣労働者に適切な保護レベルを保障することが条件（同3項），③ 6 週間以下の期間で遂行される職務への派遣の場合（同4項）について，同原則の例外を設けることを加盟国に認めていた。上記のドイツ労働者派遣法による例外は，このうち②と③を採用したものである。

ドイツ政府は，上記 2002 年改正にあたり，失業者を最長 6 週間派遣する場合の例外（EC 指令案の③に対応）は失業対策の一環と説明していた[85]）が，労働協約による逸脱の許容（EC 指令案の②に対応）の理由は明確にしていなかった。ただし学説は，労働協約による例外も，柔軟な賃金設定を可能にして失業者を労働市場に取り込むという雇用政策目的によると指摘している[86]）。

なお，2008 年 11 月 19 日に成立した労働者派遣指令（2008/104/EC）[87]）は，派遣労働者の不利益取扱禁止原則につき上記①②の例外を許容し（5条2項，3項），②に関しては，労働市場および労働関係の多様性に柔軟に対応するための特例と説明している[88]）。この労働者派遣指令の成立にともない，ドイツ労働者派遣法は 2011 年に改正され，失業者採用の例外（上記③に対応）が削除された。これにより，現在では労働協約に基づく例外のみが許容されている（現3条1項3号，9条2号）。

---

83) Vorschlag für eine Richtlinie des Europäischen Parlaments und des Rates über die Arbeitsbedingungen von Leiharbeitnehmern v. 20. 3. 2002, KOM (2002), 149.
84) Boemke/*Lembke*（Fn. 75），§9 Rn. 7.
85) BT-Drs. 15/25, S. 38.
86) Ulber, Personal-Service-Agenturen und Neuregelung der Arbeitnehmerüberlassung, AuR 2003, 7 (12).
87) 同指令の詳細は高橋・前掲注 75) 書・16 頁以下。
88) Begründungserwägung der Richtlinie 2008/104/EG des europäischen Parlaments und des Rates v. 19. 11. 2008 über Leiharbeit, Nr. 16.

(3) 例外許容規定の解釈

ところで，派遣労働者の不利益取扱禁止の例外については，「労働協約は〔同原則から〕逸脱する定めを許容することができる」（3条1項3号，9条2号）と規定されており，その意味内容に争いがある。通常の労働協約に開かれた法規範においては，「労働協約で逸脱することができる」（連邦休暇法13条1項1文），「逸脱する規定を労働協約によって定めることができる」（民法典622条4項1文）というように，逸脱は労働協約によってのみ可能であることが文言上明らかであるのに対し，労働者派遣法の上記規定は「許容することができる」と定めるため，労働協約が許容すれば，事業所協定や個別労働契約で直接同原則から不利に逸脱することも可能なのかが問題となるのである。多くの学説はこれを肯定している[89]。

しかし政府は，2002年および2011年の労働者派遣法改正の際に，労働協約による逸脱のみ許容されるとの前提で趣旨説明を行っており[90]，学説でも，逸脱の代償措置を確保して適切な合意を行いうるのは協約当事者だけであるから，特例は労働協約でのみ可能と述べるものがある[91]。また最近では，EU指令との関係で労働協約による逸脱に限定する学説もある。上述の通り，EU加盟国の国内法はEU法に合致するように解釈しなければならない[92]ところ，2008年労働者派遣指令では，「加盟国は……労使団体に対し……〔不利益取扱禁止原則から〕逸脱する規定を含む労働協約を締結する可能性を付与することができる」（下線筆者）とし（5条3項），逸脱を労働協約に対してのみ許容している。したがって，ドイツ労働者派遣法を同指令に則して解釈すれば，不利益取扱禁止の例外も労働協約による場合に限定されることになるという[93]。

---

89) Wiedemann/*Wiedemann*, TVG, Einl. Rn. 389; Schmidt 2011, S. 407 f.; Boemke/*Lembke* (Fn. 75), §9 Rn. 233.

90) BT-Drs. 15/25, S. 24, 38; BT-Drs. 17/4804, S. 9.

91) Raab, Europäische und nationale Entwicklungen im Recht der Arbeitnehmerüberlassung, ZfA 2003, 389 (409).

92) EuGH 5. 10. 2004 (Fn. 71); Junker 2016, Rn. 41. なお3(1)参照。

93) Waas, Die Richtlinie des Europäischen Parlaments und des Rates über Leiharbeit, ZESAR 5-6/09, 207 (211).

Ⅲ 小　括──1980年代前後での傾向の違い

　本節では，労働協約に開かれた法規範の発展経緯を，1980年代以前と以後に分けて整理した。本節の内容を振り返ると，この２つの時期で立法や学説の流れに傾向の違いがあることが読み取れる。
　まず1970年代までは，有給休暇や賃金など協約当事者が自主的に規範を設定してきた領域を中心に，法律による保護規定の導入と同時に多くの規定が労働協約に開放された。こうした立法動向を踏まえ，学説は，国家規制と労働協約の関係性を憲法上の協約自治保障の観点から規範的・原理的に論じ，国家規制に対する協約優位を広範に肯定するBiedenkopfの命題が，労働協約に開かれた判例法の発展に大きな影響を与えた。そして学説では，Biedenkopfの命題の当否について，法源論や国家機関（立法，司法，行政）の権限論にまで遡った理論的分析が活発化した。
　これらの法規制や学説の展開をみると，1970年代までは協約自治をできるだけ尊重することが望ましいという考え方が法制度や法理論に色濃く反映されており，同様の発想は1980年代以降の改革にもみられた。例えば，1994年労働時間改革は，同改革に先行する協約実務によって促されたものであり，協約実務に合致した法的枠組みが望ましいとの判断があった。しかし，1980年代以降の労働協約に開かれた法規範の増大は，失業問題の深刻化，国際競争の激化，就労形態の多様化等の状況変化を前にして，画一的規制の不都合を除去するため，現場の労使当事者の意思を優先させることが立法政策上望ましいと考えられた結果でもある。その意味で，1980年代以降の法規定の労働協約への開放は，1970年代までのように憲法上の協約自治保障を確実にするためだけでなく，多様なニーズへの対応のため国家の側で戦略的に選択された枠組みであった。さらに，1990年代以降はEU法もドイツの労働協約に開かれた法規定の形成に大きな影響を与えている。EU指令は，ドイツの労働協約に開かれた法規定を縮小または拡大する法改正をもたらし，労働協約に開かれた法規定の由来がもはやドイツ国内の論理だけでは説明できなくなっている。こうして，労働協約に開かれた法規定の内容や形成原理が多様化している点に1980年代

以降の特色がある。

第3節　労働協約に開かれた法規範をめぐる理論問題

　近年増大している労働協約に開かれた法規範については，理論上いくつかの問題が指摘されている。

I　憲法上の疑義[94]

　まず，労働協約に開かれた法規範は最低労働条件設定の任務を労働協約に一部ゆだねるものであるため，憲法の社会国家原理（基本法20条1項，28条1項1文。第1節 I 1参照）に抵触しないかが問題となる。同原理の意味内容については，社会国家を実現するための本質部分は立法者だけが規制しうるのであり，立法者は当事者の利害対立を甘受し得る程度に調整し，甘受し得る生活条件を設定するよう努める義務があるが，特定の立法措置を請求する権利が国民にあるわけではなく，社会的任務の実現は広範な立法裁量にゆだねられると解されている[95]。

　この点，労働協約に開かれた法規範は，立法者自身が社会国家原理に基づき法原則を設定した上で，その趣旨の具体化を労働協約にゆだねるものにすぎず，協約当事者はなお当該法原則の趣旨に拘束されることから，社会国家原理に基づく国家責務の懈怠はないと解されている[96]。例えば，社会国家原理との関係が最も問題とされてきた1994年労働時間法では，EC指令上は例外設定を認めてよい場合も，ドイツの立法者の判断で労働者の健康保護のために労働協

---

[94]　和田・前掲注68)書・126頁以下参照。

[95]　BVerfG 19. 12. 1951, BVerfGE 1, 97; 27. 4. 1999, BVerfGE 100, 271; Wiedemann/*Wiedemann*, TVG, Einl. Rn. 333.

[96]　Wiedemann/*Wiedemann*, TVG, Einl. Rn. 333; Peters/Ossenbühl, Die Übertragung von öffentlichrechtlichen Befugnissen auf die Sozialpartner unter besonderer Berücksichtigung des Arbeitszeitschutzes (1967), S. 49 ff. (66 f.).

約に開放していない規定があること（第2節Ⅱ3(1)参照），また，開放する場合でも労働者の健康が害されないように法律上一定の限界を設定し，かつ健康に特別な危険が及ぶ場合には政令で労働協約による逸脱を制限しうるようにしていること（8条）から，国家は労働者保護に不可欠の本質的規制を行っており，社会国家原理に反しないと指摘されている[97]。

憲法との関係で取り上げられるもう一つの論点は，法規定からの逸脱の要件を労働協約の締結とすることが協約締結ないし団結の強制となり，基本法9条3項に反するのではないかである。しかし，基本法9条3項による保障はそうした強制からの保護を含まず，むしろ同規定はそれを内在していること，また法律からの逸脱を労働協約の締結に依存させることは立法裁量の問題であり，裁量権の逸脱ともいえないことから，協約自治の侵害ではないとされている[98]。

Ⅱ 明文の許容規定の要否

次に，労働者保護法は，明文がなくとも有利な逸脱が可能であるのは当然として，不利な逸脱はどうかが議論されている。この点，法律上の許容規定がない場合でも労働協約による法律規定からの不利な逸脱が認められると明確に述べた判例はないが，Biedenkopf は 1964 年の著書（第2節Ⅰ2参照）で，生存最低限の規制を除く大部分の保護規制は法律の留保なしに労働協約に開かれていると主張していた[99]。また，これと理論構成は異なるものの，Canaris は，法律規定を「保護規定の根本思想」とその「法技術的具体化」とに分け（第2節Ⅰ4参照），法規定の目的論的解釈として，後者は明文がなくとも労働協約に開かれているとした[100]。

1980 年代以降は労働協約による逸脱を認める法規定が多数設けられたため，

---

97) Zmarzlik/Anzinger, ArbZG, §7 Rn. 5; Löwisch/Rieble, TVG, Grundl. Rn. 171.
98) Zmarzlik/Anzinger, JArbSchG, §21a Rn. 5; Anzinger/Koberski, ArbZG, §7 Rn. 7.
99) Biedenkopf 1964, S. 178 ff.
100) Canaris（Fn. 63), S. 221 ff.

明文の許容規定の要否を論じる実益が縮小した。しかし，この論点は国家と協約当事者の規範設定権限がいかなる関係にあるかというドイツ労働法の核心に関わる問題であり，理論的検討は続けられている。この点について，学説の多くは，労働協約に開かれた法規定の定式が広く知られている状況でこれを認める明文がないということは，立法者はそれを認めない趣旨であり，法的安定性の観点からも明文がない場合の逸脱可能性を否定すべきとしている[101]。しかし一部には，次にみる通り，立法者は一定の場合に法規定を労働協約に開放する義務があるとし，その義務違反がある場合には明文がなくとも労働協約による不利な逸脱が認められるとする見解も主張されている。

　ここで，法規定を労働協約に開放する立法者の義務は，これまで否定されるのが一般的であった。労働協約が当然に国家規制に優先する領域は存在せず，また，国家による協約自治への介入が最低基準規制にとどまり，有利な逸脱を認めていれば，原則として協約自治の侵害にあたらないと解されていたからである[102]。しかしBockは，立法者の抽象的・一般的な協約開放義務を否定しつつも，個別のケースではその義務が認められうるとした。具体的には次のように述べる[103]。

　まず，立法者による基本法9条3項の基本権への制約は比例原則（第1節I 3参照）を遵守する場合に正当化されるところ，比例原則の審査は一律ではなく，基本法9条3項による基本権の保護の強度を考慮して行われるべきである。この点，協約当事者は労働契約の主たる債務については立法者よりも適切に定めうるので，非常に詳細で調整の必要性が高い賃金および労働時間の規律については，協約自治に強度の保護が与えられる。したがって，賃金や労働時間に介入する立法措置については，その他の領域よりも厳格な比例原則の審査が行われるべきであり，当該領域に介入する法規制について労働協約による有利な逸脱を認めるだけでは協約自治の保障として不十分な場合がある。そしてこの

---

[101] Gamillscheg 1997, S. 699; Wiedemann/*Wiedemann*, TVG, Einl. Rn. 39; Kempen/Zachert/*Kempen*, TVG, Grundl. Rn. 381; Däubler/*Schiek*, TVG. Einl. Rn. 327.

[102] Wiedemann/*Wiedemann*, TVG, Einl. Rn. 387.

[103] Bock 2005, S. 359 ff.

場合には，立法者は当該法規定を労働協約に開放する義務を負い，義務に違反して明文で逸脱を許容していない場合には，憲法に適合的な解釈として労働協約が優先する，としたのである。

また，著名な労働法学者である Löwisch と Rieble も，賃金に関する法規制については，明文がなくとも，当該規制が憲法上の協約自治の侵害にあたることを理由に労働協約による逸脱を認めるべき場合があるとしている[104]。

明文がない場合にも労働協約による逸脱の余地を認める以上の学説は少数説であるが，ドイツで注目すべきは，それが少数説にとどまるということではなく，明文がなくとも協約自治保障をできるだけ広く認めようとする見解が規範論として主張され続け，理論上一定の説得力をもちうる（完全に排除されていない）ことにあるといえる。

III　労働協約による逸脱の限界

続いて，労働協約が明文に基づき法規制から不利に逸脱しうる場合でも，協約当事者は全く自由に規範を設定しうるわけではない。

1　法律による制約

第1に，逸脱に際して法律上の制約を受ける。

(1) 具体例

まず，労働時間の分野では，法律で絶対的制約が設けられている場合が多い。例えば，労働時間法では，1日の労働時間の上限を8時間とし，6か月または24週間以内で1日の労働時間が平均8時間を超えない場合にのみ，週日の労働時間を10時間まで延長できる（3条）。また，労働協約または事業所協定によってさらに労働時間を延長する場合は，12か月平均で週48時間を超えてはならない（7条8項1文）。この「12か月」という調整期間および「週平均48

---

[104]　Löwisch/Rieble, TVG, §1 Rn. 938. 同論者は，賃金規制以外でも，例えば，毎月1回の土曜休日原則を労働協約に開放していない規定（バイエルン州で適用されている閉店法［LadenschlussG］17条4項）を違憲とする（Grundl. 171）。

時間以内」という制約は，2003年労働時間指令（6条，19条）に対応したものである[105]。

また，同指令は，24時間ごとに連続11時間の休息保障（3条）を要求する一方で，労働者が同等の代替休息を受けるか，それが不可能な場合には適切な保護を受けることを条件に，労働協約その他の集団的合意による逸脱を認めている（18条3項）。これを受けて，ドイツ労働時間法は，1日の労働時間終了後に連続11時間の休息保障原則を定めつつ（5条1項），労働の種類によって短縮の必要があり，その短縮分が一定の期間内で調整されることを条件に，労働協約または事業所協定によって最大2時間の短縮を認めている（7条1項3号）。ただし，労働時間法では，週日の労働時間が12時間を超える場合には，終業時から11時間の休息時間が絶対的に保障される（7条9項）。

以上に対し，EC指令上の義務でない場合も，ドイツの立法者が逸脱の限界を独自に設定していることがある。例えば，年少労働者については，1994年の年少労働保護指令上は1日8時間・週40時間の上限規制からの逸脱の限界や要件に特別な制約はない（8条5項）が，ドイツ年少労働保護法においては，労働時間延長は1日9時間・週44時間までで，いずれも2か月の期間内で週平均40時間を超えないこと（21a条1項1号），および休憩時間の短縮は最大15分間であること（同2号）という絶対的制約がある。また，一般従業員についての1994年労働時間法においても，非労働日とされる年間15日の日曜日数を削減する場合について，事業の種類によって10日，8日または6日となるまでという下限が設定されている（12条1文1号）。

(2) 労働者の健康保護の規制根拠

労働時間の分野に存在する絶対的限界は，EC指令上の要請であることも多いが，ドイツの国内法でも労働者の生存に最低限必要な規制とされる[106]。そ

---

[105] ただし，EC指令は労働時間の調整期間の12か月までの延長を，労働者の安全と健康に関する一般原則の遵守を条件として許容しており（19条2項），ドイツの労働時間法が集団的合意を介して一般的に12か月での調整を許容している点がこのEC指令上の要請を満たしていないとの指摘もある。ErfK/*Wank*, §7 ArbZG Rn. 28.

[106] Biedenkopf 1964; Peters/Ossenbühl (Fn. 96), S. 61 ff.; Löwisch/Rieble, TVG, Grundl. Rn. 171.

の根拠としては憲法上の社会国家原理（上記Ⅰ参照）[107]のほか，生命への権利および身体を害されない権利を規定した基本法2条2項が指摘される。

　ドイツでは，憲法上の自由権的基本権は，まずは国家の侵害に対抗する防御権として理解されるが，これらの法益は私人の行為によっても侵犯されうるため，国家は各人の基本的法益を第三者による侵害から保護する義務（基本権保護義務）を負うと解されている[108]。そして，基本法2条2項についても国家の基本権保護義務が肯定されており[109]，労働時間の分野ではこの生命・身体の保護義務を根拠に，逸脱に関する絶対的規制の不可欠性を説明することもできるのである[110]。もっとも，社会国家原理または基本法2条2項の保護義務から直接具体的な立法規制が導かれるわけではなく，労働者にとっていかなる危険があり，それに対していかなる保護規定を設けるかは立法裁量の問題と理解されている[111]。

(3)　解釈による限界の導出

　以上に対し，労働時間以外では，労働協約による逸脱に法律上明確な限界が設定されないことが多い。例えば，連邦休暇法では，有給休暇取得の待機期間，休暇の比例分割の方法，休暇手当の算定方法等の多くの法規定が労働協約に開かれている（13条1項）が，その絶対的限界が規定されていないことがほとんどである。賃金継続支払法における疾病手当の算定基礎・算定方法（4条4項），民法典の解雇予告期間（622条4項）についても同様である。もっとも，逸脱の限界が明記されていない場合でも，協約当事者は全く自由に規範設定をなしうるわけではない。

　まず，同じ法律の中に労働協約に開かれている規定とそうでない規定がある

---

[107]　Zmarzlik/Anzinger, ArbZG, §7 Rn. 5; Zmarzlik/Anzinger, JArbSchG, §21a, Rn. 4.

[108]　ErfK/*Schmidt*, GG Einl. Rn. 33 ff. ドイツの基本権保護義務論の詳細は小山剛『基本権保護の法理』（成文堂，1998年）。西谷2004・190頁以下も参照。

[109]　ErfK/*Schmidt*, GG Art. 2 Rn. 105 ff., 111 ff.; BVerfG 30. 7. 2008, BVerfGE 121, 317.

[110]　Bock 2005, S. 398.

[111]　ErfK/*Schmidt*, GG Art. 2 Rn. 111.

場合には，労働協約は，労働協約に開かれていない規定から導かれる制約を受ける[112]。例えば，連邦休暇法においては，労働協約が休暇手当の算定方法を法律上の平均賃金方式（11条1項）から変更しうる（13条1項）が，BAGは，労働協約に開かれていない有給休暇権の保障規定（1条）から「生活水準原則（Lebensstandardprinzip）」（労働者が休暇中それまでの生活水準を維持しうるだけの手当が支払わなければならないとする原則）を導き，法規定と異なる算定方法を定める労働協約はこの趣旨に反する規範設定を行ってはならないとしている[113]。

次に，労働協約に開かれた法規定に逸脱の限界の定めがなくとも，協約当事者に認められるのは，原則として逸脱の対象となる法規定の基本趣旨を当該法規定と異なる形で具体化することのみであるので，当該法規定の趣旨を潜脱する労働協約は無効と解されている[114]。例えば，疾病時に支払うべきとされている賃金の算定基礎や算定方法の規定は労働協約に開かれている（賃金継続支払法4条4項）が，賃金請求権を完全に奪ったり，賃金額を極めて低い額に設定したりする協約規範は無効である[115]。ただし，立法経緯から労働協約による全面的な逸脱が許容されると解されている規定も一部には存在する[116]。

労働協約に開かれた法規定において解釈上何らかの限界が導かれるかは1960・70年代に活発に議論されたが，80年代以降は逸脱しうる範囲が法律に明記されるようになったためか，この点に関する議論はいったん下火になった。しかし，2002年労働者派遣法改正により，労働協約が法文上何の制約もなく

---

[112] Bock 2005, S. 134 ff.
[113] BAG 20. 3. 1969, AP Nr. 3 zu §13 BUrlG Unabdingbarkeit.
[114] Wiedemann/*Wiedemann*, TVG, Einl. Rn. 388; Schmidt 2011, S. 402 ff.
[115] Gamillscheg 1997, S. 703; ErfK/*Reinhard*, §4 EFZG Rn. 23.
[116] 具体的には民法典の解雇予告期間である。民法典では，かつて労働協約は法定の解雇予告期間より「短い」期間を設定しうるとされていた（1969年改正による622条3項）のが，1993年改正で，法定の予告期間から「逸脱する規制を労働協約で定めうる」に文言修正された（現622条4項）。この改正経緯から，現在の622条4項は，労働協約が同規定から全面的に逸脱して即時解雇を認めることも許容していると解するのが通説である。Wiedemann/*Thüsing*, TVG, §1 Rn. 695; ErfK/*Müller-Glöge*, §622 BGB Rn. 20.

派遣労働者の不利益取扱禁止原則から逸脱することが認められると（3条1項3号，9条2号，上記Ⅱ4(2)参照），逸脱の限界の有無が再びクローズアップされるようになる。この新規定に基づき締結された労働協約は，後にも詳しくみる通り，時給5ユーロ以下といった極端に低い賃金を定めており，学説は派遣労働者の保護に明らかに反する労働協約を無効にするため，解釈による限界の導出を試みた。その結果現在では，不利益取扱禁止原則からの逸脱に関して協約当事者の広範な裁量を肯定しつつ，同原則の基本趣旨（派遣労働者の最低労働条件の確保）を没却するほど低い賃金を設定することはできないという制約が導かれている[117]。

2 憲法による制約

第2に，（法規制から逸脱する）労働協約は，より高次の法による拘束として憲法の制約を受ける。

憲法上の基本権は国家（立法，行政，司法）を直接拘束する（基本法1条3項）ため，立法者は自ら処分できない基本権の処分を協約当事者に認めることはできない[118]。また，憲法上の基本権は私法の一般条項（民法典138条1項，242条，315条1項）を介して私人を間接的に拘束する[119]ので，法律上明確に禁止されていない場合も基本権を侵害する合意は許されない。なお，労働協約につい

---

[117] Ulber (Fn. 86), 12; Bock 2005, S. 156; Schmidt 2011, S. 408. なお学説には，労働協約は少なくとも派遣先の事業所における新人と「ほぼ同等の」賃金を規定しなければならないと述べるものがある（Schüren/Behrend, Arbeitnehmerüberlassung nach der Reform, NZA 2003, 521 (525)）が，これでは労働者派遣法で協約当事者に付与しようとした広範な決定権限が失われると批判される（Bock 2005, S. 156）。もっとも最近では，2008年労働者派遣指令が労働協約による不利益取扱禁止原則からの逸脱を「派遣労働者の全体的保護」に留意することを条件に認めていること（5条3項）を根拠に，当該協約には広範な裁量は認められず，「公正な賃金を決定しているか」の内容審査が及ぶとする見解がある（*Wank*, Aktuelle Fragen der Zeitarbeit in Deutschland, in: Henssler und Tezuka (Hrsg.), Aktuelle arbeitsrechtliche Herausforderungen in Japan und Deutschland (2014), S. 29 ff. (46)）。

[118] Wiedemann/*Wiedemann*, TVG, Einl. Rn. 388.

[119] Junker 2016, Rn. 50.

ては，私法上の契約であると同時に，私法上の効力を超える規範的効力が付与され，「法規範」を含む（労働協約法1条1項，4条1項）ため，労働協約を国家法と同視して基本権に直接拘束されると解するのが伝統的通説であった[120]。しかしBAGは，最近，協約当事者には基本権による拘束が間接的にのみ及ぶとしており[121]，学説でも，労働協約の本質に関する集団的私的自治説（第1節V参照）の広がりにより，間接適用説が優勢となりつつある[122]。

　もっとも，間接適用説をとる論者でも，平等原則（基本法3条）については例外的に労働協約への直接適用を認めている。基本法3条は，法の下の平等（恣意の禁止：1項），男女同権（2項），性別・門地・人種・言語・出身・家系・信条・宗教的政治的見解による差別禁止（3項1文），障害による不利益取扱禁止（3項2文）を定めているところ，同条の目的は個人の自由権保障ではなく集団における配分正義にあるため，平等原則は規範設定者に対する基本的な行為準則と位置づけられているのである[123]。ただし最近では，上述（第2節II 3(2)）の通り，ドイツでは基本法3条で列挙された差別禁止事由が法律で明記され（一般平等取扱法1条，7条），また，EC指令に基づき法律上の差別禁止事由が雇用形態にまで拡大している（パートタイム・有期契約労働法4条1項，労働者派遣法3条1項3号・9条2号）ため，労働協約はこれらの法律規定によって差別的取扱いが直接禁止されることになる。

IV　法規制から逸脱する労働協約の適用問題

では，法規制から逸脱する労働協約が法が許容する範囲内で締結された場合，いかなる範囲の労働者に対し，いかなる効力が及ぶのか。

---

120)　Wiedemann/*Wiedemann*, TVG, Einl. Rn. 182.
121)　BAG 30. 8. 2000, BAGE 95, 277; 27. 5. 2004, BAGE 111, 8.
122)　ErfK/*Schmidt*, GG Einl. Rn. 46 ff.
123)　BAG 4. 4. 2000, RdA 2001, 110; *Dieterich*, Die Grundrechtsbindung von Tarifverträgen in: Schlachter/Ascheid/Friedlich (Hrsg.), Festschrift für Günter Schaub (1998), S. 117 ff. (123); ErfK/*Schmidt*, GG Einl. Rn. 54.

1　適用範囲および効力

(1)　労働協約の法的性格

　上述（第1節V）の通り，労働協約法によると，労働協約は協約当事者およびその構成員を拘束し（3条1項），原則として双方が労働協約に拘束される労働関係に強行的直律的に適用される（4条1項）が，「事業所および事業所組織法上の問題」に該当する協約規範は，当該事業所の全労働者に適用される（同2項）。この「事業所および事業所組織法上の問題」について，BAG は事業所への統一的適用が不可欠の規範に限定し，個別契約による規律では明らかに目的に反する場合がこれに該当するとしている[124]。

　以上のようなルールの下，労働時間規制から逸脱する労働協約については，一般に，労働協約法3条2項にいう「事業所……の問題」に関する規範（＝事業所規範）に該当し，当該事業所の全労働者に適用されると解されている[125]。この点に関する一つの説明は，労働時間規制から逸脱する労働協約は，使用者の法違反に対する刑罰および過料の責任（労働時間法22条以下，年少労働保護法58条以下）を免れさせるものであり，こうした公法上の効力に関わる規範は事業所で統一的に適用されるべきであるとする[126]。

　もっとも最近では，法規制から逸脱する労働協約の法的性格は個別に判断すべきとの見解もある[127]。これによると，労働時間規制から逸脱する労働協約の多くは，最長労働時間の延長のように法律上の最低基準を変更するだけで具体的権利義務を定めないものが多く，この場合の協約基準は事業所全体に適用されるべき事業所規範であるが，当該協約が権利義務をも設定していると解される場合には，労働協約法の原則に従い，組合員との関係で規範的効力が生じ

---

[124]　BAG 26. 4. 1990, AP Nr. 57 zu Art. 9 GG. 例えば，共通の福利厚生施設，グループ作業の編成，協約上の調整機関（事業所組織法76条8項）等が事業所内で統一的適用が不可欠と解されている。

[125]　Zmarzlik/Anzinger, ArbZG, §7 Rn. 119; Schmidt 2011, S. 385 f.; Anzinger/Koberski, ArbZG, §7 Rn. 72 und 129.

[126]　Zmarzlik/Anzinger, ArbZG, §7 Rn. 114 ff.

[127]　Bock 2005, S. 83.

る128)。これに対し，労働時間以外の法律（連邦休暇法，賃金継続支払法，民法典等）では，法規制から逸脱する労働協約は私法上の権利義務の設定を目的に締結されるのが通常であるため，事業所全体に適用される事業所規範ではなく，組合員の労働契約内容を規律する「内容規範」に該当することが多いとする129)。

もっとも，上記いずれの立場に立つにせよ，法定の最低基準を変更するにとどまる労働協約からは私法上の権利義務は生じないので，（別の）労働協約，事業所協定または個別契約での契約内容への取り込みが必要となる130)。

(2) 複数の労働協約が締結された場合

ここで，BAG が定立した協約単一原則（第1節Ⅳ参照）によると，同一の事業所では一つの労働協約しか適用されないため，法規制から逸脱する労働協約が事業所規範と内容規範のいずれに該当する場合でも，当該事業所で適用可能な労働協約は一つだけである131)。そして，ここで選ばれた労働協約が内容規範を含むときには，当該協約規範は当該組合の組合員に対して規範的に適用されるが，当該組合の組合員以外には自動的に適用されない132)。もっとも，使用者は事業場内で労働条件を統一するため，当該協約基準をその他の労働者にも適用しようとするのが通例であり，実際に当該事業所で適用される協約の全部または一部を個別契約で援用することが広く行われてきた133)。

しかし，労働協約が法規制から逸脱する規定を含む場合には，当該協約（特に逸脱する規定のみ）が個別契約を通じて無制限に適用されれば労働者に重大な不利益を及ぼしうる。そこで立法者は，法規制から逸脱する労働協約の援用に一定の制約をかけている。例えば，多くの場合に個別契約の当事者が当該協

---

128) Bock 2005, S. 78. ドイツでは一般に，内容規範と事業所規範の性格の併存が認められている（Wiedemann/*Thüsing*, TVG, §1 Rn. 365 ff.）。
129) Bock 2005, S. 93 f.
130) Bock 2005, S. 86, 218.
131) Schmidt 2011, S. 386.
132) BAG 20. 3. 1991, DB 1991, 1779 (1781).
133) Junker 2016, Rn. 538. BAG は契約自由を根拠に労働協約の全部または一部を個別契約で援用することを認めている。BAG 19. 1. 1999, NZA 1999, 879.

約の適用範囲内であることが援用の要件とされている（民法典622条4項2文，賃金継続支払法4条4項2文等）。また，労働時間の分野では，法規制から逸脱する労働協約の適用範囲内で，当該協約に拘束されない事業所に事業所委員会が存在しない場合に初めて，労使の書面による合意による援用が可能である（労働時間法7条3項1文・12条2文，年少労働保護法21a条2項）。これらすべての要件を満たさない契約上の援用条項は無効である[134]。

2 協約自治と私的自由

(1) 労働協約から自由な個人の領域

次に，労働協約が適用される場合でも，労働協約上の規定が当然に労働者を拘束するわけではなく，労働組合の協約締結権限には個々の労働者との関係で一定の限界があると考えられている[135]。

まず，基本法9条3項は，団結自由・協約自治の目的を「労働条件及び経済条件を維持し発展させるため」と規定するため，当該事項に関係のない，例えば労働者の私生活に介入する労働協約（休暇の行先や飲酒を制限する規定等）は無効である[136]。また，賃金の使途に介入したり既発生の賃金請求権を処分する労働協約も原則として許されない[137]。ただし，既発生の賃金請求権の処分が労働協約に認められないのは，賃金が本来的に個別的領域に属する事項であるからではなく，憲法上の財産権保護（基本法14条1項）の第三者効（日本でいう私人間効力）によるもので，場合によって労働協約による処分を認めることも不可能ではないとされる[138]。

これに対して議論があるのが，労働条件および経済条件の中に労働協約が本

---

[134] ErfK/*Wank*, §7 ArbZG Rn. 21.
[135] 渡辺章「協約自治と個別労働者の法的地位」学会誌38号（1971年）56頁以下，名古道功「西ドイツ協約自治の限界論（一）（二・完）」民商法雑誌89巻3号（1983年）37頁，89巻4号（1984年）45頁参照。
[136] Gamillscheg 1997, S. 366 ff.
[137] Gamillscheg 1997, S. 367 f.
[138] Gamillscheg, Die Differenzierung nach der Gewerkschaftszugehörigkeit (1966), S. 79; Biedenkopf 1964, S. 237.

来的に規律しえない事項があるかであり，かつて労働者個人の利益保護を強調する立場からこれを肯定する見解があった。① 労働協約は一般的・抽象的な労働条件設定のみ可能である[139]とか，② 労働協約は集団や秩序を形成する機能を担い，労働契約は個別的労働関係における個別的事情を決定する機能を担うべき[140]と主張されたのである。しかし，基本法9条3項によれば，労働協約は構成員の保護のために個別的労働関係の内容となりうる規範を広く設定しうるのであり，これを否定する①②は憲法規定と矛盾すると批判された[141]。これにより現在では，労働条件および経済条件に関する協約自治の内在的制約は，労働者の憲法上の基本権から導かれる制約以外は存在しないと解されている[142]。

(2) 有利原則

次に，労働協約で規律しうる事項でも，ドイツでは協約基準よりも有利な合意があればそちらが優先する（労働協約法4条3項）[143]。より有利な合意の効力を認める考え方を有利原則という[144]。労働協約と労働契約のいずれが有利であるかは，客観的に相互に関連する事項群ごとに，客観的かつ個別的に比較すべきとするのが伝統的通説である。この比較によって個別労働契約の合意の方が有利と判断されれば，当該合意が優先し，これを労働協約によって不利益に変更することはできない。したがって，法規制から不利に逸脱する労働協約についても，労働者が当該協約規定よりも有利な合意を行えば，当該協約の拘

---

[139] Säcker, Gruppenautonomie und Übermachtkontrolle im Arbeitsrecht (1972), S. 269.

[140] Siebert, Kollektivnorm und Individualrecht im Arbeitsverhältnis, in: Dietz/Hueck/Reinhardt (Hrsg.), Feschrift für H. C. Nipperdey zum 60. Geburtstag (1955), S. 119 ff.

[141] Wiedemann/*Wiedemann*, TVG, Einl. 421 f.

[142] Wiedemann/*Wiedemann*, TVG, Einl. Rn. 421; Löwisch/Rieble, TVG, Grundl. Rn. 144.

[143] また，労働協約が許容していれば不利な逸脱も可能である（同規定）。

[144] ドイツの有利原則論の詳細は，丸山亜子「ドイツにおける有利原則論の新展開（一）・（二・完）」大阪市立大学法学雑誌48巻2号141頁，48巻3号97頁（2001年），同「有利原則の可能性とその限界」学会誌115号（2010年）168頁。

束からいつでも免れうる。

第4節　労働者保護法の伝統的構造とその背景

　本章では，ドイツにおいて労働協約に開かれた法規範が多数存在する点に着目し，その発展経緯と理論上の諸問題を整理した。最後に，本章の内容をまとめながら，労働者保護法のあり方が労働協約との関係においてどのように決定されてきたか，ドイツの伝統的枠組みの特徴を指摘するとともに，その背景に関する議論を把握する。

I　労働協約と国家規制

　ドイツは，労働者個人の従属性を前提に，国家が最低基準を設定し，判例法がこれを補う法原則を設定することで，広範かつ詳細な労働者保護法を形成してきた。しかし，労働協約との関係では，憲法上の協約自治保障を肯定する揺るぎない解釈を前提に，国家規制が強行的に適用されない場合も多く存在している。歴史的には，第一次世界大戦直後から，労働協約による法定労働時間の超過を許容する規定が存在しており，この「労働協約に開かれた法規範」の定式は，1960年代に連邦休暇法，賃金継続支払法，民法典等の法律で広く用いられた。また，労働協約に対する国家規制の補完性を主張したBiedenkopfの命題（1964年）の影響を受け，法律に代替する判例法についても労働協約による逸脱が広く許容された。そして，1980年代以降は，年少労働保護法や労働時間法を典型として，社会・経済状況の変化の中で労働協約に開かれた法規範の規制手法が国家政策としても積極的に選択されるようになった。また，差別禁止・不利益取扱禁止の規制に関しては，EU指令の影響下で，労働協約による逸脱が許容される規定と許容されない規定が存在し，労働協約に開かれた法規定の内容や形成原理がドイツ国内の論理だけでは捉えきれないほど多様化・複雑化している。

　こうした立法動向を前にして，労働協約に開かれた法規範が増大した1960

年代以降，ドイツではその意義や法体系上の位置づけに関心が集まった。この点に関する一般的理解によれば，労働協約に開かれた法規範は，国家が労働者保護の観点から必要最低限の規制を行った上で，その趣旨の具体化を労働協約にゆだねるものにすぎず，社会国家原理（基本法20条1項，28条1項1文）および労働者の生命・身体を害されない権利（同2条2項）の基本権保護義務に抵触せず，むしろ憲法上の協約自治保障の趣旨に合致するものとして広く正当化されてきた。また，労働協約に開かれた法規定においては，逸脱の限界が法律上明記されないことも多く，その場合は，当該規定の趣旨の潜脱禁止の観点から限定的な司法審査が行われるだけであった。さらに進んで，学説では，労働協約による逸脱に明文の許容規定を必要とする見解が通説化する一方で，明文がなくとも，立法者が法規定を労働協約に開放する義務を肯定する等して，逸脱の許容を憲法上の規範的要請にまで高める試みが続けられている。こうしてドイツでは，伝統的に協約当事者の裁量をできるだけ尊重すべきとする考え方が強く，そうした発想は実務上も広く受け入れられてきた。

II 労働協約に開かれた法規範の実質的根拠

以上のように，ドイツでは，労働協約に開かれた法規範は憲法上の協約自治保障の趣旨に合致すると考えられているが，労働協約との関係では労働者保護のために国家が設定した最低基準さえも広く後退させてよいと考える実質的理由は何なのか。この点の説明において必ずと言ってよいほど指摘される概念が，労働協約の「適正さの保障（Richtigkeitsgewähr）」である[145]。これは，労働協約であれば労使双方の利益が適切に考慮されており，その内容は公正で目的に

---

145) BAG 3. 10. 1969, AP Nr. 12 zu §15 AZO; 28. 3. 2006, AP Nr. 4 zu §2 TVG Tariffähigkeit; Biedenkopf, Anm. zu BAG 31. 3. 1966, AP Nr. 54 zu §611 BGB Gratifikation; Wolf, Tarifautonomie, Kampfparität und gerechte Tarifgestaltung, ZfA 1971, 151（159）; Bock 2005, S. 218; Wiedemann/*Wiedemann*, TVG, Einl. Rn. 380; Wank (Fn. 117), S. 44; Entwurf eines Gesetzes zur Verbesserung der betrieblichen Altersversorgung, BT-Drs. 7/1281, S. 31; Krämer, Die Richtigkeitsgewähr des Tarifvertrags (2015), S. 203 ff.

合致しているとする見方である[146]。そして，労働組合であれば国家が設定した最低基準の引下げを認めても別のところで有利性を獲得し，全体としてバランスのとれた適切な合意を行うはずであるから，法律上の保護基準の変更を認めても労働者保護の点で問題はないとされる[147]。

労働協約の「適正さの保障」は，協約当事者の交渉力の均衡原理を基礎とし，理論的には，協約能力要件における交渉力審査が協約当事者間の交渉力均衡を担保すると説明されてきた[148]。そして，学説の多くは，交渉力均衡を肯定する上で労働組合が自らの意思を貫徹するために争議行為を行いうることが決定的に重要と考え，協約能力の審査において争議行為の準備を不可欠と解してきた[149]。この点 BAG も，争議行為の適法性に関するルール形成において，争議行為を協約当事者の交渉力均衡の前提条件と位置づけており[150]，労働協約の「適正さの保障」の根拠を労働組合の争議行為可能性に求める上記学説と整合的であるようにみえる。しかし他方で，協約能力要件における交渉力審査においては，BAG は「争議行為の準備」を不要とし，1960 年代後半以降は争議行為以外の手段を含めた広い観点から組合の交渉力を審査する立場に変わっている（第1節Ⅲ2(2)）。そのため，BAG が労働組合をめぐる法制度（団結・協約締結・争議行為の制度）全体で争議行為可能性を不可欠と位置づけているか定かでなく，争議行為の適法性と協約能力要件に関する BAG の立場には矛盾があると指摘されていた[151]。

仮に，協約締結に際して「争議行為の準備」が不要とすれば，労働組合が憲

---

146) Wiedemann/*Thüsing*, TVG, §1 Rn. 246 ff.; Krämer (Fn. 145), S. 73 ff.
147) Bock 2005, S. 218.
148) Wiedemann/*Thüsing*, TVG, §1 Rn. 251; *Buschmann*, Abbau des gesetzlichen Arbeitnehmerschutzes, in: Annus/Picker/Wissmann (Hrsg.), Festschrift für Reinhard Richardi zum 70. Geburtstag (2007), S. 93 ff. (113); Schmidt 2011, S. 278; BAG 15. 3. 1977, AP Nr. 24 zu Art. 9 GG; 28. 3. 2006, AP Nr. 4 zu §2 TVG Tariffähigkeit.
149) Kempen/*Zachert/Kempen*, TVG, §2 Rn. 61; ErfK/*Linsenmaier*, GG Art. 9 Rn. 69; Däubler/*Peter*, TVG, §2 Rn. 29; Junker 2016, Rn. 465.
150) BAG 28. 1. 1955, 21. 4. 1971 und 10. 6. 1980, AP Nr. 1, 43 und 64 zu Art. 9 GG Arbeitskampf.
151) Kempen/*Zachert/Kempen*, TVG, §2 Rn. 63; Däubler/*Peter*, TVG, §2 Rn. 28.

法上争議行為という圧力手段を有することを根拠に使用者側との交渉力均衡を導き，労働協約の「適正さの保障」を肯定する上記学説は正しくないことになり，労働協約の適正さの実質的根拠を改めて検討してみる必要がある。しかし伝統的に，労働協約に開かれた法規範を広範に認めてよい理由としては，労働協約の「適正さの保障」という言葉が引用されるだけで，その言葉が示す労働協約への高度の信頼がどこから導かれるのかをドイツの議論から読み取るのは困難であった。

　しかし最近では，労働組合や労働協約をめぐる実務の変化を契機に，労働者保護法の伝統的枠組みに修正が迫られ，その過程で労働組合に広範な権限を付与してきた制度の意味と実質的根拠が意識的に論じられるようになっている。そこで次章では，国家規制と労働協約の関係をめぐるドイツ法の新展開をみていき，それが労働者保護法の伝統的構造にいかなる影響を及ぼしているのかを分析する。そしてこれにより，伝統的に労働組合に広範な逸脱権限を付与してきた実質的理由についても解明を試みたい。

第 2 章

労働組合をめぐる変容と労働法体系への影響

第 1 節　労働組合をめぐる状況変化とその背景

　ドイツの労働組合の組織状況は 1990 年代から変化し始め，協約実務でもこれまでにない変化がみられている[152]。以下このことを，伝統的な協約交渉の特徴を振り返りながら整理する。

　まず，ドイツの基本法 9 条 3 項は団結自由を規定するのみで，労働組合の組織レベルや組織規模を何ら制約していない。しかし，上述（第 1 章第 1 節 II）の通り，第二次世界大戦後に DGB が産業別組織原理を採用し，一産業一組合の方針を採ったため，DGB 系組合は主要産業に一つしか結成されていなかった。そして，労働組合の大部分が DGB 傘下に入り，組合統合が進んだことで DGB 傘下の産別組合は巨大化し，協約交渉を事実上独占することになった。

　しかし，1990 年代以降は，生活様式や価値観の多様化にともない，労働者の組合離れが進んだ。これにより，DGB 系組合は，1991 年から 2013 年までにドイツ全体で 560 万人以上の組合員を失い，統制力が大幅に低下した[153]。

　また，DGB 系組合の内部でも，1990 年代から 2000 年代初頭にかけて，一

---

152) 詳細は Greiner, Rechtsfragen der Koalitions-, Tarif- und Arbeitskampfparität, 2. Aufl.（2011）, S. 1 ff., 15 ff.; *Schliemann*, Arbeitgeber und Gewerkschaften in einer veränderten Tariflandschaft -verändert- Partizip Perfekt, also ein abgeschlossener Prozess?, in: Lehman (Hrsg.), Deutsche und europäische Tariflandschaft im Wandel (2013), S. 14 ff.; Berg/Kocher/Schumann/*Berg*, TVG, Teil 1 Rn. 178 ff.
153) Berg/Kocher/Schumann/*Berg*, TVG, Teil 1 Rn. 176; Junker 2016, Rn. 484. 組合組織率も，1992 年は旧西ドイツ 28.7％，旧東ドイツ 39.7％ であったのが，2004 年はそれぞれ 21.7％，18.3％ まで低下し，それ以降も 20％ 前後にとどまっている。

部の労働者集団が分離独立して新組合を結成する動きが生じた。これまでのDGB系組合の協約交渉は，労働市場で弱い立場にある職業に有利な配分を行うことで産業内の労働条件を標準化してきたが，このことは，高度の教育を受け賃金水準が高い専門職従事者は労働組合内で不利な立場におかれることを意味した。そこで，独立心が強い高度専門職従事者は，自らの利益を追求すべく，職業別組合を組織するようになったのである。こうした傾向が顕著なのが交通部門であり，DGB系サービス部門産別組合 Ver.di から，1992年に客室乗務員が，2004年に航空安全関連職従事者（航空管制官および航空機地上誘導官）が分離独立し，それぞれ職業別組合（Spartengewerkschaft）の UFO（Unabhängige Flugbegleiter Organisation），GDF（Gewerkschaft der Flugsicherung）を結成した。また，これまでDGB系組合と共同で協約交渉を行っていた職業別組合も，DGB系産別組合との協力関係を次々と解消している。例えば，2001年にパイロット労組 Vereinigung Cockpit が，2002年に鉄道機関士組合 GDL（Gewerkschaft Deutscher Lokomotivführer）が，2005年に医師労組 Marburger Bund が，DGB系産別組合の連帯的な協約政策に反発して協約共同体からの離脱を表明した。交通や医療の分野ではストライキによる損害が甚大であり，職業別組合単独でも協約交渉を有利に持っていきやすいということが，当該分野での職業別組合の組織化や単独での協約交渉への方針転換を容易にしたとされる[154]。

そして，DGBの統制力が低下していく中で生じたもう一つの新たな現象が，CGB系の小規模組合の活動の活発化である。CGB系組合は，もともとDGB系組合と組織力において大きな差があり，DGB系組合が組織されている産業では協約交渉において極めて不利な立場にあった。しかし，CGB系組合はDGB系組合が組織されていない派遣部門等の産業部門を中心に組織化を図り，使用者に有利な労働協約を締結するようになった。CGB系産別組合は組合員数が極めて少なく，労働協約を締結してもその規範的効力が及ぶ労働者は少ないが，当該組合が目指したのは，当該協約基準が個別契約を通じて大部分の未組織労働者に適用されることであり，これによって自らの社会的影響力の強さ

---

[154] Reichold, Arbeitnehmerrechte im Zugriff der Bahn, NZA 2007, 1262 (1263); Greiner (Fn. 152), S. 2 f.

を示そうとしたのである[155]。これを使用者側から見ると，労働協約に開かれた法規範のように，労働協約を締結すれば法律上の拘束を免れることができる場合には，使用者に有利な協約締結に応じる労働組合は好都合である。そこで使用者側も，個別契約を通じた広範な協約適用を視野に入れて，小規模のCGB系産別組合と積極的に労働協約を締結したのであった。

　ここで，CGB系組合の労働協約は，DGB系組合のそれよりも企業の実情に即した柔軟な労働条件を定めるものとして肯定的に評価されることもある[156]が，法規制から逸脱する労働協約については，労働組合が労働者保護の任務を放棄したかのような低水準で締結されることが多く，通常は協約制度の濫用例として取り上げられる[157]。特に悪名高いのが，CGB系組合が加盟する上部団体 CGZP（Christliche Gewerkschaften für Zeitarbeit und Personalserviceagenturen）が，派遣労働者の不利益取扱禁止原則（労働者派遣法3条1項3号，9条2号）の趣旨を没却するほど著しく低い賃金を設定する労働協約を締結したことである。また，協約制度の濫用例としては，2007年に郵便産業で新設された労働者団体GNBZ（Gewerkschaft der Neuen Brief- und Zustelldienste）のケースもある。同組織は，Ver.diによる協約最低賃金の拡張適用を免れる目的で，使用者から約13万ユーロの財政援助を受けて組織された極小団体であり（ドイツ全体で28企業の労働者1300人を組織），著しく低い協約最低賃金を設定していることが明らかになった[158]。

　以上のように，ドイツでは，巨大なDGB系産別組合による事実上の交渉独占の伝統が，1990年代以降，DGB系組合からの職業別組合の分離独立とCGB系産別組合の活動の活発化によって崩れ，労働組合の分散化・多様化が進んで

---

155) *Dieterich*, Koalitionswettbewerb, in: Dieterich/Le Friant/Nogler/Kezuka/Pfarr (Hrsg.), Individuelle und kollektive Freiheit im Arbeitsrecht-Gedächtnisschrift für Ulrich Zachert (2010), S. 532 ff. (541 ff.).
156) Schleef/Oetker, Tarifpolitik im Wandel (2000); Greiner (Fn. 152), S. 3.
157) Dieterich (Fn. 155), S. 542; Greiner (Fn. 152), S. 3 f.
158) Maier, Verletzt die Tariferstreckung kraft Rechtsverordnung (§1 III a 1 AEntG) die positive Koalitionsfreiheit (Art. 9 III GG) anderweitig Tarifgebundener?, Neue Zeitschrift für Verwaltungsrecht 2008, 746 (749); Greiner (Fn. 152), S. 3.

いる。この流れの中で，これまでの協約実務では考えられなかったような低水準で労働協約が締結される例も出てきていることは，ドイツ労働法における大きな変化である。

第 2 節　労働組合の分散化・多様化と労働協約制度の変容

　以上のような労働組合および労働協約をめぐる現実の変化は，労働協約制度においてどのように評価されるのか。本節では，労働組合の協約交渉に影響を与えうるいくつかの法制度に焦点を当て，労働組合の分散化・多様化の流れが法的にいかなる意味を持つかを検討する。労働協約制度においては，特に2000年以降，伝統的な考え方を修正・廃止する判例が現れており，このことが組合活動に大きな影響を与えている[159]。

I　協約能力要件における交渉力審査の緩和

　第1に注目すべきは，協約能力要件における交渉力審査をめぐる判例の動向である。

1　新興小規模組合と交渉力審査

　BAGによると，労働者団体が有効な労働協約を締結するには，基本法9条3項にいう団結体に該当するだけでは足りず，協約能力を有する必要がある。BAGは，協約能力の要件において，労働協約の任務（労働生活の合理的な秩序形成）を実効的に遂行しうるためには協約当事者間の力の対等性が不可欠とし[160]，それを担保するために労働者団体の交渉力に着目した審査を行ってき

---

159)　本節の記述の概要は桑村裕美子「協約自治制度と国家介入のあり方」水野紀子編『社会法制・家族法制における国家の介入』（有斐閣，2013年）15頁以下。名古道功「ドイツ集団的労働法理論の変容」根本到ほか編『西谷先生古稀記念論集（下）労働法と現代法の理論』（日本評論社，2013年）427頁以下も参照。

160)　BAG 15. 3. 1977, AP Nr. 24 zu Art. 9 GG.

た（第1章第1節Ⅲ2(2)）。1990年代以降登場した新たな協約交渉主体について問題となるのは，DGBから独立した職業別組合であれ，CGB系産別組合であれ，DGB系産別組合と比較して構成員数が極めて少ないため，協約能力要件における交渉力審査をクリアできるかである。新興小規模組合がこの交渉力審査をクリアせず，協約能力が否定されるのであれば，法的には協約締結権をもたず，有効に労働協約を締結しえないことになる。

上述（第1章第1節Ⅲ2(2)）の通り，協約能力の審査において，BAGは当初「争議行為の準備」を不可欠とし，その準備がある労働者団体こそが十分な交渉力をもつとしていた。そして，学説の多くも，国家による強制仲裁制度が存在しない現在では，協約自治の任務である集団による交渉力均衡の実現には圧力手段としての争議行為が不可欠であるとし，争議行為の準備を原則として協約能力要件に含めて解してきた（第1章第4節Ⅱ）。しかしBAGは，争議行為を予定しないカトリック家政婦団体の協約能力を肯定した1964年のBVerfG判決を受け，1960年代末より「争議行為の準備」を不要とし，代わって，当該労働者団体が「交渉相手に相当の圧力をかけることができる状態」[161]または「相手方を交渉の席につかせることができる状態」[162]にあることを要求するようになる。これは「交渉実力性（soziale Mächtigkeit/Druckausübungsfähigkeit）」の要件として概念整理されている[163]。こうした判例の展開を受けて，学説でも，使用者への圧力手段の選択は組合戦術の問題であり，巧みな交渉術やメディア等への働きかけによっても十分な圧力をかけることは可能であるとして，争議行為の準備を不要とするBAGを支持する見解が増えている[164]。

もっとも，交渉実力性の具体的判断基準は必ずしも明らかでなかった。DGB系産別組合が事実上協約交渉を独占していた時期には，その交渉力に疑問の余地がなかったため，交渉実力性の判断基準を厳密に論じる必要がなかったのである。しかし，1990年代以降，小規模組合の協約交渉が活発化すると，

---

161) BAG 9. 7. 1968, AP Nr. 25 zu §2 TVG.
162) BAG 23. 4. 1971, AP Nr. 2 zu §97 ArbGG 1953.
163) ErfK/*Franzen*, §2 TVG Rn. 11.
164) Gamillscheg 1997, S. 427; Wiedemann/*Oetker*, TVG, §2 Rn. 379 ff.; ErfK/*Franzen*, §2 TVG Rn. 10.

これらの協約能力の異議申立てが DGB 系組合から多くなされ，BAG 決定の蓄積によって交渉実力性の判断基準が明らかにされていく[165]。

2　2006年以前の状況

まず，2006年以前は，交渉実力性の判断基準に関する BAG の立場は定まらず，事案ごとに異なる要素が指摘されていた。以下，いくつかの主要な決定で BAG が考慮した要素と重要な判断事項を列挙する。

① 1968年7月9日決定[166]
・交渉実力性の判断においては現時点の構成員数とその活動領域を考慮する。
・構成員数が少なくとも，その社会的地位によっては交渉実力性が肯定されることがある。
② 1971年4月23日決定[167]
・交渉実力性は，構成員数または構成員の社会的地位によって使用者側を交渉のテーブルにつかせることができる程度に強力であるかを判断する。
③ 1977年3月15日決定[168]
・交渉実力性は，交渉相手および自己の構成員に対する権威性（Autorität），ならびに任務を遂行しうる組織構造により，原則として協約締結に至る程度に強力であるかを判断する。
④ 1978年3月14日決定[169]

---

165) 判例の詳細な分析は，Wank/Schmidt, Neues zur sozialen Mächtigkeit und organisatorischen Leistungsfähigkeit einer Arbeitnehmervereinigung, RdA 2008, 257; Greiner (Fn. 152), S. 193 ff. 邦語文献として桑村・前掲注 159) 論文・18頁以下，植村新「労働協約締結権の再構成」学会誌126号（2015年）158頁以下。
166) AP Nr. 25 zu §2 TVG. ベルリン大卒者連盟（Berliner Akademiker-Bund）の協約能力を否定。
167) AP Nr. 2 zu §97 ArbGG 1953. キリスト教金属産業現業労働者団体（Christliche Metallarbeiterverband）の協約能力が問題となったが手続的問題で判断せず。
168) AP Nr. 24 zu Art. 9 GG. 協約外職員（außertarifliche Angestellte）団体の協約能力を肯定。
169) AP Nr. 30 zu §2 TVG. ドイツ労働者団体（Deutscher Arbeitnehmer-Ver-

・交渉実力性は，構成員数，人員体制，過去の協約実績から客観的に判断する。
・交渉相手への圧力可能性は争議行為意思と同義でないので，ストライキを支える財政基盤は考慮しない。
・過去の協約実績では，既に締結した労働協約の数を基準に，どれだけ真剣な協約交渉を行ってきたか判断する。ここで考慮するのは当該労働者団体に固有の労働協約（自己交渉協約）に限られ，別の労働組合が締結した労働協約をそのまま援用する協約（Anschlusstarifverträge）や，構成員の労働条件決定とは無関係の目的（例えば協約能力を証明する目的）で締結された労働協約は，交渉実力性の肯定要素とならない。
⑤ 1985年9月10日決定[170]
・交渉実力性は，構成員数および構成員の社会的地位，財政基盤，人員体制に加え，過去の協約実績から判断する。
・過去に多様な労働協約を締結したことは交渉相手から真剣に受け止められたことを意味するから，交渉相手および自己の構成員に対する権威性を証明する要素となる。
・過去の協約実績において重要なのは協約内容ではなく，協約交渉過程での積極性である。
・複数の労働組合が共同で交渉して同一の労働協約を締結することもありうるので，別の労働協約を援用する協約であっても交渉実力性を肯定する要素になる。
⑥ 1986年11月25日決定[171]
・過去に労働協約の内容形成に積極的に関わったことが交渉実力性の肯定要素となる。

---

band）の協約能力を否定。
170) AP Nr. 34 zu §2 TVG．農業・食品部門のキリスト教系職業団体（Arbeitnehmerverband land- und ernährungswirtschaftlicher Berufe）の協約能力を否定した原判決を破棄差戻し。
171) AP Nr. 36 zu §2 TVG．鉱山・化学・エネルギー部門のキリスト教系産別組合（Christliche Gewerkschaft Bergbau, Chemie und Energie）の協約能力を肯定した原判決を破棄差戻し。

・過去の状況から交渉実力性が肯定できない場合は，組織力の程度から将来的に相手方を交渉のテーブルにつかせることができるかを判断する。
・別の労働協約を援用する協約に関しては，いかなる目的・状況で締結されたかのプロセスを重視し，当該労働者団体が使用者から真剣に受け止められ，かつ当該協約が使用者の指示を受けて締結されたものでなければ交渉実力性の肯定要素となる。

⑦ 2004 年 12 月 14 日決定[172]
・交渉実力性の判断においては構成員数が決定的に重要であるが，その絶対数ではなく，当該労働者団体が選択した地域的・分野的な組織範囲内での組織率および当該職業の専門性・代替要員確保の困難性を含めた総合評価を行う。
・構成員以外では，任務を遂行しうる組織構造の有無を考慮する。

　以上のように，2006 年以前の BAG 決定は事例判断としての性格が強く，考慮要素にばらつきがある。しかし，そうした中でも注目されるのが，7 つの決定のうち 4 つ（①②⑤⑦）で，労働者団体の交渉実力性が，構成員の絶対数ではなく，当該職業の特殊性・専門性（社会的地位）を踏まえた組織力の程度を基礎に相対的に判断されていることである。このうち⑦では，問題となった客室乗務員の職業別団体 UFO の構成員数が約 6500 人と少なかったが，ドイツ全体で客室乗務員は 2 万人程度であり，職業内組織率は 32% と十分高いこと，また客室乗務員は社会の核となる重要な職（Schlüsselstellung）に就いており，ストライキの際に短期間で代替要員の確保が難しいことから，使用者側に相当の圧力を与えうるとして交渉実力性（および協約能力）が肯定された。本決定は，1990 年代以降に増えた小規模組合のうち，特に専門職労働者を組織する職業別組合の協約締結可能性を広げる判断として重要である。

3　2006 年 3 月 28 日決定

　こうして交渉実力性の事例判断を積み上げた後，BAG は 2006 年に従来の判

---

172) AP Nr. 1 zu §2 TVG Tariffähigkeit. 客室乗務員の職業別団体（UFO）の協約能力を肯定。

示を整理・集大成する一般的枠組みを示した。

　2006年3月28日決定[173]によると，交渉実力性の判断で決定的に重要なのは，当該労働者団体が積極的に協約交渉に関与してきたかどうか，すなわち過去の協約実績であり，これまで締結した労働協約の数が考慮される（第1段階の審査）。ここで，別の協約を援用する協約と自己交渉協約は同列に扱われ，ある労働者団体が相当の分野で既に相当数の協約を締結していれば原則として交渉実力性が肯定される。既に相当数の労働協約を締結していても例外的に交渉実力性が否定されるのは，締結協約が①外形だけで中身のない「見せかけの協約（Scheintarifverträge）」，②「好意で締結された協約（Gefälligkeitstarifverträge）」，または③使用者の指示に基づいて締結された協約である場合である。②の好意で締結された協約とは，使用者が当該労働者団体を「労働組合」として承認したことを示すためだけに締結される協約（労働者団体に示される好意）や，反対に使用者の利益のためだけに締結される協約（使用者団体に示される好意）である。そして，労働協約に開かれた法規定との関係では，法定の最低基準からの逸脱について何の代償措置も置いていない労働協約は，使用者のためだけに締結されたもので，「好意で締結された」と評価されるとした。

　以上に対し，労働者団体がいまだ積極的に協約交渉に関与したといえない場合には，当該団体との交渉が使用者側で今後真剣に考慮されるかどうかが，当該団体が設定した地域的・分野的組織範囲を基準とした組織力の程度によって審査される（第2段階の審査）。組織力の程度は，構成員数だけでなく，当該職業の専門性により，ストライキの際に代替要員を確保するのが困難か（困難であれば少数でも十分な圧力をかけうる）も考慮されるという。

　本件では長年議論されてきたキリスト教金属労組 CGM の協約能力が問題となったが，当該労働者団体の金属産業での組織率は約1.6％で高いとはいえないものの，第1段階の審査において CGM の協約実績は十分（約3000の援用協約および30の協約領域で550の自己交渉協約）として，協約能力が肯定された。

---

173)　AP Nr. 4 zu §2 TVG Tariffähigkeit.

4　2010 年 10 月 5 日決定

　こうして，BAG によって交渉実力性の判断要素が集大成されたかにみえたが，2010 年にこれと矛盾するかのような決定が出され，議論を呼んでいる。問題となったのは，CGB 傘下にある，2003 年結成の合成物質・木材加工産別組合 GKH（Gewerkschaft für Kunststoffgewerbe- und Holzverarbeitung）の協約能力である。GKH は協約能力の異議申立てがあった時点で既に 120 の産別協約を締結しており，ハム州労働裁判所は協約実績は十分として協約能力を肯定した[174]。しかし BAG は，2010 年 10 月 5 日決定[175] において，組織されて間もない新しい労働者団体が協約交渉に参加した場合は，その構成員数を考慮することなく締結協約数だけで協約能力を証明することはできないとした。そして，協約実績のみで協約能力を肯定した原判決を破棄し，GKH の構成員数を明らかにするため原審に差し戻した。

　本決定は，2006 年決定による考慮要素の優先順位を逆転させ，構成員の絶対数を重視する立場のように読め，結成されたばかりで構成員数が少ない労働者団体にとっては協約能力の獲得が困難になると考えられる。そのため，本決定が設立後間もない組織に限定して特別な審査基準を設定したものなのか，それとも交渉実力性について新たな一般的基準を設定したものなのか，BAG の立場の整理が再び問題となっている[176]。

5　BAG 決定の到達点と意義

　ここまで，労働者団体の協約能力に関して行われる交渉力審査について，BAG の判断基準の変遷をたどってきた。BAG は，1968 年以来，交渉実力性の判断の手がかりとなる決定をいくつか行ってきたが，考慮要素に統一性がなく，それぞれの判示は事例判断の粋を出なかった。しかし，2006 年に初めて

---

174)　Landesarbeitsgericht Hamm 13. 3. 2009-10 TaBV 89/08.
175)　AP Nr. 7 TVG §2 Tariffähigkeit.
176)　Schmidt, Anm. zu BAG 5. 10. 2010, AP Nr. 7 TVG §2 Tariffähigkeit; Greiner, Der GKH-Beschluss, NZA 2011, 825. 学説では特別基準を設定したとの見方が有力である。

詳細な一般論が提示され，交渉実力性の審査は過去の協約実績を最優先とし（第1段階），そこで交渉力の十分性が証明できない場合に組織力の程度が審査される（第2段階）という枠組みが設定された。

第1段階の審査は，基本的には過去に締結した労働協約の数に着目し，それが十分であれば，使用者に対する十分な交渉力があったと推定するものである。ドイツには団体交渉義務がなく協約交渉が労使の自由であるため，使用者団体を交渉の席につかせ，労働協約を相当数締結した（させた）こと自体，労働者団体の交渉力を示すと考えるのである。しかしこの論理が，多数の労働協約を締結したこと自体から交渉実力性を肯定するものであれば，考慮した労働協約がすべて有効である必要があり，個々の協約締結時点で当該労働者団体に協約能力があったことが前提となるため，第1段階の審査は循環論法にすぎないとの批判がある[177]。

ところで，第1段階の審査では，相当数の労働協約を締結していても，見せかけの協約や好意で締結された協約は交渉力を否定する方向で考慮されるため，労働協約の数だけでなく，その内容（質）も問題とされる点には注意が必要である。特に，本書の検討対象である労働協約に開かれた法規定との関係で重要なのが，労働者が法律上の保護を失うことへの代償措置を何も規定していない労働協約は，使用者のために「好意で締結された」とみなされ，交渉実力性の推定を覆す要素となることをBAGが明言した点にある[178]。したがって，交渉実力性は，理論的には協約締結の前提条件でありながら，実際には既に締結された労働協約の内容を加味して審査され，協約内容から完全に切り離された形での抽象的な交渉力審査が行われるわけではない。

次に，1990年代以降に小規模組合（専門職業別組合およびCGB系産別小規模組合）が次々と組織され，独自の協約交渉を行うようになる中で，上記2004年および2006年のBAG決定は，交渉実力性の判断基準を緩和するものと位

---

[177] *Rieble*, Relativität der Tariffähikeit, in: Wank/Hirte/Frey/Fleischer/Thüsing (Hrsg.), Festschrift für Herbert Wiedemann zum 70. Geburtstag (2002), S. 519 ff. (534); ErfK/*Franzen*, §2 TVG Rn. 12.

[178] BAG 28. 3. 2006, AP Nr. 4 zu §2 TVG Tariffähigkeit, Rn. 69, 71.

置づけられた[179]。2004年決定（上記2の⑦）によれば，構成員数が少なくとも，高度専門職の職業別組合であれば交渉実力性が肯定されやすく，また2006年決定（上記3）によれば，専門職の職業別団体でなくとも，多くの労働協約を締結すれば原則として交渉力の十分性が肯定されるからである。BAGは2010年に，2006年決定と異なる判断を行っており，先例との関係など交渉実力性の判断基準には不明確な部分が残るが，2004年・2006年の二決定により，部分的であれ，1990年代から実務で進行していた協約交渉主体の多様化が法的に承認されることになった点は重要である。

II　協約単一原則の廃止

第2に注目すべきは，協約適用をめぐる判例の展開である[180]。

1　協約単一原則の意義と機能

(1)　2010年以前のBAGの立場

ドイツでは，日本と同様に憲法上団結自由が保障されているが，日本で複数組合主義の帰結として当然に肯定されている組合所属に基づく協約適用は，ドイツでは長らく認められていなかった（第1章第1節Ⅳ）。BAGは，同一の労働関係を規律する労働協約が複数締結された場合には一つの労働協約しか適用されないとしていたところ，1957年に，この協約単一原則は一つの事業所におけるあらゆる労働関係にも適用されるとしたのである[181]。これによると，同一の事業所で異なる労働組合に組織された労働者がおり，各組合が適用範囲が重複する異なる労働協約を締結した場合（いわゆる協約多元性）でも，当該事業所では一つの労働協約しか適用されず，残りの労働協約は適用を排除される。協約単一原則は裁判所によって形成された判例法であり，BAGが同原則

---

179)　Vgl. Bayreuther, Gewerkschaftspluralismus im Spiegel der aktuellen Rechtsprechung, BB 2005, 2633（2634）.
180)　桑村・前掲注159)論文・25頁以下参照。
181)　BAG 29. 3. 1957, AP Nr. 4 zu §4 TVG Tarifkonkurrenz.

を協約多元性の場合にも適用した理由はおおむね以下の3つであった[182]。

　まず，①労働協約法は，労働協約の内容規範は当該協約に拘束される労働者にのみ適用され（3条1項），事業所および事業所組織法上の問題を定める規範は当該事業所の全労働者に適用されると定める（同2項）が，立法者は，当該規定において同一の事業所に複数の労働協約が適用される事態を想定しておらず，協約多元性を解消すべきか（事業所内で労働協約は単一であるべきか）は不明であり，現行法には規制の欠缺がある。そしてこの場合に，②同一事業所に複数の協約が適用される場合の実務上の煩雑さおよび法的安定性・明確性の欠如を考慮すると，協約多元性も協約単一原則によって解消されるべきである。また，③基本法9条3項との関係では，協約単一原則によって排除される労働協約を締結した労働組合に所属する労働者は，（排除されずに残る労働協約を締結した）別の労働組合に加入することで協約上の保護を受けることができるし，自己交渉協約が排除される労働組合は，排除されないような労働協約を締結し，またそのための活動が可能であるので，基本法9条3項が保障する中核的領域は侵害されていない，としたのである。

　しかし，学説の圧倒的多数はBAGの立場を批判した[183]。まず，①労働協約法3条1項によれば労働協約の内容規範は組合員にのみ適用されることが明らかであり，現行法に規制の欠缺はない，②煩雑さという実際上の理由で判例法形成を基礎づけることはできず，また組合員ごとに労働協約を適用する方が法的に明確で安定性をもたらす，とした。そして，BAGに対する根本的な批判として，③協約単一原則によれば労働協約が排除される労働組合の集団的団結自由および組合員の個別的団結自由が侵害される，としたのである。しかしBAGは，1957年以来，一貫して協約単一原則を協約多元性の場合にも適用し，同一事業所では一つの協約基準の適用しか認めなかった。

182） BAG 29. 11. 1978, Nr. 12 und 5. 9. 1990, Nr. 19 AP zu §4 Tarifkonkurrenz; 14. 6. 1989, DB 1990, 129; 20. 3. 1991, DB 1991, 1779.

183） Kraft, Gemeinsame Anm. zu BAG 22. 9. 1993 und BAG 26. 1. 1994, AuR 1994, 391（392）; Wiedemann/*Wank*, TVG §4, Rn. 287. 学説による批判の詳細はGreiner (Fn. 152), S. 302 ff.

(2) 協約選択基準

協約単一原則を適用する場合の問題は、どの労働協約が排除されずに残るかである。この協約選択基準について、BAG は、当該事業所にとって地域的、分野的、人的に最も近い（適合的な）協約が適用されるとしていた（近接性原則 Spezialitätsprinzip）[184]。ここで、「近接性」という言葉からすれば、人的適用範囲が最も狭い労働協約が優先するかのようであるが、実際には逆であることが多く、適用範囲が重複する 2 つの労働協約間では、適用範囲がより広い（より多くの労働者をカバーする）方が優先する点には注意が必要である。例えば、当該事業所の全労働者が適用対象となる産別協約と、当該事業所の一部（特定の職業集団）だけが適用対象となる職業別協約があれば、当該産別協約がより「近接」と判断される[185]。ここでの比較の基準は当該事業場の労働者全体であり、当該職業別協約は当該事業所の全職業を対象とした規律を欠くので、最適の労働協約ではないと判断されるのである[186]。これは、できるだけ多くの労働者が自らの労働協約の規範的効力を受けられるようにするための判断手法であり、近接性原則は、事業所全体の秩序を形成するのにふさわしい労働協約を選択するためのルールと位置づけられてきた[187]。

なお、適用範囲が同一の労働協約が複数締結された場合など、近接性原則では最適の協約選択が困難な場合は、当該事業所で最も多くの労働者を組織している労働組合の労働協約が選択される（多数派原則 Mehrheitsprinzip）[188]。

(3) 協約単一原則の機能

以上のような協約単一原則における協約選択基準を考慮するとき、ドイツに

---

184) BAG 22. 2. 1957, AP Nr. 2, 14. 6. 1981, AP Nr. 16 und 4. 12. 2002, AP Nr. 28 zu §4 TVG Tarifkonkurrenz.
185) BAG 24. 9. 1975, Nr. 11 und 29. 11. 1978, Nr. 12 AP zu §4 TVG Tarifkonkurrenz; Franzen, Tarifrechtssystem und Gewerkschaftswettbewerb, RdA 2001, 1 (8); *Schliemann*, Betriebliche Tarifeinheit und Gewerkschaftspluralität, in: Maschmann (Hrsg.), Festschrift für Wolfgang Hromadka zum 70. Geburtstag (2008), S. 359 ff. (374 f.); Schmidt 2011, S. 272 ff.; Greiner (Fn. 152), S. 301 f.
186) Greiner (Fn. 152), S. 301.
187) Bayreuther (Fn. 179), 2640; Berg/Kocher/Schumann/*Berg*, TVG, §4, Rn. 95.
188) BAG 22. 2. 1957, AP Nr. 2 und 14. 6. 1989, Nr. 16 zu §4 TVG Tarifkonkurrenz.

おいて協約単一原則が果たしてきた重要な機能が浮かび上がる。

　上記の通り，近接性原則によれば，職業別組合が，ある事業所で一部の職業のみをカバーする職業別協約を締結しても，DGB系産別組合によって全職業をカバーする産別協約が締結されれば，当該事業所で職業別協約は排除される。また，多数派原則によれば，当該事業所で組合員が最多の労働組合の労働協約が選択されるため，構成員数の少ない小規模組合（職業別組合やCGB系産別組合）の労働協約は排除される。これらすべてのことは，協約単一原則がDGB系組合の産別協約に有利に働き，DGBに所属しない小規模組合による独自交渉の実益を失わせていたことを意味する[189]。そのため小規模組合は，DGB系組合と競合する部門ではDGB系組合の労働協約をそのまま援用する労働協約を締結し，当該組合員はその協約基準を個別契約で編入して保護を享受するしかなかった[190]。しかし，個別契約による援用の場合には協約基準は契約上の効力しか生じないため，労働者が労働協約の規範的効力による強力な保護を受けるには，当該協約を締結したDGB系組合に加入しなければならない。そのため，巨大なDGB系組合はさらに組合員を獲得し，勢力を拡大することができたのである[191]。

　以上のようなメカニズムにより，協約単一原則は，組合間競争を防いで労働組合をDGB系組合に集約させ，DGB系組合による交渉独占を維持・強化する機能を果たしてきたのであり[192]，このことは1990年代以降の労働組合の分散化・多様化の流れにおいて重要な意味をもつ。上述の通り，BAGは2000年以降，協約能力（交渉実力性）要件を緩和し，構成員数の少ない小規模組合であ

---

189)　もともとDGB傘下にないパイロット労組や医師労組等の職業別組合が独自交渉を行わず，DGB系産別組合と共同で協約交渉に臨んできた（第1章第1節Ⅱ1参照）のはこのためである。Seeling/Probst, Tarifpluralität, BB 2014, 2421（2422）.

190)　Bayreuther (Fn. 182), 2640. なお，ここで別の協約を援用する労働協約は当該事業所で適用を排除されるため，それ自体で規範的効力は生じず，当該組合への組合員が当該協約基準を個別契約で編入して初めて効力をもちえた。

191)　Franzen (Fn. 185), 8.

192)　Franzen (Fn. 185), 8; Schmidt 2011, S. 272 f.; Greiner (Fn. 152), S. 302. Vgl. *Kempen*, Die "Tarifeinheit" der Koalitionsfreiheit, in: Maschmann (Hrsg.) (Fn. 185), S. 186 f.

っても有効な労働協約を締結する可能性を広げていたが，協約単一原則が存在する限り，小規模組合の労働協約は適用を排除されやすく，協約交渉の意味がなかったのである。その一方で，協約単一原則の下で選択される労働協約は，巨大な勢力をもって使用者に対抗する DGB 系産別組合が締結したものであることがほとんどで，それゆえにこそ，適用協約は労働者保護を十分考慮したもので，内容の「適正さ」が当然に肯定されると考えられた[193]）。

2　BAG 2010 年 7 月 7 日判決

ところが，BAG は 2010 年に，協約多元性の場合に協約単一原則を適用しないことを明言し，同判決は労働協約制度に大きな変容をもたらすことになる。

本件の事案は複雑であるが，ごく単純化すると次の通りとなる。

X（医師）は医師労組 Marburger Bund の組合員であり，Y に雇用されていた。Y は，2 つの労働協約（A 協約，B 協約）に拘束される関係にあったが，X は Marburger Bund が締結した A 協約だけに拘束される関係にあった（右図参照）。XY 間の労働契約書では，「XY 間の労働関係は A 協約およびそれを補完・変更・代替する Y に適用されるその他の労働協約で規律される」と定められていた。この規定によると，当該事業所で A 協約が適用されるのであれば XY は A 協約で規律されるが，A 協約が排除されるのであれば，B 協約が補完規範となり，本件労働契約書の援用規定に基づき XY に適用されることになる。

本件では，休暇手当の支払要件について A 協約が B 協約より X に有利な定めを置いており，X が A 協約に基づく休暇手当を請求したところ，Y が，当該事業所では協約単一原則に基づき A 協約が排除され，B 協約のみ適用されると主張し，X の請求を拒否した。そのため本件では，協約単一原則の適用の有無が争点となった。

---

[193]　Franzen (Fn. 185), 8; Schmidt 2011, S. 277 f.; Greiner (Fn. 152), S. 302.

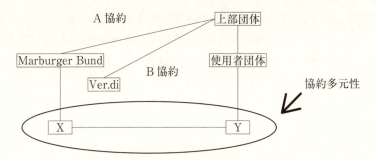

　本件を担当したBAG第4法廷の裁判官は，以前から同原則を批判する発言を行っており[194]，協約単一原則に関する判例変更はある程度予想されていたようである。こうした中でBAGは，ついに2010年7月7日判決[195]で，協約多元性の場合に協約単一原則を適用してきた従来の判例を廃止すると宣言した[196]。そして本件では，当該事業所でA協約とB協約の併存を認め，XY間にはA協約が適用されるとしてXの請求を認容した。

　協約多元性の場合に協約単一原則を適用しない理由について，BAGは従来の判例を批判する学説（上記1(1)参照）を数多く引用し，その論拠をほぼそのまま受容した。すなわち，①協約併存の可否について現行法に規制の欠缺はない，②実務上の弊害は現行法を超える規範設定の根拠としては十分でなく，また，協約単一原則を適用しても協約選択において法的明確性・安定性がない，③協約単一原則の適用は労働協約が排除される労働組合の集団的団結自由および当該組合員の個別的団結自由を侵害する，としたのである。このうち③に

---

[194] Henssler, Ende der Tarifeinheit, RdA 2011, 65.
[195] BAG 7. 7. 2010, NZA 2010, 1068.
[196] ドイツでは，BAGの小法廷の一つが判例を変更しようとする場合には，その判例を形成した小法廷に立場を照会し，当該判例を維持するとの回答があれば大法廷が開かれる（連邦労働裁判所法45条3項1文）。本件の場合，協約単一原則を形成したのは第10法廷であったため，本件を担当する第4法廷が第10法廷に立場を照会し，第10法廷が同原則廃止の決定を行った（BAG 23. 6. 2010, NZA 2010, 778）ため，第4法廷が本件で同原則廃止の立場から判決を行ったという経緯がある。Henssler (Fn. 194), 65.

ついては，かつてのBAG判決は，基本法9条3項の保障を協約制度の中核的領域に限定したBVerfG判決に依拠し，協約排除は同領域の侵害にあたらないとしていた[197]が，BVerfGは1995年に判例変更し，同規定の保障を団結体のすべての活動領域に拡大していた（第1章第1節Ⅰ3参照）。本BAG判決はBVerfGのこの新たな解釈に従い，基本法9条3項の保護範囲を広範に設定した上で，労働協約を排除することは当該協約を締結した労働組合の集団的団結自由および組合員の個別的団結自由を侵害するとしたのである。

こうしてBAGが同一事業所での協約併存（組合所属に基づく協約適用）を認めたことにより，1990年代以降の小規模組合の活動の最大の制度的障害がなくなり，現実に進行していた組合多様化が法的レベルで完全に承認される形となった。

Ⅲ　実務への影響と協約法上の課題

本節では，DGB系組合による単一組合主義が崩れ，労働組合が分散化・多様化していく流れが，法的にいかなる意味をもつのかをみてきた。本節で明らかとなったように，特に2000年以降，協約締結の前提条件である協約能力に関し，小規模組合が満たすのが困難であるように思われる交渉力審査（交渉実力性の要件）が緩和され，協約能力を証明しやすくなっていること（ただし結成間もない組合は除く），および，小規模組合の協約締結の意義を損なっていた制度上の最大の障害である協約単一原則が廃止されたことで，小規模組合による協約交渉に法的意義が与えられた。新組合の結成は，労働者利益の多様化の中で，DGB系の巨大組合では自らの利益が十分に反映されないと考える一部の労働者集団にとって魅力的な選択肢となり，BAGの新判例がそれを後押ししたことは重要である。しかし，これにより，ドイツは単一組合の時期にはみられなかった新たな課題に直面することになった[198]。以下，このことを具体

---

[197]　BAG 5. 9. 1990, Nr. 19 AP zu §4 Tarifkonkurrenz; 20. 3. 1991, DB 1991, 1779.

[198]　Deinert, Arbeitsrechtliche Herausforderungen einer veränderten Gewerkschaftslandschaft, NZA 2009, 1176（1177 ff., 1182 ff.）; Schmidt 2011, S. 281

的にみていく。

1 「強すぎる」組合—専門職業別組合—の台頭

協約単一原則が廃止される以前，職業別組合は 10 であったが，廃止後，2014 年 9 月までに 3 つ新設され，判例変更前に結成されていた職業別組合も独自交渉の方針を表明している[199]。このうち DGB 系組合から分離・独立した専門職集団による職業別組合は，協約交渉で「強すぎる」組合として現れ，従来の協約秩序を乱すものとして問題視されている。

まず，DGB 系産別組合は連帯思想に基づき全職業に共通の保護を実現するのに対し，職業別組合は当該職業の利益のみを追求するため，一部集団の「エゴ」と評されることがある[200]。しかし，職業別組合が活動を活発化させたのは DGB 系組合が当該集団の利益を十分に考慮していないからであり，団結自由の下では，自己の利益をよりよく代表する労働組合を結成し，独自の交渉を行うことを妨げるべきでないとして，職業別組合が使用者からより多くを勝ち取る労働協約を締結すること自体は問題ではないと指摘されている[201]。

これに対し，専門職の職業別組合について問題視されるのは，職業の専門性ゆえに代替要員の確保が困難であり，しかもストライキによる社会的損害が大きいため，ストライキの歯止めがきかないことである。例えば，航空管制官等の航空安全関連職を組織する GDF は，ストを行うと飛行場からの離着陸すべてが不可能になるため，使用者が被る損害は甚大である。そのため，専門職の職業別組合は，ストを背景にすればどこまでも有利な協約締結が可能となり，しかも，構成員の代替要員確保が困難な専門職業別組合は協約能力が肯定されやすい（Ⅰ5参照）ため，産別協約ではありえない高水準の労働協約も有効となる可能性が高い[202]。そうすると，専門職の職業別組合は，より多くの利益

---

　　　ff.; Greiner (Fn. 152), S. 3 f., 34 ff.
- [199] 詳しくは Seeling/Probst (Fn. 189), 2422.
- [200] Bayreuther (Fn. 179), 2637, 2641.
- [201] Schmidt 2011, S. 283 f.
- [202] Kamanabrou, Der Streik durch Spartengewerkschaften, ZfA 2008, 241 ff. (251 f.)

を求めて永遠に競争し続けることになり，基本法9条3項が目指す秩序形成の維持が困難になるとの指摘がある[203]。この点，特定の職業にのみ有利な労働協約の適用も広く肯定する論者も，ストの頻発による労使関係の不安定化は問題視しており，少なくとも争議行為に関しては小規模組合の権利を制限すべきではという論調が高まっている[204]。

2 「弱すぎる」組合の出現―CGZPの協約能力

次に，全く逆の現象として，専門職以外の労働者によって新たに労働組合が組織される場合には，しばしば「弱すぎる」組合として協約交渉の場に登場し，労働者保護に反する労働協約を締結する可能性が危惧されている[205]。こうした問題が指摘される背景には，BAGが協約単一原則を廃止する以前から，CGB系組合の上部団体CGZPが，労働協約に開かれている派遣労働者の不利益取扱禁止原則から逸脱し，時給5ユーロ以下の著しく低い賃金水準で労働協約を締結していた例がある[206]。協約単一原則が適用されていた時期には，小規模組合の労働協約はDGB系組合の労働協約によって排除されやすいため，小規模組合が自己交渉協約を組合員に適用するには，DGB系組合が労働協約を締結していない（したがらない）事項で協約交渉するしかなく，派遣労働者の不利益取扱禁止原則から逸脱する労働協約はまさにそうした場面であった。そして，派遣労働者は組織率が低く，労働協約に直接拘束される労働者は少なかったが，極端に低い賃金を定めるCGZPの労働協約が個別契約を通じて未

---

203) Hromadka, Tarifeinheit bei Tarifpluralität, in: Söllner (Hrsg.), Gedächtnisschrift für Meinhard Heinze (2005), S. 383 (388 f.); Kempen (Fn. 192), S. 185 ff.; Greiner (Fn. 152), S. 337 ff.

204) Henssler (Fn. 194), 71 ff.; Schmidt 2011, S. 288, 299 ff. なお，BAG 第4法廷が第10法廷に協約単一原則に関する立場を照会した際にも，協約単一原則の廃止による争議行為法に与える影響には対応が必要としていた（BAG 27. 1. 2010, NZA 2010, 645）。

205) Kempen (Fn. 192), S. 186 f.; Deinert (Fn. 198), 1177 ff.; Greiner (Fn. 152), S. 3 f.

206) Schüren, Tarifunfähigkeit der Tarifgemeinschaft Christlicher Gewerkschaften für die Leiharbeitsbranche, NZA 2008, 453 (454).

組織労働者に広く適用されたため社会問題化した。

　学説では，派遣労働者の利益に明らかに反する労働協約を締結した CGZP の協約能力に疑問が呈されていた[207]ところ，BAG は 2010 年 12 月 14 日決定[208]で，CGZP の協約能力を否定した。労働協約法によると，労働組合の上部団体が労働協約の当事者となるには，規約で協約締結が任務とされている必要がある（2 条 3 項）ところ，BAG は，上部団体の協約締結権は加盟組合の協約能力を前提とした権限であるので，上部団体の規約上の権限は加盟組合の権限範囲を超えてはならないとした。この点本件では，CGZP の規約上の権限範囲が加盟 3 組合のそれと一致していなかったため，当該規約が発効した 2009 年 10 月 8 日以降の上部団体としての協約能力が否定された。本決定の後，BAG は 2012 年に，CGZP の設立時（2002 年 12 月 11 日）に遡って協約能力を否定した[209]ため，CGZP が締結した労働協約のすべてが無効となった。

　以上の判例により，CGZP の労働協約がもたらしていた派遣労働者の低賃金問題は一応解決されたが，組合組織率が極めて低い分野では使用者はやりたい放題（Spielball）と言われており[210]，今後派遣労働の賃金協約と同種の協約が締結されないとは限らない。特に労働協約に開かれた法規定においては，使用者が法律上の拘束を免れるために当該規定から逸脱する労働協約の締結を望むため，小規模組合が使用者側の圧力に屈して不利な労働協約を締結してしまうことや，使用者がそうした協約締結に応じる労働組合を結成させることが考えられる。そのため学説では，協約単一原則の廃止にともなう協約制度上の問題は，1 でみた「強すぎる」組合により労働者に過大な利益を付与する労働協約が締結・適用されることではなく，「弱すぎる」組合により労働者に著しく不利な労働協約が締結・適用されることであると指摘されている[211]。

---

207) Schüren (Fn. 206), 454 f.
208) BAG 14. 12. 2010, NZA 2011, 289. 同判決の翻訳は，緒方桂子「派遣労働における均等待遇原則と労働組合の協約締結能力の有無」日独労働法協会会報 12 号（2011 年）23 頁以下。
209) BAG 22. 5. 2012, BB 2012, 1471; 23. 5. 2012, NZA 2012, 623.
210) Greiner (Fn. 152), S. 3.
211) Buschmann (Fn. 148), S. 113; Dieterich (Fn. 155), S. 541 f.; Greiner (Fn. 152),

第3節　労働協約制度の改革論・立法動向

こうした弱すぎる労働組合による労働協約の適用を防ぐため，学説では労働協約への国家介入を強める法理論が追求され，立法レベルでもいくつかの重要な改革が行われている。

I　学説の議論

まず学説では，労働組合または労働協約について一般的に国家介入を強めるべきとする議論（下記 **1**・**2**）と，労働協約に開かれた法規範に限定して国家介入を強めるべきとする議論（**3**）がある。

1　協約能力要件の交渉力審査の厳格化？

最初に注目するのは，協約能力要件における交渉力審査の厳格化の提言である。

「弱すぎる」組合は，使用者から労働者の利益を防御できず，協約内容が使用者に一方的に決定されるおそれがあり，労働協約制度には，①当該団体の協約能力（特に交渉実力性）を否定して労働協約を一律無効にする方法と，②協約単一原則によって当該協約の適用を排除する方法の2つがあった。しかし②は2010年に廃止され，①に関しても交渉実力性要件が緩和されている。したがって，今後緩和された協約能力基準だけで不当な労働協約を排除できるのかが問題となった。この点について，学説には，BAGが交渉実力性の判断基準を緩和することができたのは，協約単一原則の下，DGB系組合の産別協約によって小規模組合の労働協約が排除される構造が維持されていたからだと説明するものがある[212]。この理解によれば，労働者保護に関して協約単一原

S. 4.

212) Buchner, Anm. zu BAG 14. 12. 2004, AP Nr. 1 zu TVG §2 Tariffähigkeit.

則という第 2 のセーフティネットを失った 2010 年以降は，BAG による交渉実力性の判断基準の緩和を当然には正当化しえないことになり，基準の見直しが必要となる[213]。

このような問題意識から交渉実力性の判断基準の当否が検討され，学説の多くは，BAG 2006 年決定による，過去の協約実績を重視する枠組みは肯定しつつ，協約実績の評価をより厳格にすべきとしている。例えば，2006 年決定が自己交渉協約と援用協約を同列に扱う点（第 2 節 I 3 参照）について，協約単一原則が廃止され小規模組合が自己交渉協約を締結することに実益が出てきてからは，別の協約をそのまま援用する労働協約のみ締結している労働者団体は，独自の労働協約を締結する交渉力がないものとして，実績評価で消極的に評価すべきとの見解がある[214]。

また，2006 年決定における実績評価は，労働協約の質よりも数を重視するものであるが，既に締結された労働協約の内容を見ない限り，これらが十分な交渉力を有する労働者団体によって締結された確証はないとして，協約の内容・質をより重視する審査方法を提唱するものがある[215]。この学説は，労働者保護に反する労働協約が労働協約に開かれた法規範との関係で多数締結されている状況を念頭に置き，協約実績の評価では，最低労働条件を設定する「通常の」協約のみが考慮されるべきであり，法規制から不利に逸脱する労働協約を相当数締結していたとしても，交渉実力性を肯定する要素と評価すべきでないとする。労働協約に開かれた法規範においては，労働者に不利な労働条件を適用するため使用者側が協約交渉を望むのが通常であるため，協約が多数締結されたとしても，そのこと自体が当該団体の強力性を示すことにはならないと解するのである。この点，BAG の 2006 年決定も，法規制から逸脱する労働協約のうち代償措置のないものを「（使用者のために）好意で締結された」とみなし，例外的に交渉実力性を否定する要素としていた（第 2 節 I 3）が，上記学説は，法規定から逸脱する労働協約は最初から実績評価の対象外とする点に違

---

213)　Schmidt 2011, S. 298.
214)　Däubler/*Peter*, TVG, §2 Rn. 23c, 23f. 同旨，Wank/Schmidt（Fn. 165), 269.
215)　Schüren（Fn. 206), 455 f.; Deinert（Fn. 198), 1179 f.

いがある。

　こうして，学説で交渉力審査の厳格化を求める声が強まる中，BAG が 2010 年 10 月 5 日決定で 2006 年決定の射程を限定した（第 2 節Ⅰ4）ことは注目に値する。BAG がこの新決定にあたり，2010 年 7 月に協約単一原則を廃止していたことを意識したかどうかは定かでないが，結果的には，協約単一原則の廃止後に交渉力審査が一部厳格化され，交渉実力性要件の厳格度と協約単一原則の有無を関連づける上記学説の説明を裏づけることになった。

2　労働協約の内容審査の強化？

　弱すぎる組合に対しては，協約能力の厳格化によってではなく，労働協約の内容審査の強化によって対応すべきとの見解もある。

　ドイツでは，労働協約であっても憲法や法律上の絶対的強行規定に違反してはならず，これらの上位規範との両立性について適法性審査が及ぶ（第 1 章第 3 節Ⅲ）が，それよりも踏み込んだ協約内容の合理性や公正さの審査は，憲法上の協約自治保障ゆえに許されないと解されてきた[216]。そしてその理由は，協約能力における交渉実力性の審査と関連づけて説明されてきた。すなわち，交渉実力性要件は，労働者団体が構成員の利益擁護という任務を実効的に遂行できるかどうかの審査であり[217]，この協約自治のいわば「入場審査」をクリアした労働組合は，使用者団体と交渉力が均衡しているので，対等な交渉が可能であり，その結果成立した労働協約の内容について労働者保護の観点から審査する必要はないと解されたのである。

　しかし，この考え方には異論もある。例えば Oetker は，BAG による判断基準によってもいかなる場合に交渉実力性が肯定されるか明らかでなく，またそもそもこれを法的に評価することは不可能であるから，協約当事者の力の不

　216）　BVerfG 26. 6. 1991, NZA 1991, 809; Löwisch/Rieble, TVG, Grundl. Rn. 198, §1 Rn. 553; ErfK/*Schmidt*, GG Einl. Rn. 46. なお，労働協約に開かれた法規定では，労働協約が当該法規定の基本趣旨を潜脱するか否かが審査される（第 1 章第 3 節Ⅲ 1 (3)）が，これは協約当事者であっても当該法規定の強行的趣旨に拘束されることの帰結であり，潜脱の有無は適法性の審査であって協約内容の当否の審査ではない。

　217）　BAG 28. 3. 2006, AP Nr. 4 zu §2 TVG Tariffähigkeit.

均衡は，抽象的な交渉力審査ではなく，個々の労働協約の内容審査で対処すべきとする[218]。また Henssler も，基本法9条3項の団結体には原則として協約能力が承認されるべきとし，労働者の権利保障を何ら考慮していない労働協約が締結された場合は，労働組合の権限濫用を理由に例外的に当該組合の協約能力を否定し，当該協約を無効にすべきとする[219]。この労働組合の権限濫用審査は，その審査次第では基本法9条3項が禁止する協約内容の検閲（合理性・公正さの審査）にあたりうるが，Henssler は，労働協約が労働者保護法の規定から逸脱する場面において，その必要性が全くない場合や代償措置が全く規定されない場合にのみ権限濫用となるので，労働者保護がおよそ考慮されているか否かを形式的に審査するものにすぎず，協約検閲にはあたらないとした[220]。

Oetker や Henssler の見解は，これまでのように協約能力の審査によって特定の労働者団体が締結した労働協約の効力を一律に決定するのではなく，労働者保護の点で問題のある特定の労働協約に限定してその効力を否定するものである。近年このような考え方に賛同する学説は少なくない[221]。

労働協約の内容審査に関しては，最近では派遣労働者の不利益取扱禁止規定から逸脱する労働協約の事例を念頭に置き，EU 法に由来する労働者保護規定については EU 法との両立性の観点から協約内容の妥当性を審査すべきとする見解もあり[222]，ドイツ学説は労働協約への司法審査を適法性審査に限定する立場で完全に一致しているわけではない。

3　労働協約に開かれた法規範の再編？

以上2つの議論は，弱すぎる組合への対応策を一般的な協約制度の枠内で実現しようとするものであるが，交渉力が弱い組合によって不当な労働協約が締結される危険は，実際には労働協約に開かれた法規範において存在するため，

---

218)　Wiedemann/*Oetker*, TVG, §2 Rn. 403 ff.
219)　Henssler, Soziale Mächtigkeit und organisatorische Leistungsfähigkeit als Voraussetzungen der Tariffähigkeit von Gewerkschaften (2006), S. 56 ff.
220)　Henssler (Fn. 219), S. 60.
221)　最近でも Greiner (Fn. 152), S. 224 ff.
222)　Wank (Fn. 117), S. 46. 前掲注 117)参照。

この領域に限定して労働者保護規制を強化しようとする試みもある。この学説は，労働協約の締結だけを逸脱の要件とする「労働協約に開かれた法規定」について，労働者保護の観点から追加要件を導入することを提唱する。この論者によると，これまで法規定から逸脱する場面で労働組合に特別な要件が設定されてこなかったのは，協約締結主体が巨大な単一組合，すなわちDGB傘下の産別組合であったからであり，立法者が同組合を信頼していたことの現れである。しかし，こうした協約内容の「適正さの保障」（第1章第4節Ⅱ）は，労働組合が分散化・多様化した状況では従前どおりには妥当しないという[223]。同論者以外でも，従来の労働協約制度がDGB傘下の単一組合を前提に構築されてきたことは，労働組合の分散化・多様化によって生じた理論的課題を整理する際にたびたび指摘され[224]，労働者に重大な不利益を及ぼしうる「労働協約に開かれた法規定」の制度設計の見直しが必要な大きな理由とされる[225]。

　以上のような問題意識に基づき，ある学説は，フランス法を参考に，法規定から逸脱する労働協約を締結する労働組合に当該事業所の「代表性」を要求すべきと主張する。この論者は，巨大な労働組合（DGB系産別組合）の場合は当該事業所に組合員が一人でもいれば代表性は肯定されるが，小規模組合の場合は，組合員が当該事業所の従業員代表選挙で支配的地位をおさめた場合にのみ，法規制から逸脱する労働協約の効力を認めるべきとする[226]。また，労働者派遣におけるCGZPの賃金協約（第2節Ⅲ2）がそうであったように，小規模組合による不当な労働協約は，個別契約による援用を通じて大多数の未組織労働者に適用され，問題を深刻化させているため，労働協約に開かれた法規定においては，逸脱協約を個別契約で援用可能とする規定（労働時間法7条3項1文，12条2文，労働者派遣法3条1項3号，9条2号等。第1章第3節Ⅳ1(2)参照）を削除すべきとの見解[227]や，援用は構成員数において十分代表的な労働組合に

---

[223]　Gamillscheg 1997, S. 700; Buschmann (Fn. 148), S. 113; Dieterich (Fn. 155), S. 543.

[224]　Greiner (Fn. 152), S. 1.

[225]　Scmidt 2011, S. 389 ff.

[226]　Gamillscheg 1997, S. 438. 現行法でも労働組合の代表性が逸脱の要件となっているとする見解として，Buschmann/Ulber, ArbZG, §7 Rn. 4.

よる労働協約についてのみ可能とすべきとの見解[228]もある。

II 賃金規制の導入・強化

こうして，労働協約制度において国家介入を強化する方向で学説の議論が活発化していく過程で，賃金面では協約自治への国家介入を強める立法改革が行われている。

1 派遣労働者の賃金下限規制

(1) 労働者派遣法 2011 年改正

これまでたびたび言及してきたように，派遣労働者の不利益取扱禁止原則から逸脱する CGZP の賃金協約は，協約当事者であれば労使間で利益調整を行った上で適切な協約を締結するはずであるという立法者の信頼を裏切るものであった。ここで問題となる賃金額は，社会保障費（医療保険や年金）の計算の基礎にもなるため，派遣労働者の賃金の低さは社会保障制度の財政的基盤の不安定化を招く重大な問題とされ，早急に対応が必要な政策課題となった。この点，労働者保護に明らかに反する労働協約を排除する方法としては，上述の通り当該協約を締結した労働者団体の協約能力を否定する方法もあるが，協約能力の審査には申し立てが必要であり（連邦労働裁判所法 97 条 1 項），しかも協約能力の有無は必ずしも予測可能でなかった。そのため，当該分野での労働協約に開かれた法規定の失敗とその負の効果を重く見た立法者は，2011 年に，派遣労働者の不利益取扱禁止原則からの逸脱について，賃金の下限を設定しうる枠組みの導入に踏み切った[229]。

2011 年改正で労働者派遣法に挿入された新 3a 条によると，労働者派遣に関して連邦全体を適用対象とする労働協約で最低時給賃金が合意された場合には，

---

[227] Waltermann, Entwicklungslinien der Tarifautonomie, RdA 2014, 86 (89). 同旨，Buschmann (Fn. 148), S. 113.

[228] Dieterich (Fn. 155), S. 542.

[229] 2011 年改正については桑村・前掲注 159) 論文・36 頁以下，髙橋・前掲注 75) 書・186 頁以下等。

協約当事者は共同で連邦労働社会省大臣に対し，当該協約上の最低時給賃金を拘束的な賃金下限とする法規命令の発令を提案できる。最低時給賃金は雇用場所によって異なってよく，当該協約で賃金請求の支払時期や例外要件も定めうる（以上，1項1文）。

提案された協約上の最低時給賃金について，連邦労働社会省大臣は，公益上必要な場合に，連邦参議院の承認なく，これを拘束的な賃金下限として法規命令の適用範囲内のすべての使用者および派遣労働者に適用されることを決定しうる（2項1文）。ここで，法規命令で協約最低賃金を引き継ぐ際に内容上変更を加えることはできない（同2文）。提案された協約上の最低時給賃金を法規命令で定めるか否かの判断においては，労働者派遣法の目的のほか，法規命令の発令が特に社会保障制度の財政基盤の安定化のために望ましいか，労働者派遣に関して現存する連邦レベルの労働協約および法規命令の発令を提案する協約当事者の代表性が考慮される（3項）。最低時給賃金について複数の提案があった場合には，協約当事者の代表性が重視され，法規命令の適用下に含まれる，当該使用者団体の構成員の下で雇用される労働者数および当該組合の組合員数が優先的に考慮される（4項）。さらに，3a条には法規命令発令前の周知および関係者からの意見聴取の手続も定められている（5項）。

3a条に基づき法規命令が発令された場合には，それによる賃金下限は，ドイツで配置されるすべての派遣労働者に適用され，国外の派遣企業もこれに拘束される[230]。同条に基づく法規命令は既に発令されており，2016年6月から12月までの時給賃金下限は，ベルリン等の東部6州で8.5ユーロ，それ以外は9ユーロであった[231]。

(2) 違反の効果

労働者派遣法3a条により，労働協約による派遣労働者の不利益取扱禁止原則からの逸脱は，同条に基づき設定された賃金下限を下回らない限りで許容され（3条1項3号，9条2号），賃金下限を下回る労働協約は無効となる。しかし，無効となった後の法的処理には注意が必要である。通常の最低賃金制度は，日

---

[230] ErfK/*Wank*, §3a AÜG Rn. 6. 後記法規命令（注**231**）1条。

[231] Zweite Verordnung v. 21. 3. 2014, Bundesanzeiger v. 26. 3. 2014.

本の最低賃金がそうであるように，最低賃金を下回る合意が無効となれば，当該最低賃金が労働契約内容となり，労働者は当該最低賃金の請求権を取得する。しかし，ドイツの労働者派遣法上の原則は派遣先で比較可能な労働者との平等取扱いである（10条4項1文）ため，その例外を設定する労働協約が無効になれば，原則に戻って，比較可能な派遣先労働者と同レベルの賃金請求権が保障されるのである（同3文）。その意味で，3a条による法規命令は，直律的効力を有する最低賃金ではなく，強行的な賃金下限を設定するものにすぎない。そのため3a条のタイトルも，最低賃金（Mindestlohn）ではなく，賃金下限（Lohnuntergrenze）となっている。

しかし，いずれにせよ労働者派遣法上の賃金下限規制は，これまで労働組合に広範な裁量を付与してきた「労働協約に開かれた法規定」において，協約内容を明確に制約するものであり，しかもそれが，伝統的に協約当事者にゆだねられていた賃金決定に国家が介入するものであるため注目される。理論的に当然問題となりうる憲法上の協約自治保障との関係について，BVerfGは，3a条の目的（社会保障制度の財政基盤の安定化）は正当であり，結論として協約自治侵害にあたらないとしている[232]。

上記の通り，賃金下限規制の導入の背景には脆弱な労働組合が労働者保護に反する労働協約を締結したことへの危機意識があり，当該新規制が，今まで労働協約への信頼の上に肯定されていた協約当事者の広範な裁量権を一般的に制約する方向で議論を呼び起こすかどうか，労働協約に開かれた法規範の制度設計へのインパクトが注目される。

2　最低賃金制度

ドイツでは，近年労働者派遣以外でも低賃金労働問題が深刻化しており，賃金に関する保護を強化するための様々な改革が行われている。

(1)　協約適用率の低下と低賃金労働問題の深刻化

ドイツでは，1990年代以降，DGB系組合が統制力を失う中で非DGB系組合により労働者保護に反する労働協約が締結・適用されていたが，もう一つの

---

[232]　BVerfG 3. 4. 2001, BVerfGE 103, 293; ErfK/*Wank*, §3a AÜG Rn. 11.

大きな問題は，そもそも協約基準が適用されず賃金面で保護を一切受けない労働者が増大していることであった[233]。1998年から2012年までの統計[234]によると，労働協約に拘束される事業者の割合は旧西ドイツ（西側）で53％から34％に，旧東ドイツ（東側）で30％から21％に低下し，労働者側も，西側で76％から60％，東側で63％から48％に低下した。ドイツでは，労働協約に直接拘束されない場合も，伝統的には個別契約による援用を通じて協約基準を適用していることが多かったが，上記統計によると，協約規定の援用も行わず，協約規定と無関係に労働条件が決定されている労働者および事業所の割合が，2000年から2012年までに5-8％程度増加している。

ドイツの労働協約は協約当事者およびその構成員を拘束し（労働協約法3条1項），双方が労働協約に拘束される労働関係に規範的に適用される（同4条1項）ので，労使のいずれか一方が協約締結団体から脱退すると，協約の拘束力から免れうるのが原則である。こうした枠組みにおいて，1990年代以降，労働者の組合離れが進み（第2章第1節参照），使用者側も産別協約による負担を嫌って使用者団体から脱退し，または使用者団体内で労働協約に拘束されない構成員資格[235]に移行したため，労働協約の拘束性が低下した。これを受け，DGB系組合は，産別協約より多少不利でも企業を協約秩序の下に置いた方が得策と考えるようになり，労働時間や賃金額等の一部の事項について，産別協約よりも不利な企業別協約を締結する例が増えている。しかしそれでも，企業別協約の増大は協約適用率の低下の歯止めとなっていない[236]。

こうした協約適用率の低下は，協約最低賃金が及ばない労働者を増大させ低

---

233) 桑村裕美子「ドイツ労働協約の新傾向と労働法制への影響」労働問題リサーチセンター『企業行動の変化と労働法政策の課題』（2014年）151頁以下，山本陽大「ドイツにおける集団的労使関係の現在」法学新報121巻7＝8号（2014年）597頁以下，岩佐卓也『現代ドイツの労働協約』（法律文化社，2015年）1頁以下等。

234) WSI-Tarifarchiv, Statistisches Taschenbuch Tarifpolitik 2014.

235) 詳細は辻村昌昭「協約に拘束されない使用者団体メンバー（OTM〈ドイツ〉）」山口浩一郎ほか編『安西愈先生古稀記念論文集　経営と労働法務の理論と実務』（中央経済社，2009年）625頁。

236) 詳細は桑村・前掲注233)論文・154頁以下。

賃金労働を深刻化させた。特にEU拡大による労働力移動の自由化にともない，低賃金国の労働者がドイツで低賃金労働に従事する機会が増え，低賃金労働の拡大に歯止めがきかなくなった[237]。この点，従来の制度でも，例えば労働協約の一般的拘束力宣言制度（労働協約法5条）を利用すれば，協約に拘束されない労使に協約最低賃金を及ぼすことが可能であったが，一般的拘束力宣言の発令には，労働協約に拘束される使用者が当該協約の適用範囲内の労働者の50％以上を雇用している必要があり（当時の5条1項1文1号），使用者の使用者団体からの脱退が進んでいる状況でこの50％要件を満たすことは難しかった。また，労働組合の組織化が進んでいない経済部門においては，連邦労働社会省の審議会で当該部門の最低賃金を設定する制度が1952年以来最低労働条件法（Gesetz über die Festsetzung von Mindestarbeitsbedingungen）に存在したが，同制度は一度も利用されず，制度としての魅力がうすれていた。そこで，既存の制度では低賃金労働者に保護の網をかけることは難しいと考えられ，新たな制度改革が要請された。

(2) 改革の経緯[238]

低賃金労働の広がりに対して政府が第1に行ったのが，1996年の労働者送出し法（Arbeitnehmer-EntsendeG）の制定である。同法は，EUの南欧拡大によって低賃金国出身者がドイツで低賃金労働に従事し，ドイツ国内の失業問題を悪化させていたことへの対応策であったが，賃金保護が及ばない労働者に保護の網をかける改革の契機にもなった。1996年の労働者送出し法は，労働協約法の一般的拘束力宣言の手続を簡素化し，建設部門において，協約最低賃金を，外国に所在地を有する使用者とドイツ国内に配置されたその労働者にも（国外法を排除して）拡張適用するものであった。同法はその後数度改正され，

---

237) 低賃金労働問題の実態は，岩佐・前掲注233)書・129頁以下参照。

238) 詳細は橋本陽子「ドイツにおける最低賃金法制定の動き〔上〕〔下〕」国際商事法務34巻12号（2006年）1585頁，同35巻1号（2007年）39頁，同「最低賃金に関するドイツの法改正と協約遵守法に関する欧州司法裁判所の判断」学習院大学法学会雑誌45巻1号（2009年）1頁，名古道功「ドイツにおける最低生活保障システムの変化」山田省三＝石井保雄編『労働者人格権の研究　上巻』（信山社，2011年）141頁等参照。

適用部門が清掃業・郵便業・警備業等に拡大された。また，国外使用者から配置された労働者だけでなく，国内企業に常時雇用される労働者も適用対象に含められ，協約最低賃金が簡素化された手続で広く及びうる構造となった。

　第2に，労働組合の組織化が進んでいない経済部門のために，2009年に最低労働条件法が改正された。これにより，同法に基づく最低賃金設定の要件が具体化され，ある経済部門で労働協約に拘束される使用者が，連邦全体で当該協約の適用範囲内に含まれる労働者の50％未満を雇用する場合と規定され（1条2項），最低賃金の決定手続が詳細に定められた（2条以下）。

　第3に，既にみた労働者派遣法2011年改正（上記1）により，協約当事者の提案に基づき，法規命令によって派遣労働者のための賃金下限を設定しうるようになった（3a条）。

　第4に，以上の改革の集大成といえるのが，2014年のいわゆる協約自治強化法[239]であった。同法は様々な法律改正を含むが，労働者送出し法に関しては適用部門の制限を撤廃し，すべての部門を対象とする特別な法規命令の手続を規定し（新7a条），公益上の必要がある場合に労働協約上の最低賃金規定の拡張適用を可能とした（新4条2項）。また，労働協約法の改正部分では，一般的拘束力宣言発令にかかる「50％要件」が削除され，公益上必要と思われる場合に，連邦労働社会省大臣が協約委員会の同意に基づき一般的拘束力宣言を発令することが可能となった（5条1項）。そして，協約自治強化法で最も注目されるのが，次にみる法定最低賃金制度の導入である。

(3) 最低賃金法の制定

　ドイツでは，協約適用率の低下にともなう低賃金労働者の増大に対し，1990年代後半以降，労働協約の一般的拘束力宣言の活用によって対処してきたが，

---

[239] Gesetz zur Stärkung der Tarifautonomie（Tarifautonomiestärkungsgesetz）v. 11. 8. 2014, BGBl. I S. 39. Henssler, Mindestlohn und Tarifrecht, RdA 2015, 43. 同法について，榊原嘉明「ドイツ労使関係の変化と協約法制の現在」学会誌124号（2014年）154頁，同「ドイツは協約自治を放棄したのか？」山田省三ほか編『労働法理論変革への模索』（信山社，2015年）730頁以下，山本陽大「産業別労働協約システムの国際比較」日労研652号（2014年）78頁等。同法の法案段階での紹介は，山本陽大「ドイツにおける新たな法定最低賃金制度」労旬1822号（2014年）36頁。

2014年協約自治強化法は，それでも最低賃金の保護が及ばない労働者が出た場合に備え，最低賃金法（MindestlohnG）を制定した[240]。同法は，全国一律の法定最低賃金をドイツで初めて導入したものであり，2015年1月から，ドイツで働く全労働者について，時給税込み8.5ユーロの最低賃金が保障されている（1条2項）[241]。この法定最低賃金を下回るまたはその請求を制限・排除する合意は無効であり，法定最低賃金の放棄は裁判上の和解以外では認められない（3条）。

全国一律の最低賃金額は，政府が設置する常設の最低賃金委員会によって2年ごとにその調整の当否が審査される（4条1項，9条1項2文）[242]。同委員会の構成は，委員長，構成員6名（投票権あり），有識者から選出される構成員2名（助言のみ）であり（4条2項），投票権のある構成員は，使用者団体および労働組合の上部団体の提案に基づき，使用者団体および労働組合から3名ずつ政府が任命する（5条1項）。最低賃金額の審査で，労働者の最低限の保護に寄与する妥当な最低賃金水準，公正で実効的な競争条件の実現および雇用喪失の危険回避の観点が総合的に考慮される（9条2項）。最低賃金委員会は審査の過程で使用者団体や労働組合等の関係者の意見を聴くことができる（同3項）。そして，最低賃金の最終的な額の調整・決定は，同委員会の提案に基づき，連邦政府の法規命令によって行われる（1条2項2文，11条1項）。

なお，最低賃金法の制定以前から，協約最低賃金を協約に拘束される者以外に広く及ぼす手段として，労働者送出し法における協約賃金を拡張適用する法規命令（7条，7a条，11条），労働者派遣法における賃金下限の法規命令（3a

---

[240] BT-Drs. 18/1558, S. 27 f. 同法の背景と内容の詳細は，Hilgenstock, Mindestlohngesetz（2014）; Schubert/Jerchel/Düwell, Das neue Mindestlohngesetz（2015）.

[241] ただし例外として，①職業訓練法26条にいう実習生の一部，②満18歳未満の児童および年少者，③職業訓練生および名誉職従事者には最低賃金法が適用されず（22条1項ないし3項），また，④1年以上失業していた者を雇用する場合の最初の6か月間は最低賃金は適用されない（同4項）。

[242] 最初の最低賃金委員会は2016年6月30日までに行われ，2017年1月1日に発効する最低賃金額のための審査を行うとされた（9条1項1文）。同委員会により，2016年6月28日に，2017年1月からの時給8.84ユーロへの引上げが提言された。

条）および労働協約法上の一般的拘束力宣言（5条）があったが，これらによる最低賃金は，最低賃金法による法定最低賃金を下回らない限りで優先する（最低賃金法1条3項）。

ただし，最低賃金法には経過措置があり，代表性を有する協約当事者による労働協約が，その適用範囲に含まれる国内および国外に所在するあらゆる使用者および労働者を拘束するに至った場合（具体的には労働者送出し法に基づき協約最低賃金が拡張適用された場合を想定）には，当該協約は2017年12月31日までは法定最低賃金を下回っても適用される（最低賃金法24条1項1文，労働者送出し法24a条)[243]。同様のことは労働者派遣法3a条に基づく法規命令にも妥当し（同2文），当該期日までは法規命令による法定最低賃金を下回る賃金水準の設定が可能である。

(4) 憲法上の協約自治保障との関係

最低賃金法に基づく法定最低賃金は，経過措置による一部の例外を除いて労働協約との関係でも絶対的最低基準となるが，同法について学説の多くは憲法上の協約自治保障に反しないと解している。最低賃金法の目的は，①社会国家原理に含まれる社会保障制度の財政的安定化，②労働者の自尊心保護および人格の発展（基本法1条1項，2条1項），③労使間の構造的不均衡の是正（同12条1項の契約自由の実質的保障）にあり，いずれも憲法上の要請に基づく正当な目的であること，また経過措置によって協約当事者に逸脱権限が留保されていることから，最低賃金法の規制は正当化されるとする[244]。また，経過措置が2017年末で終わることを考えても，法定最低賃金より有利な労働協約の締結が常に可能であるので協約当事者の団結活動を過大に制約するものではなく，

---

[243] ただし2017年1月以降は，当該逸脱する協約規定は，少なくとも最低賃金法施行時に妥当していた最低賃金（時給8.5ユーロ）を定めなければならない（24条1項1文）。このことの意味は，2017年1月に法定最低賃金が改訂されて現行の時給8.5ユーロよりも引き上げられた場合，協約当事者は2017年12月末まではその法定最低賃金を下回ることができる（24条1項1文）が，2017年1月以降はその場合の絶対的下限が8.5ユーロとなるということである。Schubert/Jerchel/Düwell (Fn. 240), Rn. 36.

[244] Barczak, Mindestlohngesetz und Verfassung, RdA 2014 290 (296).

また，法定最低賃金の設定以外に労働者に生存最低限の保護を確保できるより緩やかな手段はないとして，比例原則（第1章第1節Ⅰ3）をクリアするとする[245]。しかし一部には，最低賃金法の規制目的は賃金保護が及ばない者への対応であるから，（経過措置の後）既に存在する産別協約との関係でも法定最低賃金を絶対的強行規範とすることは，比例原則の観点から正当化されず，協約自治を侵害するとの評価もある[246]。

3　賃金をめぐる立法改革の意義と協約自治への影響

以上みた賃金領域での国家規制強化の動きを，協約自治に与える影響に留意しながら整理してみよう。

ドイツには長らく国家による最低賃金保障が存在せず，最低賃金は労働協約によって産業ごとに定められ，当該協約に拘束される者（協約当事者の構成員）は当該協約の規範的効力によって，また拘束されない者は個別契約による協約基準の援用によって最低賃金の保護を受けていた。法律上は，こうした保護が及ばない労働者が出ることに備えて最低労働条件法で国家が最低賃金を設定しうる制度が存在していたが，賃金に関しては伝統的に労働協約による保護が広く及んでいたため，一度も利用されなかった。

しかし，1990年代以降，労働者の組合離れや使用者の協約からの逃避により協約適用率が低下すると，賃金に関して何の保護も及ばない労働者が増えた。また，協約基準が適用される場合でも，小規模組合が労働者保護に明らかに反する低水準で賃金協約を締結する例が労働者派遣分野にみられ，社会問題となった。こうした状況で，従前の労働協約制度では十分な労働者保護が実現できないと考えられ，1990年代後半以降，①協約上の最低賃金規定を拡張適用する制度（労働協約法上の一般的拘束力宣言，労働者送出し法の法規命令）の要件・手続が簡素化され，また②協約当事者の提案に基づき最低賃金を設定する制

---

245) Lakies, Gesetzlicher Mindestlohn, AuR 2013, 69（71 ff.）; Schubert/Jerchel/Düwell (Fn. 240), Rn. 58 ff.

246) Zeising/Weigert, Verfassungsmäßigkeit des Mindestlohngesetzes, NZA 2015, 15（16 ff.）.

度（労働者派遣法上の賃金下限，最低賃金法の法定最低賃金）が新設された。

このうち①は，労働協約による保護が一切及ばない労働者に保護を及ぼすものであるが，②はこれを超えて，労働協約の適用を受ける労働者との関係でも絶対的最低基準を設定するものであり，従来協約当事者にゆだねられてきた賃金分野で協約自治を直接制限する改革として注目される。これは，派遣分野での CGZP の賃金協約のように，労働協約であっても，内容の妥当性をこれまで通りに信頼できなくなったことによるものであり，労働組合の分散化・多様化の中で生じた弊害を国家の関与を通じて除去しようとした改革と位置づけられる。

もっとも，これらの改革が採用した手法は，既に締結された労働協約を拡張適用するもの（上記①），法規命令でそのまま引き継ぐもの（労働者派遣法上の賃金下限），協約当事者の提案に基づき，労働組合と使用者団体の代表者で構成される委員会の審議を経て最低賃金を設定するもの（法定最低賃金）であり，国家が協約当事者の意思を離れて妥当な最低基準のレベルを外から強制するものではない点に注意が必要である。上記改革の実質は，協約当事者の意向を反映させた労働者保護規範を，国家の手によって広く適用するものであり，その意味で協約自治の考え方と完全に対立する枠組みとはいえない。

しかし他方で，これらの改革によれば，労働者は労働組合に加入しなくとも一定の保護を受けられるため，今後さらに組合結成のインセンティブが低下し，上記改革が目指す協約自治の「強化」ではなく，逆に弱体化が進む危険が指摘される[247]。そのため長期的にみれば，協約自治の機能不全によってより一層の国家介入が要請される可能性があり，その場合には，協約自治の基本原則の撤廃は考えられないにしても，労働法の枠組み全体を，労使自治の意義を縮小させて国家規制の役割を増大させる方向で再編することもありうるとの展望が示されている[248]。

---

247) Schwerth, Schwäche und Stärkung der Tarifautonomie aus rechtsökonomischen Blickwinkel, RdA 2014, 358（364）.

248) Schwerth（Fn. 247), 364 f. Vgl. Waltermann（Fn. 227), 91 f.

III 協約単一法

最後に，労働協約制度において注目すべき直近の改革として，2015年の協約単一法の制定がある。

1 趣旨・背景

協約単一原則については，判例法として妥当していた時代から，DGBとBDA（ドイツ経営者連盟）が立法化を提言していた[249]。しかし，同原則の立法化は，直接的には2010年に同原則が廃止されてから労働組合の結成が相次ぎ，ストライキが頻発したことを受けて，2013年末頃から政治過程で議題となった。そして，2015年5月に協約単一原則を復活させるいわゆる協約単一法（TarifeinheitsG）が成立し，同年7月に施行された[250]。

政府は同法制定の目的を次のように説明していた。① 団結体（労働組合）は基本法9条3項によって労働生活の合理的な秩序形成と事業所平和の実現という公的任務を担っているが，異なる労働組合による労働協約の併存はこうした協約自治の目的を阻害する，② 同一事業所における賃金が，一部の重要な社会的地位にある職業別組合にのみ有利に決定されることは公平でなく，また頻繁なストライキは事業所の平和を危険にさらす，③ 経済危機の時期には従業員全体の利益を考慮した全体的取り決めが必要であるが，異なる協約の併存はこれを困難にする，との理由で，協約単一原則の法定が必要としたのである[251]。

2 協約単一原則の法定―労働協約法新4a条

こうして，協約単一法により，労働協約法に新たに4a条「協約競合（Tar-

---

[249] Eckpunktepapier BDA/DGB, "Funktionsfähigkeit der Tarifautonomie sichern", RdA 2010, 315.

[250] 同法制定までの経緯はDäubler/*Bepler*, Das neue Tarifeinheitsrecht (2016), Rn. 29 ff.

[251] BT-Drs. 18/4062, S. 8 f.

ifkollision)」が挿入された。その第1項は,「労働協約の法規範の保護機能,分配機能,平和創設機能および秩序形成機能を確保するため,当該事業所で協約競合が回避される。」と規定し,第2項以下で複数の労働組合が締結した異なる労働協約が同一事業所を拘束するに至った場合の協約適用ルールを定めている。

　第1に,使用者は労働協約法3条により,異なる労働組合による複数の労働協約に拘束されうる（4a条2項1文）が,異なる労働組合による,内容が同一でない労働協約の適用範囲が重複する場合（協約競合）には,当該事業所[252]では,最後の協約締結時点で最も多くの構成員を有する労働組合の労働協約の法規範のみ適用される（同2文）。ある労働協約の締結後に協約競合が生じる場合には,協約競合が生じた時点が多数派決定の基準となる（同3文）。事業所組織法3条1項および117条2項にいう事業所組織法上の問題に関する協約規範については,当該事業所組織法上の問題が既に別の労働組合による労働協約によって規律されている場合にのみ,多数派原則に基づき協約が単一化される（4a条3項）。多数派の労働協約の決定に争いが生じた場合は,労働裁判所の決定手続に付される（労働裁判所法新2a条,新58条3項,新99条）。

　第2に,労働組合は,当該事業所で自身が締結する労働協約と競合する労働協約がある場合に,使用者（団体）に対し,その競合する労働協約の法規範の追随（Nachzeichnung）を要求することができる（4a条4項1文）。具体的には,異なる労働組合が締結する労働協約の適用範囲および法規範が重複する場合に,自己協約が排除される可能性のある労働組合が,競合する協約規範を書き写す労働協約の締結を使用者側に要求することができる（同2文）。そして,書き写された協約規範は,これを書き写した労働協約が多数派原則によって排除される場合には,排除された当該組合の組合員にも直律的強行的に適用される（同3文）。

---

[252] 事業所組織法1条1項2文にいう事業所（＝複数の企業に共通の事業所）および同法3条1項1号ないし3号による労働協約によって設定された事業所（＝1つの事業所を超えたレベルで統合された事業所）も,それが労働協約法4a条1項の目的に明らかに反する場合を除き,2項にいう事業所に含まれる（労働協約法4a条2項4文）。

この新4a条4項は，協約単一原則によって自己交渉協約が排除される可能性のある労働組合の組合員が，協約上の保護を失わないようにするための法的処置であり[253]，自己交渉協約が排除された労働組合の組合員には本来及ばないはずの他組合の労働協約の規範的効力[254]を，特別に及ぼす点で重要である。その意味で，同規定は少数組合員への協約規範の拡張適用請求権を認めるものであり[255]，使用者がこれに応じない場合には，当該請求が裁判所の判決手続で実現される[256]。

第3に，使用者（団体）が労働組合と協約交渉を開始する場合には，当該使用者（団体）は，これを適時に適切な方法で周知しなければならず，協約締結が規約で任務となっているその他の労働組合は，当該使用者（団体）に自らの見解と要求事項を口頭で述べる権利を有する（4a条5項）。

なお，使用者は，新4a条で排除されずに残り，当該事業所に適用される労働協約およびその選択にかかる労働裁判所決定を，当該事業所で周知しなければならない（新8条）。

3 意義と評価

本改正の意義は，2010年にBAGが廃止した協約単一原則を立法によって復活させたこと[257]，しかし協約選択基準としては，2010年以前の判例法理（第2節Ⅱ1(2)）と異なり多数派原則のみ採用したことにある。近接性原則ではな

---

253) BT-Drs. 18/4062, S. 14.
254) 従前も使用者は，自己交渉協約が排除された労働組合の組合員との間で，協約単一原則で排除されずに残った労働協約を援用する個別契約を締結して当該協約基準を適用してきたが，その場合の組合員への効力は個別契約に基づく債務的効力にとどまり，当該協約の規範的効力による保護は受けられなかった。Berg/Kocher/Schumann/*Dierßen*/*Schoof*, TVG, §3 Rn. 263.
255) *Däubler*/Bepler（Fn. 250），Rn. 177.
256) Berg/Kocher/Schumann/*Berg*, TVG, §4a Rn. 71.
257) ただし，協約競合は同一事業所で適用範囲が重複する労働協約が2つ以上ある場合に生じるので，異なる従業員集団を規律する労働協約が複数存在する場合には，それぞれが並存的に適用される。Konzen/Schliemann, Der Regierungsentwurf des Tarifeinheitsgesetzes, RdA 2015, 1.

く多数派原則を採用した理由について，政府は，最も多くの従業員に受け入れられた労働協約を適用することが本改正の目的に資するとし，多数派原則であれば基本法9条3項で認められる組合間競争も確保されると述べていた[258]。なお，多数派原則による協約単一原則を定めた新4a条は，その趣旨からすれば労働協約による逸脱は許容されないと解されている[259]。

多数派原則は，DGB系産別組合には有利に，職業別組合等の少数組合には不利に働くことになるが，新4a条5項によれば，最終的に選択・適用される労働協約の交渉に少数組合が関与し，意見が反映されうる途が確保されるため，本改正は少数者利益に一定程度配慮しているともいえる。しかし，学説の大勢は，協約単一原則が判例法であった時代からの議論をそのまま引き継ぎ，少数組合が自己交渉協約の適用の余地を奪われる点が基本法9条3項の団結権に対する重大な侵害にあたるとして，本改正を強く批判している[260]。

また，労働組合の間でも，本改正によって不利益を被る職業別組合が強く反発し，BVerfGに対し本改正にかかる差止め請求を行った。かかる請求は2015年10月6日にBVerfGによってすべて却下された[261]が，同決定は協約単一法が基本法9条3項と両立するかどうかの実質判断を行うものではなく，本案前の差止めに必要な，回復が不可能または困難である著しい不利益（連邦憲法裁判所法32条1項）が認められず，請求却下となったにすぎない。BVerfGは，同法の憲法適合性をめぐる本案判決を2016年末までに出すよう努めるとした[262]。

---

[258]　BT-Drs. 18/4062, S. 12. なお，協約単一法制定以前にも，学説では協約単一原則を復活させ多数派原則を採用すべきとの主張があったが，そこでは本改正のように多数派の計算単位を当該事業所とするのではなく，同一の職業集団としていた。Greiner (Fn. 152), S. 350 ff.

[259]　Greiner, Das Tarifeinheitsgesetz, NZA 2015, 769 (775); Däubler/*Bepler* (Fn. 250), Rn. 293.

[260]　Schliemann, Fragen zum Tarifeinheitsgesetz, NZA 2014, 1250 (1251 f.); Konzen/Schliemann, Der Regierungsentwurf des Tarifeinheitsgesetzes, RdA 2015, 1 (2); Löwisch BB 2014, Heft 48, Die Erste Seite; Däubler/*Bepler* (Fn. 250), Rn. 204 ff.

[261]　BVerfG 6. 10. 2015, NZA 2015, 1271.

最後に，2010年の協約単一原則の廃止後，専門職の職業別組合によるストライキの頻発が問題となっていた（第2節Ⅲ1）が，本改正は争議行為法理を何ら修正するものではない。もっとも，少数組合による争議行為が，排除されることが明らかな労働協約の締結を目的とする場合には，協約単一原則の趣旨を考慮して不適法とされることはありえ[263]，その限りで同法は争議行為法理に影響を与えうるとされている[264]。

第4節　労働協約と国家規制の関係をめぐる法構造

前章では，ドイツにおいて労働協約に開かれた法規範が理論上も実務上も広く正当化されてきたことを指摘したが，本章では，国家規制との関係でも労働組合の広範な権限を肯定してきた伝統的枠組みが，1990年代以降の組合組織をめぐる新傾向によって修正を迫られる過程を追い，これが国家規制と労働協約の関係性にいかなる影響を与えたかを整理した。本章の内容をまとめておこう。

まず第1節では，ドイツの伝統であった，DGB系の巨大な産別組合が当該産業内の共通の利益を目指して統一協約を締結するという産業連帯的協約政策が，労働者利益の多様化に対応できなくなり，労働組合の分散化・多様化が進んでいる状況を示した。ドイツでは，1990年代以降，労働者の価値観の多様化等を受けて労働者の組合離れが進む一方で，労働者が労働組合にとどまる場合も，高度専門職集団が自己の利益を主張してDGB系組合から分離・独立した職業別組合を組織し，また組合組織化が進んでいない分野では，DGB傘下

---

[262]　Bundesverfassungsgericht, Pressemitteilung Nr. 73/2015 v. 9. 10. 2015. 基本法9条3項の団結活動保障を団結体に適合的なあらゆる活動に及ぼした1995年BVerfG判決（BverfG 14. 11. 1995, BVerfGE 93, 352）の立場を引き継ぐならば，協約単一法は違憲と判断される可能性が高いと思われる。

[263]　BT-Drs. 18/4062, S. 12. 協約単一法による争議行為への影響の分析は，Linsenmaier, Tarifpluralität, Tarifkonkurrenz, Tarifeinheit, RdA 2015, 369.

[264]　*Däubler*/Bepler（Fn. 255), Rn. 189 ff.

ない CGB 系産別組合が活動を活発化させている。これにより，巨大な DGB 系単一組合による協約交渉の構造がゆらぎ，DGB 系組合よりも構成員数が圧倒的に少ない小規模組合が協約交渉の担い手として登場し，締結される労働協約の種類・内容が多様化している。

　第2節では，こうした小規模組合による協約交渉が法的にどのように評価されるのかを確認した。現実にいかに協約交渉主体や労働協約が多様化しても，それが法的に許容されない現象であれば，DGB 系組合を中心とする協約交渉の伝統的構造に変化はないといえるからである。この点でまず，ドイツの労働協約制度には，小規模組合による協約交渉の制度的障害として協約能力要件における交渉力審査（交渉実力性要件）があるが，BAG は 2000 年以降にこの審査基準を緩和し，小規模組合であっても協約能力が肯定されやすくなっている（ただし結成間もない団体は除く）。しかし，それだけでは小規模組合による協約交渉の実益は少なかった。小規模組合がいくら協約能力を獲得して有効な労働協約を締結しても，協約単一原則が維持される限り，DGB 傘下の巨大な組合が同一事業所で適用範囲の重複する労働協約を締結すれば，小規模組合の労働協約は結局適用を排除されたからである。こうした協約適用のメカニズムにより，協約単一原則は小規模組合の協約交渉を事実上無意味にし，労働組合を DGB 系組合に集約させるという重要な機能を果たしていた。

　しかし，2010 年に BAG が協約多元性の場合に協約単一原則の適用を否定したことで状況が大きく変わった。BAG が同一事業所内での協約併存を認めたことで小規模組合の活動を抑制していた最大の制度的障害がなくなり，ようやく小規模組合の独自交渉に実益が生まれたのである。

　しかしこれにより，ドイツは新たな課題に直面することになった。労働組合の分散化・多様化の現象が法的レベルで完全に承認されたことで独自交渉を行う労働組合が増え，高度専門職の職業別組合は「強すぎる」組合となり，頻繁なストライキによって極めて高い賃金水準を獲得する一方で，組合組織率の低い分野では，これまでにみられなかったような極めて低い水準で労働協約を締結する「弱すぎる」組合（主に CGB 系組合）が登場し，非 DGB 系の小規模組合が二極化したのである。ここで特に問題視されたのが，弱すぎる組合による協約締結である。実務では，使用者が法規定から逸脱する労働協約を締結する

ために自らに都合のよい労働組合を結成させる例が見られ，労働者派遣分野を中心に労働者保護への大きな不安をもたらした。こうした中，弱すぎる組合による，労働者保護に明らかに反する労働協約の締結ないし適用の回避が協約制度上の課題となり，対応策が議論された。

　その内容について学説の議論と立法動向を整理したのが第3節である。学説は，協約単一原則の廃止後はBAGによって緩和された協約能力の交渉力審査だけで不当な協約締結を阻むことはできないとし，交渉力の審査基準の厳格化や，労働協約の内容審査の強化を主張している。また，実際上労働者保護に重大な懸念を生じさせていたのは「労働協約に開かれた法規定」であったため，労働組合が法規制から逸脱する労働協約を締結する場面に限定して新たな手続要件を導入すべきとの提案もある。

　これらの議論で注目されるのは，ドイツでは，形式的にいかなる法理論・法的枠組みを用いて説明しようとも，そこで志向されているのは，締結された労働協約の内容を見て，労働者保護に明らかに反する場合に，これを無効にするための理論や枠組みである点で共通していることである。例えば，協約能力の交渉力評価においてBAGが最初に審査する過去の協約実績は，協約内容を加味して交渉力を審査するものであり，理論的・抽象的な交渉力を審査するものではなかった（第2節Ⅰ5参照）。また学説も，労働者保護に明らかに反する労働協約を無効にするための法理を，交渉力の審査基準の見直しや協約の内容審査の強化によって確立しようとしている。そして，これらの結果の妥当性の追求は，労働協約に開かれた法規範における労働者への不利益を回避することを主眼としており，これまでのように国家規制に対する労働組合の広範な権限を自明とする制度設計は妥当でないとの共通認識が労働法学者の間で確認される。こうした問題意識は立法者も共有しており，2010年以降，労働協約による十分な保護が及ばない労働者に適切な保護を及ぼすため，賃金規制が導入され，協約当事者との関係でも強行的性格を帯びるようになっている。これらの最低基準規制は，協約自治を尊重する要請が高いと考えられてきた賃金分野での国家介入であり，派遣労働者の賃金下限規制のように，法規制から逸脱する労働協約の内容をも直接制約するものである点で注目される。

　以上から，ドイツにおける法制度面での2000年以降の変化は，労働組合に

対しほぼ自動的に広範な権限を付与してきた伝統的構造が，現在の労働組合の組織状況や労働協約の締結状況を前提とすれば正当化できないと考えられていることを示している。そして，このことは逆に，従来の労働協約に開かれた法規範の構造が，DGB系の巨大な産別組合を協約締結の担い手とすることで広く承認されてきたという暗黙の前提を浮かび上がらせる。労働組合の権限を限定する法理論を提示する最近の学説によれば，労働協約に開かれた法規範を広範に認める根拠とされてきた労働協約の「適正さの保障」は，DGBが主要産業にただ一つの労働組合を組織し，巨大な勢力をもって使用者団体に対峙するという構造が維持される限りで妥当していた（第3節Ⅰ3参照）。そして，DGB系組合が労働者保護に配慮した労働協約を長年安定して締結することができたのは，協約単一原則が労働組合の分散化を防いでいたからであり，同原則がDGB系組合への勢力集中の制度的基盤であったことも重要である。

　こうしてみてくると，ドイツで労働協約に開かれた法規範が広く正当化されてきたのは，憲法上の協約自治保障や争議権保障（争議行為の準備）という抽象的な原理の追求のためではないことが分かる[265]。実際には，協約交渉を産業レベルで一本化する構造（DGBによる一産業一組合の方針とそれを維持・強化する協約単一原則）の下，労働組合が巨大な勢力をもって労働者保護に資する労働協約を締結している現実があったため，国家規制を後退させても不都合はないと判断されてきたといえ，結果の妥当性が強く意識されていた。このことの証左として，憲法上の協約自治原則の下，DGB系組合が協約交渉を事実上独占していた時代には，国家規制をできるだけ抑制することこそ協約自治の精神に適うとされた（第1章第4節Ⅰ）のが，労働組合の勢力が分散し，労働者保護に反する労働協約も締結されるようになると，今度は協約自治に対して国家規制を強化すべきとの論調に傾き，絶対的最低基準規制は協約自治を侵害しないと説明されている（本章第3節Ⅱ2(4)）。これらのことから，ドイツでは，

---

[265]　なお岩佐は，法定最低賃金の導入経緯を詳細に分析し，「現実の協約賃金がどのような水準であろうとも協約自治の不可侵性それ自体を擁護するという立場は，『理論家』はともあれ，少なくともドイツの一般的な認識においてはもともと希薄であったと推測される」と述べている。岩佐・前掲注233)書・183頁。

労働組合や労働協約の実態が制度設計や法解釈のあり方に強く影響していることがうかがえる。

なお，労働協約制度における直近の展開として，2015年に協約単一原則が法定され，少数組合の労働協約はより多くを組織する労働組合の労働協約によって排除されることになった。これによって協約交渉がDGB系組合に再び有利となり，労働組合の分散化がある程度抑制されると予想され，DGB系組合の統制力が回復されれば，協約制度の構造が伝統的枠組みに戻る可能性もある。もっとも，協約単一法は違憲の疑いが強いため，国家規制と労働協約の関係性は，協約単一法の制定直前の法状況のように，協約交渉主体や労働協約の多様化を承認しつつ，協約能力の審査や労働協約に対する実体規制の強化によって弱小組合による労働者保護の後退を防ぐという方向が現実的なのかもしれない。いずれにせよ，ドイツが目指すのは，憲法上の協約自治保障の原則を維持しつつ，その枠内で労働者保護の実質を担保する協約法理・制度を構築することであり，現在は労働組合であれば自動的に国家規制から逸脱する労働協約を広範に締結できるという単純な構造ではなくなっていることを，最後にもう一度指摘しておきたい。

第3章

事業所委員会制度と国家規制

ドイツでは，1920年以来，事業所レベルに労働組合とは別個の従業員代表たる事業所委員会（Betriebsrat）が制度化され，使用者と集団的合意を行うことが認められている。本章では，労働条件決定における事業所委員会と国家の権限関係に焦点をあて，法規制の柔軟化における事業所委員会の位置づけについて，労働組合との違いを意識しながら整理していく。

第1節　事業所委員会制度の概要

I　基本構造と設置要件

事業所委員会は，事業所組織法に基づき設置される従業員代表機関である[266]。事業所委員会は法律によって初めて統合される従業員集団を基礎としており，構成員の自由意思で結成される団結体と原理的に異なることから，事業所自治は一般に憲法上の保障を受けないと解されている[267]。

事業所委員会は，常時5人以上の選挙権を有する常用労働者を擁し，そのうち3人の被選挙権を有する者を含む事業所で，4年ごとに選出される（事業所組織法1条1項，13条1項。本章の条文は特に明記しない限り同法の条文とする）。

---

[266] 事業所委員会制度については藤内和公『ドイツの従業員代表制と法』（法律文化社，2009年）が詳しい。

[267] BAG 16. 11. 1967, AP Nr. 63 zu §611 BGB Gratifikation; Neumann, Tarif- und Betriebsautonomie, RdA 1990, 257 (259).

選挙権は当該事業所の満18歳以上の労働者が（7条），被選挙権は当該事業所に6か月以上所属する満18歳以上の労働者が有する（8条1項）。委員の数は事業所の選挙権者の数に応じて決まり[268]，委員は比例選挙によって選出されるのが原則である（14条2項）。事業所委員会は労働組合とは法的に区別されるが，伝統的には事業所委員会委員の大部分が組合員であり，事業所委員会は労働組合の支援と助言を受けて活動するのが通例であった[269]。

事業所組織法上の「労働者」（5条1項）はドイツ労働法で統一的に理解されている労働者概念に依拠しており，同概念は私法上の契約によって従属的な労務提供を義務づけられた者と定義される[270]。判例・通説によれば，ここでいう従属性は人的従属性を意味する[271]。管理職員（leitende Angestellte）は一般にこの「労働者」に含まれるが，事業所組織法は明文で管理職員を原則として適用除外としている（5条3項）。したがって，同法にいう管理職員は事業所委員会の選挙権および被選挙権を持たず，事業所委員会は管理職員の代表権限を持たない[272]。事業所組織法5条3項2文によると，「管理職員」とは，労働契約および企業または事業所上の地位から，①事業所またはその部門に雇用されている労働者の採用および解雇権限を持つ者，②包括的代理権または使用者との関係で重要な業務代理権を持つ者，③その他，企業または事業所の存続発展にとって重要で，かつその遂行に特別の経験と知識が必要とされる職務を通常行っている者で，その者が本質的に指揮命令の拘束を受けずに自由に決定を行う，もしくはその決定に重大な影響を及ぼす場合，のいずれかである。

---

268) 選挙権者が常時5〜20人の事業所で1人，21〜50人で3人，51〜100人で5人，101〜200人で7人，201〜400人で9人，401〜700人で11人，701〜1000人で13人である。1001〜5000人では500人増えるごとに2人ずつ増え，5001〜9000人では1000人ごとに2人ずつ増える（9条）。

269) Junker 2016, Rn. 653.

270) Junker 2016, Rn. 91.

271) BAG 15. 2. 2012, AP Nr. 123 zu §611 BGB Abhängigkeit. ドイツの労働者概念の詳細は労働政策研究・研修機構『労働者の「法的概念」に関する比較法研究』（2006年）121頁以下〔皆川宏之〕。

272) Richardi/*Richardi*, BetrVG, §5 Rn. 264.

II 事業所委員会の共同決定権と争議行為の禁止

　事業所組織法上，事業所委員会は労働条件に関わる事項について様々な関与権を有する。特に重要なのが同法87条1項が定める社会的事項[273]であり，同事項では事業所委員会の同意がなければ使用者はいかなる措置もとりえず，事業所委員会に共同決定権が付与されている（強行的共同決定事項）。そして，事業所委員会が使用者と合意に至った場合に締結するのが事業所協定（Betriebsvereinbarung）である。事業所協定は書面化と両当事者による署名が必要であり（77条2項），これらの要件を満たす事業所協定は当該事業所の全従業員に直律的強行的に適用される（規範的効力。同4項1文）。

　なお，事業所委員会は，社会的事項以外でも任意に事業所協定で定めることができる（任意的共同決定事項。88条）。

　事業所委員会と使用者は労働者と事業所の利益のために協力することとされ（2条1項），争議行為は明文で禁止されている（74条2項）。その代わり，両者が合意に達することができない場合に備えて仲裁委員会（Einigungsstelle）による強制仲裁の制度が存在し（76条以下），強行的共同決定事項（87条1項）における仲裁委員会の裁定は両者の合意に代替する（同2項）。

III 事業所委員会の活動支援

　事業所委員会の委員は当該企業の従業員であり，使用者からの圧力を受けやすいため[274]，事業所組織法は事業所委員会の活動を様々な形で支援している。

　まず，事業所委員会の活動費用は使用者負担である（40条1項）。事業所委員会委員はその任務を無報酬で行う（37条1項）が，任務遂行に必要な限り，

---

273) 具体的には，事業所秩序および事業所内における労働者の行為に関する問題，1日の労働時間の開始・終了および労働時間の各週日への配分，事業所の所定労働時間の一時的短縮または延長，賃金支払いの時期・場所・方法等がこれに該当する。

274) *Rieble*, in: Blanpain (ed.), The Actors of Collective Bargaining: A World Report (2004), 127 (141).

有給で職業上の活動から免除され，それが時間外に及ぶ場合は時間外手当も支給される（同2項，3項）。そして各委員は，任期満了の1年後まで，当該事業所で比較可能な労働者の賃金を保障される（同4項）。また，訓練・教育講座への参加，その間の有給での労働免除，就業時間外の研修時間に相当する労働免除を保障される（同6項，7項）。

　次に，事業所委員会は，使用者から適時かつ包括的に情報提供を受ける権利，必要に応じて資料を閲覧する権利を有し（以上80条2項），使用者との詳細な合意に基づき専門家を招くことができる（同3項）。また，事業所組織法2001年改正で事業所委員会の活動支援規定が拡充され，使用者は，事業所委員会の会議，懇談時間および日常業務遂行に必要な範囲内で部屋，物品，情報・通信機器および事務担当者を提供すること（40条2項），および，専門知識を有する労働者を情報提供者として事業所委員会に自由に協力させることが義務づけられた（80条2項3文）。

　さらに，使用者は事業所委員会委員に対する活動妨害は許されず，任務遂行を理由とする委員の不利益取扱いまたは優遇は禁止される（78条）。事業所委員会委員は，任期満了後1年後まで原則として普通解雇が禁止され（解雇制限法15条1項），即時解雇にも事業所委員会の同意が必要である（事業所組織法103条1項）。これに加え，事業所組織法2001年改正により，委員の配転が委員職を失わせる場合または事業所委員会の被選挙権を失わせる場合にも，原則として事業所委員会の同意が必要となった（同3項）。

IV　国家法，労働協約，事業所協定の関係

　事業所協定は，伝統的に，国家法，労働協約，労働契約との関係で次のような関係に立つ。

　第1に，国家法との関係では有利な規定を置くことのみ可能であり，労働協約に開かれた法律規定は事業所協定には開かれていなかった。

　第2に，労働協約との関係は，有利原則ではなく，協約優位原則が妥当する。事業所協定は，労働協約で既に規定されているまたは通常規定される賃金その他の労働条件については，有利・不利に関わらず，原則として規律権限を有し

ないのである（77条3項1文。労働協約の遮断効）。労働協約で「通常」規定される場合とは，労働協約による規律が経験的に定着したと解される場合に肯定され，連続して締結された複数の労働協約が同一事項を規律している場合や，1回だけの協約締結でも，当該協約が十分長期にわたって適用された場合には肯定される[275]。賃金「その他の労働条件」の意義についてはかつて議論があったが，BAGは，協約優位は労働協約の内容となりうるあらゆる労働条件に及ぶとしており[276]，現在では事業所協定に対する協約優位が一般的に妥当する。

協約優位原則（77条3項1文）は憲法上の協約自治を確実にするための規制と理解されている[277]が，法律レベルで具体的にいかなる範囲・条件で協約優位を定めるかには立法裁量がある。この点，事業所委員会を初めて制度化した1920年事業所委員会法は，労働協約に定めのない場合に限って事業所委員会による決定を認め，事業所協定は労働協約よりも有利な定めが可能であった。しかし，1952年事業所組織法は，協約通常性のある場合を含めて事業所協定の締結を禁止した（59条）。同法は労働協約と事業所協定の管轄を分けるものであり，有利・不利に関わらず労働協約を優位させる点で協約自治をより高度に保障するものである。この規定が1972年の事業所組織法で引き継がれ（77条3項），現在に至っている[278]。

ただし，協約優位原則には例外があり，労働協約が補完的な事業所協定の締結を明示的に認めている場合には，事業所協定による規律が可能である（77条3項2文）。ここで事業所協定の締結を認める協約規定は，（協約）開放条項（Öffnungsklauseln）と呼ばれる。

第3に，労働契約との関係では，明文はないものの，有利原則が妥当し，有利な方が優先すると解されている[279]。

---

275) Richardi/*Richardi*, BetrVG, §77 Rn. 273.
276) BAG 9.4.1991, AP Nr.1 zu §77 BetrVG 1972 Tarifvorbehalt.
277) BAG 3.12.1991, BAGE 69, 134.
278) 毛塚勝利「組合規制と従業員代表規制の補完と相克」『企業レベルの労使関係と法』（勁草書房，1986年）221頁以下参照。
279) BAG 16.9.1986, BAGE 53, 42; 7.11.1989, AP Nr.46 zu §77 BetrVG 1972.

第2節　事業所協定による法規制からの逸脱の承認・発展

では，事業所協定と国家規制の関係を詳しくみていこう。

I　1970年代までの状況

まず，1960年代・70年代には労働協約に開かれた法規範が多数存在したが，同時期に事業所協定が不利に逸脱することを認める法律規定は存在しなかった。事業所自治は憲法上保障を受けず，事業所当事者（事業所委員会および使用者）にどれだけの権限を付与するかは法律にゆだねられるところ，立法者は，産業レベルの労働組合よりも事業所委員会の方が専門知識を有すると考えられる事業所レベルの問題[280]についても，法律規定を労働協約（産別協約）にのみ開放していた。また，労働協約に開かれている法規定において，法規定から逸脱する権限を協約当事者が事業所当事者に委譲することも，立法者の想定外として否定されてきた[281]。さらに，法律に代替する判例法についても，BAGは労働協約に開かれているとする一方で，事業所協定には開かれていないと明言していた[282]。

もっとも，法規命令のレベルでは，従来ほとんど注目されてこなかったが，既に1960年代に事業所協定による不利な逸脱を認める明文が存在していた。すなわち，1963年7月20日制定の「製糸業における日曜・祝日労働禁止の例

---

[280] 例えば，公的年金とは別に事業所ごとに支払われる事業所老齢年金について，給付資格，給付額，時効等の法規定が労働協約にのみ開放されている（事業所老齢年金法（BetriebsrentenG）17条3項）。Bock 2005, S. 54.
[281] Seifert, Umfang und Grenzen der Zulässigkeit von tarifabweichenden Betriebsvereinbarungen (2000), S. 200; Löwisch/Rieble, TVG, §1 Rn. 946; Buschmann/Ulber, ArbZG, §7 Rn. 14.
[282] BAG 16. 11. 1967 und 17. 10. 1968, AP Nr. 63 und 66 zu §611 BGB Gratifikation; Richardi/*Richardi*, BetrVG, §77 Rn. 92.

外に関する命令」[283]は，労働協約が存在しない場合には直接事業所協定によって，日曜・祝日労働従事者への連続40時間の休息時間を16時間にまで短縮すること，および，日曜・祝日における1日8時間の労働時間制限を超えて12時間まで働かせることを許容している（6条）。また，1961年制定の鉄鋼産業を対象とした同種の命令においても，1968年改正により，労働協約が存在しないとの条件で事業所協定による連続休息時間の短縮が可能となった（4条3項2文）[284]。

　法律レベルでも事業所協定による不利な逸脱が認められるようになった現在からみれば，1960年代に既に事業所協定による逸脱を認めていた上記命令規定の趣旨や法体系上の位置づけは興味深いが，当時この点に注意を払う学説はなかった。こうした状況が変わるのは1980年代以降である。

II　1980年代以降の展開

　第1章第2節II1でみた通り，1980年代以降は労働法の柔軟化が重要な政策課題となり，多くの法律規定が新たに労働協約に開放された。この一連の改革では，協約当事者は現場の事情に詳しいことがメリットとして指摘されたが，労使のニーズの把握という点では，産業レベルの労働組合よりも事業所レベルの事業所委員会の方が優れている。そのため1980年代以降は，現場により近い事業所レベルの集団的労使の権限拡大が目指され，労働条件決定の分権化が進むことになる。

---

283)　Verordnung über Ausnahmen vom Verbot der Beschäftigung von Arbeitnehmern an Sonn- und Feiertagen in der Papierindustrie v. 20. Juli. 1963, BGBl. I, S. 491.

284)　Verordnung über Ausnahmen vom Verbot der Beschäftigung von Arbeitnehmern an Sonn- und Feiertagen in der Eisen- und Stahlindustrie in der Fassung der Bekanntmachung v. 31. Juli. 1968, BGBl. I, S. 885.

第3章　事業所委員会制度と国家規制

1　集団的労働条件決定の分権化

(1)　産別協約から事業所協定へ[285]

　事業所組織法上，事業所協定と労働協約とでは労働協約が優位し，事業所協定による規律は労働協約が開放条項によって明示的にこれを認めている場合にのみ可能である（77条3項2文）。もっとも，伝統的には，協約当事者は産別協約の基準の適用に差が出ることを嫌い，協約開放条項をほとんど利用してこなかった。また，個々の企業と産別組合の間で締結される企業別協約も，使用者団体に所属していない企業に産別協約と同一の拘束を及ぼすために締結されるのが基本であり，産別協約よりも不利な基準を認めるための手段とはされてこなかった[286]。

　しかし，1980年代以降の失業問題の悪化は労働組合に産別協約政策の変更を迫った。特に東西ドイツ統一後は，東ドイツ経済の壊滅的な打撃と低迷の中で東西に著しい経済格差が生じ，不利な逸脱を一切認めない産別協約の画一的適用が困難となった。そこで，産別組合は産別協約基準の遵守について次第に態度を軟化させ，協約開放条項によって，経済的苦境に陥った中小企業等に限定して産別協約基準を下回る事業所協定の締結を認めるようになった。その後この動きは経営難にある企業一般に広がり，賃金や労働時間に関して協約基準を下回ることを認める様々な開放条項が労働協約に導入されるようになった[287]。

　こうした協約実務の展開を受けて，そもそも事業所協定はいかなる範囲で労

---

[285]　西谷敏「ドイツ労働法の弾力化論（三・完）」大阪市立大学法学雑誌43巻1号（1996年）2頁以下，名古道功「大量失業・グローバリゼーションとドイツ横断的労働協約の『危機』」金沢法学43巻2号（2000年）72頁以下，労働政策研究・研修機構『諸外国における集団的労使紛争処理の制度と実態』（2004年）31頁以下〔毛塚勝利〕，労働政策研究・研修機構・前掲注44)報告書・122頁以下〔桑村裕美子〕等参照。

[286]　Däubler/*Reim/Nebe*, TVG, §1 Rn. 77.

[287]　開放条項の詳細は Pfab, Wirkungsweise und Reichweite tarifvertaglicher Öffnungsklauseln (2004), S. 32 ff. 特に2000年以降の開放条項を含む労働協約の実態調査として，労働政策研究・研修機構『現代先進諸国の労働協約システム（第1巻ドイツ編）』（2013年）51頁以下〔山本陽大〕。

働条件決定権限を有するのかに理論的関心が集まった。そして，1987年8月18日のBAG決定[288]を契機に，この点に関する議論が活発化することになる。

本件で問題となったのは，平均週労働時間を38.5時間とし，個々の労働者の週労働時間を37時間から40時間の間で事業所協定で定めることとしていた金属産業労働協約である。従来は週の労働時間の長さは労働協約で定めるべきと考えられ，時間の配置だけが強行的共同決定事項（87条1項）とされていたため，そもそも本件のように労働協約で労働時間の長さの決定を事業所協定にゆだねることができるのかが問題となったのである。

この点について，BAGは1987年8月18日決定において，事業所当事者は，事業所組織法77条3項の遮断効が及ばない限り労働条件決定権限を有するとし，この理解は任意的共同決定事項を定める同法88条[289]が例示列挙であることでも確認されるとした。そしてこの立場から，本件で問題となった労働時間の長さも事業所協定の対象となりうるとし，週労働時間の決定を事業所協定にゆだねる本件労働協約の効力を肯定した。

本決定は，事業所協定の労働条件決定権を一般的に肯定した上で，事業所組織法77条3項2文の協約開放条項に，事業所当事者が本来有する権限を復活させる効果を付与したものであり，学説の多くの支持を得た[290]。このBAG決定により集団的労働条件決定における分権化の流れが法的に承認され，協約開放条項の利用が一層進んだ。

しかし，その一方で見逃すことができないのは，実務では，協約開放条項がない場合でも産別協約から不利に逸脱する事業所協定が締結される例が少なくなかったことである。既にみたように，DGB系組合は1990年代以降，統制力が低下しており，事業所レベルでの産別協約の遵守を十分に監督することができなくなっていた[291]。2001年2月に公表されたWSI（経済社会科学研究所）の

---

288) AP Nr. 23 zu §77 BetrVG 1972.
289) 88条は「事業所協定によって特に次の事項を定めることができる」とし，労働災害および健康障害防止のための追加的措置，事業所の環境保護の措置等を列挙している。
290) Zöllner (Fn. 65), 276; Pfab (Fn. 287), S. 76 ff.
291) Addison/Schnabel/Wagner, The (Parlous) State of German Unions, IZA Dis-

調査結果[292]によると，ドイツ全体で15％の事業所が産別協約を遵守しておらず，東部だけでは26％が協約違反の状況にあった。また，同調査では，産別協約違反の正確な申告を事業所に期待することは困難であるため，実際はこれ以上に違法な分権化が進んでいる可能性が指摘された。

こうした現実を前にして，1990年代から2000年代初頭にかけて，協約当事者の同意に基づかなくとも，事業所協定によって労働協約と異なる規定を置くことを正面から認めるべきとする立法提言（法定の開放条項の提案）が繰り返し行われ，事業所組織法改正案も提出された[293]。しかし，かかる提言には学説の反対が強く，実現には至ってない[294]。反対論者の中で，例えばHenssler[295]は，協約自治の妥当範囲を限定することは労働生活の秩序と平和をもたらすという公益目的がなければ許容されないが，個々の事業所レベルで設置される事業所委員会は単独で労働生活の合理的な秩序を形成するのに適していないとした。またHanau[296]は，労働協約の強行的効力は立法者が処分できない憲法上の協約制度保障の中核であるため，団結体が協約開放条項で自ら承認する場合以外で事業所協定による逸脱を認めることはできないとし，法定の開放条項の導入を基本法9条3項違反とした。

(2) 分権化の帰結

現在では，産別協約の4分の3程度が開放条項を置いているといわれており[297]，協約開放条項は，経営難であるか否かを問わず，事業所委員会による労働条件決定を広く認める手段として利用されている。もっとも，WSIの2004-05年の調査によると，事業所当事者の権限拡大について，81％の事業所

---

cussion Paper, No. 2000（2006），p. 16.

292) WSI Works Council Survey 1999/2000.
293) 近時では2003年にCDU/CSUによって提出された。BT-Drs. 15/1182.
294) 学説の議論状況は橋本・前掲注66）論文・251頁以下，労働政策研究・研修機構・前掲注44）報告書・128頁以下〔桑村〕等。
295) Henssler, Flexibilisierung der Arbeitsmarktordnung, ZfA 1994, 487 (510 ff.).
296) Hanau, Die Deregulierung von Tarifverträgen durch Betriebsvereinbarungen als Problem der Koalitionsfreiheit（Art. 9 Abs. 3 GG），RdA 1993, 1 (5).
297) Däubler/*Däubler*, TVG, Einl. Rn. 56.

委員会が使用者による労働条件の一方的決定を許す結果になったと回答し[298]，分権化の進行には労働者保護の観点から消極的な見方が増えている[299]。また学説でも，ストライキ権をもたない事業所委員会には使用者と同じ目線で交渉する条件が欠け，大部分の事業所では労働者に不利な方向で力関係が形成されているので，競争政策を重視して労働協約から事業所協定に決定権限を移行させることには不利益が大きいとの指摘がある[300]。なお，1990 年代以降は，協約拘束性の低下により労働組合の協約政策が変わり，産別組合自身が個々の企業と企業別協約を締結する例が増えている（第2章第3節Ⅱ2(1)参照）が，その背景には，上記のような，事業所協定に労働条件決定をゆだねても労働者保護が十分実現されないという懸念があったことも指摘されている[301]。

2　法律規定の事業所協定への開放

しかしいずれにせよ，1980 年代以降の「産別協約から事業所協定へ」という流れは，国家規制の枠組みにも影響を与え，これまで労働協約にのみ開放されてきた法律規定が部分的に事業所協定にも開放された。

(1)　年少労働保護法 1984 年改正

この点で最初に注目すべきは年少労働保護法の 1984 年改正である。

18 歳未満の年少労働者については，1976 年以来，年少労働保護法が特別な就業制限および労働時間規制を行っており，これらの規制は年少者に一律に適用されていた。しかし，同法の 1984 年改正で 21a 条が新設され，いくつかの法規定が労働協約だけでなく事業所協定にも開放された。具体的には，同法上の1 日および週の労働時間の上限，週労働時間の配分，休憩時間の長さ・配分，

---

298) Bispinck, Betriebsräte, Arbeitsbedingungen und Tarifpolitik, WSI-Mitteilungen 06/2005, 301（304 f.），Tabelle 7.

299) Schäfer, Die WSI-Befragung von Betriebs- und Personalräten 2004/05, WSI-Mitteilungen 06/2005, 291（299）; Bispinck/Schulten, Re-Stabilisierung des deutschen Flächentarifvertragssystems, WSI-Mitteilungen 04/2009, 201（204）.

300) Berg/Kocher/Schumann/*Berg*, TVG, Teil 1 Rn. 206.

301) Berg/Kocher/Schumann/*Berg*, TVG, Teil 1 Rn. 206. 桑村・前掲注**233**)論文・163 頁。

交替制の場合の 1 日の労働時間の上限，土曜労働禁止，土日・祝日労働に対する代償休息時間，日曜労働制限の法規定である（21a 条 1 項）。ただし，労働協約の場合と異なり，事業所協定による逸脱形態は限定的であり，労働協約に基づく逸脱（21a 条 1 項）か，労働協約に拘束されない事業所における（同法から逸脱する）協約規定の援用（同 2 項）のみ可能とされた。

　この 1984 年改正は，労働協約との関係でも年少労働の分野で初めて法規定を開放したものであり，当時は労働協約の権限拡大の方に注目が集まった。まず，同法の立法過程では，21a 条の趣旨として，年少労働保護法の規定を実際上の必要性に適合させ，年少労働の保護をより実効的なものとするためと説明された。そして，「協約当事者は」立法者よりも多くの専門知識を有し，内容の妥当性や柔軟な枠組みの実施を確保できるとされるだけで，事業所当事者に同一事項で逸脱権限を付与する理由への言及はなかった[302]。

　しかし，学説の一部は，年少労働保護法 21a 条で事業所協定による法律規定からの逸脱が認められたことを契機に，その流れをさらに進めるべきと主張した。例えば Zöllner は，1988 年の論文[303]で，労働法規制には時代遅れで廃止すべきものや，規制は必要であるがその徹底が合理的でないものがあるとし，後者の例として，疾病時の継続支払賃金や有給休暇手当の規制を挙げた。これらは収入が不安定な労働者には保障すべきであるが，高収入の労働者に対して全面的に保障する必要はないため，労働協約や事業所協定による逸脱を認めるべきとしたのである。また Hanau も，1980 年代に公表された二論文[304]で，様々な保護規定で事業所委員会制度を充実させつつ，事業所委員会の権限を多くの強行法規で狭めるのは法政策的に誤りであるとし，協約優位原則（事業所組織法 77 条 3 項）が妥当し，かつ事業所協定に公正審査（後述）が及ぶことを

---

[302] BT-Drs. 10/2012, S. 14; Zmarzlik/Anzinger, JArbSchG, § 21a Rn. 2.
[303] Zöllner (Fn. 65), 285.
[304] *Hanau*, Arbeitsrecht in der sozialen Marktwirtschaft, in: Wilke (Hrsg.), Festschrift zum 125 jährigen Bestehen der Juristischen Gesellschaft zu Berlin (1984), S. 227 ff. (236); *ders.*, Freiheit und Gleichheit bei der Gestaltung des Arbeitsrechts, in: Hirsch (Hrsg.), Festschrift der Rechtswissenschaftlichen Fakultät zur 600-Jahr-Feier der Universität zu Köln (1988), S. 183 ff. (203 f.).

前提に，事業所委員会にも労働協約と同程度に国家法（法律および法律に代替する判例法）からの逸脱を認めるべきとした。

(2) 1994年労働時間法改革

その後，1994年労働時間法では，法律規定を事業所協定に開放する新たな改革が行われた。既にみた（第1章第2節Ⅱ2）ように，1994年労働時間法は，法律と乖離していた協約実務を適法化し，実態に即した柔軟な労働時間決定を可能にする目的で多くの法規定を労働協約に開放したが，これと同時に，年少労働保護法1984年改正をモデルとし，一定の場合に事業所協定による逸脱をも認めた。このとき事業所協定に開放された法規定は労働協約に開放されたのと同じであり，手待ちの場合の1日の労働時間の上限，変形制の調整期間，休憩時間の最小分割単位，1日ごとの連続休息時間，深夜時間帯の開始，日曜休日の日数，祝日労働に対する代償休息付与等である（7条，12条）[305]。これらの規定を事業所協定に開放する理由については，事業所当事者は協約当事者と並んで現場の事情を良く知る立場にあり，労使双方でバランスのとれた妥当な解決策を導くことができるためとされ[306]，1994年労働時間法は事業所当事者にも逸脱権限を付与する立法であることが趣旨説明で明確にされた。

(3) 2002年労働者派遣法改正

さらに，明文があるわけではないが，現行法の解釈として事業所協定による不利な逸脱を認めていると解しうるものに，派遣労働者の不利益取扱禁止原則（労働者派遣法3条1項3号，9条2号）がある。同原則は，労働者派遣法の2002年改正で一般化されるのと同時に労働協約による例外設定が可能とされたが，同規定は，「労働協約は逸脱する定めを許容することができる」としており，逸脱を労働協約自体で行うことが要件であると明記していなかった。そこで，既にみた（第1章第2節Ⅱ4(3)参照）ように，同規定に解釈の余地が生まれ，多数説は，労働協約自体で逸脱することだけでなく，労働協約が許容して

---

305) なお，労働時間法は2003年に改正され，事業所協定は，労働協約に基づき，一定の場合に調整を行うことなく1日の労働時間の上限を超過することも可能となった（7条2a項）。

306) BT-Drs. 12/5888, S. 20, 26, 52.

いる場合に，事業所協定自体で法規定から逸脱することまで可能と解している[307]。しかし，改正の趣旨説明や学説の一部は反対の立場にあり，また多数説の解釈は EU 労働者派遣指令に抵触する可能性があるため，派遣労働者の不利益取扱禁止原則が事業所協定にも開かれた規範と位置づけられるかは定かでない。もっとも，実務上事業所協定による逸脱を許容する協約規定はみられないため，上記論点についてこれ以上の議論はない。

Ⅲ　逸脱の枠組み

国家法と事業所協定の関係性をめぐる以上のような改革の動向を踏まえた上で，次に，現在までに事業所協定に開放されている法規定に着目し，その具体的制度設計をみていく。現行法上，事業所協定による法規定からの逸脱は次の4つの形態で認められている。

1　労働協約が存在しない場合の逸脱

第1に，労働協約が存在しない場合に，事業所協定が法規定から直接逸脱するというものである。ここでの要件は労働協約の不存在だけであるので，いかなる場合にどの程度法規定から逸脱するかは事業所協定で自由に決められる。このような逸脱形態を採用しているのは，特定の産業についての労働時間命令（製糸業における日曜・祝日労働禁止の例外に関する命令6条，鉄鋼産業の労働時間命令4条3項2文。上記Ⅰ参照）に限られ，事業所協定に開かれた法規定の枠組みとしては例外的である。そのため学説でも，こうした逸脱形態が事業所協定に認められている点に注意を払うものはほとんどない。

2　労働協約の承認に基づく逸脱

第2に，事業所協定が「労働協約に基づき」法規定から逸脱するというものである。労働時間法（7条1項ないし2a条，12条）および年少労働保護法（21a

---

307) Wiedemann/*Wiedemann*, TVG, Einl. Rn. 389; Schmidt 2011, S. 407 f.; Boemke/*Lembke* (Fn. 75), §9 Rn. 233.

第 2 編　ド イ ツ

条 1 項）上の労働時間規定のほか，多数説によれば派遣労働者の不利益取扱禁止原則（労働者派遣法 3 条 1 項 3 号，9 条 2 号）もこれに該当する。

　この形態では，事業所協定による逸脱の承認は協約上明確になされなければならず，明らかでない場合は事業所協定による逸脱は認められない[308]。そして，事業所協定による逸脱は，労働協約が許容する範囲および条件で可能である[309]。

　ここで，法律で認められた範囲内であれば，労働協約が無条件で包括的に事業所協定による逸脱を許容しうるかには争いがある。この論点は，協約開放条項（事業所組織法 77 条 3 項 2 文）に本質的限界があるかという問題と関連している。協約開放条項に関しては，協約当事者がどの程度事業所当事者に労働条件決定を認めることが許されるのかが問題となっており，BAG[310]は協約自治の原則（基本法 9 条 3 項）から何らかの限界があることは認めつつも，踏み込んだ判断を行っていなかった。

　この点学説では，協約自治の原則には協約当事者が規範設定権限を完全に放棄してはならないという内在的制約があると理解し，法規定から逸脱する場面でも事業所協定に逸脱を一般的に許容することはできないとする見解がある[311]。しかし，協約開放条項に関しては，原則として内在的制約は存在しないとする見解が有力であり[312]，法規定からの逸脱に関しても，法が許容する範囲内で協約当事者は包括的に事業所当事者に権限を付与することも可能と解されている[313]。

---

[308]　Bock 2005, S. 218; Buschmann/Ulber, ArbZG, §7 Rn. 11.
[309]　Zmarzlik/Anzinger, JArbSchG, §21a Rn. 6.
[310]　BAG 18. 8. 1987, AP Nr. 23 zu §77 BetrVG 1972.
[311]　Linnenkohl/Rauschenberg, ArbZG, §7 Rn. 8; Buschmann/Ulber, ArbZG, §7 Rn. 14.
[312]　労働協約は私的自治に基づく契約であり，国家による規範設定権限の授権ではないこと（集団的私的自治説。第 1 章第 1 節 V 参照），私的自治によって正当化される規制権限について一般的な自己規制義務は生じないこと，同義務を認めた場合の義務違反の効果が明らかでないこと等がその理由とされる。Rieble, Öffnungsklausel und Tarifverantwortung, ZfA 2004, 405 (415 ff.); Pfab (Fn. 287), S. 133 ff.　労働政策研究・研修機構・前掲注 44）報告書・124 頁以下〔桑村〕参照。

3 法規定から逸脱する協約規定の援用

　第3に，法規定から逸脱する協約規定がある場合に，これを事業所協定で援用するというものがある（労働時間法7条3項1文，12条2文，年少労働保護法21a条2項）。この形態は当該協約の適用範囲内でのみ認められており，労働条件統一がその目的である[314]。

　この第3の逸脱形態が認められるには，法規定から逸脱する労働協約が現に存在し，かつ，使用者が当該協約の適用範囲に含まれるが当該協約に拘束されないことが必要である。このとき，事業所協定に認められるのは法規定から逸脱する協約規定をそのまま援用することであり，事業所協定が当該協約規定を（不利に）変更することはできない[315]。他方で，条文上は「逸脱する協約規定（abweichende tarifvertragliche Regelungen）を……援用しうる」となっているため，事業所協定は労働協約を全体として援用する必要はなく，当該協約の中で法規定から逸脱する特定の規定だけを援用すれば足りると解されている[316]。これはすなわち，労働協約が複数の法規定から逸脱している場合に，事業所当事者がそのうちどの協約規定を援用するかを原則として自由に選択することができ，そのプロセスに協約当事者は関与できないことを意味する[317]。このことは，協約当事者の同意なく事業所協定で自由に規範を形成しうることになる

---

313) Zmarzlik/Anzinger, JArbSchG, §21a Rn. 18.
314) Zmarzlik/Anzinger, JArbSchG, §21a Rn. 31; Anzinger/Koberski, ArbZG, §7 Rn. 72.
315) Buschmann/Ulber, ArbZG, §7 Rn. 48; Anzinger/Koberski, ArbZG, §7 Rn. 81; ErfK/*Wank*, §7 ArbZG Rn. 20.
316) Zmarzlik/Anzinger, JArbSchG, §21a Rn. 34; Anzinger/Koberski, ArbZG, §7 Rn. 81; ErfK/*Wank*, §7 ArbZG Rn. 20. 反対，Buschmann/Ulber, ArbZG, §7 Rn. 48.
317) 労働協約の遮断効（事業所組織法77条3項1文）は事業所協定が協約規定を援用する場合にも妥当するため，事業所協定による援用には本来労働協約による明確な承認が必要である（同2文）。しかし，上記逸脱形態は援用に労働協約による許容を要件としていないため，事業所組織法上の遮断効の例外にあたる。ErfK/*Wank*, §7 ArbZG Rn. 19.

ため，憲法上の協約優位原則に抵触しないかが問題となる。

既に触れた（第1章第3節Ⅳ1(1)）通り，労働協約が法規制から逸脱する場合には，法定の最低基準を変更するだけの場合とそれに対応する実体的権利義務を定める場合がある。ここで，事業所協定が援用しうるのは法定の最低基準を変更する協約規定だけであると考えれば，事業所協定による自由な援用を認めても憲法上の協約優位の構造に反しないと理解することも可能である[318]。しかし，援用の対象となる協約規定が組合員の実体的権利義務を定めている場合には，事業所協定は実体的権利義務を含めて協約規定を援用するのが通常であり，この場合にも最低基準を変更する限りで当該規定の援用を認め，別途労働契約への編入を要求するのは現実的でない。このような観点から，学説では，立法者が法規定から逸脱する協約規定の援用を認めたということは，実体的権利義務を含めた協約規定の援用を認めたと理解するのが自然とされる。そうすると結局，上記逸脱形態は協約当事者の関与なしに事業所当事者による規範的な法形成を認めるもので，協約優位原則に違反し違憲であるとされる[319]。

なお，事業所協定による協約規定の援用を認める労働時間法7条3項1文については，立法過程で労使双方が明確に反対しており，この規定を導入したことは法政策的に失敗であったと評価されている[320]。

4 労働協約に基づく逸脱権限の援用

第4に，労働協約に拘束されない事業所で，事業所協定によって労働協約に基づく逸脱権限を援用し，事業所協定で法規定から逸脱する規定を置くというものがある（労働時間法7条3項2文，12条2文）。逸脱の要件は，労働協約が事業所協定による法規定からの逸脱を認めている（上記第2の形態）が，使用

---

[318] これは，憲法上の協約優位は実体的権利義務を定める（規範的効力を有する）規定についてのみ妥当するという考え方を前提とする。Zmarzlik/Anzinger, ArbZG, §7 Rn. 6. 詳細は Bock 2005, S. 225 ff.

[319] Linnenkohl/Rauschenberg, ArbZG, §7 Rn. 19; Bock 2005, S. 227 ff. 結論同旨，Buschmann/Ulber, ArbZG, §7 Rn. 47.

[320] Erasmy, Ausgewählte Rechtsfragen zum neuen Arbeitszeitrecht (I), NZA 1994, 1105 (1111).

第3章　事業所委員会制度と国家規制

者が当該協約に拘束されないことである。条文上は明記されていないが，これに加え，使用者は当該協約の適用範囲に含まれることが必要と解されている[321]。

これらの要件を満たす場合には，事業所当事者は（法律および労働協約が認める範囲内で）自由に法規定から逸脱することができる。この逸脱形態を明文で認めているのは現在のところ労働時間法7条3項2文と12条2文だけである。多数説は，法文上事業所協定が法規制から逸脱する協約規定を援用すること（上記第3の形態）が可能な場合には，明文がなくとも第4の逸脱形態も認められるとする[322]。しかし，上述のように事業所協定による援用には協約当事者が関与できないという問題があるので，第4の逸脱形態は立法者が明確に規定している場合にのみ認めるべきとの見解もある[323]。

Ⅳ　小　　括

本節の内容をまとめておこう。

ドイツでは，法規制からの逸脱は労働協約との関係で議論されることがほとんどであるが，命令レベルでは1960年代に既に，事業所協定による不利な逸脱を許容する法規定が存在していた。しかし，事業所協定に開かれた法規範は，労働協約に開かれた法規範と比較すると数が圧倒的に少なく，そうした規定を置いていた命令も特定の産業部門に限定した特殊な規制であったため，その存在は長らく注目されてこなかった。

これが1980年代以降になると，労働法の柔軟化の流れを受けて，法定の最

---

321) Baeck/Deutsch, Arbeitszeitgesetz. Kommentar, 3. Aufl. (2014), §7 Rn. 128; Buschmann/Ulber, ArbZG, §7 Rn. 50.
322) 事業所当事者が法規制から逸脱する協約規定を援用する場合（第3の形態）に，その協約規定が事業所協定による法規定からの逸脱を許容していれば（第2の形態），援用の結果として，当該協約に拘束されない事業所でも事業所協定による逸脱が可能になるという。Molitor/Volmer/Germelmann, Jugendarbeitsschutzgesetz, 3. Aufl. (1986), §21a Rn. 40. Vgl. Zmarzlik/Anzinger, JArbSchG, §21a Rn. 36.
323) Bock 2005, S. 231.

低基準を上回るレベルと下回るレベルの双方で集団的労働条件決定の分権化が進み，事業所協定の役割が増大していく。

　まず，法定の最低基準を上回る労働条件設定においては，硬直的な産別協約基準が経営難に直面する企業や労使の多様なニーズに対応できなくなり，協約当事者自身が協約開放条項を通じて多くの労働条件の決定を事業所協定にゆだねるようになった。この流れは事業所協定に固有の権限範囲を広範に解する判例と学説によって後押しされるとともに，協約開放条項がない場合でも事業所協定で労働条件を決定しうるようにすべきとの立法提言が繰り返しなされた。

　こうした動きは国家規制と事業所協定の関係性にも影響を与え，1984年の年少労働保護法改正で法律上初めて事業所協定による不利な逸脱を許容する規定が導入された。これを契機に，1980年代には学説でその対象領域を拡大すべきと主張され，1994年労働時間法では労働協約に対するのと同範囲で事業所協定に逸脱権限が付与された。もっとも，現在までに明確に事業所協定に開かれている法規定は労働時間の分野に限定され，労働協約の場合と比較すると法規制からの逸脱が認められる規制領域は狭い。また，事業所協定の場合は，一部産業のための特別な命令規定を除けば，法規定からの逸脱を労働協約が明確に承認しているか，労働協約自体で逸脱規定を置いていることが逸脱の要件となっており，協約当事者が事業所当事者の裁量を一定程度制約しうる制度設計が基本である。さらに，1980年代に学説で主張された，労働時間以外の分野でも法規定を事業所協定に開放すべきとの見解は，立法過程で現実味を帯びた提案として受け止められることはなく，学説でも少数説にとどまっている。

　上記の通り，法定の最低基準を上回る労働条件設定に関しては，1980年代以降，産別協約から事業所協定への分権化が判例および学説で法的に承認され，事業所協定の権限を拡大する方向での議論が高まったが，そうした議論は法定の最低基準を下回る労働条件設定には妥当せず，国家規制からの逸脱に関しては事業所委員会の権限をできるだけ限定しようとする動きがある。この点は，国家規制との関係でも逸脱権限が広範に肯定されていた労働組合と大きく異なり，このことが産業レベルと事業所レベルとで法規制の柔軟化の進行具合に大きな違いをもたらしている。

第 3 節　事業所協定に開かれた法規範をめぐる理論問題

I　事業所協定による逸脱の憲法上の疑義

　事業所委員会に法規定を開放することについては，理論上，労働協約の場合と同様に憲法上の社会国家原理との抵触が問題となる。この点について，事業所協定に開かれている法規定は労働協約にも開かれており，国家が労働者の健康保護に不可欠の規制を行った上で逸脱を許容しているため，社会国家原理には反しないと解されている（第 1 章第 3 節 I 参照）[324]。

　また，事業所協定に関しては，逸脱の第 3 形態において，法規制から逸脱する法規定を全体として援用する必要がないために，場合によっては協約に拘束される事業所の方が不利な状況となりうる点が，基本法 3 条 1 項の平等原則との関係で問題とされることがある。しかしこれは，法律が事業所協定による援用を認めたことの自動的効果ではなく，法律の枠内で別途なされる事業所当事者間の合意の帰結であり，逸脱の第 3 形態自体が基本法 3 条 1 項に反するものではないと指摘されている[325]。

II　事業所協定による逸脱の限界

　事業所協定は，① 労働協約が存在しない場合の逸脱，② 労働協約の承認に基づく逸脱，③ 法規定から逸脱する協約規定の援用，④ 労働協約に基づく逸脱権限の援用が可能で，このうち事業所当事者に独自の規範設定が認められるのは①②④である。ただしその場合でも，事業所協定は強行規定に違反してはならないのは当然である。事業所協定による逸脱を明確に認めているのは労働時間規定に限られ，そこでは労働者の安全や健康の確保のため逸脱の絶対的限

---

[324]　Linnenkohl/Rauschenberg, ArbZG, §7 Rn. 3.
[325]　Linnenkohl/Rauschenberg, ArbZG, §7 Rn. 3.

界が明記されていることが多い（第1章第3節Ⅲ1(1)）。この場合，事業所協定は労働協約と同様に当該法律上の制約に服する。また，上記②④では，事業所協定は労働協約が設定した逸脱の限界や要件を遵守しなければならない[326]。

次に，事業所協定は私法上の規範であるため基本法に直接拘束されない[327]が，事業所当事者に対しては基本法の権利保障を具体化する法律規定が存在するため，当該法律規定によって基本権が保障される関係にある。

まず，事業所組織法75条1項によると，使用者と事業所委員会は，事業所で活動するすべての人々が法と公正の原則にしたがって処遇され，特に門地，宗教，国籍，出自，政治活動または組合活動，政治的ないし組合的立場，性別，性的指向を理由に差別的取扱いが行われないよう監視する。条文上は「監視する」とあるが，事業所当事者自身もこの差別禁止原則に拘束されると解されている[328]。同規定は基本法3条2項（男女同権）および3項（性別，門地，人種，言語，出身，出自，家系，信条，宗教的・政治的見解による差別の禁止）の内容を法律で具体化したものである[329]。なお，事業所組織法75条1項で列挙された事項は絶対的差別禁止事項であるが，「特に」とあるように例示列挙であり，そのほかの差別事由（例えば非嫡出子であること）も含まれる[330]。

また，事業所当事者は2006年制定の一般平等取扱法上の各規定に拘束されるほか，パートタイム労働または有期契約労働であることを理由とする不利益取扱禁止規定（パートタイム・有期契約労働法4条1項・2項）にも拘束される[331]。

次に，事業所組織法75条2項1文によれば，事業所当事者は労働者の人格の自由な発展を保護・促進しなければならない。これは基本法2条1項の人格権保障の具体化であり[332]，当該事業所組織法の規定により，事業所当事者は

---

326) Zmarzlik/Anzinger, JArbSchG, §21a Rn. 6.
327) BVerfG 23. 4. 1986, BVerfGE 73, 261; Richardi/*Richardi*, BetrVG, §77 Rn. 100.
328) Richardi/*Richardi/Maschmann*, BetrVG, §75 Rn. 4.
329) ErfK/*Schmidt*, GG Einl. Rn. 57.
330) Richardi/*Richardi/Maschmann*, BetrVG, §75 Rn. 32 f.
331) Richardi/*Richardi/Maschmann*, BetrVG, §75 Rn. 34.
332) Richardi/*Richardi/Maschmann*, BetrVG, §75 Rn. 44.

事業所協定の締結において基本法上の自由権を遵守する義務を負う[333]。したがって、事業所協定が憲法上の労働者の自由権を制限する場合には、立法者と同様に比例原則の観点から厳格な審査を受ける[334]。

事業所協定については、以上の観点からの適法性審査以外に、内容の当否の審査を受けるかが激しく議論されている。いわゆる公正審査（Billigkeitskontrolle）の有無の論点であり、詳細はすぐ後で取り上げる（後述Ⅳ 2）。

Ⅲ　法規制から逸脱する事業所協定の適用の問題

1　人的適用範囲

法規定から逸脱する事業所協定が締結された場合、通常の事業所協定と同様に当該事業所のあらゆる労働者に適用される[335]。この点について、理論的には、法規定からの逸脱はもともと協約当事者に対して立法者が特別に認めた権限であり、事業所委員会が事業所組織法上有する固有の権限ではない[336]ため、事業所内のあらゆる労働者を規律する事業所委員会の権限がどこから導かれるのかが問題となる。この論点は、事業所協定が「労働協約に基づいて」法規定から逸脱しうる場合（上記第2の逸脱形態）を念頭において議論されてきた。

この場合の事業所当事者の権限は、協約当事者から「授権された」権限と表現されることが多い[337]。しかし、「授権（Delegation）」という言葉を厳密に解すると、労働組合が有する組合員を規律する権限だけが事業所当事者に委譲されるはずであるので、事業所当事者がアウトサイダー（当該協約を締結した組合に所属してない者）も規律することは正当化されないのではないかが問題となる[338]。しかしこの点については、当該事業所の全労働者に適用される事業所協定を法規定から逸脱する場面でも締結する権限は、立法者が事業所当事者

---

[333]　BAG 12. 12. 2006, AP Nr. 94 zu §77 BetrVG 1972.
[334]　Richardi/*Richardi*, BetrVG, §77 Rn. 102.
[335]　Tietje, Grundfragen des Arbeitszeitrechts (2001), S. 318; Bock 2005, S. 219.
[336]　Zmarzlik/Anzinger, JArbSchG, §21a Rn. 6; Anzinger/Koberski, §7 Rn. 11.
[337]　Zmarzlik/Anzinger, JArbSchG, §21a Rn. 6; Anzinger/Koberski, §7 Rn. 11.
[338]　ErfK/*Wank*, §7 ArbZG Rn. 3.

に事業所組織法上有する権限とは特別に付与した権限であり,「授権」という言葉も,協約当事者が「承認した権利」と理解すれば足りると説明されている[339]。

2 効　力

法規制から逸脱する事業所協定には,理論上法定の最低基準を変更するだけのものと具体的権利義務を設定するものがあり,前者の場合は個別契約による編入が必要であるが,後者の場合は全労働者に直律的強行的に適用される[340]（事業所組織法77条4項1文）。通常の事業所協定は後者である。もっとも,事業所協定と個別契約との間では有利原則[341]が妥当すると解されている[342]ので,当該事業所協定によって労働契約上の有利な労働条件を排除することはできない。事業所協定と個別契約の有利性比較は客観的かつ個別的に行われる[343]。

なお,有利原則をめぐっては,当該事業所の従業員集団に統一的に適用される個別契約上の労働条件を事業所協定で不利益に変更する場合につき大きな議論がある[344]が,同議論は最低基準規制とは関係がなく,法定の最低基準を下回る事業所協定と個別契約の有利性比較は,通常どおり個別的に行われる。

3　事業所自治の内在的制約

ところで,事業所協定についても,労働者個人の利益確保の観点から,規範設定の内在的制約の有無が議論されている[345]。

---

339)　Bock 2005, S. 219 f.
340)　Linnenkohl/Rauschenberg, ArbZG, §7 Rn. 3.
341)　有利原則は,基本法12条1項（職場選択の自由）から導かれる私的自治ないし基本法2条1項（人格権保障）から導かれる交渉自由に基づき,憲法上保障されると解されている。Berg/Kocher/Schumann/*Kocher/Berg*, TVG, §4 Rn. 140; Richardi/*Richardi*, BetrVG, §77 Rn. 142.
342)　BAG 16. 9. 1986, BAGE 53, 42; Richardi/*Richardi*, BetrVG, §77 Rn. 143.
343)　Richardi/*Richardi*, BetrVG §77 Rn. 146.
344)　この点に関する詳細は大内伸哉『労働条件変更法理の再構成』（有斐閣,1999年）204頁以下。

まず，事業所協定は労働協約の場合（第1章第3節Ⅳ2(1)）と同様に，既に発生した個別契約上の権利を奪うことはできない。また，労働者の私生活（自由時間・休暇，兼業等）への介入は許されず，賃金の使途への介入も原則としてできない。さらに，事業所協定で個々の労働者の労働契約の存続を左右すること（労働契約の終了みなしや企業再編時の労働契約承継の拒否権の排除等）も許されない。なお，時間外労働については，BAG は社会的事項を定めた事業所組織法 87 条 1 項 3 号（事業所の所定労働時間の一時的な短縮または延長）を根拠に，労働者が同意しない場合でも事業所協定によって義務を設定しうるとしている[346]。

争いがあるのは，以上のほかに，一般的・抽象的に事業所協定から自由な個別的領域があるかである。学説の一部はこの問題を，労働協約による場合を含めて「集団から自由な個人の領域」という切り口で整理し，協約当事者および事業所当事者は労働条件の統一的な秩序形成のみ可能であり，労働契約は個別的労働関係における個別的事情を決定するとして両者の役割分担を強調した[347]。しかし，ドイツ労働法の基本原則は私的自治であり，労働協約および事業所協定は労働者の自己決定を確実にし，これを補完する機能を果たすのであるから，個人との関係で集団的自治に一般的制約を加えることは妥当でない等として，上記見解は一般に否定されている[348]。通説によれば，事業所自治の内在的制約は，最初に指摘した個人的領域に属する事項のほかは，事業所協定より高次の強行法規による保護利益，（事業所組織法 75 条 1 項・2 項を介した）憲法の基本権保障，有利原則が指摘されるにとどまる[349]。

---

345) GK-BetrVG/*Kreuz*, §77 Rn. 331 ff.; Richardi/*Richardi*, BetrVG §77 Rn. 97 f.; Fitting/Engels/Schmidt/Trebinger/Linsenmaier, BetrVG, §77 Rn. 55 ff.
346) BAG 3. 6. 2003, AP Nr. 19, zu §77 BetrVG 1972 Tarifvorbehalt.
347) Siebert (Fn. 140), S. 119 (127).
348) GK-BetrVG/*Kreuz*, §77 Rn. 331 ff.; Richardi/*Richardi*, BetrVG §77 Rn. 97 ff.
349) Fitting/Engels/Schmidt/Trebinger/Linsenmaier, BetrVG, §77 Rn. 52.

IV　事業所委員会の限定的権限とその背景

　前節でみたとおり，事業所協定は一定の場合に法規定からの逸脱が認められているが，その規制領域は労働時間の分野に限定され，かつ，法律規定では労働協約の存在を前提とした間接的・限定的な逸脱しか認められない。また，時期的にみても，労働協約に開かれた法規定は第一次世界大戦直後から存在したのに対し，法律上初めて事業所協定による逸脱が認められたのは1980年代半ばであり，その拡大も1994年の労働時間改革まで待たなければならなかった。

　事業所委員会は産別組合よりも実情に詳しく，実態に即した規範設定が可能と考えられるにも関わらず，事業所協定による法規定からの逸脱について慎重な態度がとられてきたのはなぜなのか。労働組合と事業所委員会とでは，法規制からの逸脱の担い手として何が違うのか。

1　一般的説明

　この点に関して最も頻繁に指摘されてきたのは，労働組合と比較した場合の事業所委員会の交渉力の弱さである。例えばBAGは，労働協約に開かれた判例法が事業所協定には開かれない理由について，事業所委員会は労働組合よりも法的地位が弱い点を指摘し，具体的には事業所委員会委員が使用者に従属していること，および，事業所委員会には意思貫徹手段である争議行為が禁止されること（事業所組織法74条2項）を指摘していた[350]。また政府は，事業所当事者の方が多くの専門知識を有すると考えられる事業所老齢年金について，法規定を労働協約にのみ開放する理由を，「協約規定の場合は―個別契約や事業所協定の場合と異なり―原則として協約当事者の対等性（Parität）を前提としうるので，労働者利益も適切に考慮していることにつき十分な保証がある」[351]と述べ，労働協約と事業所協定の区別を強調していた。

---

　350)　BAG 16. 11. 1967 und 17. 10. 1968, AP Nr. 63 und 66 zu §611 BGB Gratifikation.
　351)　BT-Drs. 7/1281, S. 31.

第 3 章 事業所委員会制度と国家規制

　さらに学説も，事業所協定には労働協約と異なり「適正さの保障」（第 1 章第 4 節Ⅱ）が付与されないので，法律規定から逸脱する固有の権限を有するのは協約当事者であると説明するものが多く，その理由としては，事業所委員会が争議行為を禁止されるため労働組合と交渉力において同列に扱うことができない点が強調されていた[352]。ここで，事業所委員会については，使用者と合意が成立しない場合に備えて仲裁委員会による強制仲裁制度があり（事業所組織法 76 条以下），同委員会の裁定には公正さが求められる（76 条 5 項 3 文）ため，使用者が労働条件を一方的に決定するリスクは制度的に排除されているともみうる。しかし，仲裁委員会は事業所組織法上の強行的共同決定事項においてのみ一方当事者の申立てで強制的裁定を行いうる（同 1 文）ため，法規定から逸脱する事業所協定の締結に関しては利用できず，事業所当事者がかかる協定を締結するか否かは完全に自由である[353]。そのため，国家規制との関係での労働組合と事業所委員会の権限範囲の違いは，上記のように，争議権の有無による交渉力の違いから説明されることが多い。

　しかし，少なくとも争議権に関しては，労働組合の交渉力評価（協約能力の交渉実力性要件）においてさえ，1960 年代末以降，その存在（ないし行使の準備）は協約締結の不可欠の前提とされておらず（第 1 章第 1 節Ⅲ 2(2)，第 2 章第 2 節Ⅰ 1），事業所委員会の交渉力の弱さを争議行為の禁止に見出すことが適切であるか，再検討の必要がある。

　ここで参考になるのが事業所協定の公正審査をめぐる議論である。労働協約に対しては，適法性を超える公正さや合理性の審査は及ばないと一致して理解されている（第 2 章第 3 節Ⅰ 2）が，事業所協定に対しては公正審査が及ぶか否かが活発に議論されてきた。事業所協定に対する公正審査の要否は，事業所委員会の交渉力をどのように評価するか，また事業所委員会と使用者は対等であるのかという問題と密接に結びつけられて論じられてきたため，法規制から逸脱する事業所委員会の権限が限定されている理由の分析においても有用である

---

[352]　Seifert (Fn. 281), S. 86 ff. (99 ff.); Bock 2005, S. 218; Buschmann/Ulber, ArbZG, §7 Rn. 13.

[353]　Anzinger/Koberski, ArbZG, §7 Rn. 16; Buschmann/Ulber, ArbZG, §7 Rn. 15.

と考えられる。そこで以下，事業所協定の公正審査をめぐる判例および学説の議論状況を整理していく。

2 事業所委員会の交渉力評価―事業所協定の公正審査をめぐる議論[354]から

(1) BAG 1970 年 1 月 30 日判決

事業所協定に公正審査が及ぶか否かについて，ドイツでは以前から多くの議論があったが，BAG はリーディングケースとなる 1970 年 1 月 30 日判決[355]において，事業所協定の公正審査を肯定した。同判決で BAG は，労働協約と事業所協定を対比し，労働協約には適法性審査しか及ばないが，事業所協定は労働協約に保障された前提条件が妥当しないので，適法性審査を超える公正審査が正当化されるとした。そして，ここでいう前提条件の相違とは，労働協約の場合は憲法上協約自治が制度的に保障され，かつ，協約当事者は最終手段として争議行為を利用しうる強力で独立した主体であるが，事業所委員会委員の場合は，独立性確保と解雇制限の法規定がある（当時の事業所組織法 53 条〔現 78 条に相当〕，解雇制限法 15 条以下）ものの，彼らが労働者であることによる従属性は完全には解消されないこと，また争議行為も禁止されることを指摘していた。

この判決を素直に読めば，BAG は事業所委員会の交渉力に注目しており，事業所委員会は使用者に従属し，争議権という強力な意思貫徹手段が欠けるために使用者との対等性が確保されないと考えて，公正審査によって事業所協定の内容の妥当性を担保しようとしたと解される。

(2) 学 説

以上の BAG 判決を受けて，学説でも，事業所委員会は労働組合より交渉力が弱いとして，事業所協定の公正審査を肯定するものがある[356]。その論拠と

---

354) 大内・前掲注 344) 書・231 頁以下，荒木・前掲注 56) 書・169 頁以下，篠原信貴「就業規則に基づく労働条件の不利益変更」学会誌 110 号（2007 年）163 頁以下等参照。

355) BAGE 22, S. 252.

356) Dieterich, Flexibilisiertes Tarifrecht und Grundgesetz, RdA 2002, 1 (4); Säcker, Das neue Entgeltfortzahlungsgesetz und die individuelle und kollek-

しては，BAG が挙げた ① 事業所委員会委員の使用者への従属性と ② 争議行為禁止のほか，③ 事業所委員会の活動費用が使用者負担であることから生じる財政面での組織的従属性，④ 事業所委員会が小規模事業所の多くで使用者に従属している現実，⑤ 交渉に必要な知識や情報の不足等が挙げられている。

しかし，学説の大多数はこうした見方を批判し，事業所協定に対する公正審査を否定している[357]。これによると，① 使用者への従属性は法律上の様々な保護規定[358]で制度上解消されている，② 事業所委員会は争議行為が禁止されるため，労働組合と比べると交渉力が弱いとしても，事業所組織法は使用者にも同様に争議行為を禁止しているため，事業所委員会が使用者に比べて交渉力が弱いとはいえない，③ 事業所委員会の活動費用負担は使用者の法律上の義務（事業所組織法40条）であるため，事業所委員会の資金調達が使用者の意向に左右されるわけではない[359]，④ 個別のケースで生じうるリスクから事業所委員会の一般的な交渉力の弱さを導くことはできない，⑤ 事業所委員会は事業所組織法上様々な情報収集の機会や研修の機会が与えられており，これらを利用すれば交渉に必要な専門知識を獲得できる，とされる。

以上の批判にも関わらず，BAG は上記1970年判決後も事業所協定に対する公正審査を肯定しているが，上記多数説の影響を受けてか，その理由づけには近年変化がみられる。上記の1970年 BAG 判決は，事業所委員会が使用者と対等に交渉し得ないということを決定的根拠に事業所協定の公正審査を肯定したものと読めるが，近時の BAG は，事業所委員会の交渉力には言及せず，公

---

tive Vertragsfreiheit, AuR 1994, 1 (10).

357) *Schliemann*, Zur arbeitsgerichtlichen Kontrolle kollektiver Regelungen, in: Isenhardt/Preis (Hrsg.), Arbeitsrecht und Sozialpartnerschaft: Festschrift für Peter Hanau (1999), S. 577 (602); Fitting/Engels/Schmidt/Trebinger/Linsenmaier, BetrVG, §77 Rn. 232 ff.; Borngräber, Die inhaltliche Kontrolle von Betriebsvereinbarungen (2005), S. 31 ff.

358) 具体的には特別な解雇制限（解雇制限法15条1項，事業所組織法103条1項）・配転制限（事業所組織法103条3項），活動時間中の賃金保障（37条2項）・労働免除（38条），活動妨害・不利益取扱いの禁止（78条，37条4項）等が挙げられる。Borngräber (Fn. 357), S. 31 f.

359) Hanau (Fn. 304), Freiheit und Gleichheit, S. 203 f.

正な決定を要求しているいくつかの法律規定が事業所協定にも適用されることを理由に，事業所協定の公正審査を肯定するようになっているのである[360]。しかし学説は，BAG がそこで指摘する法律規定も事業所協定への適用が予定されていない等と批判しており[361]，BAG が事業所協定に対して「公正審査」の名の下に行ってきた審査の実質は「適法性審査」に他ならず，労働協約と同様に，事業所協定に対して内容の当否を問う公正審査は及ばないとしている[362]。

なお，近年の立法改革として，2002 年に民法典の債務法改正が施行され，労働契約に対する内容審査が強化された（民法典 305 条以下）[363]が，同改正にあたり立法者は労働協約と事業所協定を区別せず，ともに当該内容規制の適用除外とした（同 310 条 4 項 1 文）。公正審査否定説は，同説の妥当性がこの改正で確認されたとしている[364]。

3 新たな説明の可能性

以上のように，事業所協定の公正審査をめぐる学説の動向と判例・立法の展開を踏まえると，事業所委員会は使用者に対して交渉力が弱いとはいえず，むしろ事業所当事者間の対等性を前提とした議論が主流となっていることが分かる。そして，こうした見方は事業所委員会が法規制から逸脱する事業所協定を締結する場面でも同様に妥当するはずである。そう考えると，使用者に対する事業所委員会の構造的な交渉力の弱さを理由に事業所委員会の逸脱権限の限定

---

[360] 具体的には，事業所当事者は事業所の全従業員が法と公正の原則に基づいて処遇されるよう監視しなければならないとする事業所組織法 75 条 1 項，仲裁委員会の裁定は公正な裁量に基づき行われるとする同 76 条 5 項 3 文，契約の一方当事者による決定は公正な裁量に基づき行われるとする民法典 315 条の基礎にある一般的な法的考慮，が指摘される。BAG 8. 12. 1981, BAGE 36, 327.

[361] Jobs, Gerichtliche Billigkeitskontrolle bei abändernden Betriebsvereinbarungen?, AuR 1986, 147 (148).

[362] Schliemann (Fn. 357), S. 605; Richardi/*Richardi*, BetrVG, §77 Rn. 124.

[363] 詳細は根本到「ドイツにおける労働契約法制の動向」学会誌 102 号（2003 年）40 頁。

[364] ErfK/*Preis*, §§ 305-310 BGB Rn. 9.

を説明する立場は，十分な説得力を持っていないといえる[365]。

そのため最近では，国家規制との関係で労働協約と事業所協定の位置づけが大きく異なる理由を，労使当事者間の交渉力とは異なる観点から説明するものが現れている。Borngräberは，これまで事業所協定に開かれた法規範の定式が多用されてこなかったのは，事業所協定に対する立法者の信頼が少ないためというよりも，労働協約と事業所協定の競合を避け，憲法上の協約優位の保障を確実にするためであったと分析するのである[366]。この説明は，事業所協定の公正審査に関する議論では事業所当事者の対等性が肯定されていることと整合的であり，労働組合と事業所委員会とで法規制から逸脱する権限範囲に大きな違いがある理由について，新たな視点を提供するものとして注目される。

---

[365] Hanau (Fn. 304), Freiheit und Gleichheit, S. 203 f.
[366] Borngräber (Fn. 357), S. 39. 同旨，Löwisch/Kaiser, Kommentar zum Betriebsverfassungsgesetz, 6. Aufl. (2010), §77 Rn. 15.

第4章

ドイツ法の分析

　本編では，ドイツにおける国家，集団，個人の関係性をめぐる制度の展開と学説の議論を，特に労働者保護の観点から整理した。

　ドイツでは伝統的に，労働者個人の従属性を前提に，国家が広範囲にわたって詳細な労働者保護規制を行う一方で，労働者代表による集団的交渉を促進してきた。そして，集団的交渉の担い手としては，産業レベルで自主的に結成される労働組合と事業所レベルで強制的に設置される従業員代表（事業所委員会）という二元的システムが用意され，国家規制よりも有利な合意形成が認められてきた。しかし，1980年代以降は労働法の柔軟化が重要な政策課題となり，多くの法規定が労使合意に開放され，労働条件決定のあり方が変化している。以下，前章までのドイツ法の展開を振り返りながら，ドイツの労働者保護法が本書の視点からいかに理解されるかを分析していく。

I　労使合意を媒介とした法規制の柔軟化の位置づけ

　本書で最初に注目するのは，法規制の柔軟化が何らかの規範的要請に基づいて決定されるものなのか，それともあくまで立法裁量の問題なのかである。この点に関し，ドイツ学説で最も議論されてきたのが，集団的自治の尊重という観点から，集団的合意に対して国家規制を後退させるべき場合があるかであった。この点，事業所レベルの事業所自治は憲法上の保障を受けないため，事業所委員会にどの程度逸脱権限を付与するかは立法裁量の問題となることに争いはない。しかし，協約自治は憲法上保障される点に疑いの余地がないため，協約自治を制約する最低基準規制がいかなる場合に正当化されるのかが一個の重要な論点であった。

第4章　ドイツ法の分析

　この点に関する議論が高まったのは，労働協約に開かれた法規定が増大した1960年代であった。Biedenkopfは1964年に，国家と協約当事者のいずれがいかなる事項を規律しうるかは原理的に決まるとの立場から，賃金額や労働時間の長さ等の一定の領域では労働協約が国家法に当然に優先すると主張し，その後の「労働協約に開かれた判例法」の発展に大きな影響を与えた（第1章第2節Ⅰ2・3）。現在では，労働協約が本質的に国家規制に優先する事項は存在せず，労働協約と国家規制の関係は，国家規制による協約自治への介入が許容される範囲内かどうかが比例原則に基づき個別に判断されること，そして，国家規制が最低基準にすぎず有利な逸脱を認めていれば原則として協約自治の侵害にあたらないことが一般的に受け入れられ，立法者が法規制を労働協約に開放する義務はないと理解されている。しかし，学説ではなお，賃金や労働時間の長さは協約自治を強度に保障すべきであり，労働協約による有利な逸脱を認めるだけでは協約自治の保障として不十分な場合があるとし，かかる場合には法規制を労働協約に開放する立法者の義務があるとする見解が主張されている（第1章第3節Ⅱ）。この見解は少数説であるが，法規制の柔軟化の問題が，労働協約との関係では憲法上の規範論としても展開され得る点にドイツの特徴がある。

　以上に対し，次の2つの事項については，労使の決定自由にゆだねられないと一致して理解されている（第1章第3節Ⅰ・Ⅲ2，第3章第3節Ⅰ・Ⅱ）。

　第1に，当事者が非対等の労働関係において，労働者の生存に最低限必要な保護の設定は国家の本来的任務とされ，労働者の生命・身体に大きな影響を与える労働時間の分野では，労働者の健康保護に不可欠の事項は労使決定にゆだねてはならないと解されていた。その理論的根拠としては，憲法上の社会国家原理の中に国家の最低限の責務として含まれているとする説明や，生命への権利と身体を害されない権利を規定した基本法2条2項から導かれる基本権保護義務が指摘される。もっとも，社会国家原理または基本法2条2項の保護義務を具体的にどのように実現するかは立法裁量にゆだねられ，憲法規定から国民の具体的な請求権が導かれるものではなかった。

　ただし，近年ではEU法の発展により労働分野でも加盟国の立法裁量が著しく制約されており，EU法から労使合意に開放されえない規制の具体的内容が

決まるケースが増えている。例えば，労働者の健康保護に関しては，EC指令が，労働時間の定義，週48時間（時間外労働を含む）の最長労働時間の調整期間の上限（12か月），年次有給休暇（年4週間）等について労使による逸脱を排除している（2003年労働時間指令18条・19条）。加盟国はEC指令で許容された枠内でしか立法裁量を持たないので，ドイツでは上記指令の規定を国内法化した規制（労働時間法2条，7条8項1文，連邦休暇法3条1項）は労使に開放しえない。

第2に，立法者は憲法上の基本権に直接拘束され（基本法1条3項），自らに認められていない基本権の処分を労使に認めることはできないと解されている。憲法上の基本権は，法律で具体化されていない場合でも私人に間接的に適用されるので，労使当事者は基本権保障の要請を完全に無視した形で規範設定を行う自由はない。

ドイツで憲法上の基本権として労働分野で重視されているのが，基本法3条の平等原則である。同条は性別・門地・人種・言語等による差別を禁止しており，その趣旨を具体化した一般平等取扱法の規定や事業所組織法75条1項は労使に開放しえない規制とされている。差別禁止規制に関しては，近年EU指令によって国内法化が義務づけられる範囲が拡大しており，人種・民族・性別等に関する差別を禁止する一般平等取扱法やパートタイム労働者・有期契約労働者の差別禁止規定（パートタイム・有期契約労働法4条1項，2項）は，EU指令が労使による特例を認めていないため，ドイツでも労使合意を媒介とした逸脱は許容されない（同22条1項で明記）。ただし，同じくEU指令で加盟国に導入が義務づけられた派遣労働者の不利益取扱禁止原則については，指令で例外設定が認められ，ドイツでも労働協約による逸脱が許容されており（労働者派遣法3条1項3号，9条2号），その趣旨・背景が問題となる。

派遣労働者の不利益取扱禁止原則については，学説では，労働契約上の使用者でない派遣先企業の労働条件水準の保障を義務づける点で，他の事由（性別，パートタイム・有期契約労働）による差別禁止と性格を異にし，労働市場政策としての性格が強い規制と理解されている。またBVerfGも，同原則の目的として派遣労働者の地位向上と雇用促進を指摘し，政策立法の形成は立法者の広範な裁量が認められると述べている（以上，第1章第2節Ⅱ4(1)・(2)）。

これらの資料から読み解くと，派遣労働者の不利益取扱禁止原則は，基本法3条の平等原則という基本的価値の具体化ではなく，広範な立法裁量にゆだねられる政策的規制であるため，労働協約による逸脱を認めても憲法上の基本権保障に抵触しないと理解されているといえる。このように，不利益取扱禁止・差別禁止規制と一口に言っても，その内容は多様であり，ある法的枠組みが柔軟化の本質的限界を超えるかどうかは個別に判断していく必要性がうかがえる。

　以上まとめると，ドイツでは，憲法およびEU指令から直接国家の責務が導かれる事項では柔軟化に本質的制約が課されており，特に労働者の健康保護に不可欠の規制および憲法上の平等原則が重視されている。しかし，これらを除けば，労使合意による逸脱の可否および範囲は立法者が決定し得るとするのが通説であり，法規制の柔軟化は広範な立法裁量の下にある。ただし，協約自治との関係では，最低基準規制が協約自治侵害にあたるか否かが憲法上の重要な論点であり，その判断方法や労働協約に開放する立法者の義務の存否について解釈論上対立が続いていることは，ドイツの特徴として留意すべきである。

II　柔軟化の適否と基準

　では，いかなる事項が労使による決定に適しており，柔軟化の適否はいかなる基準で判断されるのか。

　ドイツでは，労使合意に開かれた法規範は，1919年の労働時間命令が1日の労働時間の上限を労働協約に開放したのが最初であり，1960年代から70年代にかけて，年次有給休暇に関する多くの規制（有給休暇取得の待機期間，休暇手当の算定方法，休暇の連続付与・休暇請求権の金銭弁償原則，休暇日の算定方法等），疾病時の継続支払賃金の算定方法，解雇予告期間等の規定が逸脱可能となった。

　そして，1980年代には，失業問題の深刻化，国際競争の激化，就労形態の多様化等によって画一的規制が労使のニーズに合わないと考えられるようになり，労働時間規制を中心に柔軟化が進められた。まず，年少労働保護法の1984年改正により，年少者にかかる1日および週の労働時間の上限，週労働時間の配分，休憩時間の長さ・配分，交替制の場合の1日の労働時間の上限，

土曜労働禁止原則，土日・祝日労働に対する代償休息時間，日曜労働制限の法規定が労働協約または事業所協定に開放された（21a条1項）。また，一般労働者に関しても，1994年労働時間法により，手待ちを含む1日の労働時間の上限，変形制の調整期間，休憩時間の最小分割単位，連続休息時間，深夜時間帯の開始時間，日曜休日数等が労働協約または事業所協定に開放された（7条，12条）。さらに2002年には，派遣労働者の不利益取扱禁止原則の一般化と同時に労働協約に基づく逸脱が許容されている（労働者派遣法3条1項3号，9条2号）。

　こうしてみると，労使合意に開かれている法規定の性格は一様ではないが，その多くは時間の長さや手当の計算方法に関する規制であることが分かる。数量やその計算方法は，国家が特定の規範を強制すること自体に意味があるというものではなく，産業や事業所ごとに最適の規範が大きく異なりうるため，実情に詳しい労使の意思を尊重する方が当該規制の本旨にかなった規範を設定し得ると考えられたといえる。法規定を労使合意に開放する立法改革の趣旨説明では，協約当事者または事業所当事者は実情に詳しいことがたびたび指摘されており，同様の発想にたつことが読み取れる。そして，労使のニーズへの対応という点では，1980年代以降の状況変化の中で，企業経営や労働者の働き方に直結する労働時間制度の柔軟化が重要な政策課題となったことで，労働時間関連規定の多くが，現場により近い事業所レベルでも労使合意に開放されていった。

　これに対し，1980年代以前の労働協約に開かれた法規範の形成過程では，国家による画一的規制が労使のニーズに反するという実務上の不都合が強調されたわけではない。1970年代までの時期は，連邦休暇法や賃金継続支払法を典型として，労働組合が使用者との交渉で勝ち取っていた権利を未組織労働者にも適用するために立法化することが多く，当該事項がそれ以前に労働協約で実効的に規律されていたという理由で法規定が労働協約に開放された（第1章第2節Ⅰ1）。

　さらに最近では，EU指令による外からの枠づけによってドイツでも新たな規制が導入されており，その流れの中で労使合意に開放される法規定も多様化している。特に目を引くのが，一般平等取扱法やパートタイム・有期契約労働法における差別禁止・不利益取扱禁止規定では労使合意による逸脱が許容され

ていないのに対し，労働者派遣法上の不利益取扱禁止原則については，明文で労使合意による不利な逸脱が認められていることである。この違いに関しては，派遣労働者の不利益取扱禁止原則を導入した立法過程の議論や判例の説示，さらに学説を踏まえると，同原則は基本法3条の平等原則の具体化ではなく，純粋に雇用・労働政策上の理由（主に失業対策）で導入されたため，柔軟な処遇を認める方が政策効果（雇用創出）を見込めるとの判断があり，実情に詳しい労使にこの点の判断をゆだねたものと解される。

以上のように，ドイツでは近年，労使合意に開かれた法規範の導入経緯が多様化・複雑化しており，ある法規定からの逸脱が認められる理由を1つの基準で体系的に説明することはできない。ドイツでは，国家よりも労使による決定に適しているか否かは，最低基準規制の性格（量的・技術的規制か）のほか，規制の趣旨・目的（雇用政策的色彩の有無・程度），当該事項について労使当事者が果たしてきた役割等を踏まえ，個別に決定されてきたと解するのが妥当である。

III 主体の選択と逸脱の枠組み決定

続いて，法規制の柔軟化における具体的制度設計をみていこう。

1 労働者代表との関係

(1) 逸脱の枠組みの特徴

ドイツでは，法規制が労使合意に開放される場合，使用者による一方的決定を防ぐため，集団的労働者代表に逸脱権限が付与されており，労働組合および事業所委員会が逸脱の担い手となる。しかし，各々の権限範囲を具体的にみていくと，労働組合と事業所委員会とでは，法規制からの逸脱の担い手としての取扱いに大きな違いがある。

まず，労働組合との関係では，第一次世界大戦直後の早い段階から，労働時間の分野で労働協約による不利な逸脱を認める法規定が存在し，1960年代以降，連邦休暇法，賃金継続支払法，民法典，労働時間法，労働者派遣法等の多くの法律で同種の規定が導入された。また，罰則や行政監督による履行確保が

予定されていない私法上の強行規定においては，逸脱の限界が明記されていないことが多く，この場合には労働組合の裁量を広範に認める法解釈が採用されている（第1章第3節Ⅲ1(3)）。

これに対し，事業所委員会は，1970年代までは法律レベルで不利な逸脱が一切認められず，1980年代以降も，明文で事業所協定による逸脱を認めているのは労働時間の一部の規定に限られる。また，事業所協定による逸脱が認められる場合でも，一部の命令規定を除いて，法規定からの逸脱を労働協約が明確に承認しているか，労働協約に既に逸脱規定があることを前提とした間接的な規範形成が認められるだけである（第3章第2節Ⅲ）。法定の最低基準を上回るレベルでは，1980年代以降，産別協約から事業所協定への重点移動が判例および学説で支持され，さらに，労働協約による承認がない場合でも事業所協定の決定権限を認める法案（法定の開放条項導入論）が連邦議会に提出されるまでに至ったのに対し，法定の最低基準を下回るレベルではそうした議論はおこらず，むしろ事業所協定の権限拡大をできるだけ抑えるべきとの議論が一般的である（第3章第2節Ⅳ）。こうして，事業所委員会が果たすべき役割についてこの2つの次元が明確に区別されている点にドイツの特徴がある。

そして，ドイツの労働組合は伝統的には産別組織が主流であるため，以上のような労働組合と事業所委員会の位置づけの違いは，柔軟化が認められる交渉レベルの違いとしても現れており，事業所レベルでは法規制からの逸脱が限定的にしか認められていないことになる。

(2) 法的地位・権限

次に，労働組合と事業所委員会の法的地位・権限に着目すると，労働組合は憲法上団結活動および協約自治保障を受けるのに対し，事業所委員会は憲法上の保護を受けず，法律によって初めて設置される従業員代表である点で違いがある。しかし両者とも，労働者利益を防御・主張するために一定の法的手当がなされている点では共通する。

まず労働組合は，憲法上の保障を受ける「団結体」であるために対抗者独立性の要件を満たす必要があり，使用者の利益代表者の加入や財政援助が排除される（第1章第1節Ⅲ1）。また，団結自由を制限・妨害する使用者の行為は憲法上当然に違法無効となるため（基本法9条3項2文），交渉担当者の不利益取

扱いが禁止され,独立性が確保される(同Ⅰ2)。

次に,事業所委員会には法律上より詳細な保護規定が存在する(第3章第1節Ⅰ・Ⅲ)。すなわち,使用者側の利益を代表する重要な職責にある管理職員は選挙権・被選挙権を有さず,事業所委員会の構成に使用者の影響力が及ばない構造にあることに加え,選出委員にはその活動に圧力が加えられないように特別な保護規定(使用者の干渉・妨害行為および不利益取扱いの禁止,解雇・配転制限)がある。また,事業所委員会の経費負担が法律上使用者の義務とされることで,使用者の意向で委員会の財政が左右されることがなくなり,組織体の経済的独立性も確保される。さらに,事業所委員会には,使用者との情報量格差を補うため,法律上特別な情報収集手段(使用者から適時かつ包括的に情報提供を受ける権利,部屋,物品,情報・通信機器および事務担当者の提供を受ける権利,専門家の援助を受ける権利)および研修参加の権利(訓練・教育講座に参加し,その間有給で労働免除を受ける権利,就業時間外の研修時間に相当する労働免除の権利)が保障されている。

このように,事業所委員会には法律上,使用者から人的・経済的に独立し,かつ十分な情報をもって交渉しうるように特別規定が多数存在し,労働組合よりも保護が厚いようにみえる。しかし,これは事業所委員会委員が当該企業の従業員で使用者の圧力を受けやすいことへの配慮であり,伝統的には,事業所委員会は憲法上の保障を受けず法律上争議行為が禁止される点で,労働組合よりも法的権限が弱い点が強調されてきた(第3章第3節Ⅳ1)。こうしたドイツの一般的捉え方によれば,(1)で指摘した法規制の柔軟化をめぐる制度設計の違いは,争議権保障の有無に由来し,労働組合は争議行為を通じて労働者保護をよりよく実現できるため,より広範な権限を付与してよいと考えられたとの推測が一応成り立つ。以下,ドイツの議論を整理しながら,その仮説を検証していく。

(3) 分析1―労働組合

まず,ドイツで労働組合に広範な逸脱権限を付与する実質的根拠とされてきたのは,労働協約の「適切さの保障」である。これは,労働協約であれば法規制からの逸脱を認めても労働者保護に反することはないというもので,協約内容の妥当性を担保する国家介入を不要とする高度の信頼が示されてきた(第1

章第4節Ⅱ)。本書の問題関心は，この「適正さの保障」がどこから導かれるかにある。この点学説は，理論的には，協約締結要件である協約能力における交渉実力性要件が協約当事者間の交渉力均衡を担保し，労働組合の争議行為可能性が均衡の不可欠の前提と説明してきた。もっとも，ドイツでは長い間実態として労働協約が労働者の地位向上に大きく寄与していたため，「適正さの保障」の根拠を理論的に解明する実益が乏しく，争議権を重視する上記説明の当否が厳密に議論されることはなかった。

しかし，1990年代以降労働組合が多様化・分散化し，労働者保護に明らかに反する協約例が出てくると，労働組合に広範な権限を付与してきた従来の制度の意味と実質的根拠が意識的に論じられるようになる。そして，その議論を整理する過程で，ドイツの伝統的協約制度における暗黙の前提が明らかになった（第2章第4節)。労働協約の「適正さの保障」は，DGB系産別組合が協約単一原則を下支えとする強力な組織基盤を背景に，国家法にも匹敵する労働者保護を実現する労働協約を締結してきたことを前提に肯定されていたと解されるのである。こうした理解に適合的なように，協約能力要件の緩和と協約単一原則の廃止（ただし2015年に復活）によって小規模組合の独自交渉が進み，協約を締結する労働組合の労働者保護機能が従来と同程度には期待しえなくなると，今度は協約自治を制限する実体規制の導入が進み，国家の関与の下で妥当な労働者保護水準を確保すべきと考えられるようになっている。

こうしたドイツ法の展開からは，労働協約の「適正さの保障」は，労働組合の争議権保障を背景とする使用者団体との対等性から導かれる理論的帰結ではなく，巨大な勢力をもって協約交渉権限を事実上独占していたDGB系産別組合による協約実務を前提とした，極めて具体的な確信であったことが分かる。

(4) 分析2―事業所委員会

では，事業所協定について国家規制からの逸脱が限定的にしか認められない理由はなぜか。この点，ドイツの判例・学説では，法律上の争議行為禁止を主な理由とする事業所委員会の交渉力の弱さを指摘するのが一般的であるが，事業所協定の公正審査の有無をめぐる議論では，事業所委員会は制度上使用者と対等とみるべきとの理解が主流であり，この2つの通説的見解の整合性には疑問があった。そのため最近では，事業所協定に開かれた法規範が少ないのは，

事業所委員会と使用者の間に構造的な交渉力格差があるからではなく，労働協約と事業所協定の競合を避け，憲法上保障された協約優位を確実なものとするためという説明も出てきている（以上，第3章第3節Ⅳ）。では，どのように理解するのが妥当だろうか。

　この点確かに，ドイツの最近の学説が述べるように，協約自治と事業所自治とでは憲法上の保障の有無に違いがあり，労働協約に国家規制からの逸脱権限を広範に付与することは憲法上の協約自治保障に資する。しかし，憲法上の協約自治保障や，そこから導かれる協約優位原則の尊重だけが目的であれば，労働協約による承認がある場合を含めて事業所協定による逸脱を一律に排除する必要はないといえる。実際，法定の最低基準を上回るレベルでは，協約優位原則に合致する方法として協約開放条項（事業所組織法77条3項2文）が多用され，事業所委員会による決定の余地が拡大されている。これに対し，法定の最低基準を下回るレベルでは，事業所委員会がより多くの専門知識を有することが明らかな事項であっても，法規制は労働協約にのみ開放されるのが基本であり（例えば事業所老齢年金に関する事業所老齢年金法17条3項），協約当事者が明示的に同意していても逸脱権限を事業所協定に委譲することは許されなかった（第3章第2節Ⅰ）。このことを踏まえると，法規制からの逸脱をめぐる制度設計においては，憲法上の協約自治保障ないし協約優位原則の徹底とは別の考慮が働いていたと推測される。

　この「別の考慮」が何かが本書の核心部分であり，ドイツの議論状況を全体として捉えれば，労働者保護に関する労働組合と事業所委員会の信頼度の違いであると考えられる。ドイツでは，事業所レベルで設置される事業所委員会は，法的には，様々な保護規定によって使用者と対等とみるべきとしても，実際には小規模事業所ほど使用者に従属し，使用者の一方的決定に服していることがしばしば指摘される[367]。また，1990年代から2000年代初頭にかけて法定の

---

[367] 事業所協定に対する公正審査を肯定する学説では，こうした実態が論拠に挙げられる（第3章第3節Ⅳ2(2)参照）。また，1980年代以降の産別協約から事業所協定への分権化に関する実態調査では，事業所委員会の大部分が使用者の一方的決定を許す結果になったと回答しており，分権化の傾向に対して労働者保護の観点から懐疑的な学説も多い（第3章第2節Ⅱ1(2)）。

開放条項の導入論が高まった時期にも，これに強く反対した学説は，事業所レベルで設置される従業員代表は単独で労働者利益にも配慮した合理的な秩序を形成することができないと主張し[368]，結局法定の開放条項を導入する試みは失敗した。

　こうした経緯を踏まえると，事業所委員会は，制度上いかに保護規定が拡充されようと，産業レベルの労働組合との比較で，企業利益に左右されやすい存在とみなされやすく，そうした捉え方が，実態としての事業所協定の内容の不十分性（労働者保護規定の限定性）によって強化されていることが読み取れる。そして，こうした事業所委員会への根強い不信感が，法定の最低基準の引下げという労働者に重大な不利益を及ぼしうる場面で強調され，国家規制からの逸脱は，個々の企業における経済的圧力から解放されたところで交渉し，かつ，国家法に匹敵する労働者保護規範を設定し得ることが過去の実績から証明されている，DGB系の単一産別組合を想定した労働組合に認めるのが妥当と考えられたといえる。これまでドイツで一般的であった，事業所委員会は交渉力が弱いという説明も，その力点は労働組合との比較にあったのであり，両者の現実としての労働者保護機能の違いに着目する点で筆者の分析と整合的である。

(5)　ま　と　め

　まとめると，ドイツでは，憲法上争議権が保障された労働組合とそうでない従業員代表とで権限に大きな違いがあると認識されているが，法規制からの逸脱をどの程度認めるかという問題においては，争議権の有無はほとんど考慮されていない。ドイツでは，労働者代表の法的地位・権限の差異ではなく，労働者代表の設置レベル，事実上の勢力（勢力を統合する仕組みの有無），過去の労働者保護の実績等から，国家法に匹敵する労働者保護規範を設定しうるか否かが，法規制の柔軟化の制度設計に反映されてきたと解される。

　そして，国家規制に匹敵する労働者保護規範を形成しうると信頼できる労働者代表（統制力が低下する前のDGB系産別組合）については，国家規制からの逸脱を広範に認め，実体規制を行ってこなかったが，そうでない労働者代表については，国家が逸脱可能な規制事項をあらかじめ限定したり（事業所委員会），

---

[368]　Hanau (Fn. 296), 5; Henssler (Fn. 295), 511. 第3章第2節Ⅱ1(1)。

労働者保護に明らかに反する合意を無効にするための枠組み（弱小組合を念頭に置いた協約能力要件および逸脱の絶対的限界）や産別組合の関与手続（事業所委員会）を導入したりすることで，労働者保護に反する帰結を防いでいる。

2 労働者個人との関係

続いて，労働者個人との関係をみると，ドイツでは労働者保護のために契約原理を修正した法規定は個別合意による逸脱が認められていない。なお，派遣労働者の不利益取扱禁止原則（労働者派遣法3条1項3号，9条2号）については，例外を認める法規定の文言から，労働協約が許容すれば個別合意による逸脱をも可能とする学説が多いが，そうした解釈はEU指令に反する可能性があり，当該規定が個別合意による逸脱まで承認しているとは言い切れない（第1章第2節Ⅱ4(3)）。

次に，労働協約または事業所協定に開放されている法規定において，法文上個別的合意ないし労働者の個別同意が追加で必要とされているものはなく，法規制から逸脱する規範の適用は，当該集団的合意の効力問題として議論されている。

この点でまず，集団的規範と個別労働契約の規律関係をみると，ドイツでは，個別労働契約の内容となる事項であれば，（労働契約の存続に関わる事項を除き）一般に「集団から自由な個人の領域」は存在しないと考えられており（第1章第3節Ⅳ2(1)，第3章第3節Ⅲ3），労働協約または事業所協定上の労働条件は原則としてそのまま労働者に適用される。したがって，労働協約または事業所協定が法規制から逸脱する権利義務を設定した場合には，個々の労働者は当該規範に拘束され，それを免れるには，個別契約でより有利な合意を行うしかない（有利原則）。

もっとも，集団的合意の人的適用範囲には特別な考慮が必要である。労働協約は原則として組合員にのみ適用され，事業所協定は当該事業所の全労働者に適用されるが，労働協約には例外があり，法定の最低基準を不利に変更するだけで具体的権利義務を設定しないものは，「事業所規範」として当該事業所の全労働者に適用されるのである（第1章第3節Ⅳ1(1)）。そして，法規制から逸脱する協約規範は多くの場合にこの事業所規範とみなされ，労働契約上別途権

利義務の取込みが必要となる。ここで，事業所委員会が存在しない等の理由で事業所協定が締結されなかった場合には，協約規定を取り込む個別契約が必要となり，労働者がその締結を拒否すれば，法規制から逸脱する枠組みは適用されなくなる。

　しかし，ドイツの実務では，個別契約は協約規範を免れるための手段というよりも，むしろこれを広く適用するための手段として利用されてきた（第1章第3節Ⅳ1⑵）。伝統的に，協約単一原則の下で排除された労働協約を締結した労働組合の組合員は，排除されずに残った労働協約を個別契約で援用して協約基準を享受するのが通常であり，労働組合も広範な労働関係への適用を前提に産別協約を締結してきた。そして，労働協約に開かれた法規定に関しても，協約に拘束されない事業所において個別契約で協約規定を援用することが認められており，立法者も個別契約を協約基準を統一的に適用するための手段として位置づけている。

　こうしてみてくると，ドイツにおける個別契約は，（法規制から逸脱する）集団的合意の内容をそのまま取り込んで広く適用するか，当該集団的合意よりも有利な規範を設定する手段とされるのが基本で，その役割は受動的かつ限定的である。こうした制度設計は，個々の労働者が使用者に従属しており，使用者と対等に交渉できないという労働法の前提的理解を反映したものとみられる。

Ⅳ　ドイツ法総括―労働者保護法の基礎と構造

　ドイツでは，労働者保護法の基礎に労働者個人の従属性の考え方があり，現在に至るまで，契約自由を修正する特別な労働者保護の枠組みが必要と解されている点に変わりはないが，近年その保護を誰がどのように実現するかが変化している。ドイツでは，労働者の生存最低限の保護の設定は国家の責務であるのに対し，それを超える社会的公正さの実現においては，国家が原則的基準を設定しつつ，労使に一定範囲で逸脱を認める方が実態に即した保護を実現できると解されているのである。これにより，近年では労働者保護規制の強行性が徐々に相対化され，契約自由を修正する枠組みの具体的決定を部分的に労働者代表が担うようになっている。

第4章 ドイツ法の分析

　もっとも，ドイツでは国家規制からの逸脱を誰にどの程度認めるかは極めて慎重に判断されており，労働者保護を誰がどのように実現すべきかの判断が，労働者にとっての結果の妥当性を強く意識したものとなっている点には注意が必要である。ドイツの大きな特徴である多くの労働協約に開かれた法規定の存在は，長らく当然視されてきたが，労働者保護に明らかに反する協約が締結され，労働組合の労働者保護機能の低下が指摘されるようになると，あるべき保護水準を設定するのは国家自身であるべきとの論調に傾き，協約自治に対する実体規制が正当化されているのである。こうした議論状況の変化は，労働協約を優先させてきたドイツの労働者保護法の構造が，憲法上の協約自治保障や争議権を前提とした対等な交渉モデルの理論的帰結ではなく，労働者保護の実態を前提とした極めて現実的な選択であったことを示している。これは，一見して理論的正当性や原理・原則を重視しているように思われるドイツにおいて，労働者保護法の形成に関してはそうではないことになり，興味深い。それゆえにこそ，今後も労働者保護の実態が変容すれば，国家と労使の役割分担がさらに修正される可能性があり，学説でも実質的妥当性を確保するための理論が追求されていくと思われる。

第3編 | フランス

序 章

フランス労働法の沿革と本編の構成

労働者保護法の生成[1]

　フランス革命前の旧体制（アンシャン・レジーム）下では，農村における共同体的構造がフランス社会の基底をなしていたが，18世紀には都市社会の拡張もみられるようになり，都市では商工業が産業の中心となった。もっとも，当時のフランスの商工業の大部分は，小規模の作業場で商品を製造し，それを直接販売する多くの手工業者によって担われており，これらの小規模の手工業者は，中世以降ギルドと呼ばれる同業組合を結成し，仕事の独占と内部競争の抑制を図るとともに，職人や徒弟を厳格な規制の下におき，彼らの労働の自由を大幅に制約していた。

　しかし，18世紀後半になると，啓蒙主義思想の台頭により，同業組合による伝統的拘束に対する思想的・政治的批判が高まり，1789年のフランス革命によって同業組合による伝統的秩序が撤廃された。同革命は，個人を伝統的諸規制から解放された自由で独立した存在と位置づけ，個々人が自由な意思で契約を締結することを前提とし，労働もこの個人の自由の概念によって，契約に基づく営みと位置づけられた。しかし，労働者は契約自由の名の下に過酷で不安定な状況に追いやられ，労働者の貧困化が進んだ。そこで政府は，国家による労働者保護の必要性を認識し，1841年3月21日の法律によって労働関係に初めて介入し，年少者の雇用や労働時間を制限した。これ以降，年少者および女性を中心に保護規定が強化され，1892年には，13歳未満の子供の雇用を原則として禁止し，1日の労働時間を16歳未満は10時間，女性および16歳以上18歳以下は11時間に制限し，さらに女性および18歳未満の年少者には深

---

1) 水町 2001・28頁以下。

夜労働の禁止および週休日・祝祭日休日を保障した。

　19世紀末から20世紀にかけては社会法としての労働法の誕生期であり，年少者や女性の保護だけでなく労働者一般について保護が導入された。その代表例として，1919年4月23日の法律によって1日8時間労働制が，1936年6月24日の法律によって2週間の有給休暇制と週40時間労働制が確立された。1960年代以降は解雇制限や職業訓練に関する規制も導入され，労働者保護規定が拡充されている。そして，1968年5月，パリの学生が国家による専制的支配に反発して暴動・デモを行い，全国レベルのストライキにまで発展したことを契機に，政府は労使合意によって社会問題を解決していくという労使自治政策（politique contractuelle）に転換し，職業訓練や月給制度が，全国レベルの労使間協定の内容を引き継ぐ立法によって導入されている。

集団的労働法の生成[2]

　他方で，労働者の団結活動は，フランス革命以降の労働の自由と個人主義思潮を背景に，1791年のル・シャプリエ法で刑罰をもって抑圧された。しかし，労働者は共通の利益や目標のため18世紀末ごろから団結して突発的な罷業を行うようになり，19世紀前半には，当時の就業状況や連帯意識を反映して職業単位の共済組合の組織が進んだ。その後，資本の集中と大工場制度の確立によって大量の賃金労働者が生じ，労働者階級が成長すると，19世紀後半以降は労働組合がほとんど黙認状態となった。制度面でも，1864年に刑法上の団結の罪を廃止し，1884年に政府の許可なく職業組織（労働組合および使用者団体）を結成する自由を認め，ついに1901年に結社の自由が一般法上の原則となった。これ以降，職業の代表たる労働組合を担い手とする団体交渉・協約制度が整備されていく。

　まず，1919年3月25日の法律が労働協約に法律と同様の強行的効力を与え，1936年6月24日の法律は，最も代表的な職業組合組織によって締結された労

---

[2]　大和田敢太『フランス労働法の研究』（文理閣，1995年），水町2001・69頁以下，外尾健一『フランスの労働組合と法』（信山社，2002年），同『フランス労働協約法の研究』（信山社，2003年）等。

働協約を，労働大臣の命令によって当該職業のすべての労使に拡張適用する制度を設けた。また，1936年法は，労働協約の拡張要件の一つとして，当該協約に，従業員が10人超の事業所に従業員代表委員（délégué du personnel）を置く規定を要求し，1938年には，従業員が10人超のすべての商工業事業所に従業員代表委員を置くこととした。

その後，1950年2月11日の法律は，拡張適用されない通常の労働協約についても，使用者が労働協約に拘束される場合にその労働者のすべてに労働協約が適用されることにした（労働協約の一般的効力 effet erga omnes）。また，企業レベルでは，1945年に，従業員が50人以上の企業に企業委員会（comité d'entreprise）の設置を義務づけ，既存の従業員代表委員と併せて企業・事業所レベルの従業員代表制度が確立した。ただし，従業員代表には使用者との交渉権限が付与されず，集団的労働条件決定は産業・職業レベルの労働組合による団体交渉にゆだねられた。

団体交渉に関しては，1968年12月27日の法律が企業内組合活動を法認し，代表的組合が企業レベルでも組合代表委員（délégués syndicaux）の指名を通じて団体交渉を行うことを制度的に承認した。また，1971年7月13日の法律は，労働者の団体交渉権を法律に明記するとともに，協約締結の一般的要件として労働組合に「代表性（représentativité）」を要求し，そこでの「代表性」を従来の「最も代表的な組織」から「代表的な組織」に改めた。

本編の構成

以上のようにして，フランスでは，国家による労働者保護規制を基盤とし，労働組合と従業員代表による二元的労働者代表制を採りつつ，使用者との交渉権限は組合代表に独占させてきた。本編第1章では，伝統的な団体交渉・労働協約制度を詳しくみていき，国家規制と労使合意の関係性をめぐるフランス労働法の基本構造を確認する。そして第2章では，1980年代以降に国家規制と労働協約の関係性が修正されていく過程を追い，第3章でそれに付随する団体交渉・労働協約制度の改革を取り上げる。これらの改革の意義と労働者保護法へのインパクトを整理するのが第4章である。その後，第5章で国家規制と個別合意の関係性に焦点を移し，労働者保護法において個別契約の位置づけを変

化させている最近の法改革を取り上げる。そして，最後の第6章で，本書の視点からフランス法を分析し，労働者保護法の基礎と構造に関するフランスの考え方を明らかにする。

第1章

団体交渉・労働協約制度の概要[3]

I 憲法による保障

1 国家による労働者保護

　フランスでは，1789年革命で中間団体を排除した後，個人の利益保護は主に国家が担うことになった。これにより，序章で示した沿革を経て，雇用・労働に関わる広範な事項で詳細な最低基準規制が存在し，現在ではこれらが統一的な労働法典（Code du Travail）に収められている。労働法典は条文が大量で分厚く，2016年版は全体で3000頁以上にも及ぶ。

　現行の1958年憲法の34条は，労働法，労働組合権および社会保障の基本原則の決定を法律事項としており，労働法典上の法律規定は同条が規制根拠となっている。ただし，法律事項でも，国会の委任によって，オルドナンス（ordonnance 委任立法）の形式により政府に立法権限が認められ（38条），労働分野でも労働時間等に関していくつかの重要なオルドナンスが発令されている。

　現行憲法では，限定的な法律事項を除いて，特定の事項を一般的に規律する命令（règlement）の制定が政府に認められている（37条。政府の自主的命令制定権)[4]。また，法律を執行する権限は行政府に属するため，法律の執行を目的

[3) 本章の記述は特に明記しない限り，G. Auzero/E. Dockès 2015 に依拠している。邦語文献としては，外尾・前掲注2)書（労働協約法）354頁以下，同・前掲注2)書（労働組合と法）36頁以下，労働省労政局労働法規課編著『フランスの労使関係法制』（日本労働研究機構，1992年）2頁以下，労働政策研究・研修機構『現代先進諸国の労働協約システム（第2巻フランス編）』（2013年）20頁以下〔細川良〕等参照。

4) 詳細は山口俊夫『概説フランス法　上』（東京大学出版会，1978年）166頁以下。

とする命令も法律の枠づけの下で多数存在する。命令のうち，特に大統領または首相が発令するのがデクレ (décret)，各省大臣や知事等が発令するのがアレテ (arrêté) である。

労働法典には，雇用・労働に関する L.（法律），R.（憲法 37 条に基づく命令），D.（法律を執行・適用する命令）の条文が一括収容されている。

2 組合自由

現行憲法の前文が参照する 1946 年憲法前文[5]は，第 6 項で，「すべての人は，労働組合活動によりその権利と利益を防御し，かつ，自己の選択する労働組合に加入することができる」とし，組合活動および組合加入の自由を保障している。組合加入の自由と組合活動の自由を併せて組合自由 (liberté syndicale) という。

第 1 に，組合加入の自由には，個人の積極的団結自由とともに消極的団結自由が含まれ，積極的団結自由には，労働組合が結集して団体を結成する集団的団結自由も含まれる。

第 2 に，組合活動の自由からは，労働者が同一の職業部門や企業で複数の労働組合を結成する自由が導かれ，この複数組合主義がフランス労働協約制度の基本的特質を成している。組合活動の自由は組合自体にも保障されるため，組合の規約作成や運営の自由が憲法上保障される。なお法律レベルでも，組合活動を一般的に保護するために，労働法典において，組合活動を理由とした差別的取扱いの禁止（L. 1132-1 条。以下特に明記しない限り労働法典の条文である）および使用者の意思決定における組合所属または組合活動の考慮の禁止（L. 2141-5 条）が規定されている。

3 団体交渉および集団的自治の意義

次に，1946 年憲法前文第 8 項は，「すべての労働者は，自らの代表組織を通じて労働条件の集団的決定と企業の経営に参加する」と規定している。これは労働者の参加原則と呼ばれる。

---

5) 憲法前文は憲法本文と同様の価値を有する。G. Auzero/E. Dockès 2015, p. 51.

労働者の団体交渉権は，1971年以来労働法典が明文で保障している（現L. 2221-1条）が，憲法上は明記されていない。ただし学説では，団体交渉が1946年憲法前文第8項にいう参加の一形態として憲法上保障されるとの指摘がある[6]。もっとも，労働者の団体交渉権が保障されているとしても，職業団体（労働組合）の団体交渉・協約締結権（協約自治）はドイツと異なり憲法上保障されないという理解で一致している[7]。参加原則に基づき誰にいかなる権限を認めるかは法律事項（憲法34条）であり，団体交渉を行う代表者，交渉範囲，労働協約の効力等は立法者が原則自由に決定できると解されている[8]。

　このような集団的自治の憲法的価値の否定は，フランスの組合活動の歴史を背景に説明されてきた[9]。フランスでは，1789年の革命で中間団体が排除されて以来，長らく団結自由が否定され，その後成長した労働者階級への対応策として団結自由が認められてからも，強力な職業団体は組織されなかった。また，組合運動の性格も，利益改善のための協議・対話というより権利要求のための反対運動という性格が強く，労使自治の土壌は形成されなかった[10]。このような状況で，労働組合に労働者の権利の獲得は期待できず，平等主義的観点から労働者の権利を実現する手段としては法律が最も適切と考えられ，国家主導の下，数多くの労働者保護立法が行われてきた。こうした労働者保護にかかる

---

[6] このような立場から団体交渉権の中核が憲法上保障されると述べるものとして，N. Aliprantis, *La place de la convention collective dans la hiérarchie des normes* (1980), pp. 109 et s.

[7] N. Aliprantis, *op. cit.* note 6), pp. 108 et s.; G. Borenfreund/M.-A. Souriac 2003, pp. 76 et s.

[8] M.-L. Morin, La loi et la négociation collective, *Dr. soc.* 1998, p. 419; J.-Y. Frouin, Négociation collective et consultation du comité d'entreprise, *Dr. soc.* 1998, p. 582; M. Bonnechère, La loi, la négociation collective et l'ordre public en droit du travail, *Dr. ouvr.* 2001, p. 414; G. Borenfreund/M.-A. Souriac 2003, p. 78. なお，労働者の団体交渉権が憲法上保障されているとすれば，立法者が団体交渉の原則自体を廃止することまでは許されず，立法者は憲法上の制約として団体交渉の原則自体は維持してその具体的枠組みを決定すべきとの指摘がある。N. Aliprantis, *op. cit.* 6), p. 109.

[9] G. Borenfreund/M.-A. Souriac 2003, p. 76. 詳細はS. Yannakourou, *L'état, l'autonomiecollective et le travailleur* (1995), pp. 69 et s.

[10] 水町2001・105頁。

国家依存の歴史と伝統が解釈論に反映され[11]，協約自治は憲法上保障されず，労働組合の権限は立法者によって特別に承認されたものと考えられているのである。

4 ストライキ権

1946年憲法前文第7項は，「ストライキ（grève）の権利はそれを規制する法律の枠内で行使される」と定めている。ストライキは「職業上の権利要求を目的とする集団的かつ同盟的な（concerté）労働中断」[12]と定義され，2つの行使要件と1つの目的要件がある[13]。

フランスでは，ストライキは労働者個人の権利と理解されている[14]が，第1に，その行使は集団的でなければならない。注意が必要なのは，（公的部門を除いて）ストライキに労働組合の承認・関与は必要なく[15]，いわゆる山猫ストも適法であることである[16]。

第2に，ストライキは組織化され計画的に行われなければならない（同盟性の要件）。実務では，この要件を満たすためにストライキ委員会（comité de grève）が組織されることが多い[17]。その上で，ストライキが労働条件改善のために行われる場合には，使用者との交渉権限をもつ労働組合がこれを主導するのが通常であり，ストライキの実施に制度上労働組合の関与は不要だとしても，労働組合は実際上ストライキの実施において主要な役割を果たしてきた[18]。そして，職場に労働組合が存在しない場合は，従業員代表（企業委員会，

---

11) M.-L. Morin, *op. cit.* 8), p. 419.
12) Cass. soc. 23 oct. 2007, n° 06-17. 802. フランスの判決はLégifranceのHPで検索可能であるので，本編では判決の掲載雑誌の引用は行わない。
13) 比較法的観点からフランスのストライキに関する法的ルールを紹介するものとして，F. Kessler, The Right to Strike: France, in Waas (ed.), *The Right to Strike* (2014), p. 207.
14) G. Auzero/E. Dockès 2015, p. 1462.
15) Cass. soc. 19 févr. 1981, n° 79-41281.
16) G. Auzero/E. Dockès 2015, p. 1462.
17) G. Auzero/E. Dockès 2015, p. 1462, note 7.
18) P. Salvage, Les attributions du délégué syndical en cas de grève, *Dr. soc.* 1986, p.

従業員代表委員）が労働組合の役割を代替することもあるという[19]。

　第3に，ストライキは職業上の権利要求のために遂行されなければならない。フランスでは，この目的要件は緩やかに解されており，使用者が処分可能な事項でなくともよい[20]。例えば，国家の立法政策の問題であっても，職業上の利益に関係があればストライキの正当な目的となる。実際フランスでは，労働者が直面する問題に政府の関心を向けさせ，改革につなげる目的で，ストライキ（ゼネスト）が頻繁に行われている[21]。

　以上の枠組みを日本と比較すると，フランスでは，ストライキの権利主体が個々の労働者であり，制度上労働組合の関与がなくとも，また団体交渉と無関係でもストライキが実施可能である点に特徴がある。

II　労働組合の特徴

　フランスの労働組合（syndicat）は，1884年3月21日の法律が政府の許可なく職業組織（労働組合および使用者団体）を結成する自由を認めて以来，職業の利益擁護を目的とするが，特定の職種のみを組織する職業別組合は少なく，20世紀初め以降は産別組織が主流となった。もっとも，フランスの産別組合は，ドイツのDGB系産別組合のように，同一産業に所属するあらゆる労働者を統合する組織ではない点に注意が必要である。フランスの労働組合は，法律上，同一，類似または関連する職業に従事する者による組織である必要があり（L. 2131-2条），産別組織といっても，同一の活動分野・部門（branche）に所属する，類似ないし関連する職業に従事する労働者までを統合する組織にとどまる。そして，これらの産業部門別組合は，イデオロギーが異なる全国レベルの組合組織である，CGT（Confédération Générale du Travail：労働総同盟），CFDT（Confédération Française Démocratique du Travail：フランス民主労働総同

　　　　634; G. Groux/J.-M. Pernot, *La Grève* (2008), pp. 101 et s.
19)　P. Salvage, *op. cit.* note 18), pp. 630 et 634; G. Groux/J.-M. Pernot, *op. cit.* note 18), p. 102.
20)　Cass. soc. 23 oct. 2007, n° 06-17802.
21)　F. Kessler, *op. cit.* 13), p. 233.

盟), CFTC (Confédération Française des Travailleurs Chrétiens：フランスキリスト教労働者総同盟), CGT-FO (Confédération Générale du Travail - Force Ouvrière：労働総同盟「労働者の力」), CFE-CGC (Confédération Française de l'Encadrement- Confédération Générale des Cadres：幹部職員総同盟) のいずれかの傘下にあるのが通例である[22]。

　労働組合の特徴として、フランスでは組合運動における権利要求と政治問題が密接に結びつけられ、イデオロギー対立をめぐって組合分裂が繰り返される傾向にある[23]。そのため、産業部門、職業、企業等の様々なレベルに数多くの労働組合が存在し、大企業では 10 以上組織されていることも少なくない[24]。こうして、憲法上の複数組合主義が、制度だけでなく現実に広く妥当している点にフランスの特色がある。もっとも、このことの裏返しとして、個々の労働組合の勢力・組織規模はドイツと比べて圧倒的に小さい。ドイツでは、全国組織の DGB は 610 万人超（2014 年）、傘下の IG Metall は単体で 200 万人超を組織しているのに対し、フランスでは、全国五大総同盟のうち最大規模の CFDT でも、86 万人強の組織にとどまり（2013 年の CFDT の公表による）[25]、しかも傘下組合は 1100 以上に及ぶため、個々の単位組合の規模は極めて小さい。

　さらに、フランスでは組合組織率が低いことも比較法的にみた特徴である。例えば、1970 年時点で OECD の先進諸国の組合組織率は平均 42％ であったが、フランスは 22％ であった[26]。この背景として、フランスでは組合員か否かに関わらず労働協約が適用され（L. 2254-1 条）、また労働協約の拡張手続もよく

---

22) これらの五大総同盟の思想的傾向や組織規模に関しては、労働政策研究・研修機構『諸外国における集団的労使紛争処理の制度と実態』（2004 年）56 頁以下〔島田陽一〕参照。

23) G. Auzero/E. Dockès 2015, pp. 15 et s.

24) G. Auzero/E. Dockès 2015, p. 24.

25) 1960 年代から 80 年代前半までは CGT が総同盟のうち最大規模であり、70 年代半ばまで傘下組合の組合員数の合計を 200 万人以上と公表していた。J. Bridgford, French trade unions: crisis in the 1980s, *Industrial Relations Journal* 1990, Volume 21, Issue 2, p. 126.

26) Perspectives de l'emploi de OCDE 2004, chapitre 3, p. 159.

利用されるため，組合加入のインセンティブが低いことが指摘される[27]。こうした中，少数の組合員は，組合費を支払い使用者から不利益を受けるリスクを負ってでも全従業員のために組合活動を行っているのであり，この点はフランスにおける連帯と友愛の精神以外では説明できないとされている[28]。

Ⅲ 団体交渉の構造

フランスの団体交渉は，労働組合の組織レベルに対応し，職際（産業間）(interprofession)，産業または職業，企業または事業所といった複数のレベルで可能であり，産別交渉は地域的に全国，地方（régional），地区（local）に分かれる。フランスの労働組合は産業（部門）別組織が主流であるため，団体交渉も産業（部門）レベルが中心である。そのためストライキも，産業レベルの労働条件設定を目的として，各企業・事業所で行われるのが基本であった[29]。

これに対し，企業・事業所レベルの団体交渉は，紛争の原因となるとして産別組合と使用者団体の双方から歓迎されず，使用者は企業内組合活動を認めていなかった。しかし，1968年5月の社会的騒乱（序章参照）を契機として制定された同年12月27日の法律が，代表的組合が企業に組合支部を設置すること，および，代表的組合が従業員50人以上の企業・事業所で被用者の中から組合代表委員（délégué syndical）を指名することを認め，企業内組合活動に初めて特別な法的根拠を与えた。同法はまた，組合代表委員の資格要件[30]，有給の活動時間保障[31]，特別な解雇制限[32]についても定め，企業内組合活動の保護

---

27) J. Barthélémy/G. Cette 2006, p. 26.
28) J.-M. Verdier, Sur la relation entre représentation et représentativité syndicales, Dr. soc. 1991, p. 10.
29) G. Groux/J.-M. Pernot, *op. cit.* note 18), p. 98.
30) 具体的には，①フランス国籍，②満21歳以上，③当該企業で1年以上勤務，④政治的投票権を奪う有罪判決を受けていないことが必要とされた（1968年法10条）。
31) 従業員が150～300人の企業では委員1人あたり月10時間，300人超では月15時間であった（1968年法14条）。
32) 組合代表委員が1年以上任務に就いたときは任期満了後6か月まで，解雇に原則として労働監督官（inspecteur de travail）またはその代替機関の意見との一致が要

を強化した。

　なお，企業レベルでは，1968年法以前から従業員代表（従業員代表委員および企業委員会）の制度が存在したが，1968年の社会的騒乱による混乱の中で，労働組合が押し込む形で企業レベルに足場を形成したため，1968年法では企業レベルの団体交渉の担い手は組合代表委員のみとされた。これにより，企業レベルでは，団体交渉に際して要求を貫徹するために行われるストライキは組合代表委員が指揮・主導するようになった[33]。

IV　団体交渉・労働協約締結の資格要件

1　代表性資格の要求と意義

　フランスでは，団体交渉をし労働協約を締結する権利をいかなる組織に付与するかは法律事項（憲法34条）であり，立法者は代表的組合にこの権限を付与している。もともと労働協約は，契約原理を基礎とし，協約当事者の構成員のみを拘束する規範であり，その締結に代表性は要求されていなかった。しかし，労働協約に純粋な契約理論だけでは説明できない効力（強行的効力や一般的効力）が付与されるようになると，協約締結の特権を，労働者利益を実効的に代表しうる組織に限定して認める必要があると考えられた。上述の通り，フランスでは組合分裂が激しく，使用者に対して十分な防御能力を有しない極小の組合が多数存在したため，労働者保護の観点から，団体交渉の担い手をある程度選別する仕組みが求められたのである。こうして考案されたのが労働組合の代表性資格である[34]。

　　　求されていた（1968年法13条）。労働監督官は，企業内の監視，行政上の決定，情報提供や仲介等の援助の機能を有する行政官である。なお，通常の解雇では，経済的理由に基づく集団的解雇の場合にのみ，労働監督官の許可が必要とされていた。

33)　P. Salvage, *op. cit.* note 18), pp. 630 et 634. なお，企業レベルの団体交渉制度については，労働政策研究・研修機構『現代先進諸国の労働協約システム』（2015年）3頁以下〔細川良〕も参照。

34)　S. Yannakourou, *op. cit.* note 9), pp. 111 et s.; A. Arseguel, La représentativité des syndicats, in: B. Lardy-Pélissier/J. Pélissier (dir.), *Le syndicalisme salarié* (2002),

労働組合の代表性は，1936年6月24日の法律で労働協約の拡張適用の要件とされたのが最初であり，その後1968年に，企業内組合支部の設置および組合代表委員の指名の要件とされ，1971年にあらゆる労働協約の締結要件として一般化された。

2 代表性の取得方法

代表性は，(a)労働組合が個別に証明する場合と，(b)1966年のアレテで全国レベルで代表性を付与された五大総同盟（CGT/CFDT/CFTC/CGT-FO/CFE-CGC）に加入することによって自動的に認められる場合とがあった。

(a)の個別証明の基準は，労働法典で①組合員数，②独立性，③組合費，④経験および活動年数，⑤占領中の愛国精神が列挙されていた（2008年改正前のL.133-2条）。このうち⑤は，戦時中にレジスタンスに積極的に関与した組合組織を優遇しようとしたもので，戦後は実際上の意義を失っていった。また，これ以外の4つの基準についても，それぞれが同程度に要求されるものではなく，労働組合の②「独立性」が不可欠の要件であり，それ以外は「独立性」の判断を補完する要素と位置づけられてきた[35]。すなわち，組合費（③）とそれを支払う組合員数（①）は固有財産の規模を示すため経済的独立性の判断要素であり，他方で労働組合の経験および活動年数（④）は，これまで使用者の影響を受けずに活動してきたかどうかの実績を示すため，活動面での独立性の判断要素であると整理された[36]。こうして判断される使用者からの「独立性」は，当該組合が労働者利益の防御機能を果たしうることを確認するもの

---

p. 8. 代表性資格に関する邦語文献として，小山敬晴「フランスにおける代表的労働組合概念の変容(1)」早稲田大学大学院法研論集140号（2011年）143頁，同「フランスにおける労働組合の代表性の機能とその正統性」学会誌124号（2014年）181頁。なお，使用者側の交渉当事者（使用者団体または個々の使用者）は自己やその構成員のためだけに交渉し，労働協約は原則として構成員を越えて拘束することはないため，代表性は要求されていない。

35) J.-M. Verdier 1974, pp. 582 et s.
36) S. Michel, Le critère de l'indépendance au sein de l'article L 133-2 du Code du Travail, *Dr. ouvr.* 2003, pp. 135 et s.; J.-M. Verdier 1974, pp. 582 et s.

で，複数組合主義の大前提とされてきた[37]。

次に，(b)は反証不能な代表性の付与であり，法的には代表性の擬制 (présomption irréfragable de représentativité) を意味する（2008年廃止前のL. 132-2条）。これは，複数組合主義の下で団体交渉・協約締結主体の多様性を確保するとともに，上記五大総同盟の権威性を高めるねらいで導入されたものである[38]。そして，代表性の擬制の手法が1968年の企業内組合活動の法認の際に転用されたことで，労働組合の代表性が要件であった組合支部の設置および組合代表委員の指名が促進されたほか，企業内組合活動を全国レベルの総同盟の支援を受けて行うことが可能になり，企業別交渉における使用者からの独立性が強化された[39]。

V　労働協約の効力とその本質

フランスの労働組合は同一の交渉レベルでも複数結成されているのが通常であるが，伝統的には，多数派・少数派に関わらず，代表性を有する労働組合が一つでも署名すれば労働協約は有効に成立し，団体交渉・協約締結権があらゆる代表的組合に平等に保障されていた。そして，有効な労働協約は，使用者が労働協約に拘束される場合には，当該協約を締結した労働組合の組合員であるか否かに関わらず，当該使用者と締結される全ての労働契約に強行的直律的に適用されてきた（労働協約の一般的効力：L. 2254-1条）。

以上のほか，産業・職業・職際レベルの労働協約については，労働大臣のアレテによる効力拡張 (extension) および拡大 (élargissement) の制度がある。拡張された労働協約は，その職業的・地域的適用範囲内のあらゆる労使に適用される（L. 2261-15条）。また，労働組合や使用者団体の不存在等により労働協

---

[37]　J.-M. Verdier 1974, p. 582.
[38]　J.-M. Verdier 1974, pp. 582 et s.; S. Yannakourou, *op. cit.* note 9), pp. 171 et s.; A. Arseguel, *op. cit.* note 34), pp. 13 et s.
[39]　J.-M. Verdier 1974, p. 587; M.-L. Morin, *Le droit des salariés à la négociation collective principe général du droit* (1994), n° 431, p. 364; A. Arseguel, *op. cit.* note 34), pp. 13 et s.

約の締結が永続的に不可能である場合には，労働協約の拡大によって，その適用範囲を超える地域または職業に当該協約の効力が及ぶ（L. 2261-17条）。

　フランスでは，組合組織率が低いにも関わらず，労働協約の適用率は90％以上と非常に高いが，これは労働協約の拡張・拡大手続が広く利用されていることによる[40]。この拡張・拡大手続により，労働協約は組合員の意思の集約を越える「職業の法」として位置づけられる[41]。

　なお，フランスでは，労働組合と使用者（団体）の間の書面化された合意に「労働協約（convention collective de travail）」と「集団協定（accord collectif de travail）」があるが，その違いは，団体交渉の対象事項を包括的に定める（労働協約）か，特定の事項のみ定める（集団協定）かだけであり，両者の法的性質や効力は同じである。そこで以下では，労働協約と集団協定を厳密に使い分けず，両者を合わせて単に協約，あるいは協約・協定等と記述することにする。

VI　国家法，労働協約，個別労働契約の相互関係

　フランスは，諸外国と比べて労働者保護における国家の役割が大きく，雇用や労働に関わる広範な事項について法律および命令による詳細な保護規定が存在する。これらの労働者保護規定は原則として最低基準としての意義を有し，労使はそれよりも有利な合意しかなしえない。この点，民法典の「公序」規定は合意による逸脱を一切認めない（民法典6条）が，労働法典は労働者の従属状態を考慮し，有利な逸脱は許容する特別な公序の概念を設定したものである（L. 2251-1条1文）[42]。これを社会的公序（ordre public social）という[43]。

　次に，労働協約間では，産別協約が労働条件の基本的枠組みを設定し，企

---

40) J. Barthélémy/G. Cette 2006, p. 26.
41) 「職業の代表」というテクニックの沿革は S. Yannakourou, *op. cit.* note 9), pp. 102 et s.
42) L. Rozes, Remarques sur l'ordre public en droit du travail, *Dr. soc.* 1977, p. 311.
43) ただし例外として，従業員代表選挙における投票自由等の選挙法の基本原則等，一切の逸脱を許容しない労働法規定も一部には存在する（L. 2251-1条2文参照）。これは「絶対的公序（ordre public absolu）」の規定と呼ばれる。

業・事業所協定がこれを具体化する規定を置くというように，異なる交渉レベルでは労働協約が競合しないこともあるが，競合した場合には，最も有利な労働協約が優先すると考えられていた。この有利原則の考え方は，労働協約と個別労働契約の間では法律に明記されている（L. 2254-1 条）。

こうして，国家法，労働協約，個別労働契約の適用関係は，最も有利な規範が優先するという原則で規律されていたが，1980 年代以降になると，これらの規範相互の関係に修正が加えられていく。次章では，その背景と立法改革の経緯をみていく。

第 2 章

法規制の柔軟化と労働協約

第 1 節　背景・概観

　1980 年代は，前編でみたドイツだけでなく，先進諸国の多くが経済のグローバル化による国際競争の激化，就労形態の多様化，労働者の価値観の多様化等に直面し，伝統的な規制枠組みに限界が生じていた。フランスもその例外ではない[44]。

　まず，フランスでは 1970 年代後半の経済危機以降，低成長が続き，政府の経済政策の失敗と相まって大量の失業者が発生していた。しかし，当時の労働者保護規制は現在の雇用を守ることを目的とした硬直的な規制であったため，労働条件の引下げを可能にし，雇用を創出しうるような枠組みを形成すべきと考えられるようになった。また，フランスの特徴である労働法典上の複雑かつ膨大な規制が企業の経済効率性を低下させ，経済のグローバル化の中で企業の国際競争力を低下させることも懸念された。さらに，1970 年代半ばまで無期のフルタイム労働者を標準的形態として形成されてきた労働法規制が，情報化等の技術革新を背景とする就労形態の多様化（有期労働，派遣労働，パートタイム労働の広がり）に対応できなくなった。そこで，雇用創出効果をも期待して，

---

[44] G. Borenfreund/M.-A. Souriac 2003, p. 72; J. Barthélémy/G. Cette 2006, pp. 24 et s. 邦語文献として，アラン・シュピオ〔川口美貴訳〕「フランス労働法における弾力化」日労研 440 号（1996 年）60 頁，盛誠吾「フランスにおける労働法の規制緩和と弾力化」学会誌 93 号（1999 年）81 頁，同「弾力化の現段階」日労協 343 号（1988 年）68 頁，アラン・シュピオ〔矢野昌浩訳〕「90 年代におけるフランス労働法の動向」日労研 464 号（1999 年）82 頁，水町 2001・116 頁以下等。

多様な就労形態を許容・促進する柔軟な法規制が求められた。

こうした中で，1986年に使用者側の要求を受けて経済的理由に基づく解雇の事前の許可制が廃止され，不安定雇用として制約されてきた派遣労働・有期契約労働も規制緩和の対象となる。また，政府は1960年代末からの労使自治政策（国家の介入ではなく労使の合意によって社会問題を解決していく方針。序章参照）を推し進める形で，1982年以降，労働時間の分野を中心に，労使合意を媒介とした法規制の柔軟化を進めていく。もっとも，労使の交渉力格差を無視して個別交渉に任せれば使用者の一方的決定を容認することになりかねないとして[45]，法定の最低基準を下回る労働条件設定は集団的労使にのみ認められ，産業レベルと企業レベルの双方で法規制から逸脱する労働協約の締結が可能となった。こうした法規制の柔軟化の過程では，集団的労働条件決定の分権化も進められ，企業別交渉の役割の増大にともない，労使交渉の支援規定や労働者の意思反映のための改革も行われていく[46]。そして，1982年以降の団体交渉・労働協約制度の改革は2004年5月4日の法律（2004年法）によって集大成され，その流れが2008年8月20日の法律（2008年法）で強化される。

以下ではまず，2004年法以前の改革の流れを整理し，これを2004年法，2008年法の分析につなげる。そして，本節の最後で，法規制と労働協約の関係性についての一連の改革の到達点と課題を明らかにする。

第2節　2004年法以前の展開

1970年代後半以降の柔軟化の議論の高まりの中，社会党のミッテランが1981年5月の大統領選挙で当選し，同年6月の国民議会選挙でも社会党を中心とした左派が過半数を獲得して左派政権が成立すると，国家の画一的規制を

---

45) J. Barthélémy, La négociation collective d'entreprise, consensualisme ou formalisme?, *Dr. soc.* 1988, p. 402; J. Barthélémy/G. Cette 2006, p. 36.

46) 桑村裕美子「労使関係法制」水町勇一郎・連合総研編『労働法改革』（日本経済新聞出版社，2010年）91頁以下，細川良「フランスにおける労働条件決定の「分権化」の動態」山田省三ほか編『労働法理論変革への模索』（信山社，2015年）739頁等。

第 2 章　法規制の柔軟化と労働協約

基礎とする労働法規制のあり方を大きく修正し，新たな社会・労使関係のルールの構築を目指す一連の改革（いわゆるオルー改革）が断行された。その内容は多岐にわたる[47]が，以下では特に，本書の問題意識に合致する，労働協約と法規制の関係性をめぐる改革に焦点を当てる。

I　逸脱協定の承認

1　1982 年 1 月 16 日のオルドナンス

　国家規制と労働協約に関する 1982 年以降の改革の契機となったのは，1982 年 1 月 16 日のオルドナンス第 41 号（以下「1982 年オルドナンス」という）である。

　フランスの法定労働時間[48]は 1936 年以来，週 40 時間であったが，ミッテランの大統領就任直後に誕生したモロワ政権は，労働時間短縮による雇用創出を目的とし，全国レベルで労使交渉を働きかけた。その結果締結された全国職際協定は，法定労働時間の短縮と企業の競争力強化のための柔軟な労働時間編成を定め，その具体的実施を産業レベルの団体交渉にゆだねた。しかし，現実には全国職際協定を実施する産別協約はほとんど締結されなかった。そこで政府は，労使の自主的取組みにゆだねるのでは事態は改善されないと考え，1982 年オルドナンスで全国職際協定の内容を立法に取り込んだ。こうして制定された 1982 年オルドナンスは，法定労働時間を週 39 時間に短縮する代わりに，以下の事項について労働協約による労働時間規制からの逸脱を認め，柔軟な労働

---

[47]　詳細は，中村五雄「週 39 時間労働への移行の実状とその周辺」日労協 24 巻 4 号（1982 年）65 頁，保原喜志夫「オルー法とフランス労働法の新展開」日労協 26 巻 7 号（1984 年）37 頁，大和田敢太「フランスにおける労働法制改革の動向」学会誌 63 号（1984 年）135 頁，三井正信「フランスにおける労働時間法改革と労働時間短縮」学会誌 83 号（1994 年）56 頁以下等。

[48]　フランスの法定労働時間（durée légale du travail）は，実労働時間を制約するものではなく，超過の場合（時間外労働）に特別な手続や割増賃金支払い等を必要とする基準にとどまる。これに対し，実労働時間を規制するのが最長労働時間（durée maximale du travail）である。

時間配分を可能にした。

　第1に，使用者が法定労働時間を超えて労働させるには労働監督官の許可が必要であったが，新たに許可の不要な時間（割当時間：contingent）を設定し，この年間の時間数（労働者1人あたり130時間）を拡張協約によって有利または不利に変更することを認めた。

　第2に，労働時間は週単位で算定されるのが原則であったが，1年の平均で法定労働時間（週39時間）以内に収まっていれば，拡張産別協約または企業・事業所協定に基づき，特定の週に法定労働時間を超えても法定外労働時間（heures supplémentaires）とならないことを認めた（1年単位の変形労働時間制）。1年単位の変形労働時間制では，週平均39時間を超える労働時間のみが，法定外労働時間として上記の年間の割当時間に換算されるのが原則であり，年間割当時間を超える時間には，割増賃金に加えて代償休息（repos compensateur）が義務づけられた。ただし，変形制の下でも，1日10時間の最長労働時間の規制は受け，また，週48時間および連続12週平均で週46時間の絶対的上限が設定された。

　なお，1年単位の変形制を企業・事業所協定によって導入する場合には，直近の従業員代表選挙で過半数の支持を得た一または複数の労働組合によって拒否権が行使されなかった場合に限り，当該協定の有効性が認められることになった（オルドナンス27条）。

　第3に，従来日曜労働が禁止されていたのが，交替班が組織された場合で，拡張協約およびこれを実施する企業・事業所協定または労働監督官の許可があるときには，週末代行班の被用者を日曜に勤務させることが可能になった。

　第4に，女性の深夜労働が午後10時から午前5時までの時間帯で禁止されていたのが，拡張協約およびこれを実施する企業・事業所協定または労働監督官の許可がある場合には，7時間の深夜時間帯を午後10時から午前7時の間で別の時間帯に変更することが認められた。

2　意　　義

　1982年オルドナンスは，法定労働時間を1時間短縮するのと同時に，労働時間規制につき産別協約または企業・事業所協定による逸脱を認め，実態に適

した柔軟な労働時間編成を可能にした点で意義がある。こうして法律上の基準を不利にも変更しうる労働協約は,「逸脱協定[49)] (accords dérogatoires)」と呼ばれる。

このうち産業レベルでは,逸脱の手段は「拡張」協約であり,産別協約が労働大臣のアレテで拡張されることが逸脱の有効要件となっている点に注意が必要である[50)]。これはすなわち,産別協約は国家の承認がなければ法規定から逸脱できないことを意味し,ここでの拡張産別協約は,国家の承認により有効になる規範であり国家規制の一種と位置づけられる[51)]。これに対し,企業・事業所レベルでは,逸脱協定の発効に国家の承認が必要ないため,1982年オルドナンスは,私人間の契約たる労使合意を,フランス史上初めて国家規制に優位させた点で画期的であった。この改革の趣旨について,政府は,労使の決定自由を拡大して画一的規制の硬直性を解消するとともに,停滞している労使交渉を活発化させることを指摘していた[52)]。

II 労働時間規制

労働時間は,企業の生産体制や就労形態の変容の影響を直接受け,また雇用問題に密接に関係する問題であるため,1982年オルドナンス以降,その柔軟化が積極的に進められてきた[53)]。

---

49) Accords dérogatoires は「適用除外協定」とも訳されるが,この文脈では,労働協約が当該事項についての規制を一切免れうる(=当該規制の適用を「除外」される)わけではなく,法定基準を法律が認める範囲内で不利に修正しうる(=「逸脱」しうる)だけである(例えば L. 213-2 条 2 項・3 項では,労働協約は深夜労働の時間帯を一定の範囲内で変更することのみ可能)。そのため本書では,同概念を「適用除外協定」と訳さないことにした。

50) なお,通常の労働協約の拡張制度(現 L. 2261-15 条以下)では,労働大臣による拡張は労働協約の有効要件ではなく,既に有効に成立している労働協約の適用範囲を広げるための要件にすぎない。第1章V参照。

51) J. Barthélémy 2003, p. 26.

52) Ordonnance n° 82-41 du 16 janvier 1982 relatives à la durée du travail et aux conges payés, Rapport au President de la Republique, *JO* du 17 janvier 1982, p. 295.

1 1980年代

フランスでは，1982年夏に経済状況が悪化したことで政策の重点が労働時間の短縮から調整へとシフトした。これにより，まず，1日10時間の最長労働時間について，1983年6月10日のデクレ第477号が例外を設け，拡張協約または企業・事業所協定で1日12時間までの労働時間延長を認めた。

その後，労働時間規制のさらなる柔軟化を求めて1984年末に職際交渉が開始されたが，交渉は失敗に終わった。そこで，国家主導で1986年2月28日の法律第280号が制定され，法定外労働時間に対する割増賃金支払いを拡張協約によって代償休息に振り替えることが認められた。また同法は，1年単位の変形制の対象企業を拡大する一方で，1982年オルドナンスと異なり，導入要件を拡張（産別）協約に限定した。しかし，変形制の導入要件については，翌年の1987年6月19日の法律第423号ですぐに1982年オルドナンスの枠組みに戻され，再び企業・事業所協定単独でも導入可能となった。また1987年法は，1年単位の変形制とは別に，数週間単位の変形制の機能を果たすサイクル労働制を新設し，その導入要件を拡張協約（またはデクレ）とした。さらに，週休原則（週ごとに継続24時間の休息保障）にも例外を設け，拡張産別協約が規定した産業で交代での週休付与を可能とした。

2 1990年代～2000年代初頭

こうして1980年代に様々な労働時間調整措置が導入されたが，それでも失

---

53) Y. Robineau, Loi et négociation collective: rapport au ministre du travail et des affaires sociales, mars 1997, pp. 16 et s.（La Documentation Française のサイトで閲覧可能）; J. Barthélémy/G. Cette 2006, p. 29. フランス労働時間法の展開の概要は，野田進「フランスの労働時間制度」山口浩一郎＝渡辺章＝菅野和夫編『変容する労働時間制度』（日本労働協会，1988年）128頁以下，盛誠吾「フランスにおける労働時間と団体交渉」一橋論叢99巻3号（1988年）91頁，三井・前掲注**47**)論文・69頁以下，奥田香子「『35時間法』をめぐる諸問題」労旬1476号（2000年）4頁，同「フランスの雇用・時短政策と35時間労働法」日労研496号（2001年）49頁，川口美貴「フランスにおける労働時間法制の展開」静岡大学法政研究5巻1号（2000年）81頁等。

業問題が改善されなかったため，1990年代以降は雇用政策（失業の削減）が最重要視されるようになる。

　まず，1993年3月に成立した保守連合政権は，失業との闘いを最大の政策課題とし，1993年12月20日の雇用対策5か年法（法律第1313号）を制定した。同法では時短と仕事の分け合いの視点が復活し，週平均39時間以下の新たな変形制が認められ，その導入要件が拡張協約または企業・事業所協定とされた。また，1993年法は，拡張協約に留保されていた割増賃金の代償休息への振替えおよび交代での週休付与を，企業協定でも可能とした。

　その後，より積極的な労働時間短縮措置が求められ，オブリー法が制定された。同法は第1次法（1998年6月13日の法律第461号）と第2次法（2000年1月19日の法律第37号）で構成され，2000年2月から法定労働時間を週35時間に短縮することを決定し，それ以前にも自主的な労働時間短縮を促すため，企業協約に基づき35時間労働制を実施した企業の社会保障費用を軽減した。

　他方で，オブリー法はEC労働時間指令（93/104/CE, 97/81/CE, 93/33/CE）の国内法化の意味もあり，1日連続11時間の休息保障，18歳未満の年少労働者に対する連続2日の週休原則等を導入した。ただし，これらの新規制は，一定の条件の下で拡張協約による逸脱が認められた。

　このほか，オブリー法は，変形制下の連続12週平均で週46時間という最長労働時間規制についても，法定労働時間の短縮にともない週44時間以内に厳格化する一方で，産別協約締結後に発令されるデクレによって週46時間までの引上げを可能にした。また，不活動時間を含む職業のために労働時間みなしを行う換算時間制度（heures d'équivalences）を新設し，その導入要件を，同じく産別協約締結後に発令されるデクレとした。さらに，サイクル労働についても，実施要件が拡張産別協約に限定されていたのを，企業・事業所協定単独でも導入可能と改めた。

　その後，2003年1月17日の法律第47号では，拡張（産別）協約が法定外労働時間の割増率を決定し（ただし下限は10％），かかる協約が存在しない場合に法定の割増率（最初の8時間は25％，それ以上は50％）が適用されることになった。

3　パートタイム労働者の特別規制

　パートタイム労働者は，第2次オブリー法以前は，法定労働時間（週39時間）の5分の1以上短い（したがって所定労働時間が概算で週32時間以下）労働編成で働く者と定義され，一般労働者と異なる特別な労働時間規制が存在した。

　例えば，パートタイム労働者は所定労働時間が短いため，フルタイム労働者よりも（法内）所定外労働時間（heures complémentaires）が長くなりやすい。そこで，1992年12月31日の法律第1446号は，パートタイム労働者の所定外労働時間の上限をその週または月の所定労働時間の10分の1とした。しかし同法は，この上限を拡張産別協約によって所定労働時間の3分の1まで引き上げることを認めた。この所定外労働時間の上限引上げは，1993年の5か年法で企業・事業所協定でも可能とされた後，第2次オブリー法で再び拡張産別協約に限定された。

　また，パートタイム労働者については，週または月の労働時間配分の変更につき7労働日前に当該労働者への通知義務があったが，第2次オブリー法は，拡張産別協約が労働者への代償措置を規定した場合には，この予告期間を3日にまで短縮することを認めた。

　さらに，パートタイム労働者にも1年以下の期間を単位とする変形労働時間制の導入が可能となった。これは，当該期間の平均労働時間が週または月の所定労働時間を超えないことを要件に，週または月の労働時間を増減して配分するものである。1993年5か年法は同制度を，労働する期間と労働しない期間を含む労働形態（間歇的労働：travail intermittent）に限定して認めていたが，第2次オブリー法は，同制度を間歇的労働から独立して承認し，拡張産別協約または企業・事業所協定をその導入要件とした。ただし，労働時間の増減幅は，契約上の所定労働時間の3分の1を超えることはできず，また，週の労働時間は法定労働時間以内とされた。

Ⅲ　派遣労働・有期契約労働

　1980年代以降，労働時間以外で法規制の柔軟化が進められたのは，派遣労

働および有期契約労働の法分野である。派遣労働および有期契約労働は、労働者の地位を不安定にするとして利用事由が厳しく制限されてきたが、1970年代後半以降、失業問題が悪化すると、多様な雇用形態を認めて雇用創出を図る方が得策と考えられるようになり、規制が緩和されていった[54]。

1 派遣労働

一般に、労働契約に試用期間を付すには労働契約にその旨と長さを明確に規定する必要があるが、派遣労働者については1985年7月25日の法律第772号が試用期間の上限規定を置いた。もっとも同法は、派遣期間の上限の第一次的決定権を拡張産別協約に与え、法定基準（派遣労働契約の長さに応じて2日、3日または5日）は拡張産別協約が存在しない場合に初めて適用されることとした。ここでは、法定基準は拡張産別協約に劣後するため、厳密には、拡張産別協約は原則的法規定から「逸脱」するものではなく、法規定は拡張産別協約を「補充」する規範でしかない。もっとも、結果的に拡張産別協約が法律規定より不利な規定を置くことができる点では法規定からの「逸脱」と類似しており[55]、1982年以降の、労働協約を国家規制に優先させる改革の延長線上に位置づけられる。

次に、1990年7月12日の法律第613号は、派遣労働者が派遣期間の満了後、派遣先企業と期間の定めのない労働契約を締結しない場合に、派遣企業に対し、当該労働者に雇用の不安定さを補償する手当（不安定補償手当）の支払いを義務づけた。しかしこれと同時に、季節労働および期間の定めのない労働契約によらないことが職業慣行となっている場合には、不安定補償手当の支払いを労働者派遣部門の拡張産別協定によって不要とすることを認め、規制に柔軟性を付与した。

---

54) 詳細は島田陽一「フランスの非典型的労働契約法制の新展開」労旬1261号（1991年）4頁、同「フランスの派遣労働法制」季労169号（1993年）27頁、労働政策研究・研修機構『ドイツ、フランスの有期労働契約法制　調査研究報告』（2004年）75頁以下〔奥田香子〕等。

55) M.-A. Souriac 2005, p.102.

2 有期契約労働

続いて有期契約労働については，保守党のシラク政権下で，硬直的な法規制が雇用創出を妨げている点が強調され，1986年に有期契約の利用事由・上限，更新制限の規制が緩和された。その後，有期契約の期間満了時に支払うべきとされていた不安定補償手当が，2002年に当該労働者の税込み賃金総額の10%とされ，2003年1月3日の法律第6号が，有期契約労働者の職業訓練を改善するという条件で，これを拡張産別協約によって賃金総額の6%まで引き下げることを認めた。同法はまた，法定の複雑な解雇手続の簡素化のため，企業協定で法定の解雇手続を変更する余地を認めた。

Ⅳ 明文の許容規定が存在しない場合

以上のように，1982年以降，労働協約による不利な逸脱を認める明文が労働時間と派遣労働・有期契約労働の法分野で導入されたが，明示の許容規定が存在しない場合には不利な逸脱が一切禁止されるのか。この問いはドイツ学説で設定され，憲法上の協約自治保障の意義とあわせて活発に議論されていた（第2編第1章第3節Ⅱ）。

この点フランスでは，ドイツと異なり協約自治が憲法上保障されておらず（本編第1章Ⅰ3参照），労働組合の権限は国家が認めた範囲で肯定されると解されているため，明文が存在しない場合には，法規定からの逸脱は一切許容されないとするのが通説である[56]。フランスでは，労働協約による逸脱の許容は，（ドイツのBiedenkopfの見解のように）当該事項についての協約当事者の優先的決定権限を法的に確認するものではなく，協約当事者が本来有していない権限を国家が特別に付与するものである。その意味で，近年フランスで逸脱協定の意義が増大しているとしても，それは立法者の政策判断によるもので，労

---

56) M. Bonnechère, *op. cit.* note 8) p. 421 ; G. Borenfreund/M.-A. Souriac 2003, p. 83 ; G. Auzero/E. Dockès 2015, p. 74 note 4. 同旨，M.-A. Souriac-Rotschild, Le contrôle de la légalité interne des conventions et accords collectifs, *Dr. soc.* 1996, p. 403.

働協約に対して法律が優位するという原則（憲法34条参照）に変更はないとされている[57]。

ただし，法律と労働協約の間で有利原則が維持されている事項でも，有利性比較を緩やかに行うことで実質的に労働協約による不利な逸脱を認めたとみうる判決が1994年に出され，議論を呼んでいる。具体的に問題となった事案は以下の通りである。

使用者は，労働者の安全と健康の確保のために，労働者に対し，フルタイムで雇用した専門的な労働医（médecin du travail）による診療サービスを提供する義務があり（L. 241-1条以下），労働者の健康診断は1年ごととされていた（R. 241-49条）。しかし，1988年12月28日のデクレ第1198号（本件デクレ）の14条は，労働医が労働者の作業現場で任務に従事すべき時間の割合を法定基準（労働医の労働時間の3分の1。R. 241-47条）よりも増やす代わりに，企業・事業所協定によって労働者の健康診断の周期を2年まで延長することを認めていた。同条は，法律が許容していないにも関わらず，労働協約が健康診断の周期を1年とするR. 241-48条を不利に逸脱することを認める内容であったため，その効力が問題となった。

この点について，行政事件の最上級裁判所であるコンセイユデタ（Conseil d'Etat）は，1994年7月8日に，命令は法律による明示の授権がない限り労働協約による不利な逸脱を認めることはできないとの一般論を展開しつつ，本件デクレ14条は，健康診断の周期の不利な変更（1年→2年）に代償措置（労働医が労働者の作業現場で過ごすべき時間の増大）を要求しているため，労働法の一般原則（＝有利原則）に反するものではないとし，その効力を認めた[58]。

国家規制と労働協約の有利性比較のあり方について，それ以前の判例・学説は，「同一の目的または原因を有する」利益または保障ごとに，労働者全体を基準として比較する方法で一致していた[59]。しかし本判決は，同一の目的ま

---

57) G. Auzero/E. Dockès 2015, p. 74〈note 4〉.
58) Conseil d'Etat 8 juill. 1994, n° 105471.
59) Cass. soc. 25 janv. 1984, n° 81-41609; soc. 18 janv. 2000, n° 96-44578/96-44586; G. Auzero/E. Dockès 2015, p. 1401. 詳細は奥田香子「フランス労働法における『有利性』の原則」季労178号（1996年）118頁以下参照。

たは原因を有するとはいえない「健康診断の周期」と「作業現場での労働医の活動時間」を比較対象に含めて全体比較を行い，有利性を判断した[60]。これはすなわち，有利原則を形式的に維持しつつも，逸脱協定が代償措置を含んでいれば「より有利」と評価するものであり，この手法を認めれば，明文が存在しない場合でも労働協約を法規定に広く優先させることになりうるとして問題視されている[61]。

有利性比較に関しては，本判決の後，労働協約間の比較においても，雇用保障の代わりに賞与を削減する労働協約について全体比較を行い，より「有利」と評価する判決が1997年に出ており[62]，上記1994年判決に対するのと同様の観点から批判が強い[63]。

V 2004年以前の改革の特徴と問題点

ここまで，1982年から2004年法前までの改革過程を追ってきた。本節の最後に，これらの改革の特徴と問題点を整理しておこう。

1 改革の特徴

フランスでは1982年以降，失業問題の深刻化の中で，政府の雇用戦略と強い関連性をもって労働時間および派遣労働・有期契約の分野で労働協約による不利な逸脱を許容する明文が導入された。労働時間については，紆余曲折を経て労働時間短縮による仕事の分け合いの流れが一般化し，その過程で雇用創出のために様々な労働時間調整措置が導入された。また，使用者の労働力利用の選択肢を増やして雇用創出を図るため，派遣労働および有期契約の規制が緩和された。そして，これらの分野での法規制の柔軟化は，企業の経営状況を把握し，労使のニーズを適切に調整した上で行われる必要があったため，現場の事

---

60) M.-A. Souriac-Rotschild, *op. cit.* note 56), pp. 401 et s.
61) G. Borenfreund/M.-A. Souriac 2003, p. 83.
62) Cass. soc. 19 févr. 1997, n° 94-45286.
63) G. Couturier, observations, *Dr. soc.* 1997, p. 433.

情に詳しい協約当事者に逸脱権限が付与されていった。

　もっとも，集団的労働条件決定のあり方に目を移すと，2004年以前は労働協約間で有利原則が基本的に維持されていたことが重要である。すなわち，法規制から逸脱する拡張産別協約が存在すれば，企業・事業所協定でそれより不利な定めをすることはできなかったのであり，法定の最低基準を下回る労働条件決定については，産業レベルから企業レベルへの重点移動はそれほど進まなかった。

　他方で，1982年以降の改革プロセスで注目されるのは，逸脱協定の対象拡大が国家主導で実現されてきたことである。フランスでは，1960年代末に労使自治政策に転換しており，政府が立法の前に全国レベルの労使に交渉を働きかけ，労使間協定が成立すればそれを立法する流れにあった。しかし，重要な労働時間改革においては，事前の労使交渉が失敗に終わることも多く，また労使が合意に至ってもその通りに実務が展開していくことは少なかった。そのため政府は，労使の自主的対応にゆだねるのでは社会的進歩はないと考え，自らのイニシアチブで法改正に踏み切ったのである（1982年オルドナンス，1986年2月28日の法律などの立法経緯を参照）。こうして，労働協約による法規定からの不利な逸脱の許容が，ドイツのように労使の側から促される形ではなく，国家の強力なイニシアチブの下で進められた点はフランスの特徴である[64]。

2　逸脱手段・レベルの特徴

　次に，2004年法以前は，法規制から逸脱しうる手段（労働協約の種類）や交渉レベルに統一性がない。すなわち，1980年代から90年代半ばまでは，法規制からの逸脱は，① 拡張産別協約でのみ可能な場合と，② 拡張産別協約と企業・事業所協定のいずれか一方で可能な場合が多かったが，第2次オブリー法では ③ 産別協約締結後に発令されるデクレ（décret pris après conclusion d'une convention ou d'un accord collectif de branche）という新たな手法が用いられた（Ⅱ2参照）。これらの選択基準について学説は次のように分析した。

　まず，法定外労働時間の年間割当時間の増減は，1982年オルドナンス以来，

---

[64]　J. Barthélémy 2003, p. 30.

拡張産別協約にのみ認められていたが，これは理論上企業・事業所協定に開放しえない事項と説明された[65]。年間割当時間は，法定外労働（時間外労働）について本来必要な労働監督官の許可を不要にするものであり，その時間数の変更は国家の介入条件の変更を意味する。したがって，私人間の合意にとどまる企業・事業所協定にこれを認めることはできない[66]。しかし，拡張産別協約は，労働大臣による拡張が法規定からの逸脱の要件となっており，拡張された産別協約はもはや純粋な労使間合意ではなく，国家規制の性格を取得する（上記Ⅰ2参照）。したがって，公権力の介入条件の修正も可能となると説明されたのである[67]。

これに対し，多くの法規定においては，逸脱の手段や交渉レベルの違いは理論上の要請ではなく，偶然ないし立法者の気まぐれであり，一貫したルールを導こうとする試みは無駄であるとされた[68]。以下このことを，逸脱の手段が頻繁に変更されたいくつかの制度を例に挙げ，具体的にみていく（上記Ⅰ・Ⅱ参照）。

まず，1年単位の変形制は，規範設定の合理化を強調したモロワ社会党政権下で，1982年オルドナンスにより企業・事業所協定でも導入可能とされていた。しかし，労働者保護を重視した次のファビウス社会党政権は，変形制に関して企業・事業所レベルで労働者保護に反する協定が多数締結されたことを重く受け止め，1986年に変形制を拡張産別協約による導入に限定した[69]。ところが翌年には，シラク保守党政権下で再び規範設定の合理化が重視されるよう

---

65) J. Barthélémy 1985, p. 416; J. Barthélémy 2003, p. 28.
66) Avis du Conseil d'Etat, 22 mars 1973, *Dr. soc.* 1973, p. 514.
67) J. Barthélémy 1985, p. 416; J. Barthélémy 2003, p. 28.
68) J. Barthélémy 2003, p. 28; M.-A. Souriac 2004, p. 587: M.-A. Souriac 2005, p. 99.
69) 1986年2月28日の法律の制定過程で労働大臣は，①1982年の改革で企業別交渉は活発化したが，変形制を導入する企業協定の多くが使用者によって一方的に決定され，労働者保護のための主要な規制を無視する内容になっている，②そしてそれは，企業レベルの組合代表委員が雇用喪失を恐れて労働条件の切下げに同意せざるを得ない（企業協調的な行動をとりやすい）という企業別交渉の限界に起因するとし，変形制を企業協定で実施可能とすることの弊害を強調していた。AN, 2ᵉ séance du 4 décembre 1985, *JO* du 5 décembre 1985, pp. 5272 et s.

第 2 章　法規制の柔軟化と労働協約

になり，変形制についてもわずか 1 年で，企業・事業所協定単独で導入可能とする枠組みに戻されたのである。1987 年 6 月 19 日の法律の制定過程で労働大臣は，企業レベルの労使に判断をゆだねれば企業の競争力を強化でき，雇用創出も見込めるとし，労働者保護に関しては現場の労使に責任感を持たせれば問題ないと答弁していた[70]。

また，サイクル労働についても同様の変遷があった。サイクル労働は実施要件が変形制の場合より緩やかで[71]，最低基準の保障が不十分であるとして，1987 年にファビウス政権下で新設された時には拡張産別協約による導入に限定されていた[72]。しかし，1990 年代後半のジョスパン社会党政権下では，労働時間短縮による雇用創出が重要な政策課題となり，変形制が効率的な労働時間配分を可能とし労働時間短縮につながる点が重視され，第 2 次オブリー法で企業・事業所協定単独でも導入可能とされた[73]。

もっとも，第 2 次オブリー法では，換算時間制度の導入および連続 12 週平均で週 44 時間の最長労働時間の超過について，「産別協約締結後に発令されるデクレ」にのみ権限が留保されたことの趣旨が問題となる。この点，換算時間制度については，労働時間のみなし制であるため，これを広く認めれば法定労働時間を週 35 時間に短縮した意義が損なわれる[74]とされたが，上記最長労働時間規制についてはより詳細な説明が行われていた。すなわち，最長労働時間の超過を拡張産別協約で可能とする修正案に対し，時の労働大臣オブリーは，① 最長労働時間は労働者の健康保護にとって非常に重要であり，その例外は重大な影響を与えること，② 拡張制度では労働大臣に適法な協約規定の拡張

---

70)　AN, 1re séance du 20 mai 1987, *JO* du 21 mai 1987, p. 1372.
71)　1 年単位の変形制には，最長労働時間規制（1 日 10 時間，1 週 48 時間，連続 12 週平均で週 44 時間）のほか，時間外労働に対する割増賃金や代償休日等の義務的代償措置が規定されていた（L. 212-1 条）のに対し，サイクル労働には上記の最長労働時間規制が及ぶだけで，単位期間（サイクル期間）の上限や義務的代償措置の要件が存在しなかった（L. 212-5 条）。
72)　AN, 1re séance du 18 mai 1987, *JO* du 19 mai 1987, p. 1263.
73)　AN, Rapport n° 1826, de M. Gaëtan Gorce, déposé le 5 octobre 1999.
74)　AN, 3e séance du 7 octobre 1999, *JO* du 8 octobre 1999, p. 7091.

が義務づけられる[75]のに対し，デクレの場合は，参照する産別協約の実質的当否を政府が判断しうることを指摘し，「デクレ」による場合に限定すべきとした[76]。

このやり取りからは，「産別協約締結後に発令されるデクレ」は，労働者の健康や安全に重大な影響を与える事項で選択されたものであることが読み取れる。しかし学説では，この基準で逸脱の手段を統一的に説明することもできないとされた。例えば，健康保護の観点からは，労働者が日曜日に働かなければならない（週休が別の曜日に設定される）場合よりも，週休が交替で与えられる場合の要件を厳格にすべきである。しかし実際には，週末代行班の日曜労働は拡張産別協約に加えて企業協定の締結が必要とされる（L. 221-5-1 条）のに対し，週休を交替で与えることは企業・事業所協定単独でも可能であったのである（L. 221-10 条）[77]。

3　問題点—有利性比較の困難性

最後に，1982 年以降の改革は，法律と労働協約の間の有利原則を一部修正したが，労働協約間の有利原則は基本的に維持したため，法規制から逸脱する労働協約が複数締結された場合には，どの協約が最も有利であるかを確定する必要があった。しかし，労働協約間の有利性比較については，上記Ⅳの通り，従前と異なる有利性比較を行う最高裁判決が出ており，有利原則の適用のあり方が明確でなかった。こうした状況で，同一の法規定から逸脱する労働協約が複数締結された場合の有利性比較はほぼ不可能とされ[78]，労働協約の適用関係が不透明となった。

---

75) 法律上厳密には，適法な協約規定のすべてについて拡張が義務づけられるわけではなく，当該協約の適用範囲内で産業部門の実情に適合しない一部の条項を拡張対象から除外することは可能である（L. 2261-25 条 2 項）。

76) AN, 1ʳᵉ sénance du 13 octobre 1999, *JO* du 14 octobre 1999, pp. 7268 et 7270.

77) J. Barthélémy 2003, p. 28.

78) F. Gaudu, L'exécution des conventions d'entreprise, *Dr. soc.* 1990, p. 613. Gaudu は有利性比較の困難性を示す例として，変形制下で週労働時間を 4 日で配分する協約と 4 日半で配分する協約を挙げていた。

ここで，ドイツの協約開放条項（事業所組織法77条3項2文）のように，産別協約が企業別協定による不利な逸脱を許容することができれば，適用される規範は明確になるが，フランスでこのような対応は認められなかった。有利原則は憲法34条で法律事項とされている「労働法の基本原則」に含まれ，立法者のみが変更しうる[79]ため，協約当事者が自らの判断で有利原則の妥当範囲を縮減することは許されないと解されていたからである[80]。そのため，有利性比較をめぐる実務上の混乱は立法によって解決するしかなく[81]，このことが2004年の新たな改革につながることになる。

第3節　2004年法

I　趣旨・背景

2004年法改革の直接の契機となったのは，2001年7月16日に発表された労使の「共通見解」[82]である。これは，政府の政策決定への影響力をねらい，主要な使用者団体（MEDEF，CGPME，UPA）と全国労働総同盟（CGT以外の4団体）が署名した合意文書であり，社会・経済状況の変化に対応するための制度改革の柱として，①団体交渉の発展，②労使対話の手段の強化，③法律と労働協約の規律関係の見直しを提言した。各項目の内容を要約すると，①産業レベルと企業レベルで役割分担を行い，産業レベルで共通のルールを設定し，企業レベルで労使のニーズを直接考慮して解決策を導く，②交渉者間の均衡確保のため，企業別交渉を産別協約によるコントロール下で促進する，③憲

---

79)　Cons. const. 12 juill. 1967, Décision n° 67-46 L.
80)　M.-A. Souriac 2004, p. 582.
81)　なお，2004年法以前には，賃上げ率について企業・事業所協定による産別協約からの不利な逸脱を認める明文が存在した（1982年法によるL. 132-24条）が，この法定の例外を除いて労働協約間の有利原則が維持されていた。
82)　Position commune du 16 juillet 2001 sur les voies et moyens de l'approfondissement de la négociation collective.

法34条の法律事項を限定的に解し,より多くの事項で労働協約が法律に優先するようにする,というものであった。

この共通見解から示唆を受け,政府は2003年1月末に「団体交渉の深化」と題する文書[83]を労使の関係当事者を名宛人として発し,団体交渉・労働協約制度の改革のあり方について労使団体に交渉を求めた。そして,最終的に労使間でコンセンサスが得られたため,2004年5月4日の法律第391号(2004年法)が制定された。

2004年法の目的は,労使のニーズに適合した規範設定のために団体交渉を重視し,労働協約と法律の間で適切な関係を定めることにあり[84],その手段として団体交渉・労働協約制度を改正した。その内容は多岐にわたる[85]が,本節では特に,企業・事業所別交渉の重要性を高める改革として,企業・事業所レベルでの逸脱協定の対象拡大と協約適用関係の見直しを取り上げる。

II 企業・事業所レベルでの逸脱協定の対象拡大

1 改正内容

2004年法は第1に,法規制との関係で企業別交渉の権限を拡大するため,同法の直前で拡張産別協約に留保されていたあらゆる事項を企業・事業所協定にも開放した(法43条)。その結果,以下の14項目(限定列挙)について,新たに企業・事業所協定単独でも決定可能となった。このうち,法律規定よりも

---

83) Approfondissement de la négociation collective, Document de travail par le ministre du travail F. Fillon aux partenaires sociaux (fin janvier 2003), *Liaisons soc.*, n° 11/2003 V.

84) Projet de loi, n° 1233, déposé le 19 novembre 2003, relatif à la formation professionnelle tout au long de la vie et au dialogue social (Exposé des motifs).

85) 詳細は,野田進「フランスにおける団体交渉制度の改革」法政研究71巻3号(2005年)692頁,奥田香子「団体交渉・労働協約法制の改革」労旬1594号(2005年)25頁以下,同「フランスの団体交渉・労働協約法制の改革」労働問題リサーチセンター『労働法における規制手法・規制対象の新展開と契約自由・労使自治・法規制』(2006年)75頁以下,労働政策研究・研修機構『労働関係の変化と法システムのあり方』(2006年)80頁以下〔奥田香子〕等。

不利な協約締結を認めるのは，④と⑭を除く12項目である。

＜派遣労働・有期契約関係＞
① 有期労働契約における不安定補償手当の引下げ
② 派遣労働の試用期間の長さの決定
③ 派遣期間終了時の不安定補償手当の不払い
④ 派遣労働における業務範囲の決定
＜労働時間関係＞
⑤ 労働監督官の許可の不要な年間割当時間の変更
⑥ 季節労働者の法定外労働時間および代償休息の算定期間の変更
⑦ パートタイム労働者の労働時間配分の変更時の予告期間の短縮，労働時間の増減幅の上限の延長
⑧ 変形パートタイム労働制下の勤務の中断回数および中断時間の増大，労働時間配分のプログラムが書面で労働者に通知される方法の変更
⑨ 法定外労働時間に対する割増賃金支払いの代償休息振替および割増率の決定
⑩ 深夜労働に従事する労働者の労働時間の上限の延長
⑪ 1日連続11時間の休息時間の短縮
⑫ 18歳未満の年少労働者の週休の短縮
⑬ 交替班による日曜労働の許容
＜安全衛生関係＞
⑭ 安全衛生労働条件委員会（CHSCT）委員の研修条件の決定

なお，政府は当初から企業・事業所協定に多くの領域を開放する方針でいたが，例外として，(a)産別協約締結後に発令されるデクレが導入要件であった換算時間制度と，(b)定義の一部を拡張産別協約にゆだねていた「深夜労働者」については，企業・事業所協定の対象から除外していた（2003年11月19日の法案38条）。この理由について政府は，(a)デクレの発令手続は重大であり，また換算時間制度の適用・不適用は産業内で統一することが望ましいこと，(b) 1993年のEC労働時間指令（93/104/CE）2条が深夜労働者の定義の決定を「国

又は地域レベルで締結される労働協約ないし集団的協定」としていることを指摘していた[86]。

この法案には反対もあったが，政府は，分権化の促進は企業間の不平等ではなく，むしろ社会的発展につながる点を強調し，これまで一貫していなかった逸脱手段を企業別協定単独での逸脱が可能なように統一するのが妥当とした[87]。立法過程では，その後(a)と同じく逸脱権限がデクレに限定されていた連続12週平均で週44時間の最長労働時間規制についても，企業・事業所協定の対象外とする修正が行われ，2004年法43条の内容で決着した。

2 違憲審査

ところで，フランスでは，審署前の法律について憲法院（Conseil constitutionnel）に合憲性の審査を求めることができ（憲法61条2項），2004年法はこの手続に従って違憲審査に付されていた。問題となったのは，上記のように企業・事業所協定による法規定からの逸脱を広く認める法43条が，労働法の基本原則の決定を法律事項とする憲法34条と，労働者の健康権および休息・休暇権を保障する1946年憲法前文11項に違反するのではないかである。しかし憲法院は，次のように述べ，いずれの点でも憲法と両立すると判断した[88]。

まず，憲法34条は労働法の基本原則の決定を法律事項としているが，立法者が労働条件や労働関係に関する権利義務を決定した後，その具体的態様を団体交渉にゆだねることは許容される。ただし，憲法34条によれば，立法者自身が公序の性格を付与することを意図した法規定からの逸脱を労働協約に認める際には，立法者がこの逸脱の対象と要件を明確に規定しなければならない。この点，法43条は逸脱の対象を明確に決定し，実施要件（具体的には過半数要件）を自ら確定し，あるいは自らの権限領域を無視することなくその具体的決定を命令にゆだねているから，憲法34条に違反しない。

次に，1946年憲法前文11項は，全ての人々，特に幼児，母親，高齢の労働

---

86) Rapport n° 1273 de M. Jean-Paul Anciaux, déposé le 3 décembre 2003.
87) AN, 1re séance du 17 décembre 2003, *JO* du 18 décembre 2003, p. 12526.
88) Cons. const. 29 avril 2004, Décision n° 2004-494 DC.

者に,健康の保護,身体的安全,休息および余暇を保障しているが,立法者は憲法34条に基づく自らの権限領域において,憲法的価値を有する目的を実現するために新たな枠組みを採用することが常に許され,その妥当性(opportunité)の評価権限は立法者にある。ただし,この権限行使によって憲法的価値の保障を奪ってはならない。この点,法43条は,労働協約が労働安全衛生に関する公序のルールから逸脱することを認めていない。例えば,連続12週平均での週の最長労働時間(当時のL.212-7条)や「深夜労働者」の定義(当時のL.213-2条)は企業別交渉の対象となっておらず,また,労働時間の長さや休息の権利に関する法規定から逸脱する新たな可能性については,その対象および要件が十分明確に規定されている。したがって,法43条は憲法上の要請にかかる法律上の保障を失わせるものではない,とした。

Ⅲ 協約間の適用関係の見直し

第2に,2004年法は労働協約間の適用関係を大きく修正した点で重要である。

1 趣旨・経緯

産別協約と企業・事業所協定の間には伝統的に有利原則が適用されていたが,ギブアンドテイクの交渉が主流になると有利性比較が容易でなくなった。また,法規制と労働協約の関係をみても,労働協約間で有利原則が維持される限り,企業レベルで逸脱協定を締結しても産別協約より不利として適用されない可能性があった。そこで政府は,労働協約間の適用関係を明確にするため,産別協約が明示的に許容している場合に企業・事業所協定が産別協約から不利に逸脱しうるとする枠組みを構想した[89]。しかし,2001年共通見解および使用者団体MEDEF(フランス企業運動)はこの案に強く反対し,企業別交渉の役割をより強化すべきとしたため,企業・事業所協定が原則として産別協約に優先する枠組みとされた(法42条)。

---

89) Document de travail par le ministre du travail F. Fillon, *op. cit.* note 83).

2 改革内容

2004年法42条によると，企業・事業所協定は，① 最低賃金，② 職務上の格づけ，③ 集団的労働者共済，④ 職業教育のための相互扶助基金の4項目以外では，地域的または職業的により広い範囲の労働協約が別の定めを置いていない限り，その協約の全部または一部の規定から逸脱することができる（現 L. 2253-3条）。ここで，同条は，産別協約と企業・事業所協定の適用関係を有利原則の下に置く従来の法規定（現 L. 2253-1条，L. 2253-2条）を維持したまま上記規定を新設したため，不利な逸脱は例外であるかのようである。しかし，産別協約が反対の定めを置いていない限り企業・事業所協定が優先するため，企業・事業所レベルで不利に逸脱しうることが原則であり[90]，労働協約間の適用関係について過去の枠組みとの断絶は明らかとされる[91]。

以上の例外である上記4項目は，企業よりも広い範囲で決定されるのでなければ有効に機能しえない事項とされており[92]，逆に言えば，その性質上企業・事業所協定の対象になじむ事項については，2004年法は広く企業・事業所協定を優先させたことになる。この点につき，従来企業・事業所協定が産別協約よりも有利な規定しか認められなかったのは，産業レベルにおける労使間の相対的均衡（équilibre relatif）が通常企業レベルに存在しないためであるが，2004年法はそうしたルールの射程を大幅に限定したと指摘されている[93]。

なお，2004年法は産別協約と職業・職際協定の適用関係も同様に修正し（法11条），地域的または職業的により広い範囲の労働協約が明示的に禁止していない限り，産別協約または職業・職際協定は当該協約から不利に逸脱しうることになった（現 L. 2252-1条）。ここでは一切の例外がなく，団体交渉における分権化推進の政策意図が徹底されている。

以上から，2004年法は，職際，産業・職業，企業レベルの間の協約適用に

---

[90] G. Auzero/E. Dockès 2015, p. 1418.
[91] M.-A. Souriac 2004, p. 582.
[92] M.-A. Souriac 2004, p. 583 ; J. Barthélémy/G. Cette 2006, p. 33.
[93] G. Auzero/E. Dockès 2015, p. 1417.

関し，有利原則に代えて「特別法が一般法に優先する」という原則を設定したものと位置づけられている[94]。

Ⅳ　2004年法の意義と評価

　2004年法には次の3つの意義がある。第1に，同法以前に法規制からの逸脱に関して拡張産別協約に留保されていたあらゆる事項を企業・事業所協定にも開放することで，逸脱の手段や交渉レベルに関する制度設計を統一した。第2に，企業・事業所協定を産別協約に原則として優先させたことで労働協約間の困難な有利性比較が多くの場合に回避され，規範の適用関係が明確になった。そして第3に，以上の2つの改革が結びつくことにより，法定の最低基準を下回る労働条件設定についても，原則として企業・事業所協定が優先する構造となり，企業・事業所レベルでの逸脱協定の適用を阻む制度上の制約が大幅に解除された。

　以上の2004法改革のうち，同法が法規制からの逸脱の手段として拡張産別協約と企業協定を同列に扱った点には学説の批判が強い。まず理論面で，公権力の介入条件の修正を意味する時間外労働の割当時間の変更まで企業・事業所協定の対象とする点は正当化できないとされる[95]。また，それ以外の事項では理論上の制約はないとしても，法規定を企業・事業所協定に広く開放することで法律上の保護が分断され，労働者保護の後退が加速するとの危惧がある[96]。さらに，実効的な権利保障の観点からは拡張産別協約の利用が望ましく，企業・事業所協定はルールの破壊につながり，同一産業内の競争にも悪影響を与えるとの指摘がある[97]。

　もっとも2004年法は，産別協約が企業・事業所協定による不利な逸脱を禁止することを認めていたため，産別協約が企業・事業所レベルでの逸脱協定の

---

94)　G. Auzero/E. Dockès 2015, p. 1402.
95)　M.-A. Souriac 2004, p. 587; J. Barthélémy/G. Cette 2006, p. 30. 第2節Ⅴ2参照。
96)　M.-A. Souriac 2004, p. 587; M.-A. Souriac 2005, p. 99.
97)　Cf. M.-A. Souriac 2004, p. 587.

適用を阻むことが可能であった点には注意が必要である。このことは、産別当事者の対応によっては企業別交渉を重視する2004年法の改革意図に反する運用となることを意味し、2004年法の制度的限界と認識されるようになる。

第4節　2008年法

I　趣旨・背景

2004年法施行後の実態調査によると、2005年・2006年は労働協約（産別協約）の半数以上が企業・事業所協定による逸脱を一般的に禁止していた[98]。また、2007年の調査でもほぼ同様の結果が得られ[99]、2004年法が国家規制と産別協約を中心とする労働条件決定の実態を変更していないことが明らかとなった。そこで政府は、2008年8月20日の法律第789号（2008年法）により、企業・事業所協定を重視する政策を徹底しようとした。

ところで、労使自治政策の推進という点では、政府は2007年にも重要な改革を行っていた。2007年1月31日の法律第130号により、個別的・集団的労働関係、雇用および職業訓練を対象とする、全国職際交渉の領域に属する政府の改革案については、緊急の場合を除き、事前に全国職際レベルの代表的労使団体に諮問する義務が課されたのである（現L.1条1項）。この諮問手続のため、政府は労使団体に改革の方向性、目的および主要な選択肢を示した文書を提出し、これを受けて労使団体が団体交渉を開始する場合には、必要な交渉期間を政府に知らせて交渉を行うこととされた（同2項ないし4項）。ただし、法律案の提出は政府の権限であり（L.2条）、労使交渉の結果をどのように法律に反映させるかも政府にゆだねられる。

---

98)　Dares, *La négociation collecitive en 2006* (2007), pp.76 et s.

99)　Dares, *La négociation collecitive en 2007* (2008), pp.27 et s. 2004年法の実施状況およびその全体的評価は、*Droit social* 2008, pp.3 et s. の特集を参照。邦語文献として、労働政策研究・研修機構・注3)報告書・69頁以下〔細川〕。

上記2008年法はこの立法手続に従って制定され，団体交渉制度の改革と労働時間制度の改革の2つを柱としていた。このうち後者は，労働時間制度において企業・事業所協定の意義を拡大させる内容であり，立法前手続で全国レベルの労使団体の激しい抵抗を受けたが，企業別交渉の促進を重視した政府の強力なイニシアチブにより実現された。以下，2008年法による労働時間の改革のうち，特に国家規制と労働協約の規律関係に関連する改正[100]を取り上げる。

II　労働時間法改革

2008年法は第1に，週35時間の法定労働時間を超える時間外労働の規制を大幅に緩和した。

まず，労働監督官の許可制度を廃止し，時間外労働の実施にかかる手続は，年間の割当時間の枠内であれば従業員代表への通知を，割当時間を超える場合には従業員代表の意見聴取だけを要求した。そして，年間割当時間数については，第一次的決定権を従来のデクレから企業・事業所協定に移し，企業・事業所協定の定めがない場合に産別協約が決定し，産別協約の定めもない場合に初めてデクレの基準（1人あたり年間220時間）が適用されることとした。また，年間割当時間を超える時間外労働の実施要件や代償措置の条件等の決定についても，企業・事業所協定，産別協約，国家規制の順で優先順位がつけられた。なお，産別協約については，年間割当時間の決定に関して従来必要とされていた拡張要件が廃止されている。

次に，時間外労働については，10%以上の割増賃金支払いを拡張産別協約または企業・事業所協定で代償休息に振り替えることが認められていたが，2008年法はここでの産別協約の拡張を不要とした上で，振替えの第一次的決定権を企業・事業所協定に与え，産別協約は企業・事業所協定が存在しない場合に初めて振替えが可能となった。

第2に，柔軟な労働時間配分を可能にする諸制度（変形制，サイクル労働等）

---

[100]　桑村裕美子「フランス労働法における規制手法の新展開」法學（東北大学）73巻5号（2009年）7頁以下も参照。

を整理・統合して1年以下の新たな変形制に一本化し，パートタイム労働者に対する特別な変形制を廃止した。そして，この新たな変形制の導入要件を，企業・事業所協定，それがなければ産別協約（拡張不要）とした。なお，1週間を超える期間での労働時間調整が労働協約で規定されなかった場合には，4週間以内の期間で，従業員代表への諮問を経た後で，使用者の一方的決定による労働時間調整が可能とされた。

Ⅲ　2008年法の意義・特徴

　2008年法による労働時間改革は，1980年代以降の，国家規制から労働協約へという流れを推し進めるものであるが，規制手法に注目すると新たなアプローチが採られている。

　第1に，国家規制と労働協約の関係性について，2004年法までは，ごく一部の事項[101]を除いて，国家規制の強行性を維持して労働協約による不利な「逸脱」を認めるだけであったが，2008年法はさらに進んで，労働時間の長さや配分についての規制を，労働協約が存在しない場合に初めて適用される補充規範に後退させた。従来用いられた「逸脱」の手法では，逸脱の対象となる法規定に強行性があり，労働協約は当該規制の趣旨を具体化する権限を付与されるにすぎない（そのため逸脱の範囲等につき制約を受ける）が，上記2008年法の手法は，労働協約が存在すれば国家による制約は何ら及ばず，枠組み決定が完全に協約当事者にゆだねられる点で異なる[102]。当該事項については，立法者は今後協約締結の際の道案内の役割しか果たさず[103]，現場の事情に詳しい協約当事者の判断が最大限尊重される。

---

[101]　2008年法以前にも，派遣労働契約における試用期間の上限（L. 1251-57条）および従業員が300人未満の事業所における安全衛生労働条件委員会委員の研修条件（L. 4614-15条2項）について，国家規制は労働協約が存在しない場合にのみ適用されることになっていた。

[102]　M.-A. Souriac 2005, p. 102.

[103]　F. Favennec-Héry, Le droit de la durée du travail, fin d'une époque, Dr. soc. 2009, p. 256.

第2に，企業・事業所協定が産別協約に当然に優先する事項を設定した点も重要である。上記の通り，2004 年法の下では，産別協約が禁止すれば，企業・事業所協定が産別協約より不利に逸脱することはできず，実際にそうした条項によって企業レベルでの逸脱が阻止されることが少なくなかった（上記 I 参照）。そのため 2008 年法は，企業レベルの柔軟化の要請が特に強い事項において，産業レベルの協約当事者の意向に関わらず，企業・事業所協定上の措置が優先されるようにしたのである。

　第3に，国家規制よりも不利な枠組みを産業レベルで導入するには，従来労働大臣による産別協約の拡張が必要であったが，一部の事項では拡張手続が不要となり，手続が緩和されている点も見逃せない。ここでの拡張要件は，産別協約に国家規制の性格を付与する意義があった（第2節 I 2）が，この要件が部分的に廃止されたことで，産業レベルでも純粋に労使間の合意で法規制から逸脱しうることになった。

　以上のように，2008 年法は，国家規制よりも企業・事業所別協定を優先させる改革についての制度上の障害を，労働時間の分野で部分的に排除した点で意義がある。もっとも学説では，同改革に対して労働者保護の観点から強い懸念が示されている。例えば，フランスで一般的な労働法の教科書では，産業レベルと異なり企業レベルでは，競争力低下による雇用喪失のリスクゆえに法律上の保護を失わせる方向で圧力が働き，同一産業内で労働力を「最低価格で (moins-disant)」取引する競争が促進される懸念が指摘される[104]。また，2008 年法のうち，国家規制の一部を労働協約に劣後させた点については，特に小規模企業では労使の交渉力の不均衡が明らかであるとして，その規制手法の一般化に極めて慎重な立場が示されている[105]。

---

[104]　G. Auzero/E. Dockès 2015, p. 1356. 同旨，P. Lokiec, Les transformations du droit du temps de travail, *Dr. ouvr.* 2009, p. 486.

[105]　S. Frossard 2009, pp. 88 et s.

Ⅳ そして 2016 年法へ

以上の学説の懸念にも関わらず，直近では 2016 年 8 月 8 日の法律第 1088 号により，2008 年法の規制手法を強化する労働時間改革が行われている。2016 年法は，① 労働協約が国家規制に当然に優先する事項および ② 企業・事業所協定が産別協約に当然に優先する事項を増大させ（法 8 条），労働時間の法分野では企業・事業所協定を最優先させる枠組みが確立された。

第 5 節　逸脱協定をめぐる理論上・制度上の問題

ここまで，労働協約を通じた法規制の柔軟化の流れをみてきた。本節では，この改革過程で生じた理論上および制度上の問題を取り上げ，フランスの議論状況を整理する。

Ⅰ　立法者の本質的限界

まず，立法者は労働協約に対し無制限に法規制からの逸脱を許容しうるのかという問いについて，以下の 2 つの観点から本質的限界が指摘されている[106]。

1　憲法による制約

まず，憲法 34 条は労働法の基本原則の決定を法律事項としているため，立法者は自ら設定した法原則を労使に開放する場合でも，同条に基づく任務の懈怠とならないように，逸脱の対象と要件を明確に規定しなければならない（第 3 節 Ⅱ 2 参照）。したがって，労使に対する包括的・無限定の逸脱の許容は憲法上禁止される。

---

[106]　G. Borenfreund/M.-A. Souriac 2003, pp. 81 et s.; J. Barthélémy/G. Cette 2006, pp. 30 et s.; F. Canut 2007, pp. 281 et s.

ここで，憲法34条にいう労働法の「基本原則」と区別されるものとして，1946年憲法前文1項の「共和国の諸法律によって承認された基本原則」がある。憲法34条の基本原則はその内容を立法者が決定しうるのに対し，1946年憲法前文1項の基本原則は立法者を拘束する憲法規範である点に独自性がある[107]。もっとも，国家規制と労働協約の間の有利原則は憲法34条の基本原則に属し，立法者がその妥当範囲を修正することができると解されている[108]。

　憲法から導かれるもう一つの限界が，憲法的価値を有する労働者および使用者の基本的権利の尊重である[109]。逸脱協定に関して問題となるのは労働者の基本的権利であり，これを具体化した法律規定は労使に開放しえないことになる。逸脱協定が多数認められている労働時間の分野では，1946年憲法前文11項が保障する労働者の健康・休息・休暇権が立法者が処分できない憲法上の基本的権利とされている（第3節Ⅱ2参照）。

　また，憲法上重要なのが平等原則である。フランスでは，1789年人権宣言および1946年憲法前文（3項・12項）が法の下の平等および男女平等原則を定めており，労働法典 L.1132-1 条は，賃金，利益・業績による配分，研修，再配置，配転，格づけ等における性別差別等を禁止している。同条は憲法的価値を有する平等原則の具体化にあたるため，立法者は労使に処分権限を付与することはできない[110]。ただし，平等原則のような基本原則は，その例外が目的との関係で正当化されうる場合もある（ポジティブアクション等）ため，憲法上立法者に禁止されるのは，労使に対し，正当な理由なく労働者の基本的権利・自由を制約する権限を付与することだという[111]。

2　EU法による制約

　次に，立法者は，自らに認められていない国際規範に反する規範形成を労使に認めることはできないという制約も受ける[112]。国際規範のうち特に重要な

---

107)　G. Auzero/E. Dockès 2015, p.51
108)　Cons. const. 13 janv. 2003, Décision n° 2003-465 DC.
109)　Cons. const. 10 juin 1998, Décision n° 98-401 DC.
110)　F. Canut 2007, p.286.
111)　F. Canut 2007, pp.285 et s.

のが EU 法（基本条約および指令）である。EU 法は加盟国の国内法に優先するため，それに反する枠組みをフランス国内で設定することはできない。以下，EU 法との関わりで労使合意への開放が許容されない事項を具体的にみていく。

(1) 差別禁止・平等取扱原則

第 2 編第 1 章第 2 節 II 3 で指摘した通り，近年 EU レベルで発展が目覚ましいのは差別禁止規制である。フランスでは 2000 年以降，EU 指令を受けて労働法典 L.1132-1 条が数回改正され，現時点で同条は，出自，性別，習慣，性的志向・性同一性，年齢，家族の状況・妊娠の有無，遺伝的特徴，民族・国籍・人種，政治的思想，組合・共済活動，宗教，家族の名声，居住場所，健康・障害に基づく差別を禁止している。また，パートタイム・有期契約労働者の不利益取扱いを禁止する EC 指令（97/81/EC, 99/70/EC）との関係では，フランスは単に不利益取扱いを禁止するにとどまらず，有期契約労働者と無期契約労働者，パートタイム労働者とフルタイム労働者の平等（均等）取扱原則を明文化している（L.1242-14 条以下，L.3123-9 条以下）。以上のフランス法の差別禁止原則については，EC 指令上労使合意による例外設定が許容されていない部分で，フランスでも逸脱協定の対象になりえないと解されている。

なお，派遣労働者については，フランスは労働者派遣指令（2008/104/EC）の国内法化として，派遣先労働者との賃金面での不利益取扱いを禁止し（L.1251-18 条），設備等の利用に関しても派遣先労働者との平等取扱いを保障している（L.1251-24 条）。そして，労働者派遣指令は不利益取扱禁止原則を労働協約に開放することを許容し，ドイツでは実際に労働協約に開かれていたが，フランスでは労働協約に対する例外規定は存在しない。

(2) 労 働 時 間

次に，労働時間指令（93/104/EC, 2003/88/EC）もフランスの立法者の裁量を限定している。例えば，同指令で労使合意による例外設定が認められていない年次有給休暇の諸原則（年 4 週間の休暇保障および休暇買取りの原則禁止）や労働時間の定義は，フランスでも逸脱不可能な規定に分類されている[113]。

---

112) F. Canut 2007, p. 286.
113) F. Canut 2007, p. 289.

ただし，フランスではEU指令との抵触が指摘されている規制もある。例えば，フランスでは1日連続11時間の休息時間は企業・事業所協定でも短縮可能である（L. 3131-2条）が，労働時間指令は労働協約による逸脱を認める条件を「適切な保護」の確保としており（1993年指令17条2項，2003年指令18条3項），企業・事業所協定ではこの適切な保護レベルが確保されないとの指摘がある[114]。

　また，第2次オブリー法が導入した，幹部職員（cadres）を対象に1年の労働日数を一括して定め，法定労働時間および最長労働時間の規制を不適用とする制度を，労働協約（拡張産別協約または企業・事業所協定）とそれに基づく個別労働契約で実施可能とした規定（現L. 3121-58条以下）にも議論がある。本制度は後に詳しく取り上げる（第5章第1節Ⅱ）が，同制度下の労働者の実労働時間を制約する枠組みがない点で，労働時間の合理的制約を受ける権利を定める欧州社会憲章2条1項に反するとして，EUレベルで非難決議がなされている[115]。

Ⅱ 労働協約による逸脱の限界

　続いて，協約当事者から見た場合の逸脱の限界をみてみよう。フランスでは，憲法およびEU法上の規範的要請でない場合でも，立法者が逸脱協定に対して法律上いくつもの実体要件を設定し，協約当事者の裁量を限定している。
　第1に，逸脱可能な法規定においては多くの場合に逸脱の量的限界が設定されている。例えば，1日連続11時間の休息時間の短縮は9時間が下限であり（D. 3131-3条），1週を超える期間での変形労働時間制を導入する場合でも，（時間外労働を含む）実労働時間は1日10時間，週48時間，連続12週平均で週44時間以内でなければならない（L. 3121-18条，L. 3121-20条，L. 3121-22条）。

---

[114]　F. Bocquillon, Note du Conseil d'Etat 17 mai 1999, *Dr. ouvr.* 1999, pp. 372 et s.; M. Bonnechère, *op. cit.* note 8), p. 422〈note 101〉.

[115]　Décision du Comité Européeen des droits sociaux, 11 déc. 2001（réclam. n° 9/2000）; du 7 déc. 2004（réclam. n° 22/2003）; du 23 juin 2010（réclam. n° 55/2009）. 詳細はF. Canut 2007, pp. 287 et s.; G. Auzero/E. Dockès 2015, p. 846.

1日10時間の最長労働時間については一定の場合に労働協約で超過可能であるが，その場合でも1日12時間までとされている（D.3121-19条）。また，変形制に適用される連続12週平均の週最長労働時間を労働協約で超過する場合（2016年法で許容された）も，週平均で46時間までとの上限がある（L.3121-23条）。EC指令上は，最大12か月以内で（時間外労働を含めて）週平均48時間が絶対的上限である（2003年労働時間指令6条，19条2項）ので，フランスはこれよりも最長労働時間を厳格に規制していることになる。

また，フランスでは，労働者の健康保護に直接関係しない事項でも逸脱の限界が明記されていることが多い。例えば，有期労働契約の不安定補償手当の算定率（10％）の引下げの下限は6％（L.1243-9条），パートタイム労働者の法内所定外労働時間の上限（週または月の所定労働時間の10分の1）を延長する場合の限界は所定労働時間の3分の1（L.3123-20条），パートタイム労働者の労働時間配分の変更時の予告期間（7日）の短縮の下限は3日（L.3123-24条）とされている。

第2に，労働協約が法規制から逸脱する場合には通常必要的記載事項が細かく定められている。例えば，変形制を導入する労働協約には，調整期間，労働時間の長さまたは勤務時間割の変更の条件と予告期間，労働者の不就労時の賃金支払条件等を規定しなければならない（L.3121-44条）。また，交替班を組織して週末代行班による日曜労働を可能とする労働協約についても，週末代行班の労働者の研修実施の特別条件およびその時間中の賃金，週末代行班の労働者がそれ以外の勤務に変更する権利の行使条件を規定しなければならない（L.3132-17条）。必要的記載事項には労働者保護の観点から規定すべき事項が多数含まれており，これらを規定していない逸脱協定は無効になると解されている[116]。

第3に，労働協約による逸脱に法文上正当理由が要求されている場合がある。例えば，年少労働者の連続2日間の週休の短縮は，「当該活動の特別な性格ゆえに正当化される場合」でのみ可能である（L.3164-2条2項）。また，深夜労働者の週の労働時間上限の超過は，「部門の活動に特有の事情がそれを正当化

---

[116] F. Guiomard 2005, p.51.

する場合には」（L. 3122-18 条）という条件が付されている。また，変形制に関しても，2008 年法の改革前までは，その利用を正当化する経済的・社会的事情が要求されていた（旧 L. 3122-9 条 3 項）。これらの正当事由の有無は裁判所が判断するため，当該事項について法規制から逸脱するかどうかを協約当事者が自由に決定できるわけではない。法律上要求されている正当事由が存在しない逸脱協定は原則として無効となる[117]。

第 4 に，法規制からの逸脱には代償措置が要求される傾向にある。この点，法律が代償措置の内容を一律に定めている場合（例えば法定外労働時間に対する割増賃金支払い：L. 3121-28 条）は問題ないが，法文上その内容を特定していない場合もある[118]。後者のケースで，逸脱協定が代償措置を一切置いていない場合には逸脱協定は無効となるのが論理的である[119]が，何らかの代償措置がある場合に，その当否をどこまで裁判所が審査すべきかは明らかでない。また，近年の判例によれば，逸脱の代償措置を含む労働協約は法律規定よりも有利であり有効と解する余地があり（第 2 節Ⅳ参照），代償措置の要求は法律と労働協約の有利性比較を困難にするとの指摘もある[120]。

いずれにせよ，フランスでは，逸脱協定を無効ならしめる要件が法律上いくつも設定されている点に特徴があり，逸脱協定の対象拡大は国家介入を抑制して労使自治を促進する意図があるにも関わらず，実際には国家介入を促進しているというパラドックスが指摘されている[121]。

最後に，労働協約は上位規範のルールに服するため，憲法的価値を有する基本的権利を侵害する規定は無効である[122]。労働法典は，いかなる者も，基本

---

[117] TGI Paris, 13 déc. 1988, *Dr. ouvr.* 1989, p. 230; F. Gaudu, *op. cit.* note 78), p. 611.

[118] 例えばパートタイム労働者について，勤務の中断回数や中断時間の上限の延長（L. 3123-23 条 2 項），労働時間配分の変更時の予告期間の短縮（L. 3123-24 条 3 項）の場合がそうである。

[119] F. Gaudu, *op. cit.* note 78), pp. 611 et s.; F. Guiomard 2005, p. 50; M.-A. Souriac-Rotschild, *op. cit.* note 56), p. 404.

[120] M.-A. Souriac-Rotschild, *op. cit.* note 56), p. 404.

[121] F. Guiomard 2005, p. 48.

[122] G. Borenfreund/M.-A. Souriac 2003, pp. 78 et s.; F. Guiomard 2005, pp. 52 et s.

的権利・自由に対し，正当な目的によらず，当該目的との関係で比例的でない制約を課すことはできないとしており（L.1121-1条），憲法の基本的権利を尊重すべきとの要請は逸脱協定の締結当事者にも妥当するのである[123]。

Ⅲ　逸脱協定の適用と個別契約

次に取り上げるのは，逸脱協定が有効に締結された場合の労働者への適用問題である。

既にみたように（第1章Ⅴ），フランスでは，使用者が労働協約に拘束される場合，当該協約は，労働組合員であるか否かに関わらず，当該使用者と締結される全ての労働契約に自動的に適用され（一般的効力。L.2254-1条），当該協約基準を下回る労働契約部分は当該協約基準によって代替される（強行的効力および直律的効力［規範的効力］）。そして，このことは逸脱協定にも妥当するため，逸脱協定の適用範囲内の労働者はこれに拘束されるのが原則である。しかしフランスでは，労働協約の規範的効力に2つの例外があり，労働者が労働協約に拘束されない場合がある[124]。以下，この例外の具体的内容をみていき，この法理が逸脱協定の適用においていかなる意味をもつのかを確認する[125]。

1　有利原則

第1に，労働協約は，より有利な定めがある場合を除き，労働契約に適用される（L.2254-1条）。既にみたように，1982年以降，国家規制と労働協約の関係，および労働協約間の関係については有利原則の考え方が修正されつつあるが，労働協約と労働契約の間の有利原則には何ら手が付けられなかった。したがって，逸脱協定よりも有利な個別契約があれば，そちらが優先することにな

---

[123]　G.Borenfreund/M.-A. Souriac 2003, p.82〈note 107〉.
[124]　フランスにおける労働協約と労働契約の関係性については，矢部恒夫「フランス法における労働協約と労働契約」学会誌61号（1983年）97頁参照。
[125]　同テーマについて，桑村・前掲注100)論文・14頁以下，桑村裕美子「フランスにおける労働協約の拘束力と労働者個人の自由」労働問題リサーチセンター『労働法規制の実効性をめぐる現代的課題』（2015年）13頁以下参照。

る。なお，逸脱協定の中心的事項は労働時間であり，逸脱協定では労働時間の長さや勤務時間割等の集団的な枠組みが規定されるのが通例であるが，かかる事項でも個別契約でより有利な定めを置くことが認められている[126]。

　労働協約と労働契約の間の有利性比較は，「同一の目的または原因に基づく利益または保障」ごとに，当該労働者を基準として行われる[127]。もっとも，逸脱協定の場合には，労働者が法律上の権利を失う代わりに雇用保障等の有利な条件を獲得した場合の有利性の判断は必ずしも容易でない。そこで学説では，労働協約が適切な利益調整の結果となるよう制度的基盤を整えることを条件に，個別契約を労働協約に劣後させる（個別契約に対する労働協約の強行的効力を全面的に認める）という方向性が検討されたことがある。しかし，労働協約の両面的効力を認めることは集団的規律から個人の自由を守るというフランス革命以来の個人主義的発想に反するとして，立法化には反対が強い[128]。この点，1982年以降の改革過程でも，労働協約と個別契約との関係で有利原則が維持されるということが，労働者にとっての，逸脱協定の対象拡大の歯止めとなると認識されていた[129]。

2　労働契約変更法理

　第2に，フランスでは一定の労働条件が本質的に労働契約の要素と考えられており，労働協約の適用にともない当該労働条件の変更が必要となる場合には，有利・不利を問わず労働者の同意が要求される（労働契約変更法理）[130]。

---

[126]　G. Borenfreund, La résistance du salarié à l'accord collectif, *Dr. soc.* 1990, p. 630.
[127]　奥田・前掲注59)論文・122頁。
[128]　J.-E. Ray, Du collectif à l'individuel , *Dr. soc.* 1998, p. 354.
[129]　G. Borenfreund, *op. cit.* note 126), p. 636.
[130]　詳細はG. Auzero/E. Dockès 2015, pp. 641 et s. 邦語文献として，野田進『労働契約の変更と解雇』（信山社，1997年），奥田香子「フランスにおける労働条件の決定・変更」講座21世紀（3）299頁以下，同「労働条件変更に関する集団的規範と労働契約」福祉社会研究3号（2002年）41頁，荒木尚志＝山川隆一編『諸外国の労働契約法制』（労働政策研究・研修機構，2006年）243頁以下〔奥田香子〕等。

(1) 労働契約の変更と労務遂行条件の変更

判例によると，① 職務格づけおよび職務内容，② 労働時間，③ 勤務場所，④ 賃金は，労働契約の目的であり，その性質上労働契約の要素である。これらは，労働契約に明確な定めがない場合でも，労働契約上合意されているとみなされ[131]，その変更（労働契約の変更：modification du contrat de travail）には労働者の同意が必要となる。この場合，労働者が同意すれば新たな労働条件で労働契約が継続され，反対に拒否すれば，使用者は当該変更を断念するか解雇するかのどちらかである。解雇には「真実かつ重大な事由」が必要である（L. 1232-1条2項，L. 1233-2条2項）ところ，労働契約の変更の拒否自体はかかる事由に該当しないとされている[132]。

次に，その性質上労働契約の要素にあたらない労働条件の変更は「労務遂行条件の変更（changement des conditions de travail）」であり，使用者の指揮命令権の行使（一方的決定）で可能である。労働者がこれを拒否する場合に解雇が選択されれば，労働者による当該変更の拒否は，原則として重大な非行として即時解雇（懲戒解雇）の対象となる[133]。

(2) 逸脱協定による労働条件変更と労働者の同意

次に，上記の労働契約変更法理が逸脱協定の適用においてどのように作用しているか，逸脱協定の主要な対象領域である労働時間を取り上げ，具体的にみていこう[134]。

まず，労働時間の長さについては，臨時の業務上の必要に基づく延長（時間外労働）であれば「労務遂行条件の変更」にあたる[135]が，時間外労働の計画的・恒常的実施は「労働契約の変更」となる[136]。これに対し，労働時間の短縮は，それが賃金減額をもたらす場合にのみ，「労働契約の変更」となる[137]。

既にみた通り，時間外労働は，年間の割当時間の枠内で実施されるものとそ

---

131) G. Auzero/E. Dockès 2015, p. 643.
132) Cass. soc. 14 nov. 2007, n° 06-43762.
133) Cass. soc. 10 juill. 1996, n° 93-40966.
134) 桑村・前掲注 100)論文・16頁以下，同・前掲注 125)論文・17頁以下参照。
135) Cass. soc. 9 mars 1999, n° 96-43718.
136) Cass. soc. 16 mai 1991, n° 89-44485.

れを超えて実施されるものとに分かれ，2008年以降，労働協約には年間割当時間数を決定する第一次的権限が付与されている。しかし，かかる労働協約が締結されても，上記の労働契約変更法理により，同協約に基づく時間外労働の恒常的実施は「労働契約の変更」となり，労働者の同意が不可欠となる[138]。また，労働協約による変形制の導入によって労働時間が短縮され，賃金が減額される場合も，「労働契約の変更」として当該労働者の同意が必要となり，逸脱規定の実施を労働者に強制することはできない[139]。

次に，一定の期間内での労働時間配分については，労働契約上予定されていないと考えられる重大な変更のみ「労働契約の変更」にあたり，それ以外は「労務遂行条件の変更」と解するのが判例の立場であった[140]。これまで判例で「労働契約の変更」にあたる「重大な変更」とされたのは，固定的労働時制から変動的労働時制（変形制）への変更[141]，日曜を含む勤務時間割への変更[142]，パートタイム労働者の週労働時間の各日への配分変更[143]等である。したがって，逸脱協定との関係では，変形制を導入する労働協約が締結されても，週単位の固定的労働時制が適用されていた労働者にとっては「重大な変更」として「労働契約の変更」となり，労働者の同意なしには逸脱協定を実施できないことになる[144]。

3　個別契約による抵抗の余地

以上のように，フランスでは，労働協約に規範的効力が付与されているとはいえ，労働者は使用者とより有利な合意を行えば，いつでも逸脱協定の適用を

---

137)　G. Auzero/E. Dockès 2015, p. 647. なお労働法典は，労働協約による労働契約上の労働時間の短縮だけでは労働契約の変更とならないと明記している（L. 1222-7 条）。

138)　M. Morand, La nouvelle organisation du temps de travail, *RJS* 12/08, p. 958.

139)　G. Borenfreund, *op. cit.* note 126), pp. 632 et s.; J.-E. Ray, *op. cit.* note 128), pp. 351 et s.

140)　Cass. soc. 10 mai 1999, n° 96-45652; Cass. soc. 14 nov. 2000, n° 98-43218.

141)　Cass. soc. 14 nov. 2000, n° 98-43218.

142)　Cass. soc. 2 mars 2011, n° 09-43223.

143)　Cass. soc. 7 juill. 1998, n° 95-43443.

144)　M. Morand, *op. cit.* 138), p. 958.

免れることができる。また，労働契約に有利な条項がないため有利原則の問題とならない場合でも，本質的に労働契約の要素とされる事項については，その変更に労働者の同意が必要とされるため，労働時間の分野で締結される逸脱協定がそのまま実施できない場合も多かった[145]。

このように，フランスでは，労働協約の実施を労働契約のレベルで遮断する可能性があり，労働協約に対する労働契約の独立性・不可侵性が肯定されている点に大きな特徴がある。フランスでは，労働協約は同一職業内で共通の集団的利益を実現する手段として法認され，その効力を強化されてきたのであり，それゆえにこそ，労働者個人の利益・自由は集団の規律の外に置かれると解されてきた[146]。

第6節　改革の到達点と課題

本章の内容をまとめておこう。

フランスでは，伝統的に国家によって広範な事項で詳細な最低労働条件が定められ，労働協約や労働契約は当該法規制よりも有利な合意のみ可能とされてきた。しかし，1980年代になると，失業問題の深刻化，経済のグローバル化による国際競争の激化，就労形態の多様化等の状況変化を受け，国家の最低基準規制を中心とする法的枠組みが見直されていく。フランスでは特に失業問題が深刻であり，労働法典における膨大かつ詳細な法規制は企業の効率的な運営を阻害し，失業率を引き上げていると指摘された。そこで政府は，1982年に，労働時間短縮による雇用創出を目的として法定労働時間を短縮するとともに，労働時間調整の余地を残すため，企業・事業所レベルの労働協約に基づき，週を単位とする集団的・固定的労働時間編成から不利に逸脱することを認めた。

---

[145]　M. Morand, *op. cit.* 138), p. 959; J. Barthélémy/G. Cette, Pour une nouvelle articulation des normes en droit du travail, *Dr. soc.* 2013, p. 20.

[146]　M.-L. Morin, Principe majoritaire et négociation collective, un regard de droit comparé, *Dr. soc.* 2000, pp. 1088 et s.; J.-E. Ray, *op. cit.* note 128), p. 354.

これ以降，国家規制は政府の雇用戦略と強い関連性をもって柔軟化され，労働時間および派遣労働・有期契約労働の分野で法規定が労働協約に開放されていった。

これらの改革の集大成として制定された 2004 年法は，同法以前に逸脱が拡張産別協約に留保されていたあらゆる法規定を企業・事業所協定にも開放すると同時に，労働協約間の適用関係を見直したため，法定の最低基準を下回る労働条件設定においても企業・事業所協定が原則として優先する構造となった。また 2008 年法は，労働時間の一部の事項で国家規制を労働協約に劣後させるとともに，部分的に産別協約を企業・事業所協定に劣後させ，1980 年代以降の企業別交渉重視の改革の効果を高めようとした。

こうしてフランスでは，2008 年までの改革により，労働時間の分野を中心に，国家規制に対して企業・事業所協定を優先させる流れが決定づけられた。しかし，個々の制度を詳しく分析すると，一連の改革の効果を減殺する枠組みがいくつか残っていたことには注意が必要である。例えば，法規定から逸脱する労働協約には実体要件が細かく設定されており，労使合意に対する国家介入の余地は必ずしも縮小していない。また，2008 年法による一部の例外を除いては，産別協約が企業・事業所協定による不利な逸脱を阻むことが制度上可能であり，企業別交渉優先の政策意図がどれだけ実現されるかは産別の労使にかかっていた。そのため 2016 年法は，労働時間の分野で企業・事業所協定が国家法および産別協約に当然に優先する事項を拡大して立法的に対処したのである。

しかし，それでも問題となるのが，逸脱協定の適用段階で労働者がその拘束力を免れる余地があることである。有利原則だけでなく，フランスで独特の労働契約変更法理は，労働時間の長さや配分に関する逸脱協定の実施を制限し，国家規制に対して企業・事業所協定を優先させても，その通りに労働条件が規律されるとは限らなかったのである。このことは，労働者にとっては法律上の保護の維持につながるが，他方で，現場のニーズに適した規範を適用しようとする政府の意図とは離れる結果になった。このことの評価と政府の対応は，第 5 章以下で改めて取り上げる。

第3章

法規制の柔軟化に付随する改革

　フランスでは，1982年以降，逸脱協定の対象拡大と並行して団体交渉・労働協約制度の重要な改革が行われた。これらのうち，本章では特に，労働組合を担い手とする団体交渉制度（第1節）と，非組合代表を交渉の担い手として承認する制度（第2節）の展開を追い，そうした改革が求められた背景や意義を明らかにする。

第1節　労働組合を担い手とする団体交渉制度の改革

　労働組合を担い手とする団体交渉制度の改革は，団体交渉・協約締結資格に関するものと団体交渉のあり方に関するものに分けられる。

I　労働組合の代表性と正統性

　団体交渉および協約締結の当事者は，使用者側は一または複数の使用者団体，もしくは一または複数の使用者であるが，労働者側は1971年以来，一または複数の「代表的な」労働組合とされていた（第1章Ⅳ1）。そして，労働協約は，代表性を有する労働組合の一つでも署名すれば，多数派・少数派に関わらず有効に成立していた（同Ⅴ）。しかし，1982年以降，一部の労働協約の有効要件として過半数要件が設定され，その発展が代表性の判断基準にも影響を与えることになる[147]。

1 2004年以前の展開

過半数要件を最初に導入したのは1982年1月16日のオルドナンスである。1982年オルドナンスは，上述（第2章第2節Ⅰ）の通り，拡張協約または企業・事業所協定による1年単位の変形制の導入を認めたが，この場合の企業・事業所協定について，労働組合がその効力発生を阻止しうる制度（拒否権制度）を設けた（オルドナンス27条）。そこで拒否権が付与されたのは，当該協定に署名しておらず，かつ，直近の従業員代表選挙で登録有権者の過半数を獲得した一または複数の労働組合[148]である。そしてその後，1982年11月13日の法律第957号によって，拒否権行使の期間（当該協定の署名後8日以内）と効果（拒否された文言は書かれていないものと見なされる）が明記され，拒否権制度の骨格が整えられた。

この拒否権制度を企業・事業所レベルでの逸脱協定に限定して導入する理由について，労働大臣は，企業レベルでは労使間に交渉力の格差が存在し，労働者に一方的に不利な協定が締結されるおそれがあるため，その当否を労働者側にチェックさせる特別のメカニズムが必要であると述べていた[149]。この点，拡張協約は，拡張手続の中で労働大臣が適法性の審査を行うので，これとは別に労働者保護のための要件を設定する必要性はないと考えられた[150]。

この拒否権制度で注目されるのは，拒否権の行使を「過半数」の要件を満たす労働組合に限定した点である。これは，労働協約に労働者の「過半数」の意思を反映させ，労働協約の正統性（légitimité）を高めるねらいがあったとされる[151]。伝統的に労働組合は，代表性を有していれば，少数派であっても有効

---

[147] 詳細は，桑村裕美子「労働条件決定における国家と労使の役割(4)」法協125巻8号（2008年）1735頁以下。

[148] フランスでは，伝統的に企業レベルの従業員代表選挙の第1回投票が代表的組合の候補者名簿に基づいて行われ，選挙における支持率は当該組合に対する支持率を示すものでもあった（詳細は後述）。

[149] AN, 2e séance du 11 juin 1982, *JO* du 12 juin 1982, p.3282.

[150] 三井・前掲注47論文・64頁参照。

[151] AN, 2e séance du 11 juin 1982, *JO* du 12 juin 1982, p.3282.

な労働協約を締結する権利を平等に付与されてきたが，この過半数要件は選挙における「支持率」で労働組合を多数派と少数派に分け，多数派に少数派が締結した協定の効力発生を阻止する権利を与えるものであり，協約締結に関して少数組合の権利を初めて制限した。

1982年オルドナンス以降，企業・事業所レベルの逸脱協定には何らかの過半数要件が常にセットで導入されたほか，1992年12月31日の法律第1446号では労働者に不利な協約改訂の要件に加えられ，過半数要件は労働者の地位を悪化させうる労働協約についての特別要件となった。しかし，1980年代以降労働者利益の多様化が進み，労働協約と労働者の意思の乖離が指摘されるようになると，有利・不利に関わらず，一般的に労働協約が労働者の過半数の意向を反映していることを担保する枠組みが必要と考えられるようになる。

2　2004年法

こうした中，先に取り上げた2004年5月4日の法律は，過半数要件をあらゆる労働協約の有効要件として一般化した[152]。同法は，すべての労働協約の有効要件を，これに署名しなかった「過半数」の代表的組合が拒否権を行使しなかったこと，というルールで統一し，「過半数」の算定方法についてもより利用しやすいもの[153]に改めた。

もっとも，拒否権制度は，当該協約に署名していない労働組合の正統性によって署名した労働組合の正統性を否定するものであり，労働者の意思反映が間接的である。また，過半数の算定方法も，交渉レベルによっては，労働組合の数を基礎とする等，実際には少数の支持しか受けていない労働組合の意向が優先される構造にあり，過半数主義が徹底されていなかった[154]。

---

[152]　過半数原則の一般化は，政治的には，2004年法による企業別協定の上位規範からの逸脱の大幅な承認（第2章第3節Ⅱ・Ⅲ）の代償であった。J.-E. Ray, Les curieux accords dits《majoritaires》de la loi du 4 mai 2004, *Dr. soc.* 2004, p.590.

[153]　「過半数」は，原則として①職際レベルでは代表的組合の数，②産業レベルでは当該産業の組合の代表性を評価するために定期的に実施される労働者の直接投票または直近の従業員代表選挙における支持率，③企業レベルでは直近の従業員代表選挙の第1回投票の有効投票で計算された。

ここで，2004年法は，団体交渉・協約締結の資格要件である労働組合の「代表性」の枠組みはそのまま維持していたことが重要である。既にみたように，労働組合の代表性の判断基準は使用者からの独立性を本質的要素としており（第1章Ⅳ2），労働者意思との結びつき（労働者代表の正統性）を担保するものではなかった。したがって，2004年法が目指した労働協約の正統性の強化は，労働組合の団体交渉資格である代表性の判断基準に労働者の支持率要件を組み込むことでも対応できた。しかし，2004年法はこうした手法を採用せず，代表性資格とは別枠で過半数要件を設定し，労働協約の有効要件として一般化したのである。こうして代表性の判断基準に過半数の発想が持ち込まれなかったことで，少数組合は少なくとも団体交渉に参加する権利を保持することになった。

3　2008年法

　しかし，労働者の意向を踏まえた労働協約が締結されるようにするには，代表性の判断基準に労働者の支持率要件を組み込む方が簡便であり，2008年8月20日の法律でかかる改革が行われた。2008年法は，既にみた労働時間制度改革と並んで団体交渉・労働協約制度改革を主要な柱としており，後者は基本的に2008年4月9日の労使の共通見解[155]に添った内容となっている[156]。2008年法による労働組合・団体交渉制度の改革のうち，特に重要なのは以下

---

154)　J. Pélissier/A. Supiot/A. Jeammaud, *Droit du travail, 22ᵉ édition* (2004), p. 118; G. Borenfreund, Les syndicats et l'exigence majoritaire dans la loi Fillon du 4 mai 2004, in: G. Borenfreund/A. Lyon-Caen/M.-A. Souriac/I. Vacarie (dir.), *La négociation collective à l'heure des révisions*, p. 32.

155)　Position commune du 9 avril 2008 sur la représentativité, le développement du dialogue social et le financement du syndicalisme.

156)　2008年法の詳細は G. Bélier/H.-J. Legrand, *La négociation collective après la loi du 20 août 2008* (2009). その概要は奥田香子「労働組合・団体交渉法制の改革」労旬1690号（2009年）22頁，桑村裕美子「フランスにおける集団的労働条件決定と非正規従業員」労働問題リサーチセンター『非正規雇用問題に関する労働法政策の方向』（2010年）44頁以下，小山敬晴「フランスにおける代表的労働組合概念の変容（2・完）」早稲田大学大学院法研論集141号（2012年）157頁以下等。

の点である。

　第1に,「代表性の擬制」の手法を廃止し, 代表性はすべて個別証明によることとした。「代表性の擬制」は, 全国レベルで代表性を付与された五大総同盟に加入すれば当然に代表性が認められるもので, 団体交渉主体の多様性確保に寄与していた (第1章Ⅳ2参照)。しかし, 労働者の支持がほとんどない労働組合にも代表性が付与される危険があるため, 2008年法で廃止が決断されたものである。

　次に, 2008年法は代表性の個別証明における判断基準も見直し, 次の7つの基準で判断することとした。すなわち, ① 共和国の価値の尊重, ② 独立性, ③ 財政の透明性, ④ 当該交渉レベルを含む職業上および地理的適用範囲における2年以上の活動, ⑤ 交渉レベルに応じた最低限の支持率の獲得, ⑥ 特に活動および経験によって特徴づけられる影響力, ⑦ 加入者数および組合費, である (L. 2121-1条)。

　このうち⑤の支持率要件は, 労働組合の正統性を担保する従前の改革の流れを受けたもので, 直近の従業員代表選挙の第1回投票において, 企業・事業所レベルでは有効投票の10%, 産業および全国職際レベルでは8%以上とされた (L. 2122-1条, L. 2122-5条, L. 2122-9条)[157]。支持率を算定する従業員代表選挙は4年ごとに行われるので, 労働組合が団体交渉に参加するための代表性資格の見直しも4年ごとに行われる (同)。労働組合の代表性は団体交渉に参加するための資格要件であるため, 8%または10%の支持を獲得できない労働組合は, 2004年法と異なり団体交渉に参加する権利を失うことになる。

　第2に, 労働者代表の正統性強化のため, 企業レベルの組合代表委員の指名条件を改正した。2008年法によると, (a)従業員代表選挙の第1回投票で10%以上の支持率を獲得した候補者, (b)この要件を満たさない従業員代表候補者, (c)その他の組合員, という順番で指名可能である (L. 2143-3条)。

---

[157]　なお, 支持率要件はその後2010年10月15日の法律第1215号でより詳細に定められ, 産業および全国職際レベルでは, 従業員代表の第1回投票の有効投票だけでなく, (従業員代表選挙が実施されない) 従業員11人未満の企業に関して地域レベルで実施される投票 (新L. 2122-10-1条以下) の有効投票をも合算して8%以上とされた (改正後のL. 2122-5条, L. 2122-9条)。

第3に，労働協約の有効要件をすべての交渉レベルで統一し，直近の従業員代表選挙の第1回投票で有効投票の 30% 以上の支持率を獲得した一または複数の代表的組合によって署名され，かつ，同一の選挙で過半数の支持を獲得した一または複数の代表的組合によって拒否権が発動されなかったこと，とした（L. 2232-2 条，L. 2232-6 条，L. 2232-12 条）。2004 年法では拒否権制度における過半数要件が原則であったが，2008 年法ではこれに加えて 30% 以上の支持率要件が署名段階で設定されたため，労働協約の正統性が高められたことになる。しかし，署名段階での要件が 50% でない点で，過半数主義はいまだ徹底されていなかった[158]。

4　2016 年法

　こうした批判を受け，政府は 2016 年 8 月 8 日の法律で企業・事業所協定の有効要件を見直した。同法によると，企業・事業所協定は ① 直近の従業員代表選挙で 50% 超の支持率を獲得した一または複数の代表的組合が署名した場合に有効となる。ただし，この要件を満たさなくとも，② 同じ選挙で 30% 超の支持率を獲得した代表的組合が署名していたときは，当該協定が従業員集団の投票で有効投票の過半数に承認された場合に有効となる（新 L. 2232-12 条）。本条は労働時間の長さ等を定める一部の労働協約には 2017 年 1 月 1 日より適用され，その他の労働協約には原則として 2019 年 9 月 1 日より適用される。

5　小　括

　フランスでは，団体交渉および協約締結のために伝統的に労働組合に代表性が要求されていたが，労働組合は職業の代表であり，職業の利益は単一と捉えられたため，労働者の意思を反映させる特別な仕組みは長らく必要とされてこなかった[159]。しかし，1982 年に企業・事業所レベルで逸脱協定の締結が認められると，その内容の当否のチェックシステムとして労働組合の代表性資格では不十分と考えられ，逸脱協定の有効要件として，従業員代表選挙での支持率

---

158)　J. Barthélemy/G. Cette, Droit social, *Dr. soc.* 2012, p. 767.
159)　桑村・前掲注 147) 論文・1743 頁以下参照。

を基礎とする過半数要件が新設された。過半数要件はその後も逸脱協定とセットで導入され，労働者に不利益を及ぼしうる労働協約について労働者利益を確保する要件として機能した。

その後 2004 年法は，労働者利益の多様化によって顕在化した労働組合の代表機能の限界を一般的に克服するため，過半数要件をあらゆる労働協約の有効要件に格上げした。そして，2008 年法は，団体交渉および協約締結に関して労働組合に代表性を要求する伝統的構造を維持しつつも，労働組合が団体交渉に参加するための要件と有効な労働協約を締結するための要件を区別し，それぞれに一定の労働者の支持率要件を組み込むことで，労働協約の正統性を強化した。そして，労働協約の有効要件は直近では 2016 年 8 月に改正され，過半数主義が徐々に浸透している。

こうして，労働組合の資格要件について改革が進められていく中で，労働者の支持率要件は労働者利益を守るための特別要件としての性格を弱め，一般的に労働者利益を協約内容に反映させるための手段と位置づけられるようになっている。

II 団体交渉のあり方の規制

次に，逸脱協定の対象拡大の過程では団体交渉のあり方（進め方）に関する規制も強化された。

1 1982 年オルー改革

その改革の端緒が，オルー改革の一環として制定された 1982 年 10 月 28 日の法律第 915 号および同年 11 月 13 日の法律第 957 号である。これらの法律は，それまで労使にゆだねられていた団体交渉のあり方に国家が介入し，団体交渉において労使が遵守すべき事項を具体的に定めた。主な改革は ① 団体交渉義務の導入，② 団体交渉の方法・手続の整備，③ 交渉担当者の地位の強化であり，その骨格は今日まで維持されている[160]。

---

[160] 概要は水町 2001・122 頁以下，桑村・前掲注 156)論文 40 頁以下等参照。

(1) 改革内容

　第1に，フランスでは1960年代末以降労使自治を重視する政策が採られたが，団体交渉が自主的に行われることが少なかったため，1982年11月13日の法律で団体交渉義務を新設し，団体交渉を制度的・義務的に促した。特に重要なのが，団体交渉が進展していなかった企業レベルにおいて，使用者に対し，実質賃金，実労働時間，労働時間編成について毎年の団体交渉を義務づけ，その義務違反に罰則を課したことである（現L.2242-1条，L.2243-1条以下）。他方で，産業レベルでは，産別・職業別協約に拘束される団体に対し，賃金について毎年の，職務分類について5年ごとの団交義務を課したが，その義務違反に罰則は課されなかった（現L.2241-1条，L.2241-7条）[161]。

　第2に，上記2つの法律は団体交渉の流れを詳細に定めた。まず，企業レベルの義務的団交は使用者のイニシアチブによって開始される。前回の交渉から12か月以上何の行動も起こされない場合には，代表的組合の要求によって団体交渉が開始され，使用者はこの交渉要求があってから8日以内にその他の代表的組合にその旨通知する（以上，現L.2242-1条）。そして使用者は，代表的組合の要求から15日以内に交渉当事者を招集し，第1回の交渉日には，交渉の場所，交渉日程および使用者が労働組合側に提供すべき情報が定められる（現L.2242-2条）[162]。団体交渉の途中では，使用者は緊急の場合を除き，当該義務的団交事項について一方的決定が禁止され（現L.2242-3条），協約締結に至らなかった場合には，その旨の調書が作成される（現L.2242-4条）。なお，代表的組合は，組合代表委員による代表団（délégation）を組織して団体交渉に臨むこととされた（現L.2232-17条）。

　次に産業レベルでは，義務的団交事項において，使用者団体は交渉開始の

---

[161] 義務的団交事項はその後拡大され，企業レベルでは男女間の職業上の平等，労働者の補足的社会保護等，産業レベルでは男女間の職業上の平等，職業訓練等，多数の事項に及んでいる。詳細は，M.-A. Souriac, Actualité et devenir de l'obligation de négocier quelques aperçus, in: *Études offertes à Jean Pélissier, Analyse juridique et valeurs en droit social* (2004), pp.491 et s.

[162] なお任意的交渉事項でも，交渉事項，交渉の周期，および，あらかじめ組合代表委員に提供すべき情報を労働協約で定めておくこととされた（現L.2232-20条）。

15日前までに当該産業部門の経済的・社会的状況に関する報告書を労働組合に提出し，かつ，労働組合が事情を熟知して交渉を行うために必要なあらゆる情報を提供しなければならない（現 D. 2241-1 条以下）。

第3に，交渉担当者の地位を強化し，企業レベルでは，組合代表委員に対する有給の活動時間保障を拡大する[163]とともに，企業内を自由に巡回し，職務の履行に必要な接触を作業現場の労働者ととる権利，職務の履行のために外出する権利を新設した（現 L. 2143-20 条）。また，1968 年以来存在した，組合代表委員の解雇に労働監督官の許可を要求する特別な解雇制限についても，その対象期間を任期満了後 12 か月まで延長した（現 L. 2411-3 条）。そして，産業レベルでは，①労働者が勤務を離れる権利の行使方法，②喪失賃金の補償または賃金維持，③交渉参加のための移動費用に関する条項を職際協定に定めておくことが義務化された（現 L. 2232-3 条）。

(2) 意　義

オルー改革による団体交渉制度改革は，団体交渉を法による強制を通じて促すため，産業・企業レベル双方で団体交渉義務を設定した点で注目されるが，逸脱協定との関係では，特に企業別交渉のあり方について国家が詳細なルールを設けた点が重要である。企業レベルでは，1968 年に団体交渉が制度的に承認されて以降，労使間の権限均衡を確保する仕組みの必要性が説かれていた[164]が，法律上は団体交渉のあり方は広く労使にゆだねられていた。しかし，1982 年オルドナンスが企業レベルでの国家規制からの逸脱を認めたことを契機に，企業別交渉において力の均衡を確保する必要性が具体的に認識され，以上みたような，団体交渉の方法や手続，交渉担当者の地位の強化が図られたのである[165]。このオルー改革による団体交渉制度改革は，1982 年オルドナンスによる企業レベルでの逸脱協定の承認と相まって，企業別交渉を促進し，国家

---

[163]　月ごとの保障時間は，従業員が 50～150 人の企業で委員 1 人あたり最低 10 時間，151～500 人で月 15 時間，501 人以上で月 20 時間とされた（当時の L. 412-20 条）。同規定は直近では 2016 年に改正され，50～150 人で月 12 時間，151～499 人で月 18 時間，500 人以上で 24 時間とされている（L. 2143-13 条）。

[164]　G. Lyon-Caen, Critique de la négociation collective, *Dr. soc.* 1979, pp. 353 et s.

[165]　J. Barthélémy 1985, pp. 415 et s.

による中央集権的で硬直的な法規制から，問題状況の多様化に対応できるような規範の創造へと転換を図る制度的基盤となった[166]。

2　誠実交渉の考え方

1982年以降，団体交渉のあり方に関して注目されるもう一つの動きが，誠実交渉の考え方の発展である。

(1)　法律上の取扱い

上記の通り，フランスでは1982年に団体交渉義務が新設されたが，このとき使用者の誠実交渉義務を明言する規定は置かれなかった。もっとも，オルー改革で導入された，企業別交渉における使用者の情報提供義務，交渉中の使用者の一方的決定の禁止および交渉決裂時の調書作成義務（上記1(1)の第2の点を参照）には，使用者に誠実交渉を求める考え方が含まれており，同概念により立法者が企業別交渉の質の確保に留意していることが指摘されていた[167]。

その後，法律レベルで誠実交渉に初めて言及したのは2001年5月9日の法律第397号である。同法は，深夜労働を認める労働協約が存在しない場合について，使用者が協約締結に向けて団体交渉を「真剣かつ誠実に（sérieusement et loyalement）」行っていた場合には，労働監督官の許可を得て深夜労働を実施することを認めた（L. 213-4条）。同規定にいう「真剣かつ誠実」な交渉とは，① 使用者が当該企業で代表的な労働組合を団体交渉に招集し，交渉の場所と日程を確定したこと，② 労働組合が事情を熟知して交渉できるように必要な情報を提供したこと，③ 労働組合からの提案に応答していたことを意味する（同2項）。もっとも，同規定の射程は法文上，深夜労働の実施の局面に限られ，使用者の誠実交渉義務を一般的に定めるものではなかった。

(2)　判例法理

その一方で，判例のレベルでは，1980年代以降，使用者に一般的に誠実交渉を求めるルールが形成されてきた。

---

166)　J. Barthélemy, *op. cit.* note 45), p. 402.

167)　J. Pélissier, La loyauté dans la négociation collective, *Dr. ouvr.* 1997, p. 497; M.-A. Souriac, *op. cit.* note 161), p. 499; G. Bélier/H.-J. Legrand, *op. cit.* 156), pp. 203 et s.

フランスでは複数組合主義の下で多数の労働組合が組織され，一つの交渉レベルで複数の労働組合が団体交渉権を取得するのが通常であるが，破毀院（民事・刑事事件の最高裁判所）は 1988 年に，使用者は団体交渉のすべての会合にあらゆる代表的組合を招集しなければならないとした原判決を維持し[168]，その後 1995 年に，このルールに反して一部の代表的組合と交渉して締結された労働協約は無効になることを明らかにした[169]。この判例法理は，義務的団交か任意的団交かに関わらず，団体交渉のあらゆる会合で妥当する一般原則と位置づけられている[170]。

　使用者があらゆる代表的組合と同一の会合で交渉を行うというルールについては，学説では，民法学で議論されている契約当事者の誠実義務を団体交渉の場面に応用したものと理解されている[171]。これによると，使用者は団体交渉の過程であらゆる代表的組合に同一の情報を提供し，同一の提案に対して自由に意見を出し合える場を確保しなければならず，この義務が尽くされた場合に初めて実質的な議論が行われたと評価できる。その意味で，あらゆる代表的組合と同一のテーブルで交渉することは団体交渉における不可欠の要請とされている[172]。

　ただし，使用者は代表的組合の参加を強制することはできないので，招集に応じず交渉に参加しない組合があっても，その他の組合と交渉を開始・継続させることができる。また，あらゆる代表的組合の招集義務があるのは団体交渉の最中であり，交渉終了後，使用者が労働協約の署名を代表的組合ごとに別々に行うことは許される[173]。

　なお，団体交渉権は労働者の権利であり（L. 2221-1 条），上記判例では誠実交渉は使用者の義務として構成されている点に注意が必要である。使用者と異

---

[168]　Cass. soc. 13 juill. 1988, n° 86-16302.
[169]　Cass. soc. 10 mai 1995, n° 92-43822. 同旨，Cass. soc. 9 juill. 1996, n° 95-13010; 26 mars 2002, n° 00-17231.
[170]　Cass. soc. 13 juill. 1988, n° 86-16302.
[171]　J. Pélissier, op. cit. note 167), p. 497.
[172]　J. Barthélémy, op. cit. note 45), p. 402; J. Pélissier, op. cit. note 167), p. 499.
[173]　Cass. soc. 9 juill. 1996, n° 95-13010; J. Pélissier, op. cit. note 167), p. 499.

なり労働者は，交渉の前でも最中でも憲法上のストライキ権（1946年憲法前文7項）を行使し，交渉を終わらせることができる[174]。

以上のような使用者の招集義務は，1982年以降に労働協約の有効要件として過半数主義の発想が導入され，少数派による有効な協約締結の余地が狭められていく中で形成された点が重要である。同義務により，少数派の代表的組合も平等に団体交渉に参加し，労働協約に自らの意見を反映させる機会が与えられることになったのであり，団体交渉における少数派組合への配慮がうかがえる。上記の通り，2008年8月20日の法律は労働組合が団体交渉に参加するために最低限の支持率要件（産業・全国職際レベルで8％，企業・事業所レベルで10％）を設定したが，同法以降も，この支持率をクリアするすべての代表的組合があらゆる団体交渉に参加する権利を保障される。この判例法理は，集団的労働条件決定プロセスを多様な意見を持つ労働者の代表者にできるだけ開放し，民主的決定の基礎を提供しようとするもので，注目される[175]。

なお最近では，2016年8月8日の法律が，「誠実性の原則」が遵守された場合に労働協約は無効とならないと定めており（新L.2222-3-1条，L.2222-3-2条），誠実交渉の考え方は法律レベルでも一般的に承認されている。

III　ま と め

本節は，労働協約に対する法規制の柔軟化に付随する改革のうち，労働組合を担い手とする団体交渉制度の変容を追ってきた。フランスでは，企業・事業所レベルでの法規制からの逸脱を承認・促進する過程で団体交渉制度が刷新され，①労働組合の代表性と正統性の強化および②団体交渉のあり方の規制強化が図られた。このうち①では，当初は企業・事業所レベルの逸脱協定に限定して過半数要件が導入されたが，2004年法以降は，同要件は逸脱協定との直接の関連性がなくなっている。現在では，一般的に労働協約に労働者の意向を反映させるため，団体交渉資格と労働協約の有効要件の双方に労働者の支持率

---

174) J. Pélissier, *op. cit.* note 167), p. 497.
175) G. Bélier/H.-J. Legrand, *op. cit.* 156), p. 204.

要件が組み込まれている。そして②では，使用者の団体交渉義務の導入で団体交渉を制度的に促進するとともに，特に企業別交渉に関し，使用者の一方的決定を防ぐため，交渉の方法・手続や交渉担当者の地位に関する規制を強化し，法律および判例によって使用者の誠実交渉義務も承認されている。

以上の動向は，フランスが 1982 年以降，国家規制に対して単純に企業・事業所協定を優先させてきたわけではなく，同時に企業・事業所別交渉の質の担保に努めてきたことを意味し，注目される。

第 2 節　交渉主体の拡大

続いて，企業・事業所レベルでの交渉主体の拡大に焦点を当てる。フランスでは，伝統的に代表的組合が団体交渉・協約締結権限を独占しており，企業レベルでも代表的組合から指名された組合代表委員が団体交渉を担っていた（第 1 章Ⅲ）。しかし，次第にこうした枠組みに限界が生じ，1990 年代後半以降，従業員代表を含め，組合代表委員以外の労働者代表にも団体交渉・協約締結権限が付与されていく。本節ではまず，こうした改革が行われる前の企業レベルの従業員代表制度を概観し，その特徴をつかむことから始めよう。

I　従業員代表制度の概要[176]

フランスでは，労働者が自主的に組織する労働組合とは別に，法律に基づき選挙によって設置される従業員代表が存在し，歴史的には第二次世界大戦後に，企業委員会（comité d'entreprise）と従業員代表委員（délégué du personnel）を中核とする従業員代表制度が構築されていた。事業所レベルでは，このほかに，

---

176)　G. Auzero/E. Dockès 2015, pp. 1089 et s. 邦語文献として，労働問題リサーチセンター『企業内労働者代表の課題と展望』（2001 年）136 頁以下〔奥田香子〕，外尾・前掲注 2）労働協約法 307 頁以下，勝亦啓文「フランスにみる組合機能と従業員代表機能の調整」季労 216 号（2007 年）81 頁，桑村・前掲注 156）論文・49 頁以下等。なお企業委員会については労働省労政局『フランスの企業委員会』（1998 年）が詳しい。

労働者の健康と安全に関する事項について管轄を有する安全衛生労働条件委員会 (comité d'hygiène, de sécurité et des conditions de travail) も設置される (L. 4611-1条) が, 以下で「従業員代表」という場合, 企業委員会の労働側委員と従業員代表委員を指すものとする。

1 種類と設置要件

企業委員会 (L. 2321-1条以下) は企業長と従業員の代表 (労働側委員) とで構成される組織であり, 従業員が50人以上の企業で設置義務がある。企業委員会には民法上の法人格が付与される。

他方で, 従業員代表委員 (L. 2311-1条以下) は従業員が11人以上の事業所で設置義務がある。後述の通り, 従業員代表委員は主として労働者の苦情処理を任務としており, 集団的意思表明を行う労働者代表組織でないため, その集合体に法人格は付与されない。

以上2種類の従業員代表の選出手続は原則として同一であり, 選挙は4年ごとに同日に行われる。従業員代表の選挙権者は, 満16歳以上の労働者であって, 3か月以上当該企業に勤務し, 政治的投票権の剥奪を受ける有罪判決を受けたことのない者である。被選挙権者は, 満18歳以上の労働者であって, 1年以上当該企業に勤務する者で, 企業主の配偶者, 内縁の妻, 直系尊属, 直系卑属, 兄弟姉妹等の血族や, 権限の上で企業主と同視される者でない者である。

従業員代表には正委員と副委員がおり, 両者は同数で, 従業員数に応じて定められている[177]。従業員が一定数 (現在では300人) を下回る企業では, 使用者の決定により, 企業委員会の労働側委員と従業員代表委員の職務を兼務する

---

[177] 企業委員会の労働側委員は, 従業員数が50〜74人の企業で各3人, 75〜99人で4人, 100〜399人で5人, 400〜749人で6人, 750〜999人で7人, 1000〜1999人で8人, 2000〜2999人で9人, 3000〜3999人で10人, 4000〜4999人で11人, 5000〜7499人で12人, 7500〜9999人で13人, 10000人以上で15人である (R. 2324-1条)。従業員代表委員は, 従業員が11〜25人の事業所で各1人, 26〜74人で2人, 75〜99人で3人, 100〜124人で4人, 125〜174人で5人, 175〜249人で6人, 250〜499人で7人, 500〜749人で8人, 750〜999人で9人, 1000人以上では250人ごとに1人ずつ増える (R. 2314-1条)。

統一代表（délégation unique）とすることができる。

　従業員代表選挙は比例代表制で2回投票が予定される。第1回投票では，伝統的に候補者リストの提出権が代表的組合に限定されていた。そして，第2回投票は，第1回投票で投票数が登録有権者の過半数に満たない場合に実施され，非組合組織も候補者リストの提出が可能であった。なお，法律上の要件を満たしているのに従業員代表が選出されなかった場合には，従業員代表不存在の調書を作成し，労働監督官に提出しなければならない。

2　権　　限

　企業委員会と従業員代表委員は伝統的に異なる任務・権限を付与されてきた。
　まず企業委員会は，当該企業で労働者やその家族のために実施される社会的・文化的活動を審査し，あるいはその管理に参加するための組織である。同委員会は，福利厚生施設の運営等の社会的事項について決定し，経済的・財政的問題について広く使用者から諮問を受けることを主要な任務とする。使用者は企業委員会に対し，任務に必要な情報および従業員代表の活動に必要な場所と資材を提供する義務を負う。企業委員会の労働側委員には任務に必要な時間が月20時間有給で保障され，特別な解雇制限（企業委員会または労働監督官の同意の要求）が任務終了後6か月まで適用されていた。

　次に，従業員代表委員の基本的任務は，個別的・集団的事項に関する従業員の苦情を使用者に伝えることである。従業員代表委員には有給の活動時間保障が月15時間保障され，また任務終了後6か月後まで，企業委員会の労働側委員に対するのと同様の解雇制限を享受していた。

　ここで重要なのは，従業員代表には労働条件決定権限がなかった点である。企業・事業所レベルでドイツのような共同決定制度が採用されなかったのは，CGTが経営の責任を従業員に負わせることを嫌ったためと説明されている[178]。その代わり，1968年に企業内組合活動が法認され，産業レベルの代表的組合が企業レベルに支部を設置し，自らの代表者（組合代表委員）を通じて団体交渉を行う構造にあった（第1章Ⅲ）。こうして，企業レベルで組合代表（組合代

---

178)　労働省労政局・前掲注176)書・1頁。

表委員) と従業員代表 (企業委員会, 従業員代表委員) が併存し, 双方の権限が制度上明確に区別されていた点にフランスの特徴がある。

もっとも, 従業員代表は, 伝統的に選挙の第1回投票で代表的組合の候補者リストに基づいて選出され, 労働者代表間の兼職も可能であることから, 実際には組合活動家であることが多く, 労働組合と従業員代表は密接な関係があった。また, 団体交渉の対象が広範であるため, 従業員代表の諮問・情報提供領域と団体交渉領域とが重複し, 組合代表委員の存しない企業では, 従業員代表が使用者と交渉を行い, 非公式の協定 (非典型協定) を締結することも少なくなかった。非典型協定は法定の団体交渉手続に反するため労働法典上の労働協約ではなく, 強行的効力および一般的効力を有しないが, 使用者に義務を課し, 労働者に利益を与えるものについては, 使用者の一方的債務負担行為として労働者による利益主張が認められていた[179]。

II 2004年以前の展開

以上のように, フランスでは企業レベルでも代表的組合が制度上団体交渉・協約締結権を独占していたため, 組合代表委員が存在しない企業・事業所では団体交渉を行うことができなかった。しかし, 1980年代以降, 団体交渉を組合代表委員に限定する制度が見直しを迫られる。

1 改革の背景

組合代表委員は, 制度上は代表的組合の組合員である必要はない[180]が, 代表的組合は通常, 自己の組合員か, 少なくとも当該組合のイデオロギーに同調する者を組合代表委員に指名していた[181]。しかし, 1970年代後半以降失業問題が深刻化すると, 労働者は解雇を恐れて組合運動をためらうようになり, ま

---

[179] 詳細は勝亦啓文「フランス労働協約法と非典型協定」中央大学大学院研究年報27号 (1998年) 131頁, 矢野昌浩「企業内労使関係と『非典型協定』(accords atypiques)」学会誌92号 (1998年) 183頁。

[180] 組合代表委員は当該企業の「労働者」であればよい (現 L. 2143-1 条 1 項)。

[181] J.-M. Verdier, op. cit. note 28), p.9.

た，労働者利益の多様化・個別化の中で労働組合を通じて集団的に活動するメリットが減少した[182]。こうして，1945 年には 40% 程度であった組合組織率が 1970 年代末から徐々に低下し，1980 年代には 10% 台となり，団体交渉の担い手が存在しない企業・事業所が増大した[183]。これを受けて，使用者は従業員代表と非典型協定を締結することもあったが，かかる協定は労働者に有利な限りで効力を認められるため，逸脱協定を締結して柔軟な労働条件決定を行おうとする企業にとっては，組合代表委員に代わる新たな交渉相手が必要になった。そこで政府は，団体交渉の担い手を確保するための改革に着手する。

2　1990 年代半ばまでの展開

政府が最初に試みたのは，組合代表委員の指名要件の緩和であった。組合代表委員の指名は従業員が 50 人以上の企業でのみ可能であったが，前述の 1982 年 10 月 28 日の法律（第 1 節 II 1）は，従業員が 50 人未満の企業でも従業員代表委員の 1 人を組合代表委員に指名することを認め，制度上すべての企業で組合代表委員の設置を可能としたのである（現 L. 2143-6 条 1 項，L. 2143-3 条）。

その上で，同法は従業員代表の権限についても強化した。まず，企業委員会に対する情報提供義務の範囲・機会を拡大し（現 L. 2323-6 条以下），企業委員会が専門家の補佐を受ける権利（現 L. 2325-35 条以下）や労働側委員が有給で研修に参加する権利（現 L. 2325-44 条）を新設した。また，2 種類の従業員代表に対する活動時間保障を強化し，従業員代表委員に関しては企業委員会の経済的事項に関する権限を代行する場合に月 20 時間の活動時間を追加で保障した（現 L. 2315-2 条）[184]。さらに，2 種類の従業員代表に対し，企業内を自由に巡回し，職務遂行に必要な接触を作業現場の労働者ととる権利，職務遂行のために外出する権利を定め（現 L. 2315-5 条，L. 2325-11 条），解雇制限についても，任期終了後 6 か月まで企業委員会への諮問と労働監督官の許可を必要とする規

---

182)　Dares, *Ministère de l'émploi, de la cohésion sociale et du logement* (2004), p.5.

183)　1980 年代の組合員数の減少傾向とその背景の詳細は，J. Bridgford, *op. cit.* note 25), p. 126.

184)　なお，従業員代表委員に固有の活動時間保障は，その後 50 人以上の企業で月 10 時間，50 人以上の企業で月 15 時間とされた（現 L. 2315-1 条）。

第 3 章　法規制の柔軟化に付随する改革

定に改めた（現 L. 2411-5 条，L. 2411-8 条，L. 2421-3 条）。

また，交渉主体の確保という点では，判例の展開も重要である。すなわち，実務では，組合代表委員が存しない事業所で使用者が一般労働者と企業協定を締結する例もみられるようになり，1995 年 1 月 25 日にその効力を認める判決が出て注目をあびた。本件は，組合代表委員の資格を有しない者が代表的組合から交渉委任を受けて使用者と協定を締結した事案であり，破毀院は，組合代表委員が適法に設置されうる企業では，企業協定について交渉し，それに署名する権限は組合代表委員だけに付与されるとしても，そうでない企業では，代表的組合によって交渉権限を付与された労働者が交渉し，有効に企業協定に署名することができると述べ，本件協定の効力を認めた[185]。

こうして，1982 年の立法改革および 1995 年の判例により，企業レベルの組合代表として団体交渉を担当しうる労働者の範囲が拡大されたが，代表的組合は，組合組織率の低下により自らのイデオロギーに同調する者が少なくなっている中で，交渉を担当する組合代表の指名自体をためらうことが多かった。こうした中，1995 年 10 月 31 日の全国職際協定[186]は，従業員代表を含め，組合代表委員以外の労働者代表に正面から交渉権限を付与することを提案し，その内容が 1996 年 11 月 12 日の法律で立法化された。この 1996 年法を契機に，企業レベルで交渉主体を拡大する立法改革が進められる[187]。

3　1996 年 11 月 12 日の法律

(1)　改革内容

1996 年 11 月 12 日の法律第 985 号の 6 条は，企業レベルで組合代表委員に

---

[185]　Cass. soc. 25 janv. 1995, n° 90-45796.

[186]　Accord national interprofessionnel du 31 octobre 1995 relatif aux négociations collectives.

[187]　交渉主体をめぐる改革の概要は，野田・前掲注 85) 論文・679 頁以下，奥田・前掲注 85) 論文・労旬 1594 号 26 頁以下，同・前掲注 85) 論文・労働問題リサーチセンター 80 頁以下，労働政策研究・研修機構・注 85) 報告書・86 頁以下〔奥田〕，水町勇一郎編『個人か集団か？ 変わる労働と法』（勁草書房，2006 年）122 頁以下〔奥田香子〕等。

よる交渉原則を維持しつつも，組合代表委員（またはその職務を兼任する従業員代表＝従業員の統一代表）の存しない企業において，従業員代表または代表的組合から交渉権限を明示的に委任された労働者（以下「受任労働者」という）による交渉を認めた。ただし，この補完的な交渉方式の利用には産別協約の定めが必要で，交渉主体の選択や交渉方式は同協約で定められることになった。なお，同法に基づき新たな交渉方式を採用する産別協約は，1998年10月31日以前に締結され，かつその有効期間が3年を超えない場合にのみ効力が認められた（法6条Ⅰ）。

1996年法で注目されるのは，従業員代表の交渉事項が，協約締結が実施要件となっている措置に限定された点にある（法6条Ⅱ）。これは，交渉主体の不存在が最も問題視された逸脱協定に対象を絞って従業員代表に交渉権限を付与したものである。従業員代表はこれらのうち産別協定が認めた範囲内で集団的協定を締結でき，かかる協定は産業の労使同数委員会（commission paritaire de branche）[188] で有効と認められた後で初めて労働協約の資格を獲得することとされた。

これに対し，受任労働者の交渉事項に法律上の制約はなかった（6条Ⅲ）。ただし，産別協定は受任労働者の保護のあり方や委任された交渉権限の行使条件を規定しなければならず，また，任期中および任期満了後の受任労働者の解雇については，組合代表委員に対する特別な解雇制限（当時のL. 412-18条）が及ぶと定め得るとされた（法6条Ⅲ第2項）。

(2) 憲法院1996年11月6日判決

ところで，1996年法6条はいくつかの点で憲法違反の疑いがあり，違憲審査に付されていた[189]。

第1に，組合代表委員以外に交渉を認めることが，組合活動保障（1946年憲

---

188) 産業の労使同数委員会は全国，地方，地区レベルのいずれかに設置される私的な共同組織であり，その参加主体や参加条件等は産別協定にゆだねられた。

189) Cons. const. 13 nov. 1996, Décision n° 96-383 DC. 本判決の紹介として，奥田香子「組合代表がいない企業における協約交渉を可能にする法規定の合憲性」労旬1418号（1997年）20頁，浜村彰「労働者の参加権と団体交渉権・労働協約締結権」季刊労働者の権利224号（1998年）81頁以下等。

法前文6項)および労働者の参加原則(同8項)に反しないかが問題となった。この点憲法院は,両規定は労働組合に団体交渉によって労働者の権利利益を防御する本質的適性を付与してはいるが,労働組合に団体交渉権限の独占を認めるものではないため,従業員代表や受任労働者であっても,代表的組合の関与を妨げる目的および効果がない限り,集団的労働条件決定に参加しうるとした。

　第2に,法6条が新しい交渉方式の採用を産別協定にゆだねている点が,労働法の基本原則の決定を法律事項とする憲法34条に抵触しないかが問題となった。この点憲法院は,憲法34条では立法者は憲法上の原則を侵害しない限り同原則の具体的実施を労使にゆだねることができるとした上で,本件で問題となる憲法上の原則は参加原則であり,同原則は協約締結主体が使用者から完全に独立して自らの権限を行使しうることを不可欠の要請とするとした。したがって,本件では法6条がこの不可欠の要請を満たして産別協定に決定権限を付与しているかが問題となるとし,法6条のⅡおよびⅢについて次のように評価した。

　まず,従業員代表との交渉については,6条Ⅱで産別組合が実効的な役割を果たすことが保障されていること[190],また従業員代表には身分保護があること[191]から,参加原則の趣旨に反しないとした。

　次に,受任労働者との交渉については次のように述べた。まず,6条Ⅲ第2項が交渉委任の実施条件の決定を産別協定にゆだねている点について,委任の場合は受任者が締結した協定の履行義務が委任者に課されることから,ここで産別協定が決定すべき事項には,労働者の指名方法,交渉事項,受任者から委任者への(交渉経過等に関する)情報提供義務および委任の撤回条件が含まれなければならない。また,6条Ⅲ第2項によると,産別協定は受任労働者に組合代表委員の解雇制限を及ぼすことが可能であるが,交渉者の使用者からの独立性は労働者の利益保護のために不可欠であるから,同規定は,組合代表委員

---

[190] 具体的には,産別協定が従業員代表との交渉を認める必要があることや,その交渉事項を決定することを意味すると思われる。

[191] 具体的には,従業員代表の任期中および任期満了後6か月まで特別な解雇制限を享受すること(現L. 2411-5条,L. 2411-8条,L. 2421-3条)を意味すると思われる。

に対する解雇制限と少なくとも同等の保障を産別協定で規定するよう要求していると解すべきである。以上2つの留保の下で、受任労働者との交渉にかかる法6条Ⅲは憲法上の参加原則に反しない、と。

本憲法院判決の意義とその後の改革へのインパクトは次の通りである。

第1に、憲法院が団体交渉に関して労働組合に本質的適性を認めたことで、その後の改革では、組合代表委員が存在しない企業でのみ、その他の交渉主体が承認されていく。第2に、憲法上団体交渉が労働組合の独占権とされなかったことで、従業員代表にも団体交渉および労働協約締結の権利が付与されていく。そして第3に、憲法上の参加原則に内在する要請として交渉者の独立性保障を導き[192]、企業レベルの新たな交渉主体（従業員代表および受任労働者）の独立性を確保する具体的措置として、産別組合による交渉コントロールの制度的保障および組合代表委員に匹敵する身分保護を不可欠としたことも重要である。本判決以降、交渉主体の拡大と並行して、この憲法院による要請に対応する制度的手当が整備されていく。

4　オブリー法

1996年法は時限立法であり、企業レベルの交渉主体に関しては、同法の後、オブリー法で新たな改革が行われた。

既にみた（第2章第2節Ⅱ2）通り、フランスは2000年から法定労働時間の週35時間への短縮を決定したが、それ以前にも企業レベルで自主的な労働時間短縮を促進すべく、第1次オブリー法でかかる協定を締結した企業に対する財政優遇措置を用意した。そしてこのとき、交渉主体の不存在により同協定が締結できない事態を防ぐため、財政優遇措置の対象になる企業別協定の交渉権限を受任労働者にも付与した（第1次オブリー法3条Ⅲ）。同法の立法過程では、ドイツを参考にして、選挙を通じて民主的正統性が付与される従業員代表にも交渉権限を付与すべきとの意見があったが、従業員代表には企業外の代表的組合の関与が保障されていないため交渉力が弱い等として採用されなかった[193]。

---

[192]　本判決により、憲法院が「独立性」を「憲法化（constitutionnalisation）」したとされる。J.-M. Verdier, Négocier la représentation, *Dr. soc.* 1997, p.1044.

そして学説でも，労働者保護の観点から代表的組合と直接結びついた受任労働者との交渉を優先させる改革が支持された[194]。

続く第2次オブリー法では，労働時間短縮協定について従業員代表による交渉も可能とされたが，労働者が50人以上の企業では受任労働者との交渉だけが認められ（19条Ⅵ），交渉主体として受任労働者を優先させる方針がとられた。

次に，第1次・第2次オブリー法は，受任労働者についての規定を具体化し，資格要件として，職務権限および家族的身分の上で使用者と同視される者を除外した。また，1996年の憲法院判決を踏まえ，代表的組合が労働者に交渉権限を委任する場合には，① 労働者の指名方法，② 可能な交渉事項，③ 受任者の委任者への情報提供義務（特に交渉終了時に協定草案を委任者に提出する条件），④ 交渉委任の撤回条件を明確に規定しなければならないとした。さらに，受任労働者の保護のため，委任を受けた時点から組合代表委員と同様の解雇制限を受けることとし，活動時間中の賃金保障や交渉時に付添人を同伴する権利も新たに定めた。

なお，受任労働者または従業員代表が締結した協定については，従業員の直接投票で過半数の承認を受けることが有効要件とされた。また，従業員代表による協定については，産業の全国労使同数委員会の承認要件が設定された。

Ⅲ　2004年法から2015年法まで

交渉主体を拡大する改革の集大成となるのが2004年法であり，そこで設定された大枠が2008年と2015年に一部修正され，今日に至っている。

1　2004年法

既に検討した（第2章第3節）通り，2004年5月4日の法律は企業別交渉の

---

193) Rapport de M. Louis Souvet, au nom de la commission des affaires sociales, n° 306 (1997-1998).

194) J. Marimbert, Points de vue, *Dr. soc.* 1998, p. 781.

促進のためにその交渉事項を大幅に拡大したが，その改革を確実に実行に移すには企業レベルで交渉主体が存在することが不可欠であった。そこで同法は，組合代表委員が存在しない事業所における交渉方法についても改革を行った。

第1に，2004年法は新たな主体にかかる交渉事項の制約を外し，拡張産別協定が認める範囲内で，補完的交渉を一般的に許容した。

第2に，補完的な交渉主体として従業員代表を受任労働者に優先させ，受任労働者との交渉は，従業員代表不存在の調書（Ⅰ1参照）が作成された場合にのみ認めた。なお，立法過程では，産別組合の関与を通じて交渉力を補うことができる受任労働者との交渉を優先させるべきとの意見や，従業員代表との交渉を優先させるにしても，従業員代表が代表的組合から交渉委任を受けることを追加要件とする案が出されていた。しかし政府は，従業員代表が締結した協定が労働協約と認められるための要件（産業の労使同数委員会の承認）によって産業レベルの代表的組合の関与が保障されるので問題ないと述べ，これに応じなかった[195]。

第3に，従業員代表の間では企業委員会を優先させ，同委員会の労働側委員が選出されていない場合に初めて従業員代表委員による交渉を認めた。また，企業委員会の場合に交渉主体を「企業委員会の労働側選出委員」とし，協定締結を企業委員会内部の決議[196]で代えるのではなく，同委員会の労働側委員が使用者から独立して交渉に臨むことを明らかにした。そして，従業員代表による協定は，拡張産別協定で定められた過半数要件を満たし，当該産業の全国労使同数委員会による承認後，労働協約としての資格を獲得することとされた。

第4に，受任労働者は組合代表委員と同様に，① 職権権限や家族的身分の上で使用者と同視される者であってはならず，② 使用者が委任の事実を知った時点から任務終了後12か月まで，解雇に労働監督官の許可が必要とされた。ただし，交渉を担当する従業員代表または受任労働者を全員招集すべきことや受任労働者の活動時間中の賃金保障，さらに1996年憲法院判決が産別協定で

---

195) AN, 1re séance du 17 décembre 2003, *JO* du 18 décembre 2003, pp. 12508 et s.

196) 企業委員会の伝統的権限領域における意思決定は，企業長が議長として参加する会合で出席委員の過半数による決議で行われる（L. 2325-18条1項）。

定めるべきとした事項（労働者の指名方法，交渉事項，受任者から委任者への情報提供義務，委任の撤回条件）は，通達[197]に規定されるにとどまった。

なお，受任労働者が締結した協定は，労働者の直接投票で有効投票の過半数の支持を得ることが有効要件とされた。

2004年法の上記枠組みに対しては，企業レベルの労使間の力の均衡ないし同等性という観点から，法的手当の不十分性が指摘された[198]。まず，受任労働者について，1996年憲法院判決が要求した産別組合による交渉コントロールや特別な活動時間保障が法律に規定されなかったことが問題視された[199]。そして，従業員代表による交渉についてはより強い批判が行われた。従業員代表は組合代表と制度的に区別され，実際上も組合組織率の低下の中で代表的組合のリストに基づいて選出されていない（組合員ではない）ケースが増えていたため，団体交渉の過程で産別組合の支援を受けることが予定されず，小規模企業ほど使用者の圧力を跳ね返す力がないとされたのである[200]。特に，2004年法は法定の最低基準を下回る労働条件設定においても企業・事業所協定を産別協約に原則優先させた（第2章第3節Ⅳ）ため，従業員代表による交渉力の弱さは労働者保護に重大な不利益を及ぼす可能性があった[201]。この点，確かに従業員代表による協定には産業の全国労使同数委員会による承認が必要とされたが，同委員会の構成や権限が法律上不明確で，従業員代表による協定の不当性を排除するための要件としては不十分とされた[202]。

---

197) Circulaire du 22 septembre 2004 relative au titre II de la loi n° 2004-391 du 4 mai 2004 relative à la formation professionnelle tout au long de la vie et au dialogue.
198) 2004年法以前の改革でも同様の指摘があった。M.-A. Souriac/G. Borenfreund 2001, pp. 207 et s.
199) G. Borenfreund 2004, p. 615.
200) M.-A. Souriac/G. Borenfreund 2001, p. 209; G. Borenfreund 2004, p. 614〈note 72〉; F. Guiomard 2005, p. 50.
201) F. Guiomard 2005, p. 50.
202) M.-A. Souriac/G. Borenfreund 2001, pp. 209 et s.; G. Borenfreund 2004, pp. 614 et s.

2　2008年法

2004年法では，組合代表委員以外による交渉方式の採用には拡張産別協定が必要であったが，同法施行後4年間で，実際に組合代表委員以外による交渉を許容する産別協定は16しか締結されず（そのうち拡張されたのは12）[203]，産別の労使に任せても交渉主体の確保につながらなかった。そこで政府は，前述の2008年8月20日の法律（第1節Ⅰ3参照）で企業レベルの交渉主体についても新たな改革を行った[204]。

(1)　従業員代表・受任労働者の交渉の改正

2008年法はまず，従業員代表または受任労働者との交渉に関し，2004年法の枠組みを次のように改めた（法9条）。

第1に，これらによる交渉方式の利用を阻んでいた拡張産別協定の締結要件を削除した。

第2に，補完的な主体で交渉可能な事項を協約締結が実施要件となっている事項に限定し，逸脱協定（集団的解雇の手続規制を変更する協定は除く）の締結を念頭においた制度設計に戻した。

第3に，従業員代表と交渉を行いうる企業規模を従業員200人未満に限定した。また，従業員代表による労働協約の有効要件を，①直近の従業員代表選挙で有効投票の過半数を獲得した代表者によって署名され，かつ，②産業の労使同数委員会の承認を得たことと改めた。そして，労使同数委員会の権限を法律・命令規定および適用協約の違反の審査と明記し，同委員会の構成は，原則として産業レベルの各代表的組合の正副委員およびこれと同数の使用者団体の代表者とした。なお，①②を満たさない協定は書かれていないものと見なされる。

第4に，2004年法では通達レベルの要請にとどまった交渉の方法や手続を法律規定に格上げし，従業員代表・受任労働者に共通のルールを定めた点も重要である。すなわち，①使用者が従業員代表または受任労働者と交渉を開始

---

[203]　Liaisons soc. Quotidien, jeudi 10 janvier 2008, n° 15032, p.1.
[204]　詳細は桑村・前掲注156)論文・46頁以下。

する場合には，産業レベルの代表的組合に通知しなければならず，交渉に際しては，② 使用者からの独立性，③ 交渉担当者が複数いる場合の協定案の共同作成，④ 労働者との意見交換・協議 (concertation)，⑤ 産業の代表的組合と連絡を取り合う可能性を確保し，⑥ 交渉者に使用者が提供すべき情報をあらかじめ協定で定めなければならないとされた。

第5に，交渉者の保護を強化し，従業員代表については団体交渉に要した時間を通常の活動時間保障の時間数から控除しないこととし，さらに交渉参加が求められた正委員には月10時間の有給活動時間を独自に保障した。また，受任労働者についても月10時間の活動時間を保障した。

(2) 組合支部代表の新設

2008年法が行ったもう一つの注目すべき改革は，企業レベルの新たな組合代表として組合支部代表（représentant de la section syndicale）を新設した点にある（法6条）。この改革は，同じ法律によって労働組合の代表性資格を見直したこと（第1節Ⅰ3）と密接に関連している。

企業レベルの正規の組合代表である組合代表委員は，1968年以来，当該企業に組合支部を設置している代表的組合が指名でき，この場合の代表性は，当初労働組合が全国レベルの五大総同盟に加入することで自動的に取得できた（代表性の擬制）。しかし，2008年法は代表性の擬制を廃止し，すべての労働組合に代表性の個別証明を求めたため，今後は組合代表委員の指名が困難となり，企業内での継続的な組合活動が阻害される可能性があった[205]。それゆえ2008年法は，代表性を証明できなかった労働組合にも企業内組合活動の権限を部分的に付与し，企業内での組合の実質的定着を図ったのである。

具体的には，2008年法はまず組合支部の設置要件を緩和した。同法によると，当該企業・事業所に複数の組合員がいる労働組合であれば，代表性を有しなくとも，全国職際レベルの代表的組合に加入しているか，または代表性の判断基準の一部（① 共和国の価値の尊重，② 独立性，③ 2年以上の適法な設置，④

---

[205] 2004年法で対象事項を一般化されていた受任労働者は一時的に交渉を担うだけであり，代表的組合のために企業内で継続的に組合活動を行う役割は期待しえなかった。G. Borenfreund 2004, p. 615 〈note 78〉.

その職業上および地理的活動範囲に当該企業が含まれること）を満たしていれば，組合支部の設置が可能となる（L. 2142-1 条）。そして，従業員が 50 人以上の企業・事業所で組合支部を設置している労働組合は，当該企業で代表性を有していなくとも，組合支部代表の指名が可能である（L. 2142-1-1 条）[206]。ただし，組合支部代表は臨時の組合代表であるため，その指名後最初の従業員代表選挙で同人を指名した組合の代表性が認められなかった場合には，当該選挙の終了時点で支部代表への委任は終了する（同 3 項 1 文）。委任が終了した当該労働者は，次回の従業員代表選挙の 6 か月前まで組合支部代表として再度の指名はできない（同 2 文）[207]。

組合支部代表の資格要件は組合代表委員の場合と同様であり，① 当該企業の労働者，② 満 18 歳以上，③ 当該企業における勤続年数 1 年以上，④ 政治的投票権を奪う有罪判決を受けていない，⑤ 職務権限の上で企業主と同視される者でない，という要件が設定されている（L. 2142-1-2 条，L. 2143-1 条）。また，組合支部代表には組合代表委員と同様の保護が及び（L. 2142-1-2 条，L. 2411-1 条以下），任務中および任務終了後 12 か月まで解雇に労働監督官の許可が必要とされる（L. 2411-3 条）ほか，組合支部代表の任務遂行に必要な時間を月 4 時間以上，有給で保障される（L. 2142-1-3 条）。

組合支部代表の権限は基本的に組合代表委員と同じであるが，団体交渉権は有しないのが原則である（L. 2142-1-1 条 2 項）。ただし，組合代表委員が存しない企業において，全国職際レベルの代表的組合に加入した労働組合の組合支部代表は，当該組合の委任に基づき，団体交渉・協約締結権を取得しうる（L. 2143-23 条 1 項）。この場合の交渉事項に制約はないので，逸脱協定の締結も可

---

[206] なお，従業員が 50 人未満の企業でも，組合支部を有する非代表的組合は，従業員代表委員を組合支部代表として指名できる（L. 2142-1-4 条）。

[207] なお 2008 年法は，代表性の擬制の廃止にともない従業員代表選挙における候補者リストの提出要件も緩和し，① 代表性の判断基準の一部（共和国の価値の尊重，独立性，2 年以上の適法な設置，その職業上および地理的活動範囲に当該企業が含まれること）を満たす組合，② 当該企業に組合支部を設置した組合，または ③ 全国職際レベルで代表性を認められた組合に加入している組合にリストの提出権を与えた（L. 2314-24 条・L. 2314-3 条，L. 2324-22 条・L. 2324-4 条）。

能である。ただし，組合支部代表との交渉は従業員代表または受任労働者との交渉が認められる企業では利用できない（2008年法6条Ⅲ）。なお，組合支部代表が締結した協定には，労働者の直接投票で有効投票の過半数による承認要件が設定された（L. 2232-14条）。

3　2015年法

組合代表委員の存しない企業における交渉可能性については，その後2015年に重要な改正があった。2015年8月17日の法律第994号は，小規模事業所でも労働協約の締結が可能となるように[208]，組合代表委員以外による交渉要件を緩和するとともに，労働組合が交渉を委任しうる労働者の範囲を拡大し，企業・事業所協定の交渉主体の種類を増やしたのである。

(1) 従業員代表との交渉

従業員代表との交渉に関する改正点は次の通りである。

第1に，2008年法で設定されていた企業規模の制約（従業員が200人未満）を外し，組合代表委員（または従業員の統一代表）が存在しない企業で一般的に可能とした（L. 2232-21条1項）。

第2に，組合優先の構造を強化するため，従業員代表について，上位の交渉レベルの代表的組合（当該企業が属する産業レベルの，それがなければ全国職際レベルの代表的組合[209]）から明示的に交渉を委任された者とそうでない者を区別し，委任を受けた従業員代表をそうでない従業員代表に優先させた[210]（L. 2232-21条1項，L. 2232-22条）。なお，委任の有無が同一の従業員代表間では，企業委員会の労働側委員（または従業員の統一代表）が従業員代表委員に優先す

---

[208]　Exposé des motif (article 15); Rapport n° 2792 de M. Christophe Sirugue, Assemblée nationale, le 21 mai 2015 (article 15).

[209]　これにともない，交渉開始時の代表的組合への通知も，産業レベルの，それがなければ全国職際レベルの代表的組合に対して要求された（L. 2232-21条2項）。

[210]　使用者は交渉の意思がある場合に従業員代表に通知し，交渉を望む従業員代表は1か月以内にその旨および代表的組合からの委任の有無を知らせ，この期間経過後，代表的組合から委任を受けていることを知らせた労働者または委任を受けていない従業員代表との交渉が開始される（L. 2232-23-1条）。

ることとされた[211]。

　第3に，交渉委任を受けていない従業員代表については，交渉事項，労働協約の有効要件，産業の労使同数委員会の権限と構成，特別な活動時間保障について2008年法の枠組みが維持された（L.2232-22条，L.2232-23条）。これに対し，交渉委任を受けた従業員代表については，交渉事項は無制限（組合代表委員と同範囲）で，しかも労働協約の有効要件として産業の労使同数委員会の承認が不要とされた（L.2232-21-1条）。同委員会については，実際上ほとんど機能していないことが指摘されており[212]，最初の法案では，代表的組合から委任を受けていない従業員代表の場合も労働協約の有効要件から外すことが構想されていた。しかし，代表的組合から委任を受けていない従業員代表については，労働者保護の確保のために同委員会の承認要件が必要と考えられ[213]，最終的に同要件を残した形で立法に至った。

(2)　受任労働者との交渉

　受任労働者との交渉に関しては，2004年法以来の制約であった従業員不存在の調書が作成された企業だけでなく，使用者が従業員代表との交渉意思を通知後，1か月以内にこれに応じる従業員代表がいなかった場合に広く可能とされた（L.2232-24条1項）。そして，交渉を委任できる代表的組合は産別組合または全国職際組合とされ（同），使用者による受任労働者との交渉開始の通知先も産業または全国職際レベルの代表的組合とされた（同2項）。

Ⅳ　ま と め

　本節では，企業レベルで団体交渉の担い手が拡大されていく過程を整理した。

---

[211]　なお，2015年法は，労働者が300人以上の企業において，従業員代表委員，企業委員会の労働側委員および安全衛生労働条件委員会の労働側委員を統合した労働者代表機関の設置を可能とし（L.2391-1条），同機関が存在する場合には従業員代表委員に優先して交渉権限をもつことになった（L.2232-21条）。

[212]　Exposé des motif (article 15).

[213]　Rapport n° 2792 de M. Christophe Sirugue, Assemblée nationale, le 21 mai 2015 (introduction).

フランスでは，誰にどのような場合・優先順位で交渉権限を付与するかについて頻繁な法改正があり，複雑なルールが形成されている。以下，一連の改革のポイントを押さえておこう。

フランスでは，1968年以来，産業レベルの代表的組合が企業レベルでも組合代表委員を通じて団体交渉権限を独占していたが，1980年代以降は，組合組織率の低下により代表的組合が組合代表委員の指名をためらうようになり，組合代表委員の存在しない企業が増えた。そこで政府は，1982年オルー改革で組合代表委員の指名要件を緩和したが，交渉主体不存在の問題は解消されず，1996年以降は，組合代表委員以外の労働者代表に交渉権限を付与するようになる。こうした中，憲法院は，団体交渉権の組合独占の憲法上の価値を否定したため，従業員代表にも団体交渉・協約締結権限が付与されていった。しかし他方で，憲法院は団体交渉における組合優先の憲法的保障を肯定したため，新たな交渉主体は，正規の組合代表（組合代表委員）が存在しない企業に限定して制度化された。

具体的には，1996年から2015年までの間に，企業レベルの交渉主体を確保するための立法が相次ぎ，現在では，①組合代表委員のほかに，②従業員代表（企業委員会の労働側委員，従業員代表委員等），③受任労働者，④組合支部代表が交渉可能となっている。こうした企業レベルの交渉主体の多様性はフランスの特徴である。これらは組合代表（①③④）と従業員代表（②）に分かれるが，2015年法により，従業員代表にも代表的組合による交渉委任が可能となったため，組合代表と従業員代表の役割・位置づけが近接している。

次に，補完的な交渉主体が交渉しうる事項に着目すると，その範囲は頻繁に変更されたものの，逸脱協定の締結は一貫して交渉対象に含まれており，交渉主体の拡大が，第2章でみた企業レベルの逸脱協定の締結促進の手段とされていたことが確認される。そして，逸脱協定の締結に関しては，労働者代表の種類によって交渉範囲に違いはなく，伝統的に代表的組合と制度的に区別されてきた従業員代表（代表的組合から交渉を委任されたのではない従業員代表）にも，組合代表と同範囲で法規定からの不利な逸脱が認められている点が重要である。

なお，補完的な交渉主体の相互関係については，2004年法が，常設性のある従業員代表が一時的・臨時的な組合代表（受任労働者）に優先する枠組みで

整理したが，2015年法が，従業員代表にも代表的組合による交渉委任を可能とし，一時的に委任を受けた従業員代表をそうでない従業員代表に優先させたため，交渉主体間の優先順位は一つの基準では説明できなくなっている。

　以上のほか，交渉主体の拡大過程で重要な意味をもつのが，憲法院が憲法上の参加原則の解釈として労働者代表の独立性を不可欠の要請とし，独立性を確保する具体的措置として，企業外の組合（産別組合）による交渉コントロールの制度的保障および組合代表委員に匹敵する身分保護を不可欠とした点である。これにより，交渉主体を拡大する一連の改革で憲法院の解釈に対応する制度的手当が整備されていき，現在では，団体交渉の方法・手続および身分保護について，上記4種類（①ないし④）の労働者代表についてほぼ同様の規定が設けられている。また，代表者の資格要件（使用者の利益代表者の排除）や活動時間保障の規定も統一されている。

　この現行制度に至るまでには，特に従業員代表について，使用者に対する交渉力が弱いとして，組合代表との違いを強調する学説が多かった。ここで，使用者に圧力をかける手段としてのストライキについては，民間部門では制度上労働組合の承認・関与は不要である（第1章Ⅰ4参照）ため，従業員代表もストライキを主導しうる点で組合代表と違いはない[214]。しかし，交渉主体を拡大する立法過程の議論や学説では，従業員代表は制度上産別組合との結びつきが保障されていない点が強調され，使用者に対して十分な交渉力を持ちえないとされてきた。こうした指摘を踏まえ，2008年法は，従業員代表による交渉の場合も，使用者が産業レベルの代表的組合に交渉開始を通知し，かつ，当該産業の代表的組合との連絡可能性を確保した上で団体交渉を行うべきとのルールを法律に明記する（L. 2232-27-1条）ことで，従業員代表と組合代表（組合代表委員，受任労働者，組合支部代表）の交渉構造の違いを解消しようとしたものである。なお学説には，2008年法は産別組合との連絡「可能性」の確保を義務づけるだけであるので，この手続規制によっても従業員代表の交渉力への疑

---

[214]　実際に，法律上従業員代表に交渉権限が付与されていく過程で，従業員代表が団体交渉時に要求を貫徹するためにストライキを主導するケースも出ているという。G. Groux/J.-M. Pernot, *op. cit.* note 18), pp. 101 et s.

念が解消されるわけではないとの指摘がある[215]。しかし，この手続規制は，従業員代表との交渉プロセスにおいて産別組合の関与可能性を制度に組み込んだ点で新しく，注目される。

なお，交渉主体が誰であれ，企業レベルの労働協約には何らかの過半数要件が設定されているが，代表的組合から交渉を委任されたのではない従業員代表による労働協約には，有効要件として産業の労使同数委員会による承認の手続が加重されている点に特徴がある。この承認要件は，当該協約が現行法や労働協約に違反していないことを確認する意味があり，企業外の代表的組合のコントロールが及ばない純粋な従業員代表による交渉に関し，労働者保護の観点から要件を厳格にしたものと位置づけられる。

---

215) M. Grévy/E. Peskine/S. Nadal, Regards sur la position commune du 9 avril 2008. À propos de devenir (incertain?) des syndicats dans l'entreprise, *RDT* 07-08/2008, p. 436.

第3編　フランス

第4章

フランス労働法の変容と評価

　これまでみてきた1980年代以降の改革は，フランスの労働者保護法の構造にいかなるインパクトを与えたのか。本章では，国家規制と労働協約の関係をめぐる一連の改革の意義について，労働法規制のあり方という観点から展開されている議論を整理する。

第1節　公序の変容と国家の役割

　まず指摘されるのが，フランス労働法における公序の変容である。フランスでは，労働法規定は基本的に最低基準であり，有利な逸脱のみ可能な「社会的公序」であった（第1章Ⅵ）。しかし，近年では，有利・不利に関わらず労働協約による逸脱を許容する法規定が増えており，新たに「逸脱可能な公序」という概念が登場している[216]。そしてまた，2008年法による労働時間改革（第2章第4節Ⅱ）にみられるように，法律規定を，労働協約が存在しない場合に初めて適用される補充規範に後退させる例も出ており，実体規制（最低基準規制）の意義が縮小している[217]。
　しかし，その一方で団体交渉・協約締結にかかる手続規制は強化されてきている。企業・事業所レベルでは，法規制からの逸脱を認める過程で団体交渉制度が刷新され，団体交渉・協約締結資格の見直しや団体交渉プロセスの規制強化が図られている（第3章第1節）。また，企業レベルの交渉主体の拡大過程で

---

216)　F. Canut 2007, pp. 243 et s.
217)　S. Frossard 2009, p. 88.

は，組合代表委員以外の交渉主体の承認と連動して同委員とほぼ同様の交渉手続や保護規定が整備されている（第3章第2節）。

以上のような改革の全体像からは，労働法において実体規制から手続規制へという大きな流れが読み取れ，学説では20世紀末に提唱された法の手続化 (procéduralisation) 理論との関連が議論されている[218]。法の「手続化」という概念は多義的であるが，一般的には，社会における問題の複雑化にともない国家が特定のルールを決定し強制することはほぼ不可能になっているとの問題意識から，立法者は私的当事者の交渉事項および交渉のプロセスを整備し，これに基づきいかなる実体ルールを設定・適用するかは交渉者にゆだねるべきとする考え方である[219]。法の「手続化」をこのように理解すれば，第2章・第3章からうかがえる実体規制の縮小と手続規制の拡大は，手続化の現象の一つといえる[220]。

もっとも，1982年以降の労働法改革と法の手続化論との間には重要な違いが指摘される。法の手続化理論における純粋な手続的アプローチは，基本的権利に基づくルール以外では規範設定を交渉当事者にゆだねるべきとするが，逸脱協定の対象拡大は実体規制の消滅を意味しないからである。1982年以降発展した「逸脱可能な公序」においては，逸脱の対象となる法規定は原則的基準であることに変わりなく，同基準は労働協約の締結において参照すべき強行的価値を含んでいる[221]。また，2008年法で活用された補充規範についても，一定の要件を満たす労働協約が存在しない場合には，国家が設定した実体規範が自動的に適用され，契約自由が修正される[222]。このような意味で，1982年以降の改革は，実体規制の強行性を相対化しつつ，その意義を完全には失わせない形で協約当事者の権限を拡大してきたのであり，労働者保護基準の設定における立法者の役割は依然として重要であると指摘されている[223]。

---

218) F. Canut 2007, pp. 443 et s.; S. Frossard 2009, pp. 89 et s.
219) S. Frossard 2009, p. 89. 法の手続化論の詳細は水町2001・185頁以下。
220) S. Frossard 2009, p. 89.
221) M.-A. Souriac 2004, p. 583.
222) S. Frossard 2009, p. 90. なお2016年法でも同様の規制手法が多用された。
223) F. Canut 2007, p. 447; S. Frossard 2009, p. 90.

第2節　学説の評価と展望

　フランス学説は，国家による画一的規制には限界があるとの問題意識から，国家法よりも実情に詳しい労使合意を尊重する枠組みが妥当であること，そしてその労使とは，労働者保護の観点から労働契約当事者でなく協約当事者であるべきことでは一致している[224]。しかし，国家規制との関係で労働協約の権限をどの程度拡大すべきかという，今後の労働法規制のあり方については見解が分かれている。

I　肯　定　説

　まず，国家法に対して企業・事業所協定を優先させる改革を支持し，その流れをさらに進めるべきとする見解がある。このような考え方を明確に示したのは 1997 年 3 月 15 日に労働大臣に提出された Robineau 報告書[225] である。同報告書によれば，今後目指すべきは法律上の保護レベルを維持しつつその内容を実態に適合させることであり，逸脱協定は法律と同等の規範を設定している場合に広く正当化される。ここでいう同等性の基準や内容は必ずしも明らかでないが，同報告書は，逸脱に対する何らかの代償措置がある場合に同等性を肯定する立場と理解されている[226]。

　また，Barthélemy および Cette[227] は，EC 労働時間指令との関係で最長労働時間と最低限の休息時間は国家が規制しなければならないが，そうした一部の規定を除けば，労働協約による逸脱のテクニックに適しているとする。そして，労働大臣による拡張要件が課されない企業・事業所協定は純粋な「契約」

---

　224)　J. Barthélemy/G. Cette 2006, p. 36; S. Frossard 2009, p. 88.
　225)　Y. Robineau, *op. cit.* note 53), pp. 21 et s.
　226)　F. Canut 2007, p. 440.
　227)　J. Barthélemy/G. Cette 2006, pp. 30 et s.; J. Barthélemy/G. Cette, *op. cit.* note 158), pp. 766 et s.

であり，これによる逸脱の許容は当事者意思の尊重につながるため妥当とする。ただし，使用者の一方的決定を防ぐために団体交渉の質を向上させる規制が不可欠であり，(i) 交渉当事者の代表性と正統性，(ii) 交渉当事者間の力の均衡，(iii) 当事者の誠実な行動，(iv) 契約上の取決めの誠実な履行と紛争の実効的処理について，労働協約制度を発展させるべきとしている。

以上２つの見解は，国家規制の強行性を前提に，そこから一定範囲で逸脱を認める規制手法を支持するものであるが，2004年法の基になった2001年労使共通見解では，労働協約が国家規制に当然に優先する領域をつくりだすべきという，より踏み込んだ提案がなされていた[228]。しかしこの提案は，労働協約が法律によって初めて基礎を与えられるという憲法解釈（第１章Ｉ３参照）に反するため，一般に否定されている[229]。実際の法改革においても，労働協約との関係でいかなる場合にどの程度国家規制を後退させるかは，立法者自身がその都度決定してきたのであり，労働法の基本原則の決定を法律事項とする憲法34条との整合性が常に意識されていた（第２章第２節Ⅳ参照）。

Ⅱ 消 極 説

国家規制に対して企業・事業所協定を優先させることについては，消極的な見方もある。

既にみた（第２章第２節Ｖ２）ように，1980年代の改革においては，法規制からの逸脱の手段が拡張産別協約に限定されることがしばしばあり，その背景には企業・事業所協定が労働者に著しく不利な内容で締結されていたことへの危機感があった。Pélissierはこのような現実を踏まえ，① 産業レベルの交渉担当者は企業レベルの交渉担当者が有していない経験と能力を有し，労働者への十分な代償措置なしに法律上の保護を断念することはない，また ② 仮に産業レベルで不当な内容の協定が締結されても，法規制からの逸脱の要件とされている「拡張」を労働大臣が拒否することで法律上の保護が守られるとし，法

---

[228] Position commune du 16 juillet 2001, *op. cit.* note 82). 第２章第３節Ｉ参照。
[229] G. Borenfreund/M.-A. Souriac 2003, pp. 84 et s.

規制からの逸脱を拡張産別協約にのみ認める枠組みを支持した[230]。立法レベルでは，このような考え方とは逆に，企業・事業所レベルでの逸脱協定の締結が促進されていったが，学説では，特に中小企業における労使間の不均衡を指摘し，企業・事業所協定優先の流れに警鐘を鳴らすものが少なくない[231]。

また最近では，労働法が果たしてきた保護機能の意義を理論的・体系的に分析することで，国家規制に対して企業・事業所協定を優先させる改革の問題点を指摘するものも出てきている。すなわち Canut[232] は，労働法における公序は労働契約当事者の非対等性を踏まえた最低限の保護規範であり，そこからの逸脱を認めるのであれば労働者保護のための法的メカニズムが不可欠とする。そして，産業レベルでは拡張手続における労働大臣の審査によって労働者保護が担保されるが，企業レベルでは交渉主体が雇用確保のために企業の要求に屈しやすいため，企業レベルの逸脱協定の増大は労働者保護の低下をもたらしうるとする。また，団体交渉当事者間の均衡は所与の前提ではないとした上で，労働協約の正統性の強化だけでは労働者保護への懸念は払しょくされないとし，企業レベルでの逸脱協定の対象拡大に消極的な立場をとっている。

III 小 括

以上のように，労働法規制のあり方については，企業・事業所レベルの労働協約を国家規制に優先させる改革が妥当か，学説の評価は分かれている。もっとも，両説は根本的に対立するとまではいえない。肯定説は，企業別交渉の質を向上させるための手続規制を拡充すれば最適の規範が実現されると期待するものであるのに対し，消極説は，法制度はどうであれ，実際上は企業・事業所レベルでは労働者保護に反する労働協約が締結されることが多いという実態を重視するものと理解されるからである。その意味で，現状では企業・事業所レ

---

230) J. Pélissier, L'horaire annuel après la loi du 28 février 1986, in: Centre de recherche de droit social, Université Lyon III, *Flexibilité du droit du travail* (1986), p. 137.

231) S. Frossard 2009, p. 89; G. Auzero/E. Dockès 2015, p. 1356. 第2章第3節III参照。

232) F. Canut 2007, pp. 437 et s.

ベルの協約交渉が産業レベルほど信頼できないという見方は，両説で共通しているとみられる。

　以上で国家規制と集団的合意（労働協約）の関係性をめぐる分析を終える。次章では，国家規制と個別契約の関係に焦点を当てて検討していく。

第5章

法規制の柔軟化と個別契約

第1節　個別契約の重要性の増大

　フランスでは，1982年以降の改革でも個別労働契約との関係では法規制の強行性が維持されていたが，2000年代後半に個別労働契約や労働者の個別同意の意義が増大し，法規制と個別的合意の関係性をめぐる伝統的な法構造にも修正が加えられるようになる。

I　労働者個人の自由の増大とその背景

　オブリー法で週35時間制が実施された後，フランスでは労働時間短縮による雇用創出が政府の関心事項のすべてではなくなり，個々の労働者の希望に合った労働時間制度の実現が新たな政策課題となった。そして，2007年5月にサルコジが大統領に就任すると，フィヨン政権の下で国民の所得増のための経済政策が進められ，「働きたい者がより長く働き，より多く稼ぐ」というスローガンの下，労働時間制度において個人の自由を拡大する改正が行われる。
　まず，2007年8月21日の法律第1223号は，法定外労働時間に対する割増賃金について労働者の税・社会保険料負担を免除し，労働者がより長く働くよう財政面で誘導した。そして，2008年2月8日の法律第111号は，週35時間を超える労働時間数に対応する休日保障について，2009年12月までに取得した分を，労働者が使用者との合意に基づき割増賃金と引換えに放棄することを認めた（法1条I）。そして，2008年・2009年には，以下でみる通り，恒常的枠組みとして，法律上の権利保障を享受するか否かを個々の労働者の判断にゆ

だねる改革が労働時間の分野で行われている[233]。

II　幹部職員の特別な労働時間制度

最初に注目するのは，自律的幹部職員のための特別な労働時間制度である。

1　沿　革

フランスの労働時間規制は，もともと幹部職と一般職で区別されていなかった。しかし，幹部職員は労働の大部分がその自律にゆだねられるという特性があり，実労働時間数を基礎とする規制の適用になじまなかったため，第2次オブリー法によって特別な労働時間制度が導入された[234]。これは，労働時間を1年の労働日数で決定し，報酬額をその労働日数に基づき約定する制度である。本制度が適用されれば，使用者の労働時間管理義務が労働日数に限定され，法定労働時間等の一部の労働時間規制が適用除外となる[235]。本制度は2005年・2008年に内容上大きな改正が行われ，現在では2016年8月8日の法律改革を経てL.3121-53条以下に収録されている。

2　労働日数の一括合意の実施要件と効果

本制度の対象労働者は，① 労働時間の利用方法に自律性が認められ，かつ，その職務の性質上，自らが組み込まれている作業場，部課，作業班に適用される集団的労働時制に従って勤務していない幹部職員，または，② 労働時間の長さをあらかじめ決定することができず，与えられた責任を遂行するために労働時間の利用方法に実際に自律性が認められる労働者である。

---

233)　桑村・前掲注100)論文・22頁以下も参照。

234)　第2次オブリー法による規制の詳細は川口・前掲注53)論文・153頁以下，労働政策研究・研修機構『諸外国のホワイトカラー労働者に係る労働時間法制に関する調査研究』（2005年）134頁以下〔水町勇一郎〕。

235)　なお，第2次オブリー法は，年単位の労働日数の一括合意のほかに，週・月・年単位の労働時間の一括合意を認めた。しかし，これらの労働時間数の概算は使用者の賃金計算を簡素化するだけで，通常の労働時間規制が及ぶ点に変わりはない。

対象労働者について本制度を導入するには労働協約の定めが必要である。ここでいう労働協約とは，第2次オブリー法で拡張協約または企業・事業所協定とされたが，2008年8月20日の法律で，企業・事業所協定，それがなければ産別協約とされた。この労働協約は，(a) 本制度を適用しうる労働者類型，(b) 本制度の導入に際して遵守すべき原則，(c) 年間労働日数の上限などを定めなければならない。

本制度において注目されるのは，これが労働協約だけでは実施できず，労働者の書面による同意が必要とされた点にある（現 L. 3121-55 条）。ここで成立する個別的合意は（労働日数の）一括合意（convention de forfait）と呼ばれる。

以上すべての要件を満たして年間労働日数の一括合意が行われた場合，週法定労働時間と1日および週の最長労働時間規制が適用除外となる。これに対し，1日連続11時間の休息時間，週休，祝日および有給休暇の規定は適用される。

3 労働日数の法定上限の超過

本制度で一括して定め得る1年の労働日数については，第2次オブリー法で217日が上限とされ（その後218日に改正），一律に適用されていたが，2005年3月31日の法律第296号は，労働協約がこれを認めた場合に，労働者が使用者との合意により割増賃金支払いと引換えに休日を放棄・削減することを認めた。しかし，休日削減にかかる協約締結要件は2008年8月20日の法律で削除され，個々の労働者が希望すれば，使用者との書面による合意だけで休日削減が可能となった（現 L. 3121-59 条）。なお，この休日削減には10%以上の割増賃金支払いが義務づけられている（同2項）。

2008年法によると，個別的合意に基づき休日を削減して年間の労働日数を増やす場合の上限は，労働協約で定めうるが，法律上不可欠の週休（年間52日），有給休暇（30日）および唯一の義務的休業日〔5月1日〕(L. 3133-4 条) を除いた年間282日以下でなければならない。労働日数の上限を定める協約規定が存在しない場合には，235日が絶対上限となる（現 L. 3121-66 条）。

割増賃金支払いと引換えの休日削減は，いわば休日の買取りであり，これを認める上記規定は1993年11月23日のEC労働時間指令に抵触する可能性があった[236]。欧州司法裁判所は，労働者の休息権をEC社会権における特に重

要な基本原則としており[237]，年次有給休暇の買取りを認めるイギリス法が問題となった事案で，労働契約の終了時以外で買取りを認めることは上記指令に違反すると判示していたからである[238]。また，労働日数の一括合意を認めるフランスの上記規定については，労働協約で1日および週の最長労働時間を設定したり，1日および週の実労働時間を調査する方法を定めたりすることを要求していない点が，労働時間の合理的制約を受ける権利を定める欧州社会憲章2条1項に反すると判断されていた（第2章第5節Ⅰ2(2)）。

こうした中，2011年にフランスで注目すべき判決が出た。破毀院は，労働日数の上限超過にかかるL.3121-45条（現L.3121-59条）の適用において，1946年憲法前文11項の健康・休息権およびEU法の健康確保規定（1993年指令17条1項・4項，2003年指令17条1項・19条，EU基本権憲章31条等）に照らせば，労働日数一括合意を可能とする労働協約において，1日および週の最長労働時間を制約する規定を置かなければならず，当該協約にこれらの規定がある場合にのみ本制度は有効としたのである[239]。本判決は，法律に明記されていない要件を健康確保の観点から設定したものであり，これにより使用者は実労働時間数の算定が再び必要となった。

本判決の後，本判決が設定した要件を当該協約が満たすか否かが争われた事案はいくつかあるが，① 本制度の実施状況や面談の必要性の決定を個別契約にゆだねたり，単に1日および週の最低休息時間を遵守すべきとだけ定める協約規定[240]，② 年に2回雇用状況と実労働時間につき特別な調査を行うとした協約規定[241]は，拘束時間や業務にともなう責任の程度を合理的な範囲にとどめるものではなく，不十分とされている。

---

236) M. Véricel 2008, La loi du 20 août 2008 relative au temps de travail, *RDT* 10/2008, p. 581 ; M. Grévy, Où en est le temps de travail?, *Dr. ouvr.* 2009, p. 199.
237) CJCE 26 juin 2001, Bectu, *RJS* 10/01, n° 1232.
238) CJCE 16 mard 2006, *RDT* 2007, p. 43.
239) Cass. soc. 29 juin 2011, n° 09-71107. 同旨，Cass. soc. 26 sept. 2012 n° 11-14540.
240) Cass. soc. 31 janv. 2012, n° 10-19807.
241) Cass. soc. 24 avr. 2013, n° 11-28398.

4 制度設計の特徴と評価

年間労働日数を一括して定める本制度の制度設計には以下のような特徴がある。

第1に，本制度の実施には法文上労働協約のほかに個別労働契約が必要であり，労働協約だけで対象労働者に本制度を強制できない。第2章で詳しくみたように，1982年以降の改革では，基本的に法規制からの逸脱には法文上労働協約の締結のみ要求されていた。このような場合でも，逸脱協定の実施段階で労働者の同意が要求されることはあった（第2章第5節Ⅲ）が，これは個別契約で有利な労働条件を規定した労働者（有利原則）や労働契約の要素が変更される労働者（労働契約変更法理）に対象が限定されており，一般的に逸脱協定の実施に労働者の同意を要求するものではなかった。これに対し，本制度は，年単位の労働日数を一括して決定する場合に常に労働者の個別同意を必要とし，本制度の適用について労働者に拒否権を付与した点で特徴的である。

こうした制度設計は労働時間管理の個別化に対応したものと説明されている[242]。本制度は，対象労働者の定義にある通り，集団的な労働時間管理になじまない，自律的に働く労働者を念頭に置いた制度であるため，集団的規律によって同制度を強制することは適当でないと解されたのである。

第2に，より重要なのが，労働日数の一括合意を行った労働者について，2008年法が労働者の個別同意だけで休日の数を減らし，年間218日の労働日数の原則的上限を超過することを認めたことである。2008年法の下では，労働日数の上限超過の限界を労働協約で定めうるが，上限超過を認める前提で協約が締結されていなくとも，労使の個別的合意によって年間235日まで労働日数を増大可能とされた点が重要である。

これまでフランスでは，法規制からの逸脱は，労働者保護の観点から集団的合意が要件とされ，その場合の労働者個人の同意は，逸脱協定の適用を阻止する（労働者利益を守る）ための手段と位置づけられてきた。しかし2008年法は，労働日数の上限超過にかかる協約締結要件を外し，労働者個人の自由を法定の

---

242) M. Grévy, *op. cit.* note 236), pp. 197 et s.

最低基準を下回る方向でも承認した点で新しい[243]。

　2008年法は新自由主義的発想に立って労働時間規制を緩和し，労働者の所得増のためにより長く働くことを促進しており[244]，労働時間規定を個別的合意に開放する立法者の選択は，EC労働時間指令6条に関するオプトアウト（opt-out）条項（個別的合意で法規制を排除する条項。イギリスに存在する。第1編第5章Ⅲ2参照）をモデルとしたとされる[245]。しかし学説では，休日保障は労働者の健康保護にとって極めて重要であり，それを享受するか割増賃金のためにあきらめるかの選択を労働者個人にゆだねれば，賃金が低い労働者はより長く働いて稼ぐよう誘導されること，またそもそも当事者が非対等性の労働関係で個別的合意を重視すれば労働者の権利制約につながることから批判が強い[246]。

　労働日数の一括合意については，上記の通り，憲法およびEU指令の趣旨を踏まえて1日および週の最長労働時間を制約する協約規定が判例上不可欠とされたため，個別的合意に基づく労働日数の上限超過の場合も今後は労働者の健康保護からの制約が一定程度及ぶことになる。しかし，学説で批判が強い，労働日数の上限超過を個別契約単独でも認める枠組みは現在まで維持されていることは押さえておく必要がある。

Ⅲ　日曜休日原則の例外

　労働者の個別同意ないし個別的合意の位置づけを考える上で重要なもう一つの改革は，日曜休日原則の例外拡大である。

1　日曜休日原則とその例外

　フランスでは，1906年以来，週1回の休日（週休）が日曜に設定されている。

---

[243]　M. Véricel, *op. cit.* note 236), p.575.
[244]　M. Véricel, *op. cit.* note 236), p.575 et pp.580 et s.
[245]　P. Lokiec, *op. cit.* note 104), p.486.
[246]　M. Véricel, *op. cit.* note 236), pp.580 et s.; M. Grévy, *op. cit.* note 236), p.198; P. Lokiec, *op. cit.* 104), p.486.

週休は労働者の健康確保の目的があるのに対し，日曜休日はイエス・キリストの復活の日に対応させる形で宗教的理由から選択されたものである[247]。しかし，実際には業務の性格や生活の利便性の観点から，日曜休日原則には例外が許容されていった。例えば，顧客のニーズへの対応や技術的理由から労働を中断できない事業所等では，交代班を組織しての日曜労働が許容される（L. 3132-12 条）。また，1982 年以降の改革で，拡張協約または企業・事業所協定による日曜労働の実施も認められ（L. 3132-14 条以下），行政当局（知事および市町村長）が日曜労働を特別に許可する場合もあった（L. 3132-20 条以下）。しかし，これら以外でも，一定の地域や業種では労働者の同意に基づく日曜労働が慣行として広がっており，特に，一年中外国人が訪れる観光地・温泉街や人々が週末に消費する傾向が強い大都市圏では，業種に関わらず小売店の日曜営業を認めるニーズが大きかった。政府は，こうした実務上の要請に応えて日曜労働を広く認めれば雇用創出効果が見込めるとして，2009 年 8 月 10 日の法律第 974 号で日曜休日の例外を拡大した（法 2 条）。

2　2009 年法

2009 年法はまず，食料品小売店で日曜の営業可能時間を延長し，小売業において日曜以外の週休を一般的に許容した。また，住民が 100 万人以上の大都市圏で知事が例外的消費慣習地域（Périmètre d'usage de consommation exceptionnel; PUCE）を設定し，同地域内で知事の許可に基づく日曜労働を可能とした。

その一方で，知事の許可に基づく日曜労働の実施要件については厳格化した。第 1 に，日曜労働に対する代償措置を義務化し，その内容を労働協約（それがなければ使用者の一方的決定）で定め，知事の許可の際に考慮することとした（現 L. 3132-25-3 条 I）。そして，代償措置を定める労働協約が存在しない場合には，日曜労働に対して代償休日および通常賃金の 2 倍が保障される（同 3 項）。

第 2 に，許可に基づく日曜労働の実施において，これまで不要であった労

---

[247] S. Lecocq, Le repos dominical, un principe en voie d'extinction?, in: A. Jeammaud, Faut-il conserver le régime actuel du repos dominical?, *RDT* 11/2008, p. 645.

者の書面による同意を要求した。そして，同意の真意性を担保するため，日曜労働拒否を理由とした採用拒否および差別的取扱いを禁止し，日曜労働拒否が労働者の過失または解雇理由とならないと法律上明記した（現 L. 3132-25-4 条 1 項）。また，日曜労働を行う労働者の個別的事情を使用者が考慮する条件を労働協約で定め，当該協約が存在しない場合には，毎年，日曜労働を行う全労働者に対し，同一の企業・事業所で日曜労働のない雇用・業務への優先的配置にかかる希望を確認する義務を使用者に課した（同 3 項）。さらに使用者は，労働者との面談の際に日曜労働をこれ以上行わない自由があることを伝え，労働者が日曜労働を拒否した場合には，当該拒否は使用者への書面による通知の 3 か月後に効力が生じることとした（同）。

3 制度設計の特徴と評価

2009 年法は，労使合意だけで日曜労働を許容するものではないが，知事の許可に基づく日曜労働の実施においてこれまで不要だった労働者個人の同意を不可欠とした点で注目される。これは，法規制の例外を集団的に実施するのではなく，その最終判断を労働者個人にゆだねるものであり，法規制の柔軟化の局面で労働者の個別同意を重視する改革として重要である。

もっとも，労働者は雇用喪失の脅威の下で同意せざるをえない状況に追い込まれる危険があり，労働者の同意の自発性・真意性には疑問が呈されている[248]。また，仮に同意が自発的に行われたとしても，日曜労働に対する代償措置は，通常は割増賃金が選択されるため，同法は労働者が経済的利益のために労働法典の保護を失うことを誘導するものとなる[249]。特に，労働協約が存在しない場合の割増賃金は通常賃金の 2 倍であり，これを目当てに日曜労働に従事する労働者が増えることは容易に予想がつく。そのため学説では，労働法上の保護の喪失を経済的措置によって誘導する手法自体の当否が問題となっている[250]。

---

248) F. Favennec-Héry, *op. cit.* note 103), p. 256.
249) M. Vércel, Ne pas jouer aux apprentis sorciers, in: A. Jeammaud, *op. cit.* note 247), p. 643.

ただし，2009年法に対する問題提起は，上記2008年法に対する問題提起と若干異なる点に注意が必要である。2008年法では，特に個別的合意によって労働日数の上限超過を認める点が労働者の健康保護の観点から問題視されていた（上記Ⅱ4）が，2009年法で最終的に労働者個人に処分権が付与される日曜休日原則は，労働者の健康保護とは関係のない宗教上の理由から設定されたものであり，そこからの逸脱は宗教の自由の回復という意味がある[251]。学説は，こうした原則的規定の趣旨の違いを踏まえつつ，日曜休日原則は日曜という特定の日に家族との時間を大切にすることを共同体のサイクルとし，これによって社会的つながりを強化するものであるから，そこからの逸脱を広く認めることで社会分裂を生んでもよいのか，真剣に議論する必要があるとしている[252]。

Ⅳ 小 括

本節でみた2000年以降の改革は，個別労働契約を法規制からの逸脱の実施要件に組み込み，個人の選択に基づく労働を促進している点で共通する。労働日数の一括決定の制度において労働協約に加えて個別的合意を要求した点，および，知事の許可に基づく日曜労働の実施に労働者の個別同意を要求した点は，法規制と異なる枠組み適用について労働者に拒否権を付与するものであり，国家または協約当事者による上からの決定を労働者に強制しえない場面を作り出した点で意義がある。また，2008年法が個別的合意だけで労働日数の上限超過を可能としたことは，法定の最低基準を下回る方向でも個人の自由を肯定するものであり，注目される。しかも，こうした個別的合意に基づく法規制からの逸脱は，割増賃金等の金銭的代償を通じて政策的に誘導されており，サルコジ大統領就任後の政権による経済政策の一環として，労働者の所得増のために認められていた。こうした経済的視点での規制緩和は，労働者の従属性を前提

---

250) M. Vércel, La loi du 10 août 2009 relative au travail dominical, *RDT* 10/2009, p. 578.
251) S. Lecocq, *op. cit.* note 247), p. 645.
252) M. Véricel, *op. cit.* note 249), pp. 643 et s.

とする労働法分野では問題が多く，EU 法や憲法から健康確保のための追加の制約が導かれているほか，個別的合意による逸脱を認める上記 2008 年法に対して学説で批判が強いことには注意が必要である。

第 2 節　労働契約の抵抗可能性の制約

　以上のように，2000 年代後半は個別契約を重視する改革が行われたが，2012 年頃から改革の流れが一変し，今度は個々の労働者に対する労働協約の拘束力を強化する立法が行われている。本節では，そうした改革がいかなる理由で実現されたのか，立法改革の背景とその趣旨・内容を確認していく[253]。

I　労働協約と労働契約の関係性とその帰結

1　労働契約による抵抗の余地

　既にみた（第 2 章第 5 節Ⅲ）ように，フランスでは，労働協約に規範的効力が認められる一方で，労働協約の実施を労働契約のレベルで遮断する余地があり，逸脱協定が労働者を拘束するとは限らなかった。すなわち，労働協約と労働契約の間の有利原則により，個々の労働者は使用者とより有利な合意を行えば，いつでも逸脱協定の適用を免れることができた。また，労働契約変更法理によれば，逸脱協定が労働契約の要素を変更する場合や労働契約で予定されていない「重大な変更」をもたらす場合には，有利・不利に関わらず，労働者の同意が必要であった。そして，労働時間配分の柔軟化を主要な目的とする逸脱協定については，労働時制の変更が「重大な変更」にあたると解されることで，そのまま実施できないことが多かった。
　このような労働協約に対する個別契約の抵抗可能性は，個人の自由を重視するフランス革命以来の伝統であり，一方で労働者の利益保護に資するが，他方

---

[253]　詳細は桑村・前掲注 125) 論文・13 頁以下参照。

で逸脱協定の適用が遮断されることで法規制の柔軟化の改革の効果が損なわれるという問題があった[254]。

2　2010年9月28日判決

こうした中，2010年9月28日に破毀院が「労働契約の変更」の射程を拡大する判示を行った[255]ことで，上記問題意識はさらに広がった。本件の事案の概要は以下の通りである。

労働者Xは1989年1月以来，月の所定労働時間を169時間として賃金が支払われていたが，2002年に法定労働時間が週35時間に短縮されたことにともない，月の所定労働時間が151.67時間に短縮され，Xはこれとは別に毎月少なくとも17.33時間の労働を行っていた。Xはこの17.33時間が法定外労働時間にあたるとして割増賃金等を請求したが，使用者Yは，週35時間制への移行後に，労働協約に基づき労働時間調整（変形制の実施）が行われているとして，同請求を拒否した。そのため本件では，Yが主張するような変形制の実施を，労働者の同意なく労働協約だけで実施できるかが問題となった。

この点について破毀院は，一般論として「労働時間調整の導入（l'instauration d'une modulation du temps de travail）は労働者の明示の同意が必要な労働契約の変更にあたる」と述べ，本件労働協約による変形制の実施（＝労働時間調整）はXの明示の同意を得ていない以上Xに対抗しえないとした控訴審判決を適法とした。

労働契約変更に関する従来の判例法理によれば，労働時間配分の変更は原則として使用者の一方的決定が可能な「労務遂行条件の変更」にあたり，労働契約上予定されていないと考えられる「重大な変更」のみ「労働契約の変更」にあたると解されていた[256]。しかし，本判決の一般論は，労働時間配分を変更して労働時間を調整する場合は常に「労働契約の変更」にあたると評価するも

---

[254]　M. Morand, *op. cit.* 138), p. 958 ; J. Barthélémy/G. Cette, *op. cit.* note 145), p. 20.
[255]　Cass. soc. 28 sept. 2010, n° 08-43161.
[256]　Cass. soc. 10 mai 1999, n° 96-45652 ; Cass. soc. 14 nov. 2000, n° 98-43218. 第2章第5節Ⅲ2(2)参照。

ので，2010年以前の労働契約変更の射程を拡大している[257]。これによれば，現行法上，一定期間内での労働時間調整を導入する労働協約（逸脱協定）は，それが労働契約に与える影響の大小に関わらず，従前の取扱いが変更される労働者に対しては当然に実施できないことになる。

　学説は，特に労働時間の分野で国家規制に対する協約優位（特に企業別協定の優位）を強化した2008年8月20日の法律との関係で，同法は労働時間の決定および変更を労働協約の権限としており，柔軟な協約上の措置について労働者ごとの異なる適用は予定していないとして，上記破毀院の一般論を批判した[258]。しかしいずれにせよ，逸脱協定の主要な目的である労働時間調整を一般的に「労働契約の変更」と解する判例が出たことで，実務では国家規制との関係で労働協約を優先させる改革の限界が鮮明になった。そこで今度は，労働契約に対する労働協約の拘束力を強化する立法改革が行われるようになる。

II　労働協約の拘束力の強化

1　2012年法

　まず，2012年3月に，上記2010年判決がもたらした労働時間調整の実施の不確実性（労働者の拒否により実施できない場合があること）を排除し，労働時間編成の柔軟性を確保するため[259]，2010年判決と反対の考え方を採用する立法が行われた。

　2012年3月22日の法律第387号で労働法典に新たに導入されたL. 3122-6条（当時）は，第1項において，「労働協約によって規定される，1週を超え最大1年までの期間における労働時間配分の実施は，労働契約の変更にあたらな

---

[257]　M.-É. Blanc, La genèse de l'article 45 de la loi Warsmann, *Sem. soc. Lamy*, 16 avr. 2012, n° 1534, p. 3.

[258]　M.-É. Blanc, *op. cit.* note 257), p. 3. 同旨，J. Barthélémy/G. Cette, *op. cit.* note 145), p. 20.

[259]　F. Favennec-Héry, Article 45 de la loi Warsmann, *Sem. soc. Lamy*, 16 avril 2012, n° 1534, p. 4.

い」と定め，変形制による労働時間調整の実施には労働者の同意を要しないことを明確にした。この新規定は，理論的には，労働契約上特段の定めがない限り，労働契約の中にあらかじめ労働時間調整の集団的実施に対する同意が含まれているとみなすものと説明されている[260]。

ただし，L.3122-6 条の第 2 項は，「第 1 項はパートタイム労働者には適用されない」とし，第 1 項の射程をフルタイム労働者に限定している。したがって，パートタイム労働者の労働条件変更の枠組みは従来の判例法理にゆだねられ，2010 年判決によれば，パートタイム労働者の労働時間調整の実施には労働者の同意が常に必要とされることになる。また，フルタイム労働者についても，L.3122-6 条で明記された事項以外では判例法理が適用されるため，例えば，労働協約による労働時間調整の結果，労働時間が短縮され賃金が減額される場合には，その限りで労働者の同意が必要となる[261]。

2012 年法によって導入された上記規定の最大の意義は，逸脱協定の主要な目的である変形制による労働条件変更は労働契約の変更にあたらないと法律上明記することで，逸脱協定に対する労働者の抵抗可能性を限定し，柔軟な労働時間配分の集団的実施を容易にした点にある。このような規定と憲法上の契約自由（1789 年人権宣言 4 条，16 条）との関係について，憲法院は，本条は労働時間を企業の生産リズムの変化に適応させる労働時間調整協定（の実施）を強化するための規定であり，その目的は十分一般的な利益に基づくとして，契約自由の侵害にあたらないとした[262]。

ただし，L.3122-6 条（2016 年法で L.3121-43 条に改編）は有利原則を修正するものではないため，同条の下でも，逸脱協定より有利な合意を行えば当該労働者は逸脱協定に拘束されない点には注意が必要である。

2 2013 年法・2016 年法

2012 年法の後，2012 年 5 月に社会党オランド大統領が就任すると，社会党

---

[260]　F. Favennec-Héry, *op. cit.* 259), p. 6.
[261]　F. Favennec-Héry, *op. cit.* 259), p. 4 ; G. Auzero/E. Dockès 2015, p. 854.
[262]　Cons. const. 15 mars 2012, Décision n° 2012-649 DC.

政権下で労使のニーズの調和のために団体交渉を重視すべきと考えられるようになり，2013年6月14日の法律第504号[263]で労働者個人の自由を制約する2つの特別な労働協約が導入された。その一つが，人員削減を予定しない企業において職業上のおよび地域的な配転を可能とする労働協約（企業内配転協定：Accords de mobilité interne）であり（現L. 2242-17条以下），もう一つが，経済的に重大な危機に直面している企業において，雇用保障と引換えに労働時間の長さ・編成・配分および賃金を調整する労働協約（雇用維持協定：Accords de maintien de l'emploi）である（L. 5125-1条以下）[264]。

この2つの企業別協約は，企業の内的柔軟性を高めて雇用安定を図る目的があり，当該協定の有効期間中は，有利・不利に関わらず，当該協定に反する労働契約条項の効力を停止させる効力がある（現L. 2242-19条2項，L. 5125-2条2項）。これは有利原則の法定の例外にあたり[265]，労働契約に対する労働協約の拘束力を強化するものである[266]。憲法院は，2013年法による有利原則の修正部分を契約自由の侵害にあたらないとしている[267]が，2013年法の目的である雇用安定化は，契約自由の制限を正当化する一般利益にただちに該当しないとして，契約自由の侵害にあたるとする学説もある[268]。

しかし政府は，さらに2016年8月8日の法律で，雇用の維持・発展のため

---

263) 同法は雇用安定化法とも呼ばれる。同法の全般的紹介は，柴田洋二郎「フランスにおける2013年雇用安定化法」季労247号（2014年）47頁。

264) 桑村・前掲注125)論文・22頁以下参照。

265) G. Auzero/E. Dockès 2015, p. 76. G. Borenfreund, Le refus du salarié face aux accords collectifs de maintien de l'emploi et de mobilité interne, *RDT* 05/2013, p. 318 も参照。

266) なお，上記2つの特別な労働協約は，その適用段階で労働者の同意が要求されており（現L. 2242-19条3項，L. 5125-2条2項），労働者が拒否すれば上記協約は適用されない構造にあるが，2013年法は当該協約の適用を拒否した労働者の解雇規制を緩和しており，同改正により労働者が当該協約の適用に同意する可能性が高まると考えられる。詳細は桑村・前掲注125)論文・24頁以下。

267) Cons. const. 13 juin 2013, Décision n° 2013-672 DC.

268) Observations du Syndicat de la magistrature sur le projet de loi relatif à la sécurisation de l'emploi, *Dr. ouvr.* 2013, pp. 315 et s.

に締結された企業別協定が労働契約条項に完全に代替する制度を新設し（L. 2254-2条），雇用保障のために団体交渉を重視する政策を推し進めている。

Ⅲ 小 括

本節は，第1節でみた動きとは逆に，労働契約変更法理および有利原則に法律上の例外を設定し，労働協約に対する労働者の抵抗可能性を限定する改革を整理した。労働協約に対する労働契約の不可侵性・独立性は長らくフランス労働法の特質とされてきたが，2012年から2016年にかけての法改正により，労働契約が常に労働協約に対抗し得るわけではなくなったことは注目に値する。特に2012年法は，本書が注目する逸脱協定の適用を確実にすることを直接の目的としており，国家規制との関係で労働協約の権限をいかに拡大しても，労働者がその労働協約に拘束されなければ意味がないことが認識されたものである。

もっとも，労働法体系全体を見渡せば，労働協約が労働契約に優位する場面はいまだ限定的であることを忘れてはならない。「一羽のツバメは春をつくらず（Une hirondelle ne fait pas le printemps）」という諺で示される[269]ように，本節で見た改革は労働協約と労働契約の関係を根本的に修正するものではないのである。したがって，今後フランスで労働者を拘束する労働協約の権限がさらに強化されていくのか，それとも契約自由の観点から労働協約の権限が再び限定されることになるのか，議論の行方を慎重に見守る必要がある。

第3節 ま と め

1990年代までの法規制の柔軟化においては，法規定は労働協約にのみ開放され，個別契約ないし労働者の個別同意は，逸脱協定の適用段階で解釈によりその要否が決定されていた。しかし，以上みたように，2000年以降は労働時

269） F. Favennec-Hery, *op. cit.* 259), p. 6.

間管理の個別化を受け，労働時間規制から逸脱する際の要件に個別契約・同意を組み込む例が出てきている。第2次オブリー法で導入された自律的幹部職員の特別な労働時間制度は，労働協約単独では実施できず，個別契約が不可欠とされ，2008年法では，個別的合意によって幹部職員が労働日数の法定上限を超過する自由が認められているのである。2008年法は法定の最低基準を下回る労働条件決定においても個人の自由を尊重するものであり，ここに初めて個別的合意が法規制の柔軟化の実現手段として承認されたのであった。そして，サルコジ大統領就任後の2008年・2009年の規制緩和は，労働者の所得増のための経済政策の一環として行われたものであり，労働法上の保護を失うという選択が金銭的代償（割増賃金）とセットで承認され，法規定からの逸脱が政策的に誘導されている点が特徴的である。

しかし，フランスでは改革の方向性が大統領や政府の方針によって変わりやすく，サルコジ大統領の任期終盤の2012年以降は，労働協約の拘束力強化に政策の重点が移り，それまで手つかずだった労働協約と労働契約の関係に立法が介入するようになっている。そして，オランド大統領就任後の社会党政権下では，労働協約・労働契約間の有利原則が一部修正され，現在では労働協約を中心とした労働条件決定システムに重きが置かれている。

こうしてフランスでは，異なる大統領・政権による数多くの改革を経て，法規制の柔軟化における個別契約・同意の位置づけや労働協約との組み合わせが複雑・多様化している。フランスでは，国家規制を基盤とする従来の規範構造では不都合な事項があれば，その都度必要な限りで修正を加え，個別契約の位置づけも変えてきたとみるのが妥当であり，改革の一貫性や連続性はそれほど意識されていないようである。

第 6 章

フランス法の分析

　以上，フランスで労使合意に基づく法規制の柔軟化がどのように進められてきたか，関連する改革の全体像を明らかにした。

　フランス労働法は，労働者の従属性を前提とし，個別契約では実現できない社会的公正さを実現するため労働者保護の枠組みが必要とされた。そして，中間団体を排除したフランス革命以来，国家がその役割を担い，統一的な労働法典には，雇用・労働に関係する広範な事項について，法律および命令による詳細な労働者保護規制が存在する。そして，国家規制・労働協約・労働契約の適用関係は，伝統的には最も有利な規範が優先するという比較的単純なルールで規律されていた。しかし，1980年代以降，社会・経済状況の変化の中で労働条件決定のあり方に修正が加えられ，労働者保護法の構造が変容している。こうした動きは本書の分析軸に照らしてどのように分析できるだろうか。

I　労使合意を媒介とした法規制の柔軟化の位置づけ

　フランスでは，1982年以来，労働協約による逸脱を認める法規定が労働時間の分野を中心に増えている。こうした法規定の労働協約への開放がフランス法体系でいかなる問題として位置づけられるかについては，ドイツほどではないが，憲法レベルで一定の議論の蓄積がある。

　フランスでは，憲法34条で労働法の基本原則の決定が法律事項とされ，国家による労働者保護規制の根拠は同条に求められてきた。他方で，労働者の団体交渉権は憲法上明確に保障されておらず，集団的労使自治（協約自治）は憲法上の価値を有しないと一致して理解されている（第1章Ⅰ3）。そのため，労働条件決定において誰にいかなる権限を付与するかは立法裁量の問題であり，

本来的に労使(協約当事者)にゆだねるべき事項があるという考え方は憲法上排除されている。フランスで国家規制と労働協約の権限関係についてドイツほど緻密な議論が展開されていないのは、憲法上両者が同等でないからであり、労使合意に対する立法権限の強大さ(集団的「自治」の発想の脆弱さ)がフランスの特徴である。

　もっとも、立法者が労働者保護の設定を包括的・全面的に協約当事者にゆだねてよいかは、1980年代以降、逸脱協定の対象が拡大される中で理論的に問題となった。フランスの判例・学説は、立法者は憲法34条により労働法の枠組み形成に関し広範な裁量を有するとしつつも、①同条からは逆に、立法者は最低限、逸脱の対象および要件を明確に規定しなければならず、法規制からの逸脱を無限定に許容することはできないこと、②立法者は憲法上の基本的権利・自由を尊重しなければならず、これらの権利の処分を労使にゆだねることはできないこと、③EU指令に由来する規制は、同指令で許容されていない限り労使合意による逸脱を認めることはできないことを明らかにしている(第2章第5節Ⅰ)。

　具体的には、逸脱協定の多くが、労働者の安全や健康に密接に関連する労働時間の分野で承認されていることから、②における憲法上の基本的権利としては、1946年憲法前文11項にいう労働者の健康および休息の権利が挙げられることが多い(第2章第5節Ⅰ1)。労働協約による逸脱をより一層認めるべきかは学説で意見が分かれるが、少なくとも労働者の健康保護に関しては、上記憲法規定およびEC労働時間指令との関係で、最長労働時間と最低限の休息時間は国家が規制しなければならないと一致して理解されている[270]。

　憲法的価値のある権利には、このほかにも、法の下の平等、勤労権、組合の権利、家庭生活を尊重される権利、身体の安全を求める権利等があり(F. Canut 2007, pp. 285 et s.)、立法者はこれらの権利保障を奪うことはできず、また、これらの権利を侵害する労働協約は無効とされる。これらのうち最も重視されるのが憲法上の平等原則であり、同原則を具体化した労働法典上の差別禁止規

---

[270] J. Barthélémy/G. Cette 2006, p. 31 ; M. Bonnechère, *op. cit.* note 8), p. 422. 第4章第2節Ⅰ参照。

定(L.1132-1条以下)は本来的に労使が逸脱しえない規制に分類されている。第2編でも述べたように，差別禁止や労働時間に関しては，近年EU指令が加盟国の裁量を限定しており，指令上の制約が実質的に労使合意による逸脱の絶対的限界を確定していることも重要である(以上，第2章第5節Ⅰ2)。

　以上から，フランスでは，憲法上の基本的権利およびEU指令上の制約を除けば，法規定を労使合意に開放することに理論上の制約はない。すなわち，法規制の柔軟化の内容・程度は原理的に解決されるべき問題ではなく，立法者の広範な裁量にゆだねられる点に特徴がある。

Ⅱ　柔軟化の適否と基準

　では，立法者はある法規定を労働協約に開放するか否かをどのように決定してきたのだろうか。フランスでは労働法典の規制が大量かつ複雑であり，柔軟化されている法規定を網羅的に列挙することはできないが，第2章第2節でみた逸脱協定の対象事項のうち，主なものを取り上げると以下の通りとなる。
　まず，逸脱協定を初めて承認した1982年オルドナンスは，労働監督官の許可の不要な法定外労働時間数，法定労働時間およびその計算単位，日曜休日原則，深夜労働時間帯を労働協約に開放した。その後，逸脱協定の対象事項は労働時間分野を中心に増大し，1日10時間の最長労働時間，法定外労働時間に対する割増賃金支払原則およびその割増率，日単位休息時間，年少労働者の週単位休息時間，深夜労働の上限時間，パートタイム労働者の労働時間配分変更の予告期間・労働時間の増減幅の上限・勤務の中断回数・中断時間，自律的な幹部職員の特別な労働時間制度における1年の労働日数の上限等が加わった。また，労働時間以外でも，派遣労働者・有期契約労働者に対する雇用終了時の不安定補償手当の支払原則およびその支払額や，整理解雇手続の規定が逸脱可能とされた。なお，上記の通り，フランスでは協約自治が憲法上保障されず，労働協約は法律が認める範囲内でのみ決定権を有するので，労働協約が不利に逸脱しうる法規定は，以上のように明文規定があるものに限られる(第2章第2節Ⅳ)。
　これらの逸脱可能な規制の性格・種類に着目すると，ドイツと同様に時間の

長さ・手当の額等の量的規制やその計算方法の規制が多く，労使のニーズを踏まえた最適の規範が事業所ごとに大きく異なりうる規制が選び出されたといえる[271]。

　次に，規制の柔軟化が進められてきた主要分野は労働時間であり，逸脱協定のごく一部が派遣労働・有期規約労働や解雇の分野に属する。この規制分野の選択には，フランスの労働時間制度の変容と雇用政策が大きく影響していることがうかがえる。第2章で詳しくみたように，フランスでは，1970年代後半の経済危機にともない失業対策が重要な政策課題となり，1980年代以降，労働時間制度の改革によって雇用創出が図られてきた。1982年オルドナンスでは，労働時間を短縮して雇用を創出するという発想で法定労働時間を週39時間に短縮し，法定労働時間はその後オブリー法で週35時間にまで短縮された。こうして，フランスの法定労働時間は，労働者の健康と安全の観点ではなく雇用政策上望ましい基準となっており[272]，あらゆる労働者に徹底する必要が低かったため，その計算単位や法定外労働時間（時間外労働）をめぐる規制が積極的に労働協約に開放されたのである。また1990年代以降は，失業の削減自体が最重要視され，雇用量の増減に直接影響を与える非正規雇用（派遣労働・有期契約労働）および解雇の規制が，柔軟化の対象に加えられた。

　こうしてみてくると，フランスでは，ある法規定を労使合意に開放するか否かは，立法者が憲法上認められた裁量の範囲内で，当該規制の性格（数量的・技術的規制か）や原則的基準のレベル（厳格度），時の政権の政策との兼ね合いを考慮しながら個別に決定してきたといえ，学説でも労働法体系全体での整合性は追求されていない。

---

271)　J. Barthélémy/G. Cette 2006, p. 31.

272)　J. Barthélémy 2003, pp. 25 et s.: F. Favennec-Héry, *op. cit.* note 103), pp. 251 et s.

Ⅲ　主体の選択と逸脱の枠組み決定

1　労働者代表との関係

　ある法規制について労使合意による逸脱を許容する場合，フランスでは集団的労働者代表に逸脱権限を付与するのが基本であり，これによって労働者保護と柔軟性確保を同時に実現しようとしてきた。そして，具体的にいかなる代表者にどれだけの逸脱を認めるかの制度設計に関しては，次のような改革の展開があった。

(1)　制度設計の特徴

　フランスでは，1982年に労働時間規定の一部が拡張産別協約と企業・事業所協定に開放されて以降，逸脱が認められる労働協約の種類やレベルにばらつきがあった。その後，こうした枠組みは2004年法で整理され，同法以前に逸脱が拡張産別協約に留保されていたあらゆる法規定が企業・事業所協定にも開放されることで，企業・事業所レベルでの逸脱に関する国家的制約が大幅に解除された。また，2004年法が労働協約間の適用関係を見直し，企業・事業所協定を産別協約に原則として優先させた点も重要である。この改革は，法規制からの逸脱に関して拡張産別協約と企業・事業所協定を同列に扱う上記改革と結びつき，法規制を下回る労働条件設定でも企業別交渉を制度的に促進した。その後2008年法は，法規制からの逸脱に関して企業レベルが産業レベルに当然に優先する事項を設定し，これが2016年法で大幅に拡大されることで，労働時間の分野では国家規制に対する企業・事業所協定優先の政策意図が徹底されている。こうして，フランスでは，法規制から逸脱しうる事項について産業レベルと企業・事業所レベルの労働協約を区別せず，しかも両者の間では現場により近い企業・事業所レベルの労働協約を優先させている点（企業別交渉の重視）に第1の特徴がある。

　次に，法規制の柔軟化の過程では，フランスの労働者代表制度の構造を変更する改革も数多く行われた。このうち特に重要なのが，企業・事業所レベルでの交渉主体の拡大である。

第 6 章　フランス法の分析

　伝統的にフランスでは，産業レベルの労働組合とは別に企業・事業所レベルで従業員代表（企業委員会，従業員代表委員）が制度化されていたが，産業レベルの代表的組合が企業レベルでも組合代表委員の指名を通じて使用者との交渉権限を独占していた。しかし，1980 年代以降，組合組織率の低下によって組合代表委員が存しない企業が増えると，企業・事業所レベルの逸脱協定の担い手がいなくなり法規制の柔軟化を進める改革の効果が損なわれる点が問題となった。そこで政府は，実務上ニーズの大きかった逸脱協定の担い手確保を主要な目的とし，1990 年代後半以降，組合代表委員以外の労働者代表にも交渉権限を付与していく（第 3 章第 2 節）。
　その結果，企業レベルでは，2015 年までの改革により，正規の組合代表である a 組合代表委員が存在しない企業・事業所では，b 従業員代表（企業委員会の労働側委員[273]，同委員がいなければ従業員代表委員），c 産業レベルの代表的組合から交渉を委任された労働者（受任労働者），d 組合支部代表の順で，労働協約（逸脱協定）を締結しうるようになっている。これらは組合代表（acd）と従業員代表（b）に分かれるが，2015 年法により，従業員代表でも代表的組合からの交渉委任が可能となったため，両者の制度上の区別はほとんどなくなっている（第 3 章第 2 節Ⅲ 3(1)参照）。こうして，企業・事業所レベルで数多くの労働者代表が制度化され，従業員代表にも組合代表と同範囲で法規制からの逸脱が認められている点にフランスの第 2 の特徴がある。
　なお，フランスでは憲法上労働条件の集団的決定（団体交渉）への参加が労働組合の専権とされていない（第 3 章第 2 節Ⅱ 3(2)参照）ため，従業員代表に対しても団体交渉権が付与され，組合代表と従業員代表は，法的性質・効力が同一の集団的規範（労働協約）を締結しうることになっている。この点は，従業員代表に対し，労働協約と区別された集団的協定（事業所協定）の締結権を法律上認めているドイツとは対照的である。

---

[273]　企業委員会は労使混同の組織で，通常は委員会決議で意思決定が行われるが，2004 年法で団体交渉・協約締結主体が企業委員会の労働側委員と明記され，労働側委員が企業主と対峙して交渉に臨むことが制度上明確にされた。第 3 章第 2 節Ⅲ 1 参照。

(2) 法的地位・権限

　では，逸脱協定を締結しうる上記の労働者代表は，労働者利益を擁護するためにいかなる法的地位・権限を保障されているだろうか。

　ここで注目すべきは，ストライキ権の位置づけである。フランスでは，憲法上ストライキ権が保障されているが，その権利主体は労働者個人であり，ストライキは制度上労働者代表の承認・関与がなくとも実施可能である（第1章 I 4）。もっとも，ストライキは集団的かつ同盟的に行う必要があることから，実際には，団体交渉を行う労働者代表が要求貫徹のためにストライキを主導することが多く，伝統的には代表的組合（産別組合および企業レベルでは組合代表委員）が，そして1990年代後半以降は，企業レベルで交渉権限を付与された従業員代表もその役割を果たしてきた[274]。したがって，フランスでは，交渉主体の種類（組合代表か従業員代表か）や設置・交渉レベル（産業レベルか企業・事業所レベルか）によって，ストライキにかかる制度上の地位に違いはないことになる。

　では，その他の法的地位・権限はどうだろうか。この点，労働組合については，団体交渉・協約締結に代表性資格が求められ，その本質が使用者からの独立性と解されていた（第1章 IV 2）ほかは，団体交渉に関して特別な規制はほとんどなかった。しかし，1982年オルー改革で団体交渉義務が導入された際に団体交渉制度が刷新され，産業レベルと企業レベルの双方で，交渉主体が情報提供を受ける権利（使用者の情報提供義務）や交渉中の賃金保障が定められた。また，企業レベルでは，逸脱協定の承認を契機に労使間の均衡を確保する特別規定が必要と考えられ，団体交渉の方法が詳細に定められ（交渉中の使用者の一方的決定の禁止，代表者集団による交渉等），組合代表委員の活動支援（有給の活動時間保障，企業内巡回権・外出権の保障）や身分保護（特別な解雇制限）も強化された（以上，第3章第1節 II）。そして，オルー改革は従業員代表に対しても組合代表委員に匹敵する保護規定を置き，労働者の参加権を強化した（同第2節 II 2）。さらに，1990年代後半以降の交渉主体の拡大過程では，憲法院が労働者代表の独立性を憲法上の参加原則の不可欠の前提としたこと（同 II

---

[274] G. Groux/J.-M. Pernot, *op. cit.* note 18), pp. 101 et s. 第1章 I 4 参照。

3⑵)) を受けて，企業レベルの交渉主体の独立性を確保する具体的規定が整備されていった。

これにより現在では，企業レベルで逸脱協定を締結しうるすべての労働者代表について，(i) 資格要件（使用者の利益代表者の排除），(ii) 身分保護（特別な解雇制限），(iii) 有給の活動時間保障に関し，ほぼ同様の規定が置かれている。また，(iv) 使用者の誠実交渉義務を連想させる諸手続（情報提供義務，労働者代表全員を招集する義務，交渉中の使用者の一方的決定の禁止）も，交渉者の種類を問わず基本的に妥当することになっている。

以上から，フランスでは，交渉主体や交渉担当者によって使用者との関係で保障された法的地位・権限にほとんど違いがない。一見するとこの地位の同等性が，⑴で指摘した，交渉レベル（産業レベルか企業レベルか）や交渉主体の種類（組合代表か従業員代表か）に関わらず，同一事項・範囲で法規制からの逸脱を認める制度設計の基礎にあるように思われる。

⑶ 分　　析

しかし，法規制の柔軟化をめぐる改革過程を詳しく分析すると，誰にどれだけの逸脱を認めるかの選択においては，交渉主体の法的地位・権限とは異なる要素が大きな影響を与えてきた。

① 交渉レベルと交渉主体の選択

第1に，交渉レベルに関しては，1982年にはオルー改革により企業レベルで身分保護や活動時間保障が強化されていたが，その後企業レベルで労働者保護に反する逸脱協定が多数締結されたことを受けて，1980年代後半は法違反による社会的弊害が大きい事項（変形労働時間制やサイクル労働）について拡張産別協約に逸脱権限が限定された。ここでは，企業レベルの労働者代表は雇用喪失を恐れて労働条件の切下げに同意せざるを得ない点が構造上の問題とされ，個々の企業を超えた産業レベルで逸脱を認めることが望ましいと判断されたのであった（第2章第2節V 2）。その後2004年法は，これらの事項を含めて，同法以前に拡張産別協約に留保していたあらゆる事項を企業・事業所協定にも開放したが，それでも，換算時間制度の導入と変形制下での最長労働時間規制（連続12週平均で週44時間）の超過については，労働者に重大な影響を与えるとして企業・事業所協定には開放せず，産別協約に基づくデクレでの実施に限

定した。このうち後者の最長労働時間規制は2016年法で企業・事業所協定に開放された（L. 3121-23条）が，前者の換算時間制度は同法でも拡張産別協約にのみ導入が認められている（L. 3121-14条）。

第2に，交渉主体の種類に関しても，従業員代表は1982年に組合代表委員に匹敵する地位・権限が保障されていたが，1990年代以降，組合代表委員以外に交渉主体を拡大する際に，既存の従業員代表にそのまま交渉権限を付与すればよいとは考えられなかった。すなわち，従業員代表は団体交渉において企業外の代表的組合（産別組合）の関与が制度的に保障されていないため，交渉力が弱い点がしばしば指摘され（第3章第2節のオブリー法〔Ⅱ4〕および2004年法〔Ⅲ1〕の立法過程を参照），1996年以降，新設の組合代表（受任労働者，組合支部代表）とは区別して，従業員代表による協定に産業の労使同数委員会の承認が特別に要求された。

そして，2004年法以降は，従業員代表は組合代表と同範囲で逸脱協定の締結が認められているが，学説では，従業員代表による交渉には産別組合のコントロールが及ばず，不当な協約が締結される可能性があるとの懸念が強かった。こうした中，2008年法が，従業員代表による交渉時にも産別組合が関与しうるような手続規定（産別組合への交渉開始の通知義務，産別組合との連絡可能性の確保）を導入し（L. 2232-21条2項，L. 2232-27-1条），産別組合の関与可能性という点で組合代表と従業員代表の交渉構造の違いを解消しようとしていることは注目される。また，2015年法は，従業員代表に対しても代表的組合による交渉委任を認め，交渉委任を受けた従業員代表をそうでない従業員代表よりも優先させることで，企業外の労働組合の直接のコントロールが及ぶ労働者代表を重視する法構造を採用している（以上，第3章第2節Ⅲ）。

以上の改革により，現在企業レベルの代表者間で残る違いは，産業または全国職際レベルの代表的組合から委任を受けていない従業員代表についてだけ，労働協約（逸脱協定）の有効要件に産業の労使同数委員会の承認が要求される点に限られる。この点立法者は，企業外の労働組合との関係が制度上切断された純粋な従業員代表は，上記手続規定により産別組合の関与可能性はあってもその直接のコントロールが保障されないことに着目し，労働者保護への不安を払しょくするために企業外の組合の承認要件を設定したものと解される。

このようにみてくると，個々の労働者代表が労働者利益を防御・貫徹するためにいかなる法的地位・権限を有するかは，法規制の柔軟化の制度設計の決め手とならないことが分かる。フランスでは，逸脱協定がオルー改革による企業別交渉の整備を基盤として発展し，1996年以降は労働者代表の独立性を前提に多様な主体に交渉権限が付与されたことが示す通り，労働者代表の法的地位・権限の整備は逸脱協定の締結を認める場合の必要条件とされているが，十分条件ではない。実際にいかなる交渉レベル・主体にいかなる枠組みで逸脱を認めるかの決定においては，交渉主体の労働者保護機能が大きな影響を与えていると考えられ，企業レベルの代表者単独では使用者に抵抗できない可能性が高いとして，労働者にとって特に重要な法規定は産業レベルに逸脱権限を留保し，また企業レベルで逸脱を認める場合には，企業外（産業レベル以上）の労働組合のコントロールが及びうるような手続規制を発展させてきたのである。

なお，企業レベルでは，交渉主体に法律上優先順位が定められているが，これは，憲法上の組合優先の原則（上記(1)の a の優先），常設的代表の優先（ab＞cd），代表性資格をもつ労働組合の優先（ac＞d）というように様々な基準を組み合わせたものであり，労働者保護の観点からの整理ではないと解される。

② 産別組合と国家規制

ここまでの検討で，フランスでは，法規制の柔軟化において産別組合の直接の関与が及ぶ制度設計が望ましいと考えられていることが分かるが，産別交渉の意義についてはもう少し考えてみる必要がある。フランスの労働組合は，ドイツのように主要産業のあらゆる職業をカバーする巨大な組織ではなく，関連する職業までを統合する産業部門別の組織であり，しかもイデオロギーによって分裂と統合を繰り返すことで組織基盤の安定性を欠いている（第1章Ⅱ）からである。また，ドイツにある労働組合の交渉力を統合する制度（協約単一原則）や交渉力を審査する枠組み（交渉実力性の要件）は存在しないため，産別組合であるというだけで十分な交渉力をもつと評価されているとは考えにくい。

このような観点から学説の議論を振り返ると，フランスで産別交渉にゆだねることが望ましいとされる理由は次の2点であった。第1に，企業レベルは雇用保障の代わりに企業側の要求に屈しやすいこととの対比で，産業レベルはそうでないこと（第3章第2節のオブリー法・2004年法の立法過程等），第2に，産

業レベルであれば,たとえ(法規制に反する)不当な労働協約が締結されても逸脱協定の有効要件である労働大臣による拡張手続の中で排除されうることである(第4章第2節Ⅱ)。ここで注目されるのは,労働組合が産別組織であるというだけで全幅の信頼が寄せられているわけではなく,企業レベルとの比較による産別組合の交渉力の相対的強さや,産業レベルにおける国家を通じた労働者保護の仕組みが重視されていることである。特に後者の,国家による労働者保護の担保に関しては,フランスにおける協約自治の脆弱さとの関係で,その重要性がしばしば指摘されてきた[275]。

フランスでは,1789年革命で中間団体を排除して以来,強力な労働組合が育たず,協約自治の発想は極めて脆弱で[276],労働者保護は国家の手により実現されてきた(第1章Ⅰ3)。こうした状況で,1960年代末以降は,国家政策として労使自治が促進され,労働立法においても協約当事者の意向が反映されるようになっているが,立法前の全国レベルの労使交渉は国家の働きかけで開始されるのが通常で,交渉が失敗したり,合意が成立してもその通りに実務が展開しないことが多かった。そのため政府は,労働組合による自主的対応に任せていては事態は改善されないと考え,1980年代以降,自らの主導で数多くの改革を進めてきたのである[277]。こうした歴史的経緯からすると,企業レベルよりも産業レベルを重視する考え方は,産業レベルであれば労働大臣による拡張手続の中で違法な条項が排除され,労働者保護が確保されるという安心感が基礎にあるものと思われる[278]。

---

275) J. Pélissier, *op. cit.* 230), p. 137 ; F. Canut 2007, pp. 437 et s.
276) G. Lyon-Caen は,フランスでは団体交渉が特別な利益なしに自発的に行われると考えてはならない,とさえ述べる。G. Lyon-Caen, *op. cit.* note 164), p. 353.
277) 第2章第2節Ⅴ1参照。なお2007年には,労働立法前の全国労使団体への諮問・協議が義務化されている(L.1条)が,立法前の労使交渉は,国家が設定した方向性の下,国家の働きかけで行われ,その合意も国家が必要と認める限りで立法に取り込まれるにすぎない。その意味で,2007年法によっても,労働立法に際して指導的役割を担うのは国家(政府と国会)である点に変わりはないとされている。G. Auzero/E. Dockès 2015, p. 1342.
278) ただし2008年法では,労働時間の一部の事項で産別協約に拡張が不要とされており(第2章第4節Ⅱ・Ⅲ),産業レベルの逸脱要件は一様でなくなっている。

第 6 章　フランス法の分析

　以上のように，産業レベルであれ，労働組合との交渉が十分信頼されているわけではないことは，そもそもドイツに比べて産別協約に開放されている法規定が少ないことにも表れている。フランスでは，雇用・労働に関する多くの事項に関して労働法典に詳細な法規定が存在するにも関わらず，逸脱しうる規制事項のほとんどが労働時間の分野にあり，逸脱協定の対象領域に一般性・包括性がない。また，逸脱が認められる場合も，逸脱に関して様々な実体要件（逸脱の量的限界，逸脱協定の必要的記載事項，逸脱の正当事由，義務的代償措置）があり，逸脱協定の対象拡大は労使決定への国家介入を促進する結果となったとのパラドックスも指摘されている（第2章第5節Ⅱ）。

(4)　ま と め

　フランスでは，労働者代表に逸脱権限を付与する過程で使用者の一方的決定を防ぐための法的地位・権限が整備され，ストライキへの関わり方を含め，労働者利益を防御・貫徹するための労働者代表の法的地位・権限は同等である。もっとも，当該代表者の法的地位・権限の強化は逸脱権限を認める前提条件とみるべきであり，法規制の柔軟化の枠組みには直結していない。すなわちフランスでは，産別組合であっても，組織基盤の脆弱さや労働者保護にかかる国家依存の歴史から，国家が逸脱しうる規制事項をあらかじめ限定し，かつ様々な実体要件を課した上で逸脱を認めてきた。また，交渉レベルや主体を問わず，労働者保護の実質を確保するため，不当な協定を排除する枠組み（産業レベルでは労働大臣による拡張手続，企業・事業所レベルでは交渉過程への産別組合の関与および産別組合の直接のコントロールが及ばない場合は産業の労使同数委員会による承認要件）を用意してきた。こうしてフランスでは，交渉主体の制度上の位置づけと逸脱の権限範囲・要件が区別され，ストライキの行使可能性は法規制柔軟化の制度設計に影響を与えていないことが確認される。

2　労働者個人との関係

　続いて労働者個人との関係をみていこう。

(1)　法規制の柔軟化と個別契約・同意の位置づけ

　フランスでは，法規制から逸脱する場合の要件は法文上集団的合意（労働協約）だけであることが多く，逸脱協定は通常の労働協約と同様に規範的効力を

有するが，当該協定の適用段階で労働者の同意が追加で必要となることがある。フランスでは，個別契約により有利な規定がない場合でも，賃金や労働時間といった重要な労働条件が労働契約に留保されており，その変更には当然に労働者の同意が必要だからである。特に，逸脱協定の主要な対象である労働時間配分の変更は労働契約変更にあたることが多く，従前の取扱いが変更される労働者との関係では逸脱協定を強制することができなかった。この独特の労働契約変更法理は，フランス革命以来の個人主義的思潮の現れであり，集団的規律から個人の自由を確保する重要な枠組みであった（以上，第2章第5節Ⅲ2・3)。

しかし，2000年代に入ると，労働者個人の選択権を重視する流れの中で，法規制からの逸脱に関して個別契約ないし同意を要件とする改革が行われた（第5章第1節Ⅱ・Ⅲ)。このうち特に，自律的幹部職員の特別な労働時間制度（1年の労働日数の一括決定）においては，労働協約に加えて個別労働契約が実施要件とされ，また，同制度下での労働日数の上限超過が個別契約のみで可能となった点で注目される。しかしその一方で，2012年には，変形制による労働時間調整の実施は労働契約変更にあたらないとする規定が導入され，労働協約だけで労働条件を変更しうる事項も出てきており，最近は集団的規律を重視する改革への回帰もみられる（第5章第2節Ⅱ)。

このように，法規制の柔軟化における個別契約・同意の位置づけは複雑かつ多様であるが，労働協約と個別契約・同意の組み合わせに着目すると，(a)労働協約単独で逸脱可能な場合，(b)労働協約に加えて個別契約・同意を要する場合，(c)個別契約単独で逸脱可能な場合の3パターンに分けられる。問題は，このいずれを選択するか，特に個別契約や労働者の同意をいかなる場合に要求するかである。この点は，フランスでは理論的に決まる場合もある（労働契約変更に該当する場合は(b)）が，2000年以降の改革過程では，労働時間管理の個別化や労働者の所得増といった政策目的に照らして，その都度最適と思われる制度設計が選択されており，(a)(b)(c)は一定の基準による規範的分類ではないと考えられる。

(2) 労働者保護との関係

以上3つのパターンのうち，(a)(b)では，労働協約が使用者による一方的決定を防ぐ手段として想定されており，さらに個別契約・同意を要求する(b)は，労

働者保護の観点からは要件を加重した慎重な制度設計といえる。しかし(c)は，労使が非対等の労働関係において個別契約単独で法規制からの逸脱を認めるものであり，労働者保護の観点からいかに正当化されるかが問題となる。

(c)に該当するのは，自律的幹部職員の特別な労働時間制度における年間労働日数の上限規制（218日）であり，その超過に関しては，2008年改正で協約締結要件が削除された。その代わり，労働者の同意の書面要件，10％以上の割増賃金支払い，労働日数の絶対的上限[279]が法律上規定されている。また，2011年の最高裁判決では，憲法上の健康・休息権およびEU法から導かれる要件として，労働協約で労働日数の一括合意を認める際に，1日および週の最長労働時間を制約する規定を置くことが不可欠とされており（第5章第1節Ⅱ3），労働協約で過重労働を防ぐ仕組みが追加で必要とされる。

こうした制度設計が労働者保護の理念からいかに評価されるのかは立法過程でほとんど議論されず，2008年改正は，経済政策を重視した政権下で労働者の所得増のため個人の自由が強調されたものであった。このことをよく示しているのが，労働日数の上限超過に対する割増賃金規制は，使用者の経済的負担を増やして超過を抑制するためではなく，反対に労働者により長く働くインセンティブを与え，逸脱を促進する手段と位置づけられた点にある。この立法経緯を参照する限り，2008年法では集団を重視してきた従前の改革との連続性や労働者保護の視点は欠落していたといってよい。そのため学説は，法定労働時間や法律上の最長労働時間規定が適用されない労働者の労働日数制限がもつ，健康保護目的の重要性を指摘し，上記制度を批判したのである（第5章第1節Ⅱ4）。こうした中，上記2011年判決は労働協約による健康確保措置を不可欠とし，労働者保護とのバランスを図っているが，労働者の個別同意のみで逸脱を許容する点について，フランス国内で上記学説の批判に応える十分な議論はない。そのため，フランスが2008年法により，労働者保護の観点から集団的合意にのみ逸脱を認めるべきという従来の考え方から，個人にも逸脱を広く認めてよいという考え方に転換したとまではいえないであろう[280]。フランスで

---

[279] 労働協約で定める場合は年間282日，協約規定が存在しない場合は年間235日が上限となる（L. 3121-66条）。第5章第1節Ⅱ3参照。

は大統領や政府の方針によって制度選択が頻繁に変わる傾向にあり，上記の(c)は，時の経済政策の影響を強く受けた極めて特殊な制度選択であったと位置づけるのが妥当と思われる。

IV　フランス法総括―労働者保護法の基礎と構造

　フランスでは，制度選択がその時々の政府の立場によって変わりやすいが，一連の改革を全体として捉えると，労働者保護法の構造を変容させる大きな流れが確認できる（第4章第1節）。
　伝統的には，国家が使用者に経済的に従属する労働者のために最低労働条件を定め，それを徹底してきたが，近年では「逸脱可能な公序」が登場し，実体的保護規制の強行性が後退している。しかし，これによって最低限の労働者保護を設定する国家の役割が完全に協約当事者に移ったわけではない。「逸脱可能な公序」は，労働協約をも拘束する強行的な法原則を依然として規定しており，協約当事者はその趣旨の具体化が認められるだけであるからである。また，逸脱協定の対象拡大の過程では，団体交渉における手続規制や交渉結果の妥当性を担保する実体規制が発展しており，これらの多様な組み合わせによって，実質的に労働者保護が後退しないよう配慮されている。このような法構造において，協約当事者は，国家が認めた範囲内で決定自由を獲得し，国家規制に代替する規範を設定しうるのであり，労働者保護の担い手や権限範囲等の決定において，今後も国家は極めて重要な役割を果たすことに疑いはない[281]。
　次に，労働者保護規制が誕生した経緯から，個別契約は法規制からの逸脱の手段としては認められず，長い間法規定よりも有利な条件を獲得するか，集団的規律から個人の利益を守る手段にとどまっていた。しかし最近では，法律上の権利削減の場面でも個人の自由が肯定されたり，反対に労働者が逸脱協定の実施に抵抗できない事項が作り出されるなど，個別契約の位置づけが一部修正されている。このうち特に，個別契約単独で法規定からの逸脱を認める改革は，

---

[280]　M. Véricel, *op. cit.* note 236), p. 575.
[281]　F. Canut 2007, p. 447; S. Frossard 2009, p. 90.

最低基準規制の存在意義を揺るがすもので，労働者保護の後退が懸念されている。こうしたフランス法の展開は，労働法規制のあり方を時代の変化に適合させる際に，当該規制の趣旨・性格を踏まえた慎重な制度設計を行うことの重要性を示しているといえよう。

第4編 総括

第1章

ドイツ・フランスの比較

　本章では,ここまで検討してきたドイツ,フランスの法制度を比較する。ドイツ,フランスの詳細な分析は既に行った(第2編第4章,第3編第6章)ので,本章では両国の異同に着目して整理していく。

I　労使合意を媒介とした法規制の柔軟化の位置づけ

　本書で最初に検討したのは,労使合意を媒介とした法規制の柔軟化がそもそも法体系上いかなる問題として議論され,位置づけられるのかであった。ドイツ,フランスでは,国家による労働者保護規制の根拠が憲法規定にあり[1],法規制の柔軟化の有無・程度は基本的に立法裁量の問題と理解されている。しかし,両国ともに,逸脱可能な法規定が増えていく中で立法裁量の限界が問題とされ,① 本質的に労使にゆだねてはならない(国家が規制しなければならない)事項,あるいは逆に ② 労使にゆだねなければならない(国家が規制してはならない)事項の有無が議論となっていた。

1　労使合意への開放の限界

　まず①については,両国ともに,i) 憲法上の基本的権利・原則およびii) EU指令で加盟国に規制が義務づけられた事項の処分権を労使に付与することはで

---

[1]　ドイツでは基本法20条1項・28条1項1文の社会国家原理,フランスでは憲法34条。なおドイツでは,立法者以外に,憲法解釈として裁判官が「法律に代替する判例法」を形成する権限が肯定されており,裁判官も補完的に法設定権限を有する点で特徴的である(第2編第1章第1節Ⅵ1)。

きないと考えられている。憲法およびEU指令は両国の立法（国内法）の上位規範であり，立法者自身がその内容に拘束されるので，私的当事者にその規範から免れる自由を与えることもできないのである。そして，法規制の柔軟化の文脈では特に，労働者の健康保護および平等原則が重要な価値と認識されている点も同じである。

ただし，両国の国内法体系においては，立法者が憲法上の権利を私法秩序においてどの程度積極的に具体化すべきかには考え方の違いがある。ドイツでは，基本権保護義務論または社会国家原理から憲法上国家による権利の具体化が義務づけられるのに対し，フランスでは立法裁量が強調され，権利を具体化する立法者の義務という形では議論されていないのである。しかし，立法者が憲法上の権利を具体化する場合に，権利実現の幅に立法裁量が認められる点では共通しており，その反映として，両国で労働者の健康保護および平等原則を具体化する法律規定の数や内容は完全には一致しない。

しかしそれでも，近年ではEU指令によって加盟国で国内法化すべき事項が統一されてきているため，ドイツ，フランスで共通する法律規定も増えている。例えば，労働者の健康保護の点では，労働時間指令が，労働時間の定義，週48時間の最長労働時間の調整期間の上限（12か月），年次有給休暇（年4週間）等の国内法化を義務づけているため，両国ではこれらに対応する法律規定が存在し，かつ，指令で許容されていないため労使による逸脱は排除されている。

また，平等原則に関しては，2000年以降に相次いだEU指令に基づき，両国で人種，民族，性別，宗教，年齢，性的志向，パートタイム労働・有期契約労働等による差別禁止に関して共通する規定が存在し，これらは本来的に逸脱が許容されない規定に分類されている。もっとも，EU指令が国内法化を義務づけた差別禁止規定の中には労使による逸脱を許容しているものもあり，具体的には派遣労働者の不利益取扱禁止原則について，ドイツで労働協約による逸脱が認められている（労働者派遣法3条1項3号，9条2号）点が注目される（フランスに同種例外規定はない）。こうした枠組みはEU指令上は許容されるが，ドイツ国内法で憲法上労使合意に開放されえないと解されている，性別や人種等による他の差別禁止規定との関係が問題となる。この点については，派遣労働者の不利益取扱禁止原則は，名称の上で「差別禁止」規制とされることはあ

っても，ドイツ基本法3条の平等原則の具体化ではなく，純粋な立法政策上の理由（派遣労働者の待遇改善と雇用促進）で導入されたものであるため，これをどの程度徹底するかも立法裁量にゆだねられると理解することで，憲法規範と矛盾なく説明することができる。

2　労使合意への開放義務の有無

次に，②については，両国の議論に一定の違いがあった。フランスでは，憲法上団体交渉権が明確に規定されておらず，また同権利が憲法上の保障に含まれるとしても集団的自治（協約自治）までは憲法上保障されないと一致して理解されているため，労使にどの程度の決定権限を付与するかは純粋な立法裁量の問題であり，本来的に労使にゆだねなければならない事項はないと考えられている。またドイツでも，事業所自治については憲法上の保障を否定されるため，事業所レベルの従業員代表（事業所委員会）の権限範囲は立法者にゆだねられる。

しかし，ドイツの労働協約については，憲法上の協約自治保障を肯定する確立した解釈を前提に，国家規制と労働協約の規律関係をめぐって複雑な議論が展開されていた。1960年代の理論分析の中には，一定の領域では憲法上労働協約が国家規制に当然に優先すると述べるものがあり（Biedenkopf の見解），この学説はその後の労働協約に開かれた判例法に大きな影響を与えた。しかし同学説は，労働協約を国家主権の反映である立法と同列に扱う点で学説の一般的支持を得られなかった。そして現在では，労働協約の締結は憲法上の自由権的基本権の行使であり，国家規制が最低基準にすぎず有利な逸脱を認めていれば原則として協約自治の侵害にあたらないと理解され，それ以上に法規定からの不利な逸脱を許容するかは基本的に立法裁量の問題とするのが通説である。もっとも学説では，協約自治をいかなる事項でどの程度保障すべきかに関して依然として対立があり，最近でも，有利・不利に関わらず労働協約を優先させることこそ協約自治の本旨にかなうという考え方から，一定の場合に立法者は憲法上法規定を労働協約に開放する義務を負うとする見解が主張されている（Bock の見解）。この見解は少数説であるが，ドイツでは，国家規制に対する協約優位を憲法上の規範的要請にまで高める試みが続けられ，そうした考え方が

理論上完全に排除されていない点に大きな特徴がある。

このように，労使決定にゆだねなければならない事項が存在するか否かの論点は，両国で集団的労使自治の憲法上の位置づけと密接に関連して議論されており，憲法上の集団的自治保障の有無や程度をめぐる解釈論に集団的自治の発展経緯が大きく影響しているとみられる点が重要である。すなわちドイツでは，労働協約が国家法に先行して強固な労働者保護を実現してきた歴史があり，労働協約に対して国家法を後退させても現実的に労働者保護に問題が生じないという信頼が，上記のような憲法上の規範論をも通用ならしめていると考えられる。これに対してフランスでは，労働組合が国家の援助なくして自律的に発展しえなかった歴史から，労働協約との関係でも「国家から自由な領域」という発想がなく，労働法規制のあり方も立法権限を前面に押し出す解釈が採られているのである。

II 柔軟化の適否と基準

次に本書では，ドイツ，フランスにおいて法規定の柔軟化の適否がどのように判断されてきたのかを，一定の時代区分に従って検討した。

まず，1980年代以降は，ドイツ，フランスで法規制の柔軟化が重要な政策課題となり，このとき両国で逸脱可能とされた法規定には，時間の長さ・手当額およびその計算方法の規制が多かった。これらの量的・技術的規制は，国家が特定の法的価値を全事業所に強制すること自体に意味があるものではなく，本来労使交渉にゆだねられる事項であるが，労使間の非対等性を考慮して国家が社会的に公正と考える基準を最低基準として一律に設定したものである。そのため，労使のニーズが多様化すると画一的規制の弊害の方が大きくなり，例外を認めることがその本来の趣旨に適うと考えられた。そして，1980年代以降に柔軟化が進められた中心領域は両国ともに労働時間であり，この点は，労働時間制度のあり方が企業経営や労働者の働き方に直結するため，国家による画一的規制の問題性が強く認識されたものと分析できた。

もっとも，ドイツ，フランスでは，これ以外にも立法者による柔軟化の適否の判断に影響を与えた要素がいくつも存在した。例えば，フランスではドイツ

よりも複雑に入り組んだ規制が大量に存在し，しかも原則的基準が厳格であることが多い。そのため，フランスではドイツよりも画一的適用による不都合が深刻に受け止められ，実務のニーズが立法者による法規制の柔軟化を後押しした[2]。

また，2000年以降，(EU指令の影響を受けて) 両国で導入された規制の中には，雇用政策的色彩が強いものがあり，当該規制の柔軟化の適否は両国の労働市場の状況に応じて異なって判断されることがあった。具体的には，派遣労働者の不利益取扱禁止原則は労働市場政策の一環として導入された規制であり，ドイツではこれを徹底すれば逆に派遣労働の利用を抑制するリスクがあるとして労働協約に開放したが，フランスでは，原則を徹底した方が本来の目的に資すると判断し，労働協約に開放しなかったと解される。そして，フランスでは柔軟化の適否が政府の政策との関係で決定されることが多く，1980年代以降は失業問題の克服が重要な政策課題となったため，柔軟化された規制は雇用量に直接影響するもの（労働時間，派遣・有期労働契約，解雇の規制）が多かった。

他方でドイツでは，柔軟化の適否が立法者自身の選択とは別に，協約実務の影響も受けていた点に特徴がある。ドイツでは，1980年代に労働法の柔軟化が政策課題となる以前から労働協約に開かれた法規範が多数存在し，1960年代には，年次有給休暇および疾病時の賃金支払いに関し，当該事項で国家法に先駆けて労働協約が実効的な労働者保護を実現していたことを考慮し，その内容を国家法に引き継ぐ際に労働協約による逸脱を認めていた。

このように，柔軟化の適否は，当該規制の性格（量的・技術的規制か），原則的基準のレベル（厳格度）や複雑さ，当該規制の趣旨・目的（雇用政策的色彩の有無・程度），当該事項において労使当事者が果たしてきた役割等を考慮し，

---

[2] 例えば，ドイツでは時間外労働の規制がない（1日8時間を超える労働は一定期間内で必ず調整しなければならない）ので，柔軟化の対象にもなっていないが，フランスでは法定労働時間を超える時間外労働の規制（割増賃金支払いや代償休息付与など）が数多く存在するため，法定労働時間が週40時間（1936年6月24日の法律）→39時間（1982年1月16日のオルドナンス）→35時間（1998年6月13日の法律）と短縮される過程で時間外労働規制の柔軟化の要請が強まり，多くの規定が労働協約に開放された。

国家と労使のいずれに決定権限を付与することが望ましいかを立法者が個別に決定してきたとみるのが自然である。その意味で両国は，柔軟化の適否を一つの基準で体系的に説明することはできない点で共通している。もっとも，具体的考慮要素やその比重には一定の違いがあり，特に国家規制のあり方に協約実務がどの程度影響を与えるかが両国で大きく異なった点が注目される。

III　主体の選択と逸脱の枠組み決定

では，労使合意を媒介として法規制を柔軟化しようとする場合に，両国では具体的に誰に対し，どのような枠組みで逸脱権限を付与してきたか。

1　労働者代表との関係

(1)　制度設計の特徴

ドイツ，フランスは，法規制からの逸脱は労使の集団的合意に認めるのが基本であり，産業レベル，企業・事業所レベルの双方で，かつ労働組合だけでなく従業員代表にも逸脱を認めている点で共通する。しかし，① 産業レベルと比較して企業・事業所レベルの逸脱をどの程度認めるか，また ② 企業・事業所レベルでいかなる労働者代表を制度化し，組合代表と比べて従業員代表に逸脱をどの程度認めるかに関し，両国の制度設計は大きく異なっている。

①について，ドイツでは，伝統的に産業レベルで締結されてきた労働協約に対しては労働時間に限られない多くの分野で法規定が開放されているが，事業所レベルの集団的協定（事業所協定）に対しては，労働時間の分野でのみ，かつ労働協約による一定の枠づけを前提とした逸脱が認められるだけであり，2つの交渉レベルで事実上逸脱の枠組みが大きく異なっていた。しかしフランスでは，1980年代以降，国家政策として企業別交渉が促進され，2004年法以降は，逸脱の手段として拡張産別協約と企業・事業所協定がほとんど区別されず，同一事項・範囲で法規制から逸脱しうることになっている。また，両者が競合すれば企業・事業所協定が優先するのが原則であり，さらに労働時間規制に関しては，2016年8月の改革により，企業・事業所協定による逸脱が産別協約によるそれよりも当然に優先する事項が増大している。

第1章　ドイツ・フランスの比較

②については，ドイツでは伝統的に事業所レベルに従業員代表（事業所委員会）のみ存在し，1980年代以降はこの従業員代表に産業レベルの労働組合よりも限定的な逸脱権限が付与されたが，フランスでは法規制の柔軟化の過程で企業レベルの労働者代表制度が大きく変わり，逸脱協定の担い手が多様化している点に特徴がある。もともとフランスでは，企業・事業所レベルで組合代表（a 組合代表委員）と従業員代表（b 企業委員会の労働側委員，c 従業員代表委員）を併存させつつ，使用者との交渉権限を組合代表委員に独占させていた。しかし，1980年代以降に組合組織率が低下すると，交渉主体が存在しない企業が増大したため，主として逸脱協定の締結主体を確保する目的で従業員代表（bc）にも交渉権限を付与した。また，これと同時に組合代表の種類を増やし（d 受任労働者，e 組合支部代表，f 代表的組合から交渉を委任された従業員代表），現在では，企業・事業所レベルでa～fの6種類の労働者代表に逸脱協定の締結が認められている。これらの代表者には法律上優先順位がある（基本的にaからeの順であり，fは従業員代表の中で優先する）が，法規制の柔軟化の制度設計に関しては，従業員代表にも組合代表と同一の事項・範囲で逸脱が認められている点が重要である。

(2) 法的地位・権限

次に，労働者代表の法的地位・権限に着目すると，ドイツ，フランスでは，使用者に対し労働者利益を防御・主張しうるように一定の法的手当がなされており，具体的法規定の多くが共通していた。両国では，組合代表，従業員代表の双方について，使用者からの独立性を確保する法的枠組みが存在し，特に企業・事業所レベルでは，労働者代表が従業員であり使用者の圧力を受けやすいことに配慮し，産業レベルよりも詳細な保護規定が存在するのである。例えば，労働組合および従業員代表は，使用者の利益代表者（主に職務権限を基準に判断される）が構成員から排除されるとともに，労働組合に関しては使用者の財政援助が禁止され，従業員代表に関しては使用者の費用負担が義務化される（活動時間中の賃金保障，使用者による活動場所や資材の提供等）ことで経済的独立性が確保されていた。また，個々の構成員についても，使用者による活動妨害や不利益取扱いが法律上明確に禁止され，不利益取扱いの中でも特に労働者への影響が大きい解雇や配転については特別な保護規定が存在した。そして，企業

レベルの労働者代表（ドイツ：従業員代表，フランス：組合代表および従業員代表）に対しては，使用者との情報量格差を補うため，法律上特別な情報収集手段（使用者から情報提供を受ける権利，情報通信機器・専門家等を利用する権利）や研修参加の権利が保障されていた。

　もっとも，両国でこれらの規定が導入された時期には違いがあった。ドイツでは，事業所委員会に法規制から逸脱する権限が付与される以前から，上記の詳細な保護規定があったのに対し，フランスではその大部分が1982年以降に導入されたものであった。

　この導入時期の違いは，両国における企業レベルの伝統的な労働者代表制度の違いに起因すると考えられる。すなわちドイツでは，事業所委員会が1920年に制度化された時点から，一定の事項で労働条件決定権（共同決定権）が付与されていたため，使用者による一方的決定を防ぐための制度的手当が不可欠と認識され，1980年代以前から様々な保護規定が設けられていた。これに対しフランスでは，1968年に企業内組合活動が法認されてからも，企業別交渉がほとんど行われず，また交渉したとしても，労働協約は法規定より有利な場合にしか効力が生じなかったため，交渉担当者の法的地位を強化する必要はなかった。しかし，1982年に労働者に不利益をもたらしうる逸脱協定の締結が企業・事業所レベルで認められると，労働者保護の観点から労使間の交渉力均衡を確保する特別規定が必要と考えられ，逸脱協定の対象拡大の過程でその内容が拡充されたのであった。また，企業レベルの交渉主体の拡大過程では，憲法院が労働者代表の独立性保障を交渉権限付与の不可欠の前提としたため，これに対応する具体的規定が法律で整備され，現在では従業員代表と組合代表とでほぼ共通の保護規定が存在する。

　以上に対し，本書で注目したストライキの位置づけは両国で大きく異なった。ドイツでは，憲法上団結体（労働組合）にのみ争議権が付与され，従業員代表（事業所委員会）には法律上争議行為が禁止されていた。しかしフランスでは，ストライキは憲法上労働者個人の権利であり，組合代表と従業員代表はいずれもストライキの権利主体ではなかった。また，組合代表と従業員代表は，団体交渉の際にストを指揮・主導しうる立場にある点でも変わりはなかった。

(3) 背景分析

　以上から，(1)で指摘した両国における柔軟化の具体的制度設計の違いは，憲法上争議権が保障される点で法的権限が強い労働組合（産別組合）に広範な逸脱権限を付与するドイツと，ストライキを含めて法的地位・権限が同一の労働者代表をすべて同列に扱うフランスとで説明可能であるかのように思われた。しかし，議論はそう単純ではなかった。

　まずドイツでは，労働協約に開かれた法規範を広範に認める理由として伝統的に協約内容の「適正さの保障」が指摘され，これを労働組合の争議権保障による労使対等の理論的帰結として説明することも可能であった。しかし 2010 年以降は，労働組合の法的地位・権限に変化はないにも関わらず，派遣労働者の賃金下限規制や最低賃金法が導入される等，国家の実体規制によって協約自治を制約する流れにある。そしてその背景には，労働者利益の多様化を受けて生じた労働組合の分散化の中で，小規模組合によって労働者保護に明らかに反する労働協約が締結されるようになり，2010 年に協約単一原則が廃止されたことでその流れが加速するのではないかとの懸念があった。そして，その対応策をめぐる議論の中で，伝統的に多くの領域で労働協約を国家規制に優先させてきた真の理由が，産業レベルで協約交渉権限を事実上独占していた巨大な DGB 系組合による労働者保護機能への高度の信頼にあり，協約単一原則がその勢力を維持させる制度的基盤となっていたことが明らかとなった。それゆえにこそ，同原則が 2010 年に廃止され，労働組合の分散化が進むと，あるべき保護水準を設定するのは国家自身であるべきとの論調に傾き，立法レベルでも上記のように協約自治に対する実体規制が強化されていると理解することができた。

　また，事業所委員会についても，事業所協定への公正審査の有無を議論する場面では，事業所委員会委員は労働者の従属性を解消するための法的地位・権限が保障されていることを根拠に，制度上使用者と対等とみるべきとの見解が主流であるにも関わらず，法規制から逸脱する権限は限定されていたのであり，使用者との関係での事業所委員会の法的地位・権限はほとんど考慮されていなかった。そして，事業所委員会をめぐる学説や判例の動向を総合すると，法規定の開放性が限定的であるのは，事業所レベルで設置される事業所委員会には

国家法に匹敵する労働者保護規範の設定を期待しえないという不信感が強いためであると考えられた。

労働者代表の法的地位・権限よりも労働者保護機能の実態を重視する考え方は，フランスでも随所で読み取れた。1982年以降，フランスは政策的に企業別交渉を促進してきたが，企業レベルでは労働者代表が雇用創出を恐れて労働条件の切下げに応じやすいと考えられ，労働者保護にとって特に重要と解された規制は産業レベルに逸脱権限が留保された。また，交渉主体の拡大過程では，交渉時に産別組合のコントロールが及ばない従業員代表は交渉力が弱いとして交渉権限が限定されたり，労働協約の有効要件に産業レベルの労使同数委員会の承認要件が加重されたりした。その後，2008年法で従業員代表による交渉にも産別組合が関与しうる手続規定が新設され，従業員代表と組合代表の交渉のあり方に大きな違いはなくなった。しかしそれでも，代表的組合から交渉委任を受けたのではない従業員代表については，企業外の組合の直接のコントロールを受けるものではないため，労働者保護の観点から，労働協約の有効要件に産業の労使同数委員会の承認要件が付加されている。

ここまでの検討から，ドイツ，フランスでは，労働者代表の法的地位・権限ではなく各代表者の労働者保護機能に応じて柔軟化の制度設計を変えてきたと解されるが，この分析は，両国で労使合意による逸脱が許容されている規制の数や労使当事者の裁量の程度を比較すると，さらに説得力を増す。

すなわちフランスでは，産別組合が担い手となる場合でも，逸脱協定の対象領域にドイツのような一般性・広範性はなく，逸脱が認められる場合も，ドイツと異なり，逸脱に関して様々な実体要件（逸脱の量的限界，逸脱協定の必要的記載事項，逸脱の正当事由，義務的代償措置）が設定され，労使交渉の余地が限定されていた。また手続的にも，ドイツでは（産業レベルの）労働協約はその締結だけで逸脱の効果が発生するのに対し，フランスでは，産業レベルの労働協約は基本的に労働大臣による拡張手続を経なければ逸脱の効力が発生しなかった。こうした産別組合に対する両国の逸脱権限の広狭も，私見によれば，労働組合（産別組合）の労働者保護機能の信頼度の違いによって説明することができた。

すなわち，ドイツで協約交渉を事実上独占してきたDGB系組合は，主要産

業のあらゆる職業を統合する単一組織であり，その巨大な勢力が協約単一原則によって制度的に維持されていたが，フランスで主流の労働組合は，関連する職業に従事する労働者までを統合する産業部門別の組織であり，しかもイデオロギーによって分裂・統合を繰り返す傾向にあるため，組織基盤が脆弱である[3]。また，歴史的にみても，ドイツの労働協約は労働者の権利を拡充し，立法を誘引することも多かったのに対し，フランスでは，1789年の革命以来個人主義的発想が強く，労働組合による規律は，労働者保護の点で極めて脆弱であった。こうした中，フランスでは，1960年代末から国家政策として団体交渉が促進され，2007年には労働立法前の労使団体への諮問が義務化されているが，この諮問プロセスは国家主導で進められ，労使間合意（労働協約）がドイツのように事実上立法内容を左右しているとまでは言えない。歴史的にみれば，フランスではむしろ，国家の支援によって初めて労使交渉が可能となってきたのであり，それゆえ産別協約であっても，原則として単独では法規制からの逸脱を認めず，国家自身で労働者保護水準を確保するメカニズムが何重にも用意されていると分析できる。

　以上から，ドイツ，フランスでは，法規制から逸脱を認める際の具体的制度設計に一定の違いがあるものの，その基礎にある考え方には共通性がある。両国では，労働者代表の争議権の有無・位置づけは逸脱の枠組みに影響しておらず，法規制の柔軟化の制度選択においては，労働者代表の交渉レベル（産業か企業か）のほか，実際の勢力（組織基盤の強度，勢力集中の法的メカニズムの有

---

[3]　フランスでは，組合分裂の傾向にあっても，ドイツの協約能力要件のように一定の交渉力をもつ労働組合に限定して団体交渉・協約締結を認めようとする動きはない。この理由を推測すると，フランスでは，多様な労働組合に交渉権限を付与すること自体が労働者個人の自由の反映であること，また憲法上協約自治が保障されていないために，国家が最終的に締結された協約内容に介入しない代わりに交渉力要件を設定して弱小組合を協約締結過程から排除するという，ドイツのような発想は生まれにくいことが指摘できる。なおフランスでは，2008年法以来，労働組合が団体交渉・協約締結のために労働者から一定の支持率を獲得していることが要件化されており，少数組合の中に団体交渉・協約締結過程から排除されるものが出てきているが，これは労働者の代表機能を高めるための改革であり，労働者保護の観点からの労働組合の選別ではない。

無)や労働者保護に関する過去の実績等から,当該代表者が国家に匹敵する労働者保護機能を果たしうるかが慎重に検討されてきたと要約できる。そして,特に企業・事業所レベルの従業員代表については,十分な労働者保護を単独では期待できないとして,国家があらかじめ逸脱可能な範囲を限定したり(ドイツ),企業外の組合(産別組合)の関与手続(ドイツ:労働協約を介した逸脱,フランス:交渉過程への産別組合の関与や協約締結後の産業の労使同数委員会の承認)を特別に設定することで労働者保護の後退を防ごうとしている。

なお,法規制からの逸脱が可能な労働者代表間では,両国ともに,憲法上の組合優先の原則に基づき(正規の)組合代表が従業員代表に優先するのが基本である。しかしフランスでは,企業レベルの多様な労働者代表間の優先順位が,代表者の常設性や指名組合の代表性の有無等も加味して複雑に設定されており,ドイツのようなシンプルな制度にはなっていない。

2　労働者個人との関係

続いて,労働者個人との関係で両国の法制度を比較してみよう。

(1)　集団的合意と個別的合意・同意の関係

法規定からの逸脱に関し,ドイツ,フランスでは法文上集団的合意のみ要求するのが基本である。そして,法規制から逸脱する集団的合意は,両国では通常の集団的合意と区別されていないので,フランスの労働協約およびドイツの事業所協定は当該事業所の全労働者に規範的に適用され,ドイツの労働協約は当該協約を締結した組合の組合員にのみ規範的効力が及ぶ[4]。

次に,個別契約との関係では,両国では個別契約上有利な合意があればそちらが優先する(有利原則)が,個別契約に有利な定めがない場合に,個々の労働者が集団的規律に当然に服することになるかには一定の違いがあった。

ドイツでは,労働契約の内容となりうる事項であれば,(労働契約の存続に関

---

[4]　もっともドイツでは,労働協約が法定の最低基準を不利に変更するだけで具体的権利義務を定めないことも可能であり,その場合には当該事業所の全労働者に当該協約による基準変更の効力が及ぶ(規範的効力は及ばない)。第2編第1章第3節Ⅳ1(1)・第3章第3節Ⅲ1・2。

わる事項を除き）本質的に集団から自由な個人の領域は存在しないと考えられており，個々の労働者は集団的規律にそのまま拘束される[5]。しかしフランスでは，賃金や労働時間等の一定の労働条件が本質的に労働契約の要素とされ，その変更には労働者の同意を要するという独特の判例法理があるため，法律上労働協約だけが逸脱の要件とされていても，当該協約だけで逸脱する枠組みを実施できない場合があった。同法理は個々の労働者に協約適用を拒否する余地を認めるものであり，中間団体を排除して個人の自由を強調したフランス革命以来の個人主義思想の現れとして重要である。これに対してドイツでは，個人と集団を完全に対峙させた歴史がなく，集団は個人の利益を奪うのではなく，あくまでそれを実現する主体と位置づけられているといえる。

しかし，フランスにおける個人の自由の強調は，逸脱協定の実施を困難にし，1980年代以降の法規制の柔軟化の実効性を損なうことにもなった。そこで2012年に，実務のニーズが大きい変形制による労働時間調整について，従前の地位が大きく変更される労働者との関係でも，逸脱協定を一律に実施しうるとする明文を導入し，集団的規範設定を重視する1982年以来の改革とのバランスを図っている。

ここまでの検討から分かるのは，ドイツ，フランスでは，法規制の柔軟化における個別的合意の要否に，労働協約と労働契約の関係性をめぐる本質的理解の違い（日本でいう協約自治の限界論）が影響を与えていることである。もっともフランスでは，新たな動きとして，2000年以降，労働時間の分野で労働協約に加えて個別契約を逸脱の要件としたり（① 自律的幹部職員の特別な労働時間制度），個別契約単独での逸脱を認める（②①の制度における1年の労働日数の上限超過）明文が導入されている。そしてこれらは，労働協約と労働契約の関係性についての理論的帰結を法律で確認したものではなく，個別的合意・同意が労働時間管理の個別化への対応（①）や労働者の所得増（②）といった政策目的を実現するため，逸脱の要件に組み込まれたものであった。これに対しド

---

[5] このことは，法規制から逸脱する集団的合意自体で規範的効力が生じない場合（前掲注4）参照）に，具体的権利義務を定める集団的合意（労働協約または事業所協定）が別途なされた場合も同じである。

第4編　総　括

イツでは，労働者の所得増のために労働時間規制を柔軟化することはなく（そもそもフランスで所得増の手段とされた割増賃金規制がない），また，厳格な集団的規制になじまない管理職員（事業所組織法5条3項）が労働時間法の適用対象外とされる[6]など，労働時間管理の個別化への対応は基本的に法律の枠外の労使自治にゆだねられている。

(2)　労働者保護との関係

続いて，ドイツでは，労使の集団的合意によらなければ労働者保護に反する帰結となると考えられており，労働者保護規定は個別的合意に開放されていない。

これに対しフランスでは，2008年に，これまで労働協約にのみ開放してきた労働時間規定の一部を個別的合意にも開放し，ドイツにはみられない独自の発展を遂げていた。しかし，同規定における労働者保護のあり方は立法過程でほとんど議論されず，2008年法の主眼は，割増賃金規制によって労働者により長く働く（＝法規定から「逸脱」する）インセンティブを付与することにあった。この枠組みについて，労働法学者は，労働時間規制や休日保障は労働者の健康にとって重要であり，そこからの逸脱を個別交渉にゆだねれば労働法の本質である労働者保護の要請に反するとして強く批判している。そして憲法院も，本制度において実労働時間を制限する協約規定を不可欠とすることで制度適用の余地を狭めており，上記2008年改革が労働者保護の観点から問題を抱えていることを公的に認める形となった。

このように，上記2008年改革は労働者保護に照らしてその正当性に大いに疑問があり，同改革によって，逸脱は使用者に従属する労働者個人ではなく労働者代表に認めるべきというフランスの伝統的考え方が放棄されたとみることはできない。2008年改革は経済政策に主眼をおく政権の下，いわば「勢い」で導入されたともいえ，労働法規制のあり方としては極めて例外的とみるべきである。

---

6)　労働時間法18条1項1号。詳細は労働政策研究・研修機構『諸外国のホワイトカラー労働者に係る労働時間法制に関する調査研究』（2005年）93頁以下〔橋本陽子〕参照。

Ⅳ　労働者保護法の基礎と構造

　ドイツ，フランスは，労働者個人の従属性を出発点とし，契約自由を修正する労働者保護規範を国家が詳細に整備してきた点で共通するが，上述の通り，1980年代以降の労働法の再編プロセスとその制度的帰結にはいくつもの違いがあった。また，改革に際しての基本的態度も，従来の制度との一貫性を求める傾向にあるドイツに対し，その時々の政策によって制度選択が変わりやすいフランスとで異なっており，論点によって議論の蓄積の程度も異なる。しかし，労使のニーズが一様ではなくなっている中で，労働者保護法をいかなる観点から再編すべきかという根本問題においては，両国の基本的考え方は共通している。

　すなわち両国では，国家自身があるべき保護基準を原則的ルールとして設定することに変わりはないが，これを全労働者に適用する手法では多様性に対応できないという問題意識から，あるべき保護内容を国家よりも適切に決定できる者がいれば，その者に規範設定の一部をゆだねることが望ましいと考えられている。そして，国家規制から逸脱する権限を付与されたのは基本的に集団的労使である点でも共通しており，両国ともに，労働者代表が使用者と均衡のとれた交渉を行うための基本条件（独立性確保，情報量格差の是正）を整えた上で国家規制を開放し，かつ，代表者の労働者保護機能に応じて実体規制や手続規制を導入することで，労働者保護の実質が損なわれないように配慮している。そして，労使交渉に対して一般的に信頼が低いフランスでは，手続規制・実体規制の種類や組み合わせが特に複雑であった。

　以上から，ドイツ，フランスでは，労働者にとって実質的妥当性を確保する労働者保護法のあり方が追求されており，労使の決定権限の拡大は国家規制の消滅ではなく，その内容の修正をもたらすにとどまっている。このことが日本法にいかなる示唆をもたらすか，次章で詳しくみていこう。

第 2 章

日本法の分析

I　法規制の柔軟化と法体系上の位置づけ

　日本では，法規制を労使合意に開放するか否かは立法裁量の問題なのか，それとも何らかの規範的要請に基づき解決されるべき問題なのか。この問いに関し，ドイツ，フランスでは，憲法上国家の一般的規制権限を肯定しつつも，立法者は地域的特殊性として EU 法の拘束を受けるほか，国内法のレベルでも，憲法上の原理・原則や基本的人権の尊重のために本質的制約を受けていた。このことから気づかされるのは，立法者が個々の法律規定の強行性をどの程度緩めることが許され，あるいはそれが要請されるかという問題は，立法者を拘束する上位規範，すなわち日本では憲法規定を踏まえて議論する必要があることである。そこで以下，日本で問題となる重要な憲法規定として，労働者保護法に根拠を与えている ① 憲法 25 条 1 項，27 条 2 項（および 3 項），② 憲法上の労働者の人権規定を取り上げるとともに，日本の労働法のもう一つの基本理念である集団的労使自治（憲法 28 条）にも着目し，これらの憲法規定から何らかの規範的要請が導かれるかを論じる。

1　憲法 25 条 1 項・27 条 2 項と労働者保護

(1)　基本的考え方

　まず，勤労条件法定主義を定める憲法 27 条 2 項は，憲法上保障された使用者の営業の自由（22 条）および財産権（29 条）の侵害となりうる最低労働条件規制を，労働者保護のため，私的自治の過剰な制限にわたらない限りで憲法上許容する点に意義がある[7]。これに加え，西谷教授は，27 条 2 項を 25 条 1 項

の生存権理念と結びつけて理解し，立法者が労働条件基準の法定によって私的自治を制約することを許容する（過剰禁止）のみでなく，それを義務づけてもいる（過少〔性の〕禁止）とし，労働法規制の緩和には憲法的限界があるとした[8]。ここで，憲法25条1項は，具体的な請求権を保障するものではないが，立法府に対して生存権を具体化する法的義務を課している[9]。そして，27条2項は，25条1項を労働法の根拠に関する総則規定とし，生存権的基本権としての理念を労働条件設定の場面で実現する国の積極的政策義務を課していると読むのが整合的であり[10]，「過少性の禁止」もその要請に含むと理解するのが妥当である。

憲法の構造をこのように理解すると，労働者の従属性に配慮して国家が導入した法規制の例外を認める場合には，過少性の禁止の要請に反しないよう，必要最低限の規制を行う義務が立法者にあることになる。ただし，そうした要請を基礎づける根源規定たる25条1項は抽象的で不明確であり，具体的にどのような規定を置くかは広範な立法裁量にゆだねられる[11]。したがって，労働者に最低限必要な規制の具体的内容を憲法25条1項・27条2項から直接導き出すことはできず，「あるべき最低限の水準」が確保されているか否かは，問題となる事項ごとに，関連する規定全体を考慮して判断するしかない。そこで以下，1980年代以降，柔軟化が積極的に進められてきた労働時間規制を取り上げ，国家規制の十分性を具体的に検討していく。

(2) **具体的検討**

労働時間は労働者の健康と安全に密接に関連する事項であるため，ドイツ，フランスが示唆する通り，柔軟化の要請がいかに高まろうと，労働者の生命や健康を本質的に害することがないよう，国家自身が最低限の規制を行わなけれ

---

7) 荒木・労働法 23 頁。
8) 西谷 2004・268 頁以下。第 1 編第 3 章第 2 節Ⅲ参照。
9) いわゆる抽象的権利説。憲法学における支配的見解である。芦部信喜（高橋和之補訂）『憲法（第 6 版）』（岩波書店，2015 年）269 頁，長谷部恭男『憲法（第 6 版）』（新世社，2014 年）277 頁等。
10) 菅野・労働法 25 頁。
11) 芦部・前掲注 9)書・269 頁以下。

第4編　総　括

ばならない。

　この点で学説が第1に問題としたのは，三六協定による時間外労働に絶対的上限が存在しないことである（第1編第3章第2節Ⅰ）。健康確保規制の内容に立法裁量が認められることからすると，上限規定の不存在だけで自動的に過少性の禁止に違反するわけではない。しかし日本では，ドイツ・フランスの最長労働時間規制（時間外労働を含めた労働時間の上限規制）に相当する規制もなければ，絶対的に保障される休息・休日規制もなく[12]，労働時間の長さが法律上一切制約されない点に留意すべきである。現行法上，長時間労働対策として用意されている唯一の法律上の「基準」（憲法27条2項）は，25～50％以上の割増賃金支払い（労基法37条1項）であるが，割増賃金規制の時間外労働抑制効果には疑問があり[13]，立法者が「過少性の禁止」に基づく最低限の任務を果たしているとは言い難い。

　第2に，労働時間配分を柔軟化する制度の適用を受ける労働者との関係をみていくと，変形労働時間制では労働時間調整を行う単位期間に上限があり（1年以下，1か月以下，1週間），かつ，法定労働時間について単位期間内で週平均40時間以下の要件がある。また，1年単位（1か月超1年以下）[14]および1週単位[15]では所定労働日数・所定労働時間等の上限規制がある。しかし，変形制下で所定労働時間等がいかに制限されても，時間外労働は別途可能であり，時間外労働については，上記の通りこれを抑制するのに効果的な法規制が存在し

---

[12]　労基法35条の週休は一定の手続を踏み割増賃金を支払えば働かせることができるため，絶対休日ではない。また，2015年労基法改正案では全労働者に対する勤務間インターバルの導入は予定されていない。

[13]　大内2015・189頁以下。同旨，荒木・労働法169頁以下。

[14]　変形制の単位期間が3か月超の場合は労働日数の限度は1年あたり原則280日である（労基則12条の4第3項）。また，1年単位の変形制では，所定労働時間の限度は1日10時間，週52時間であり，単位期間が3か月超の場合には，労働時間が48時間を超える週は連続3週以下，対象期間をその初日から3か月ごとに区分した各期間において，労働時間が48時間を超える週の初日の数は3以下である（同第4項）。さらに，連続労働は6日以下で，特定期間では週1日の休日が確保できる日数とされている（同第5項）。

[15]　1日の所定労働時間の上限は10時間である（32条の5）。

ない。また，フレックスタイム制においても，清算期間の上限[16]と清算期間内で週平均40時間以内の要件があるが，それを超える時間外労働が可能である点で変形制と同様の状況にある。

第3に，裁量労働制では，時間外労働の規制が一応及ぶ（労使がみなし時間を1日8時間超と定めれば時間外労働の手続が必要）が，みなし時間については，実態といかに乖離していても，労使が法定労働時間以内の時間を定めれば法による修正の余地はないので[17]，健康面では労使協定（または労使協定代替決議）事項となっている健康福祉確保措置（38条の3第1項4号，38条の4第1項4号）が決定的に重要である。

しかし，健康福祉確保措置は，労使で定めるべき内容が指針で例示列挙されるにとどまり[18]，その当否について国家のコントロールは及ばない。また，裁量労働制の適用要件は，法文上は労使協定で使用者が健康福祉確保措置を講ずると定めること，であり，同措置の履行確保は労働者代表にゆだねられる点にも注意が必要である。憲法25条1項・27条2項の過少性禁止によれば，健康確保のための最低限の「基準」の設定は立法者の任務であるが，健康福祉確保措置をめぐる現行法規定はその内容決定および実施を全面的に労使に任せており，裁量労働制下の労働者に対して国家が健康を確保する任務を放棄していると言わざるを得ない。

最後に，現在構想されている高度プロフェッショナル労働制下の労働者の地位についても考えてみよう。2015年労基法改正案によると，同制度下では通常の労働時間規制（労基法第4章の労働時間，休憩，休日および深夜割増賃金に関する規定）が適用除外となる代わりに，労基法上①「健康管理時間」の把握，②イ．継続休息時間の保障かつ深夜労働の回数制限，ロ．健康管理時間の上限遵守，ハ．年間104日（週休2日相当）以上，かつ，4週間を通じ4日以上

---

[16] 現在1か月以内である（32条の3第2号）が，2015年労基法改正案では3か月以内への延長が構想された。

[17] 山本吉人「労基法上の協定と効力」ジュリ917号（1988年）178頁以下（菅野和夫発言）参照。菅野は同発言部分で，みなし時間が実際上不合理な場合は，裁量労働の対象業務該当性でチェックするほかないとする。

[18] 平成11・12・27労告149号，平成15・10・22基発1022001号。

の休日確保のいずれかの実施（選択的措置），③ 健康管理時間の状況に応じた健康福祉確保措置を講じる旨の労使委員会決議が義務づけられる。

この改正案については，制度の根幹に関わる重要事項が省令に委任されることで，安易に対象者が拡大されるとの危惧[19]や，②のイロハが選択的措置にとどまる点で不十分との批判[20]がある。これを憲法25条1項・27条2項との関係でみると，立法者が，過重労働を抑制する効果がある実労働時間規制の適用除外を広く認める一方で，これに代わる最低限の保護基準を自ら明確に設定していないことになり，過少性の禁止に違反する可能性が高い。とりわけ，本制度における健康確保規制の中核となる②の措置において，イ・ロの具体的内容を省令に一任している点は大きな問題である。

以上みたように，現行法では，集団的合意に基づく柔軟な労働時間制度のいずれにおいても，法律で必要最低限の保護基準を設定しているか疑問であり，憲法上重大な問題を抱えている。本来労働者は，いかなる労働時間制度の適用を受ける場合でも，法律上何らかの基準によって健康が確保されなければならず，この点で欠陥のある現行制度を根本的に見直すべきである。

具体的には，まず，労働者の健康確保に直接寄与する制度的選択肢として，時間外労働の絶対的上限を設けることのほか，ドイツ，フランス（および背後にあるEC労働時間指令）を参考にし，時間外労働を含めた最長労働時間を定めること，絶対的な連続休息時間や休日を保障することが考えられ[21]，これらの中から，労働者の業務の性格や労働形態に応じて適切な規制を選びとることが肝要である。なお，高度プロフェッショナル労働制の選択的措置のように，導入する制度を労使に選ばせることも可能であるが，その場合には採りうる措置を法律（または法律の枠づけの下で省令）で具体的・限定的に定め，かつその実施を適用要件として国家自身が履行を確保すべきである。

---

[19] 和田肇「労働基準法の労働時間規定の改正案」学会誌126号（2015年）215頁。
[20] 名古道功「労働基準法（労働時間規制）改正案の検討」季労251号（2015年）53頁。
[21] 水町勇一郎「労働時間法制の課題と改革の方向性」鶴光太郎＝樋口美雄＝水町勇一郎編著『労働時間改革』（日本評論社，2010年）137頁以下，大内2015・194頁以下等参照。

2　憲法の人権規定と労働者保護

次に，ドイツ，フランスでは，平等原則の尊重が重要な憲法的価値として指摘されていたが，立法者は平等原則に限らず憲法上の人権規定に拘束されるので，自身に認められていない権利の処分を労使に認めることは許されないという一般的命題が日本でも妥当する[22]。

このような観点からは，憲法18条の「意に反する苦役」の禁止に対応する労基法5条の強制労働の禁止（同条は13条の個人の尊重，22条1項の職業選択の自由，勤労の権利の趣旨をも反映している），憲法14条の平等原則を受けた労基法3条（労働者の国籍，信条または社会的身分を理由とする差別禁止取扱いの禁止），4条（男女同一賃金原則）および男女雇用機会均等法5条以下の差別禁止規定等は，労使合意への開放が本質的に許されない規定に分類されることになる。なお，憲法の人権規定が，私法的効力をもつ法律規定として具体化されていない場合でも，私人は民法90条を介して憲法規定に間接的に拘束されるため，公序に反する取扱いは労働者の同意があっても違法無効となる。

ところで，差別禁止や格差是正のための規制は日本でも大きな発展をとげ，2007年以降，通常の労働者（正社員）と同視すべき短時間労働者（パートタイム労働者）の差別的取扱いの禁止（パートタイム労働法9条），募集・採用時の年齢制限の原則禁止（雇用対策法10条），有期契約労働者と無期契約労働者の不合理な労働条件格差の禁止（労働契約法20条），障害者に対する雇用差別の禁止（障害者雇用促進法34条，35条）等が定められている[23]。これらの規定の私法上の効力は必ずしも明らかでない[24]が，仮に公法上の義務にとどまると

---

[22]　西谷2004・270頁参照。結論同旨，土田道夫「労働保護法と自己決定」法時66巻9号（1994年）63頁。

[23]　また，安倍政権下の同一労働・同一賃金の実現に向けた構想も，平等法理の一つの現れとして位置づけることも不可能でない。同一（価値）労働同一賃金原則の基礎にある均等待遇の理念を指摘する裁判例として，丸子警報器事件・長野地上田支判平成8・3・15労判690号32頁。

[24]　労契法20条には私法上の効力（強行性）があるが，雇用対策法10条，障害者雇用促進法34条・35条にはない点にほぼ争いはない（菅野・労働法57頁，276頁，

しても，労使合意がある場合に行政監督制度の対象外とすることが許されるかという問題が生じる。

上記の通り，憲法上の平等原則の趣旨を具体化した差別禁止規定は労使合意による逸脱が本来的に許されないが，ドイツ（およびその背後にある EU 指令）では，派遣労働者の不利益取扱禁止原則について労働協約による逸脱を認めており，差別・不利益取扱禁止規制からの逸脱の可否はそれほど単純でなかった。この点に関し，年齢差別についての日本の最近の研究では，差別禁止規制には人種差別や性差別のように普遍的に確立された原理と，年齢差別のように雇用慣行への影響が配慮されるものとがあり，後者については，これらの規制が含む政策的考慮とのバランスにおいて必要な限りで個別に規制され，また例外も広く許容され得ることが指摘されている[25]。この学説から示唆を受け，最近拡大傾向にある差別禁止規定を労使合意に開放することの許容性を考えてみると，次のことが指摘できる。

まず，憲法 14 条 1 項は，後段の列挙事由（人種，信条，性別，社会的身分又は門地）に該当しないものを含め，合理的理由のない異別取扱いを広く禁止している[26]が，後段列挙事由に該当するか否かによって異別取扱いの合理性の判断基準が異なり，該当しない事由（財産，年齢等）は異別取扱いの合理性が相対的に広く認められうる[27]。もっとも，ある事由に基づく異別取扱いが憲法の平等原則ないし公序に反しない場合でも，法律上排除すべき「差別」とみなして規制することは可能であり，その規制の要否や範囲は立法政策の問題となる[28]。そうすると，当該政策目的との関係で，禁止規制の徹底よりもそこ

---

344 頁参照）。パートタイム労働法 9 条については私法的効力を認める見解が有力である（菅野・労働法 360 頁）。

[25] 櫻庭涼子『年齢差別禁止の法理』（信山社，2008 年）289 頁以下。

[26] 例示列挙説。最大判昭和 48・4・4 刑集 27 巻 3 号 265 頁。

[27] 芦部・前掲注 9) 書・131 頁以下。労働関係においては，例えば年齢で区分する定年制について，企業組織・運営の適正化や若年層の雇用・昇進機会の確保等を理由に，憲法 14 条ないし公序に違反しないと判示されている。秋北バス事件・最大判昭和 43・12・25 民集 22 巻 13 号 3459 頁。

[28] 櫻庭・前掲注 25) 書・312 頁参照。

からの逸脱を認めて柔軟性を付与することが望ましいとの判断もありえ，その場合には，当該規制が名称の上で「差別」禁止規制とされても，労使合意が逸脱可能な規定に分類することができる。このように考えると，労使合意による逸脱を認めうるかを差別禁止規定について検討する場合には，前提として，当該規定が憲法14条1項の要請を具体化したものなのか，それともそれを越える保護を法律で特別に設定したものなのかを明確にする必要がある。

　ここで，若干の検討が必要なのは職業安定法（職安法）3条である。同条は，職業紹介等の利用者に対する「人種，国籍，信条，性別，社会的身分，門地，従前の職業，労働組合の組合員であること等」による差別的取扱いを禁止しつつ，但書で労働協約による特例を認めている。職安法3条本文の差別禁止事由の多くは憲法14条1項を受けたものである[29]が，職安法3条但書は「労働組合法の規定によって，雇用主と労働組合との間に締結された労働協約に別段の定のある場合は，この限りでない」とし，労働協約による逸脱（差別的取扱い）を一般的に許容しているようにも読める。

　しかし，行政の説明によると，3条但書にいう「労働協約」とは，憲法14条1項を受けた差別禁止原則の例外を定める労働協約ではなく，労組法7条1号但書にいう労働協約である[30]。この理解によれば，職安法3条但書は，雇用主がショップ協定（クローズド・ショップ協定）を締結している場合に，職業紹介所が当該協定を締結した労働組合の組合員以外を当該雇用主に紹介しないことを許容していると読むことになる。とすると，ここで問題となるのは憲法14条1項ではなく28条であり，ショップ制を定める労働協約が28条に反しないと解するならば[31]，職安法3条但書は有効な労働協約を前提とした規定

---

[29] ただし，職安法3条は差別禁止事由に「従前の職業」を含んでおり，憲法14条1項を拡充した均等待遇原則を規定している。菅野・労働法63頁，荒木・労働法736頁。

[30] 労働省職業安定局監修『職業安定関係解釈総覧』（労働法令協会，1967年）75頁。

[31] 最高裁は，ユニオン・ショップ協定について，他組合の組合員との関係では憲法28条の設定する公序に反するが，未組織労働者との関係では有効との立場に立っていると解される（三井倉庫港運事件・最一小判平成元・12・14民集43巻12号2051頁）。日本ではクローズド・ショップ協定は皆無であるため議論がないが，最高裁の

であり，憲法の人権規定と両立することになる。

3　集団的労使自治の意義

最後に，日本では，憲法28条が勤労者（労働者）の団体交渉権を保障しており，団体交渉と不可分の協約自治も同条の保障に含まれると解される[32]。そうすると，労働協約との関係では，法規制からの逸脱がどの程度認められるかを考える上では，そもそも最低基準規制によって協約自治を制約することが憲法28条の協約自治保障に反しないか，というところから検討する必要がある。これは，憲法上協約自治がいかなる範囲・程度で保障されているかを問うものであり，その理解によっては，ドイツで議論されていたように，法規制からの逸脱の可否は純粋な立法政策の問題ではなく，一定の基準で原理的・規範的に解決されるべき問題と解する余地が出てくる。これまで日本では，労働協約は最低基準規制を含む強行法規に違反してはならないことが当然の前提とされてきた[33]が，労働協約と国家規制との関係が憲法上原理的・規範的に解決されるべき問題であるとすれば，明文がなくとも，労働協約による不利な逸脱が認められる場合がありえ，労基法の解釈にも影響を与えることになる。

ここで，憲法上の協約自治保障と国家による最低基準規制の必要性を対峙させ，協約自治への制約の可否を厳密に問う姿勢は，労働条件を集団的交渉によって自律的に決定していくという集団的労使自治の理念に合致し，それ自体傾聴に値する。しかしここでは，ドイツ，フランスにおいて，憲法上の協約自治保障をめぐる解釈論に労働組合が果たしてきた役割・機能が強く反映されてい

考え方によればクローズド・ショップ協定もその効力範囲が限定される可能性がある。

32)　蓼沼謙一「名古屋中郵判決における公労法17条合憲論の検討」ジュリ643号（1977年）39頁，西谷・労組法58頁，353頁，菅野・労働法30頁。なお，「協約自治」という概念が用いられない場合も，その考え方は労働協約上の諸問題を論じる際の当然の前提とされてきたといえる。渡辺章「協約自治と個別労働者の法的地位」学会誌38号（1971年）43頁。

33)　西谷・労組法353頁以下，荒木・労働法618頁，西谷敏＝道幸哲也＝中窪裕也編『新基本法コンメンタール　労働組合法』（日本評論社，2011年）190頁以下〔土田道夫〕。

たこと（第1章Ⅰ2参照）に留意すべきである。特に，日本と同様に協約自治を憲法上保障しているドイツから学ぶことができるのは，協約自治保障を国家規制を排除しうるほど強度に肯定するには，その前提として，労働協約単独でも労働者に必要最低限の保護を提供できるという確信がなければならないことである。日本の労働法の基本的支柱である，法律による最低基準の設定（憲法27条2項）と集団的自治の保障（同28条）は，究極的には労働者の生存権保障（同25条1項）を目的としており，協約自治を強調して最低基準規制を安易に後退させれば，この生存権を中核とする労働法の基本理念に反することになるだろう[34]。

この点，日本の企業別組合は，後にも言及する通り，ドイツと異なり国家法に代替し得る労働者保護規範を設定する役割は果たしておらず，労働組合に期待されてきたのは法律上の最低基準を上回る労働条件の獲得であった[35]。ドイツと比較した場合の，日本の労働組合のこうした労働者保護機能の限定性を踏まえれば，日本では，憲法上の協約自治保障を前面に押し出し，最低基準にとどまる規制であっても協約自治への過剰な介入にあたると解釈することは避けるべきである[36]。すなわち，日本における法規制の柔軟化は，労働協約との関係でも，国家と協約当事者のいずれに決定権を認めることが望ましいかを立法者がその都度判断するものであり，基本的に立法政策の問題と位置づけられる[37]。したがって，現行法の解釈としても，労使合意による逸脱は，明文の許容規定がある場合に，かつ法所定の範囲でのみ可能と解するのが妥当である[38]。

---

[34] 西谷敏「労働法における自治と公共性」室井力＝原野翹＝福家俊朗＝浜川清編『現代国家の公共性分析』（日本評論社，1990年）382頁以下。

[35] 籾井常喜「労働基準法と労働組合の機能」松岡三郎先生還暦記念論文集『労働基準法の法理』（総合労働研究所，1979年）338頁以下，西谷・前掲注34)論文・382頁以下，西谷2004・335頁以下。

[36] ただし日本でも，理論的には，法定労働時間を1日4時間とする等，法律上の最低基準が極めて高度なレベルに設定されれば，有利な逸脱を認めるだけでは協約自治の意義を著しく制約し，協約自治を侵害すると解される余地がある。

[37] 同旨，西谷・前掲注34)論文・387頁以下。

[38] 同旨，西谷1992・86頁，西谷2004・343頁。

II　柔軟化の適否と基準

では日本では，ある法規定が労使による逸脱に適しているかどうかをいかなる観点から決定するのが妥当であろうか。この問題を考えるにあたり，まずはこれまで柔軟化の適否がどのように決定されてきたか，第1編第2章でみた改革経緯を振り返りながら検討してみよう。

1　日本法の特徴

日本では，労基法制定時は，法定労働時間（当時1日8時間・週48時間），週休1日原則，賃金の通貨払いおよび全額払いの原則が労使合意に開放されていたが，1952年改正で年休手当の算定基礎もこれに追加された。そして，1980年代以降は，法定労働時間の短縮（週40時間制）にともない，1週という労働時間算定単位（→フレックスタイム制，変形制），実労働時間に基づく労働時間算定原則（→裁量労働制，事業場外労働），労働者の時季指定による年休付与原則（→計画年休制），休憩時間の一斉付与原則，月60時間超の時間外労働に対する50％以上の割増賃金支払原則（→代替休暇付与制度），年休付与単位（→時間単位年休）が労使合意に開放された。また，産後休業期間も労働者の意思次第で短縮可能となった。労基法以外では，育児介護休業法における育児・介護・看護休業付与原則，所定外労働免除および短時間勤務の制度，65歳までの継続雇用措置（高年齢者雇用安定法9条2項）における継続雇用原則（ただし2012年改正前まで）について労使合意による例外設定が可能となった。

以上の法規定について労使合意による逸脱可能とした理由に関しては，画一的規制が労働者利益に反する場合があり，例外を認めない方が実際上の不都合が大きいと説明されることが多い[39]。もっとも，「実務上の不都合」の具体

---

39) 例えば，賃金通貨払原則・全額払原則について，労基局（上）・345頁以下，法定労働時間について，末弘厳太郎「労働基準法概説（一）」法時20巻3号（1948年）32頁，実労働時間に基づく労働時間算定について，労基局（上）・533頁以下，544頁，559頁等。

内容や，労使合意に開放する法規定とそうでない法規定の違いは必ずしも明らかでなかった。そのため，労使合意による逸脱を認めることが望ましい規定は他にあるのか，あるいは新たな規定を導入する際に労使合意にゆだねた方がよいのはいかなる場合か，の基準も不明であり，労使合意への開放性がその時々の労使のニーズに左右されやすかった。

2 比較法的示唆

柔軟化の適否に関する最も基本的な示唆は，法規制の柔軟化が立法裁量の問題であることの帰結として，柔軟化の正当化根拠は多様でありうることである。柔軟化の適否を一つの基準で体系的に説明しようとしても失敗に終わり，そうした試み自体に実益は見出し難い。前述の通り，憲法上労使に処分権を認めることが許されない事項を除けば，国家が原則的保護基準を設定した上で一定の逸脱を認めることに理論的障害はないのであるから，あとは立法者が，ある事項について国家と労使のいずれが「より適した」規範を設定しうるかをその都度判断すれば足りることになる。もっとも，できるだけ整合的な労働法体系を構築するためには，逸脱を認める方が望ましいと判断されやすい場合をいくつか指摘しておくことが有益である。そこで以下，柔軟化の適否について比較法的考察から導かれる視点を指摘する。

第1に，時間の長さや手当の額等の量的規制およびその計算方法の規制は，唯一絶対的な原理や法的価値の具体化ではなく，国家が多様な選択肢の中から社会的に公正・妥当と考えるものを最低基準として設定するものであるから，労働者のニーズが多様化すると，従来の規制内容が実態に反する場合が出てくる。この点，現行労基法では，法定労働時間，産後休業期間，労働時間の算定単位・計算方法，年休手当の算定方法，年休付与単位等の規定が量的・技術的規制にあたるといえ，労働関係の多様化・複雑化の中で国家が特定の基準を徹底した場合に労使のニーズと乖離する可能性が高い。そこで，この「実務上の不都合」を解消するため，上記規制について労使合意による逸脱を許容してきたと分析できる。

同様の観点からは，例えば，労基法上の休憩時間（34条1項），休日付与単位・付与日数（35条1項，2項），深夜労働時間帯（37条4項，61条），解雇予

告期間・予告手当（20条）等についても，量や算定方法の規制であるため，実情に詳しい労使に異なる規範設定の余地を認めてよいようにも思われる。

しかし，特にフランス法の検討から示されるように，柔軟化の適否は，当該規制のレベルや厳格度を度外視して一般的・抽象的に論じることはできない[40]。原則となる規制レベルが著しく低い場合には，全労働者のためにこれを確実に遵守させる必要がある[41]が，逆に，国家規制のレベルが高ければ高いほど，それを全面的・一律に適用する必要性が低下し，労使に例外設定を認める正当性が高まると解されるからである。実際日本でも，労働時間規制の大幅な柔軟化は法定労働時間の短縮（週48時間→40時間）と密接に関連して進められ，また産後休業期間の短縮の許容は，最低保障期間の延長（6週間→8週間）が契機となっていた（第1編第2章Ⅱ）。このことからも読み取れるように，量や計算方法は，法律上の最低基準・強行的基準のレベルが，全労働者に徹底すべきと考えられる基準を相当程度上回っている場合に，労使合意を媒介とした柔軟化に適した規制と判断されることになる。

原則的規制が全労働者に徹底すべき基準を相当程度上回っているか否かは個別にみていくしかないが，現行労基法上，例えば1週間という休日付与単位は，既に4週間単位での変則的制度が認められており（35条2項），全労働者に徹底すべきとは考えられていないので，新たに別の単位での休日調整を集団的合意を要件に認めることが考えられる。また，深夜労働時間帯（午後10時〜午前5時）[42]や原則30日の解雇予告期間[43]についても，一定の範囲内で新たに労使合意に逸脱を認めることもあり得るかもしれない。これに対し，45分または1時間の休憩時間は，全事業所に徹底すると実務上不都合なほど厳格な基準とはいえないであろう。

---

40) 同様の指摘を行うものとして，島田陽一「日本型雇用慣行と法政策」日労研423号（1995年）19頁。

41) 西谷2004・345頁参照。

42) フランスでは，労働協約により，連続9時間以上の深夜労働時間帯を21時から7時までの間で設定可能である（労働法典 L. 3122-2条，L. 3122-15条）。

43) ドイツでは，勤続年数に応じて設定されている原則4週間〜7か月の解雇予告期間を労働協約で短縮できる（民法典622条1項，2項，4項）。

なお，高度プロフェッショナル労働制は，就労形態の多様化により時間の長さによる規制になじまない労働者が出ているとして，かかる労働者を対象に労基法第 4 章の労働時間，休憩，休日および深夜割増賃金規定を適用除外とするものである。2015 年労基法改正案における同制度の構想については，上記Ⅰ 1 (2)の通り労働者の健康確保の点で大きな問題があるが，同制度で適用除外とされる規制の選択に着目すると，高度の専門知識をもって主体的に働く一部の労働者との関係では自動的適用になじまないものといえるため，当該規制の適用の有無を労使の判断にゆだねようとする発想自体は是認できる。

　ドイツ，フランスから導かれる第 2 の示唆は，量や計算方法についての規制ではなく，一定の法原則を定めたとみられる規制であっても，その趣旨・目的との関連で例外を認める方が適当な場合があることである。現行法上，例えば育児・介護・看護休業制度は，労働者の雇用継続やワーク・ライフ・バランスの政策意図に基づく[44]ため，この趣旨に合致しない短期契約等の労働者について，労使協定を介して付与義務の免除を認めること（育児介護休業法 6 条 1 項, 12 条 2 項等）も正当化できる。

　次に，差別禁止規制は憲法上の平等原則の具体化以外に雇用政策・労働市場政策の一環として法律上特別に導入されることがあり，労使合意に逸脱を認める方が政策目的に資する場合もある。この点で，パートタイム労働法 8 条・9 条・労働契約法 20 条は，非正規労働者の処遇改善の他に雇用促進の政策目的が含まれると理解すれば，待遇面で調整の余地を残すため集団的労使に格差の是非の判断をゆだねることも考えられる[45]。

---

[44]　保原喜志夫「介護休業法制の検討（下）」ジュリ 1065 号（1995 年）102 頁，菅野淑子「日本の育児休業法・育児介護休業法制定過程にみる理念の変容」小宮文人ほか編『社会法の再構築』（旬報社，2011 年）149 頁以下参照。

[45]　集団的労使合意を根拠に処遇格差を許容する（合理性を肯定する）立法は，当該「差別」禁止が憲法に淵源をもつのでない純政策的規制と理解すれば禁止されない（同規制は憲法上の権利の実現と理解するならば格差の是非を集団的交渉に完全にゆだねる制度設計は許されない）。ただし，非典型雇用の処遇改善のための規定について，非正規労働者の意向が十分反映される仕組みを設けずに労使合意に開放すれば，正社員の利益を主として代表する者（現在の企業別組合が典型）によって差別禁止原

また，別の観点からの指摘として，労基法16条の賠償予定の禁止（16条）や賃金の直接払原則（24条1項）は，それぞれ法原則を定めたものとみうるが，同原則導入の背景にあった労基法制定時の封建的労働慣行における弊害は今日では減少しているため，労使合意による逸脱を認めることが適当である[46]。さらに言えば，割増賃金規制（37条1項）のように，原則的規制が本来の趣旨との関係で逆効果となりうる[47]規制については，代替的枠組み（割増賃金規制の場合は代替休暇）を労使合意を媒介として一般的に認めることが検討されてよい。

III　主体の選択と逸脱の枠組み決定

次に，法規制を柔軟化する場合の具体的制度設計を考える。日本はこれまで，法規制を集団的労使合意に開放することが多かったが，具体的にいかなる主体にいかなる枠組みで逸脱を認めるか，という観点からの踏み込んだ分析はなかった。そこで以下，まずはこの角度から現行法を分析し，日本法の特徴を明らかにした上で，労働者保護の観点からの評価と改革の要否を論じる。

1　労働者代表との関係－現行法の特徴

日本では，労使協定や労使協定代替決議は事業場ごとに行われ，労働協約も

　　　則の趣旨に反する規範が設定される危険があるため，集団的労使にゆだねる場合でも制度設計は慎重に行う必要がある（水町勇一郎「『格差』と合理性」社会科学研究62巻3＝4号（2011年）152頁参照）。

46）　労基法16条について，結論同旨，大内伸哉「労働法と消費者契約」ジュリ1200号（2001年）91頁以下，島田陽一「労働者の個別労働関係法上の権利を放棄または制限する合意は有効か」日労協501号（2002年）67頁。なお，法体系上の整合性という点では，賃金口座払い（労基法24条1項但書，労基則7条の2）は銀行を介しての支払いである点で直接払原則の例外にもあたるため，通貨払原則の例外としてだけでなく，直接払原則の例外としても適法化すべきである（小西國友「賃金の口座払いに関する法的諸問題（一）」労判376号（1982年）8頁以下，荒木・労働法137頁の注55参照）。

47）　大内2015・189頁以下。

企業別組合を前提に企業レベルで締結されるのが通常である。そのため日本では，ドイツ，フランスと異なり，法規制は事実上企業・事業所レベルにのみ開放されていることになる。このことを踏まえた上で，以下では，ドイツ，フランスとの異同を鮮明にするため，① そもそも労使合意に国家規制をどの程度開放しているか，② 企業・事業所レベルでいかなる労働者代表を制度化し，労働組合と非組合代表の間で逸脱の枠組み（逸脱可能な規定の数・範囲，要件）を区別しているか，③ そうした枠組みは各労働者代表の法的権限・地位といかなる関係にあるか，という観点から分析していく。

(1) 国家規制の開放性の程度

日本では，労働者を経済的弱者とみなし，労基法，最低賃金法，労働安全衛生法，賃金支払確保法，男女雇用機会均等法等の法律で最低基準を設定し，あるいは使用者に一定の行為を禁止ないし義務づけているが，労使合意に開放されているのは労働時間に関連する規定（労働時間・休憩・休日，年次有給休暇の規制）が中心で，フランスと同様に逸脱可能な規制領域に偏りがある。

その一方で，日本では，これまで意識されることはほとんどなかったが，逸脱を認める場合にフランスに類似するいくつかの実体要件が存在し，労使の裁量が一定程度制約される構造にある。

第1に，いついかなる理由で法規制から不利に逸脱しうるかを国家が限定していることがある。例えば，専門業務型裁量労働制（38条の3），1週間単位の変形労働時間制（32条の5）および高度プロフェッショナル労働制の構想では，対象業務または事業の種類・規模を国家があらかじめ限定し，制度の導入の可否を労使の判断に完全にはゆだねていない。また，事業場外労働みなし制に関しては，「労働時間を算定し難いとき」という客観的要件が存在し（38条の2第1項），その該当性は労使ではなく裁判所が判断する[48]。

第2に，労使が導入しうる例外的措置の内容を制約する規制も部分的に存在する。フレックスタイム制の清算期間の上限（1か月以内。32条の3第2号）や時間単位年休の上限（5日以内。39条4項2号）がその典型である。また，1年

---

[48] 阪急トラベルサポート（派遣添乗員・第2）事件・最二小判平成26・1・24労判1088号5頁。

単位および1週単位の変形制には所定労働日数や所定労働時間の上限があり，労働時間配分に一定の制約がかかる（注14・15参照）。さらに，年休手当の算定基礎の変更は労使の自由ではなく，労基法上，健康保険法所定の金額または当該金額を基準として省令で定めるところにより算定した金額への変更しか認められない（39条7項但書）。同様の手法は育児介護休業法でも用いられており，労使協定で育児休業等の対象外としうる労働者の範囲が限定されている（6条1項但書，規則7条等）。

もっとも，日本では枠組み設定に関し労使に広範な裁量が認められる場合もある。例えば，時間外労働（36条1項）および賃金控除（24条1項）には絶対的限界規定がない。また，1か月単位の変形制（32条の2）についても所定労働日数や所定労働時間の上限がなく，その他の変形制の場合に比べて労働時間配分における裁量が大きい。さらに，労働協約による賃金通貨払いの例外（24条1項但書）についても，現物給付の範囲・品目等を制限する明文はない。

第3に，法規制から逸脱する集団的合意は書面化に際して必要的記載事項が設定されるのが通例である。必要的記載事項には事柄の性質上当然に記載すべきものがある[49]が，裁量労働制における健康福祉確保措置のように，法律上の保護を失うことへの代償として国家が記載を義務づけているものもある。また，高度プロフェッショナル労働制では，通常の労働時間規制を適用除外とする代わりに，労基法上3つの選択的措置のいずれか，および健康管理時間に応じた健康福祉確保措置を決議しなければならない。

もっとも，裁量労働制および高度プロフェッショナル労働制における健康福祉確保措置は労基法上その実施までが各制度の適用要件となっていないので，代償措置の規制としては緩やかである。

こうしてみてくると，日本では，集団的合意に開放されている規制分野に一般性・広範性がない点，および，規制を開放する場合もいくつかの実体要件で労働者代表の裁量を限定している点で，フランスの法制度に近いといえる。しかしその一方で，労働時間の長さ等の重要な規制については逸脱が際限なく認

---

[49] 例えば，フレックスタイム制や変形制の単位期間，単位期間内の労働日および所定労働時間，事業場外労働や裁量労働制におけるみなし労働時間がそうである。

められ，また代償措置の実施が法律上義務づけられない場合もあるなど，国家規制の程度に制度的一貫性がないことが確認される。

(2) 労働者代表の種類と相互関係

次に，日本では，集団的合意の担い手として，労働組合，過半数代表，労使委員会，労働時間等設定改善委員会という4種類の労働者代表が存在する。日本の特徴は，同一の企業・事業所レベルで労働組合（労組法2条の労働組合，過半数代表制における過半数組合）と非組合代表（過半数代表者，労使委員会・労働時間等設定改善委員会の労働側委員）を併存させ，しかも非組合代表に多様な選択肢を設けている点にあり，フランス法に近い。

これらの労働者代表のうち，逸脱しうる法規定が最も多いのは過半数代表であり，現在，①賃金控除，②フレックスタイム制，③変形労働時間制，④休憩時間一斉付与の例外，⑤時間外・休日労働，⑥月60時間超の時間外労働割増率50％への引上げ分に係る代替休暇付与，⑦事業場外労働のみなし労働時間決定，⑧専門業務型裁量労働制，⑨時間単位年休，⑩計画年休，⑪年休手当の算定基礎の変更，⑫育児休業等の付与義務免除対象者の決定が可能となっている[50]。次に労使委員会は，企画業務型裁量労働制の導入のほか，②〜⑪について労使協定代替決議が可能であり（労基法38条の4第5項），合計11項目で例外設定が可能である。そして，労働時間等設定改善委員会は，②〜⑩の9項目で労使協定代替決議が可能である（労働時間等設定改善法7条1項）。最後に，（少数組合を含む）労働組合には賃金通貨払いの例外設定のみ認められる。

なお，②〜⑩では過半数代表，労使委員会，労働時間等設定改善委員会の権限が重なるが，これらの間では過半数組合が過半数代表者に優先することを除けば確定的な優先順位がなく，規範相互の適用関係は時間的な先後関係で決まる（後の規範が優先する）と解するのが一般的である[51]。

---

[50] このほか任意的な貯蓄金が労使協定の締結・届出で可能となっている（労基法18条2項）が，これは労働法規制からの逸脱事例ではないため，ここでは取り上げない。

[51] 平成12・3・28基発180号，注釈労基法（上）・60頁〔川田琢之〕，厚生労働省労働基準局賃金時間課編『改正時短促進法の詳解』（労務行政研究所，2002年）89頁。

次に，逸脱にかかる実体要件（上記(1)参照）に着目すると，労使協定代替決議には労使協定に対するのと同様の要件が課されるので，過半数代表・労使委員会・労働時間等設定改善委員会の間で違いはない。また手続的にも，三六協定の効力要件となっている行政官庁への届出（36条1項）は労使協定代替決議にも同様に必要となる（第1編第3章Ⅱ・Ⅲ参照）ため，この点でも労働者代表の種類によって違いは生じない。

以上から，日本では，労働組合と非組合代表は逸脱が認められる規制事項の多くが共通しており，逸脱の限界や手続要件にも違いがなく，ほとんどの場合に相互に代替的に位置づけられていることが分かる。これは，労働組合と従業員代表を大きく区別しているドイツと異なるのはもちろんのこと，両者に同一事項・範囲で逸脱権限を付与しつつ非組合代表には手続要件を厳格にしているフランスとも異なる。

(3) 労働者代表の法的地位・権限

では，上記の枠組みにおいて，各労働者代表は労働者利益を防御・貫徹するためにいかなる法的地位・権限を保障されているか。この点で重要なのは，日本では，非組合代表に法規制からの逸脱権限を付与する過程で，フランスでみられたような非組合代表の法的地位・権限の強化の動きはなく，結果として労働組合と非組合代表とで法的保護の度合いが大きく異なっていることである。

まず労働組合は，（通貨払原則の例外を定める）労働協約と（その他の事項を定める）労使協定のいずれを締結する場合でも，労組法2条の要件を満たしている必要がある[52]。そして，同条の自主性要件は，労働者が自ら組織し（任意性），かつ使用者の支配から独立した組織であること（独立性）を不可欠とする[53]ため，同要件を満たす労働組合は労働者利益を真に主張しうる地位にある。また，労働組合は憲法28条で使用者による不利益取扱いから保護されるため，使用者による不当な圧力も排除される。さらに，労働組合が労組法5条2項の要件（民主的な規約整備）をも満たす法適合組合であれば，使用者による不利益取扱い，団交拒否[54]，組合弱体化行為に対して労組法上の不当労働行

---

52) 労基局（上）・350頁，473頁。
53) 荒木・労働法577頁参照。

為救済手続を利用でき（7条，27条以下），さらに使用者の誠実交渉義務の一環として，使用者から交渉に必要な情報や説明を受けることもできる[55]。そして，労働組合には憲法28条の団体行動権の一内容として争議権が保障され，使用者に労働者側の要求を貫徹する手段をもつ。

これに対し非組合代表は，憲法28条の保護を受けず[56]，労組法の適用も受けない[57]ほか，同代表者を制度化している労基法等の法律でも，使用者から労働者利益を防御するための保護規定はほとんどない。過半数代表者および労使委員会の労働側委員について唯一存在するのは，労基法41条2号の管理監督者でないという資格要件（労基則6条の2第1項，24条の2の4第1項）と，不利益取扱いを「しないようにしなければならない」という，違反の効果が不明確な規定[58]（同6条の2第3項，24条の2の4第6項。以下「不利益取扱制限規定」という）である。労働時間等設定改善委員会に関しては，労働側委員を推薦する過半数代表者には過半数代表制におけるのと同様の資格要件および不利益取扱制限規定が存在する（労働時間等設定改善法施行規則1条）が，労働側委員自体には資格要件や不利益取扱制限規定等，使用者からの独立性を確保する規定が一切ない。

さらに，非組合代表には，その種類を問わず，交渉に必要な情報や専門知識

---

54) 義務的団交事項は一般に「組合員である労働者の労働条件その他の待遇や当該団体の労使関係の運営に関する事項であって，使用者に処分可能なもの」と定義される（菅野・労働法850頁）。ここで，過半数組合が労使協定締結を目的として交渉する場合には，組合員でない者も含めて当該事業場の全従業員のために交渉することになるが，この場合も組合員の労働条件その他の待遇に関わる交渉であるため，義務的団交事項に含まれると解される。

55) シムラ事件・東京地判平成9・3・27労判720号85頁等。菅野・労働法855頁以下参照。

56) 過半数代表者について，西谷1989・7頁，リサーチセンター2001・265頁以下〔川田琢之，中村涼子，奥野寿〕等。同様の議論は労使委員会，労働時間等設定改善委員会にも妥当すると考えられる。これに対し，憲法28条は事業場の過半数代表制も保障していると解するものとして，小嶌典明「労使自治とその法理」日労協333号（1987年）15頁以下。

57) 神吉知郁子「従業員代表制設計の検討課題」法時88巻3号（2016年）36頁参照。

58) 努力義務規定とするものとして，藤内2006・44頁。第1編第3章第1節Ⅰ参照。

を得る法的手段が何ら保障されておらず，憲法上の争議権も有しない[59]ため強力な交渉圧力手段もない。

以上から，日本では，ドイツ，フランスと異なり，使用者から労働者利益を守るための法的地位・権限が十分に保障されていない労働者代表（非組合代表）にも法規制から逸脱する権限が付与されており，上記(2)の分析結果とあわせると，法的地位・権限が大きく異なる組合代表と非組合代表が，逸脱の担い手としてほぼ同列に扱われていることになる。

(4) 労働者代表の選択基準

以上の検討からは，日本では法規制の柔軟化において多くの場合に労働者代表の法的地位・権限の差異を考慮してこなかったことがうかがえる。もっとも，(2)で示したように，現行法では交渉主体によって逸脱可能な法規定の数に一部違いがある。そこで以下，労働者代表の選択基準に関する分析を深めるため，これらの違いがどこから生じているのかを検討していく。

第1に，賃金の通貨払原則の例外設定は，労基法制定時から労働組合による労働協約に限定され，非組合代表には権限が付与されていない。この理由について，労基法制定当時の説明では，① 労働協約であれば労働者の利益が不当に侵害されることは比較的少ないこと，② 労働協約に行政官庁への届出が必要である（旧労組法19条2項）ため違法の現物給付は定めにくいことが指摘されていた[60]。このうち②の届出要件は労組法の昭和24年改正で削除されたが，通貨払いの例外設定に関してはその後も労働協約であれば労使対等な立場で決定される点が強調され[61]，労働組合と非組合代表（特に過半数代表者）は異な

---

[59] 憲法28条で争議権を認められる主体は団体交渉の当事者となりうるものであり，労組法2条の各要件を満たす労働組合が基本的に妥当するが，未組織労働者集団も，代表者を選んで交渉の体制を整えれば争議権を保障されうる（菅野・労働法847頁，910頁）。もっとも，ここで問題となる非組合代表は，法規制から逸脱する協定を締結するために法律上設置が強制されるものであるため，（使用者からの独立性とともに）結合の任意性を要求する2条の自主性要件（渡辺・前掲注**32**）論文・49頁参照）を満たさず，また団体性の要件を欠くため，憲法28条の保護は及ばないと解される。

[60] 寺本廣作『勞働基準法解説』（時事通信社，1948年）202頁。

[61] 有泉亨＝青木宗也編『基本法コンメンタール〔新版〕労働基準法』（日本評論社，1983年）120頁〔竹下英男〕。

って位置づけられた。しかし，おそらく同様の理由で労基法制定時に労働組合に逸脱権限が限定されていた全額払原則については，その後，労働組合が存しない事業場でも例外設定を可能にするという実務の要請を受け，1952年改正で過半数代表の労使協定によるという枠組みに変更された[62]。

　第2に，企画業務型裁量労働制は1998年から一貫して労使委員会決議でのみ導入可能である。その背景としては，同制度は対象業務の定めが専門業務型と異なり概括的であるため，弊害防止の措置を講じる必要があった[63]が，過半数代表には多くの制度的欠陥がある（第1編第3章第1節Ⅰ）ため，同制度を労使協定事項とするのは適切でないと考えられた。この点労使委員会は，労使混合組織で労使の実質的意見交換が可能であり，決議要件も厳格で（当初は委員の全員一致，2003年に5分の4以上の賛成に緩和），常設機関として制度運用にも関与できるため，労働者代表としてより適切と考えられたのである[64]。そしてこのとき，実務上柔軟化の要請が強かった労働時間・年次有給休暇の規定について，労使協定締結手続との重複を避けるため[65]，労使委員会に労使協定代替決議が認められた。

　以上のほか，2015年の高度プロフェッショナル労働制の構想では，過半数代表による労使協定事項とする案もあったが，企画業務型裁量労働制との均衡や本制度の法的効果の強さ（適用除外となる法規定の広範さ）から労使委員会決議事項とされた[66]。これを上記企画業務型労働制をめぐる説明とあわせて考

---

[62]　なお，通貨払原則の例外についても，労働者の過半数代表者との書面協定で認めてよいのではないかとの照会も多かったが，労働協約であれば弊害除去の趣旨にもとることもないであろうとの24条1項但書が厳格に適用され，全額払原則についての1952年改正の際にも労使協定事項とはされなかったという。廣政順一『労働基準法』（日本労務研究会，1979年）176頁。

[63]　大沼邦博「改正労基法の政策と法理〈中〉」労旬1463号（1999年）38頁，青野覚「労使委員会」労旬1488号（2000年）28頁。

[64]　青野・前掲注63)論文・28頁以下参照。

[65]　労働省労働基準局編著『早わかり改正労働基準法　決定版』（労務行政研究所，1999年）155頁，浜村彰「労使委員会による労使協定に代わる決議」労旬1488号（2000年）38頁。

[66]　桑村裕美子「労働時間法制をめぐる動向と展望」ジュリ1482号（2015年）54頁

えると，労働者に重大な影響を及ぼしうる事項では過半数代表（実質的には過半数代表者を想定）よりも労使委員会に権限を付与するのが適当という考え方が読み取れる。ただし，労使委員会の方が望ましいという評価は，主として常設性や委員の代表性・正統性に基づくものであり[67]，使用者から労働者利益を守るための手段に着目した区別ではない。

第3に，労働時間等設定改善委員会と労使委員会とで労使協定代替決議が可能な事項を比較すると，労働時間等設定改善委員会は，年休手当の算定基礎の変更（労基法39条7項但書）が決議の対象外とされている。これは，年休手当の計算方法が，労働時間等設定改善委員会の権限範囲である「労働時間等の設定」（＝労働時間，休日数，年次有給休暇の時季その他の労働時間等の事項を定めること。労働時間等設定改善法1条の2第2項）に含まれないためと解される。

以上の分析を踏まえると，日本では，賃金通貨払原則の例外設定の場面を除いては，本書が注目するような，労働組合と比較した場合の非組合代表の法的地位・権限の弱さは考慮されてこなかったといえる。これまでの改革の経緯を振り返ると，1980年代以降政府が重視したのは，労働組合の存しない事業場で交渉主体を確保することであり，非組合代表として多様な選択肢を用意した上で，柔軟化のニーズが大きい事項について，手続の重複を避けるため代替的合意を認めてきたのである。そして，現在一部残る逸脱可能な法規定の違いは，非組合代表の利益代表機能（代表性・正統性）や管轄範囲の違いをその都度必要な限りで反映させたにすぎず，法規制の柔軟化の制度設計に一貫した理念は存在しないと考えられる。

2 日本法の評価と比較法的示唆

(1) 非組合代表の法的地位・権限

以上の日本法についてまず検討すべきは，非組合代表に対して労働者利益を守るための手段を保障しないまま法規制から逸脱する権限を付与してきたことの当否である。

参照。

67) 研究会報告書2013・14頁，浜村・前掲注65)論文・38頁参照。

① 基本的考え方

　日本と同様に企業レベルで多様な労働者代表を制度化しているフランスでは，企業レベルでの逸脱協定の承認とともに国家が労働者代表の法的地位・権限の強化に着手し，交渉主体の拡大過程では使用者からの独立性確保の必要性が憲法上の要請として明確に認識され，法律上制度的手当が拡充されていた。また，企業レベルの労働者代表が使用者と実質的に妥当な合意を形成しうるように，使用者の誠実交渉義務を連想させる諸手続も導入されていった。そしてドイツでも，事業所レベルでは，同様の保護規定が既に存在する事業所委員会に対し，新たに逸脱権限が付与された。

　こうしたドイツ，フランスの展開から気づかされるのは，労働者は単に集団を構成することで労働者個人の従属性や交渉力の弱さが克服されるわけではなく，これらを克服する手段を制度的に保障して初めて労働者保護に配慮した合意形成が可能になるということである。このことは，法定の最低基準の引下げという労働者に重大な不利益を及ぼしうる局面では特に重要である。

　日本では，労基法制定時（第二次世界大戦直後）は，労働組合が勢力を拡大していた時期であったため「過半数代表＝過半数組合」と考えられ，過半数代表者の選出はほとんど想定されていなかったようである[68]。しかし，過半数代表制が労働組合の存しない事態にも対応可能な制度としていったん導入されると，その後組合組織率の低下の中で実際上の便宜からそのまま利用されることになり，もともとは過半数組合を念頭に置いていた制度であることが忘れ去られた。そして，非組合代表としては，主に労働者の利益反映の観点から委員会方式（労使委員会）が新設・活用され，やはり実際上の便宜から，既存の労使協定制度の代替的機能が与えられた。こうして，交渉主体の確保のニーズを優先させて改革を行ってきた結果，今日では労働者代表の資格要件や不利益取扱制限規定が一切ない労働時間等設定改善委員会にまで，労基法の例外設定が広く可能になっていることは見逃せない。労基法制定時の事情はどうであれ，現在の法制度は，使用者からの圧力を受けやすい企業・事業所レベルの労働者

---

[68] 渡辺章「労働者の過半数代表法制と労働条件」講座21世紀（3）145頁，濱口桂一郎『労働法政策』（ミネルヴァ書房，2004年）483頁。

代表に，労働者の利益を守る上で必要な地位・権限を付与しないまま，法律上の保護の削減を認めており，労働者保護という点で重大な問題を抱えている。

もっとも，以上の批判には次のような反論がありうる。労使協定・労使協定代替決議には原則として労働者の権利義務を設定する効力がないため，不当な締結が締結されても労働者に直ちに悪影響は及ばず，したがって現行制度は必ずしも不当ではないという見方である[69]。しかし，法規制から逸脱する集団的合意が，労基法の最低基準効によって無効となるはずの合意を有効にする効果をもつ点を軽視することはできない。強行規制を解除する段階で労働者保護に十分配慮されていなければ，労使間の非対等性を前提とする労働契約によって労働者に著しく不利益な権利義務が設定されうるからである。その意味で，集団的合意に制限解除的効力しかない場合でも，その主体が労働者の利益を防御しうるように制度的手当を設けることが不可欠である[70]。

② 法改正の必要性

以上から，憲法28条および労組法の保護が及ばない非組合代表（過半数代表者，労使委員会・労働時間等設定改善委員会の労働側委員）について，早急の法整備が必要である。この点で，ドイツ，フランスでは ① 使用者から独立した法的地位（人的・経済的独立性）と ② 必要な情報を得る権利が企業・事業所レベルの労働者代表に共通して保障されていた。①は労働者の意思決定に使用者の影響力が及ぶことを防ぎ，②は労働者代表が情報面で対等に交渉するための前提条件であるから，日本でも法規制からの逸脱を認める主体に最低限保障すべきである。

具体的には，まず，独立性の観点からは，非組合代表の資格要件として現在のように労基法41条2号の管理監督者を排除するのではなく，ドイツ，フランスのように，実際上の権限・職責から判断される「使用者の利益代表者」を一般的に除外するのが妥当である。「管理監督者」は，当該労働者自身が労働

---

[69] 非組合代表の利益代表機能の欠陥についてこのような評価の可能性を指摘するものとして，リサーチセンター2001・37頁〔川田琢之〕。山本・前掲注17）論文・166頁も参照。

[70] 桑村裕美子「労働者保護法の現代的展開」学会誌114号（2009年）109頁。

時間規制を適用除外されるべき者であるかを確定する概念であるため，労務管理上の使用者との一体性だけでなく，労働時間管理のあり方や経済的待遇も判断要素となり[71]，労働者利益を真に代表できる立場にあるかを決める資格としては適切でない。そこで，非組合代表についても労組法2条但書1号の消極要件と同等の規定を置くことが考えられる[72]。

また，非組合代表の任務遂行を理由とする不利益取扱いを法律上明確に禁止し[73]，かつ，経済的独立性を確保するため活動経費の負担を法律上使用者の義務とすること[74]が妥当である[75]。

次に，労使間の情報量格差を補うため，非組合代表が交渉に必要な情報にアクセスする権利（使用者の情報提供・説明義務）を法律上設定しておくことも必要である。

(2) 争議権の意義

続いて本書では，非組合代表について(1)で指摘した観点から法規定を整えても，結局，憲法上争議権が付与される労働組合とそうでない非組合代表とでは交渉圧力手段に大きな違いが残ることから，逸脱の担い手としては両者をなお区別すべきではないかという問題意識の下，ドイツ，フランスに手がかりを求めた。その結果，両国では，争議権を含めた法的地位の異同は逸脱の枠組み決定に直接影響を与えておらず，交渉主体の労働者保護機能の評価に応じて国家規制の程度が異なっていた。これは，争議権が保障された労働者代表でも，その勢力や設置レベルによって労働者保護に反する協定が締結された経験を踏ま

---

[71] 神代学園ミューズ事件音楽院事件・東京高判平成 17・3・30 労判 905 号 72 頁，日本マクドナルド事件・東京地判平成 20・1・28 労判 953 号 10 頁等。

[72] 反対説として，藤内 2003・263 頁は，従業員代表の選出方法に関する議論において，労組法 2 条但書 1 号の利益代表者を選挙有資格者から除外することは広すぎ，管理監督者に限る方が適切とする。

[73] 不利益取扱いの中でも労働者に特に重大な影響を与える解雇について，特別な制限規定（例えば任期中の解雇の原則禁止）を設けることも検討に値する。

[74] 具体的には，ドイツ，フランスを参考にすれば，活動時間中の賃金保障，使用者による活動場所や資材の提供等の義務づけが考えられる。

[75] 西谷 1989・12 頁，藤内 2003・262 頁，藤内 2006・43 頁以下等。最近では研究会報告書 2013・55 頁が同種の提案を行っている。

えたものであり[76]，労働者代表の法制度上の地位や権限に応じて形式的・機械的に柔軟化を進めると，その本来の意図とは逆の効果をもたらしうるという警告を発しているといえる。

日本の労働者保護規制は，労働関係において市民法原理を徹底した場合に生じた現実的不当性を排除するために整備されてきたのであるから，そこからの逸脱を認める場合には労働者保護の実質が損なわれないように制度設計する必要がある。したがって日本でも，個々の労働者代表に実際にどの程度逸脱を認めるかの判断において，当該代表者の現実の労働者保護機能まで視野に入れることが有用である。

この点，憲法上争議権が保障された日本の労働組合は，1960年の三井三池大争議までは待遇改善要求や人員整理反対をめぐる大争議を頻繁に行っていたが，同争議での敗北を契機に，企業の生産性向上に協力することで成果の配分を受ける戦略に移行した。そしてそれ以来，労使間の紛争はストライキによってではなく，使用者との密接な意思疎通と協議によって解決していく手法（労使協議制）を発展させてきた[77]。そして，これにより形成された労働組合（多数組合）と使用者の協調的関係は，企業の生産性向上と従業員の雇用保障に大きく寄与してきた。しかしその一方で，日本の企業別組合は，企業を超えた社会規範を設定し，あるいは国家の労働政策に労働組合の要求を反映させる機能に乏しいとされ[78]，法規制に匹敵する労働者保護を実現してきたとは到底いえない[79]。このことは，労働組合（DGB系産別組合）が国家法に先行して労働者の権利を獲得し，その内容が法律に引き継がれることも多かったドイツと大きく異なり，最低限の労働者保護が国家主導の下で実現されてきたフランスの状況に似ている。

こうした日本の特徴を踏まえると，同一の企業・事業所レベルに存在する労

---

76) 詳細は第2編第2章第1節，第3編第2章第2節Ⅴ2参照。
77) 菅野・労働法904頁，1007頁以下。
78) 荒木・労働法568頁。
79) 西谷2004・332頁以下。フランスで指摘されていたように，これは，企業レベルでは労働者の雇用が企業の存続に依存するため，労働条件切下げの歯止めがききにくいという構造的問題ともいえる。

働組合と非組合代表について，憲法上の争議権保障の有無を法規制の柔軟化の制度設計にそのまま反映し，自動的に労働組合に広範な逸脱権限を付与し，あるいは非組合代表の逸脱権限を限定することは妥当でない。日本では，労働組合を含めた労働者代表一般について，国家規制を解除した場合にこれに匹敵する保護規範を自ら交渉で勝ち取ることを期待しえず，またドイツ，フランスのように産別組合によるコントロールの手法も採りえないため，法規制の柔軟化においては，何よりもまず，国家自身が労働者保護の実質を担保する要件を設定し[80]，その十分な枠づけの下で，誰にどれだけ決定自由を認めるかを検討していくべきである。

(3) 現行法の当否と改革の方向性

このような観点から現行法をみると，上記1(1)で指摘したように，日本では労使合意に開かれている規制領域は必ずしも広くないが，いったん逸脱可能とした法規定については，労働者保護の観点から十分な枠づけがなされていない。国家規制からの逸脱に対する実体要件は，日本では集団的合意による労働者保護の後退を防ぐ重要な意義があるため，逸脱の実体要件がないものは，それを導入すべきである。現行法上は，例えば1か月単位の変形制について，その他の変形制と同様に所定労働日・所定労働時間の上限を設けること，賃金控除の下限および時間外労働の上限を明記することが考えられる[81]。

なお，2015年労基法改正案は，① 高度プロフェッショナル労働制の対象業務，対象労働者，健康確保のための選択的措置および健康福祉確保措置を国家の側であらかじめ限定しておくこと，および，② 企画業務型裁量労働制の健康福祉確保措置を例示列挙から限定列挙に改めることを構想しており，現行の裁量労働制よりも労働者代表の裁量を限定している点では評価できる。

次に，以上のように労働者保護の後退を防ぐ実体要件を設定し，国家が労働者代表の裁量をあらかじめ十分限定しえた場合には，労働組合と非組合代表を逸脱の担い手として同列に扱うこと（逸脱が可能な規制の数・範囲，逸脱の効力

---

80) 西谷2004・345頁以下，西谷敏「全面的な規制緩和攻勢と労働法の危機」西谷ほか『日本の雇用が危ない』（旬報社，2014年）39頁参照。

81) 時間外・休日労働について，同旨，西谷2004・346頁。

要件を同一にすること）も，少なくとも労働者保護の観点からは正当化されると考えられる。上述の通り，争議権の保障自体は，法規制からの逸脱の枠組みを区別する必要があるほど労働者保護の程度に違いをもたらすとはいえないからである。それにも関わらず，非組合代表に対して逸脱の枠組みをさらに厳格にすれば，今度は法規制の柔軟化の趣旨を損なうデメリットの方が大きくなるであろう。ただし，労働組合と非組合代表に同じ枠組みで逸脱を認める場合でも，労働者保護の観点からは，争議権のある労働組合を優先させる方がより「安全」であり，また，労働組合を中心とする憲法28条の構造にも合致する[82]。

なお，以上は非組合代表について労働者利益を防御しうる制度的基盤を整えた上での話であり，この前提条件を欠いたまま労働組合（過半数組合）と非組合代表をほぼ同列に扱っている現行法は正当化できない。上記の通り非組合代表については抜本的見直しが必要であり，制度改変の際には法体系の一貫性と簡素化のため，非組合代表を一本化することが望ましい。非組合代表としては，最近は労使委員会が好まれる傾向にあるが，学説が指摘するように[83]，労使混同の委員会では，労働者側が多様な利害を調整の上で統一的見解を形成し，使用者に統一的利益を反映した提案を行うことが困難であるため，従業員代表機関を構想するのが妥当である。この点フランスにおいて，企業委員会を逸脱協定の担い手とする場合に，委員会決議で逸脱協定の締結に代えるのではなく，労働側委員が使用者と対峙して交渉に臨み，労働協約を締結すべきことを法律上明確にしたこと（第3編第3章第2節Ⅲ1参照）が参考になる。

3 労働者個人との関係

(1) 現行法の特徴

日本では，ドイツ，フランスと同様に，法規制から逸脱する場合の要件は集団的合意のみで労働者の個別同意は法律上必要とされていないことが多い。も

---

[82] なお，現行制度とは異なり，法規制から逸脱する集団的合意自体に規範的効力を付与することも立法論として考えられる（西谷1989・13頁，藤内2003・267頁等）が，その場合には，憲法28条の協約自治保障の観点から労働組合の合意を優先させることが不可欠となる。

[83] 藤内2006・44頁。

っとも，両国と異なり，労使協定・労使協定代替決議は原則として制限解除的効力しかないので，個別契約で権利義務を設定することが可能であり，また別の集団的規範（就業規則，労働協約）で権利義務を設定する場合でも，時間外・休日労働については本質的に個別同意を要するとの見解が一部主張されていた（第1編第4章第1節Ⅰ）。しかし判例は，就業規則上の包括的規定によっても時間外労働義務の発生を肯定しており，法規制から逸脱する枠組みは，一般に法律上特段の定めがない限り就業規則または労働協約上の包括的規定で実施可能と解されている。

以上に対し，一部では個別同意が法律上の要件とされ，法規制の例外的枠組みの適用が最終的に個々の労働者の判断にゆだねられる場合もあった（第1編第4章第1節Ⅱ・第2節Ⅰ）。すなわち，① 企画業務型裁量労働制（労基法38条の4）では，労使委員会決議に加えて労働者個人の同意を必要とするのが立法趣旨であり，② 時間外労働の代替休暇（37条3項）および ③ 年休の時間単位付与（39条4項）では，集団的合意に加えて労働者個人の同意を前提とする条文構造にある。また，④ 高度プロフェッショナル労働制では，集団的合意のほかに労働者の同意が制度の適用要件とされる予定である。その一方で，⑤ 賃金の銀行口座払いおよび退職手当の小切手等の支払いに関しては，労働者の（個別）同意のみで実施でき（24条1項但書，労基則7条の2），⑥ 産後8週間の就業制限についても，集団的合意を介することなく，女性労働者の請求で解除される（労基法65条2項但書）。

こうしてみてくると，現在日本では，法規制から逸脱する枠組みは，a 集団的合意だけで実施可能な場合（大部分の規定），b 集団的合意と労働者の個別同意の双方が必要な場合（①②③④），c 労働者の個別同意だけで可能な場合（⑤⑥）の3パターンがあることになる。

(2) 背景分析

以上のうち，b 類型と c 類型はいかなる理由で個別同意を必要とし，またいかなる理由で両者は区別されているのか。

まず，b 類型のうち，個別同意を必要とする理由が立法過程で明確に述べられたのは①である。ここでは，自律的・創造的働き方を実現するのは究極的には本人であり，集団的・一律の労働時間管理でなくとも実務上不都合がないと

された[84)]。そして④も，①と同趣旨で労働者の同意を適用要件としたものと解される。ただし，同じく主体的働き方を可能とする専門業務型裁量労働制では，法文上労働者の同意が不要であり（a類型），①④との区別の理由は明らかでない。

次に③については，労働者に時間単位での年休取得の希望がみられることや仕事と生活の調和を図ることが指摘されていた（平成21・5・29基発0529001号）が，それ以上の説明はなく，②についても具体的説明はない。

以上に対し，c類型の⑤賃金の口座払いについては，口座払いに労働者が反対している場合は払戻しに行くことに躊躇を感じることがあるので，賃金が確実に労働者にわたるように個別同意が必要と説明するものがあった[85)]。もっとも，その前提として集団的合意を不要とする制度設計の当否については見解が分かれていた。

まず，口座振込みにおいては現金が労働者本人に安全，確実にわたる点で問題がないため，労働組合の集団的意思を媒介にせずとも，労働者に特別不利益ではないとするものがあった[86)]。しかし，（労基法の1987年改正前に）通貨払いの例外を法令のほか労働協約による場合に限定したのは，明らかに労働者の個別意思と自主的団結を媒介にした意思との間に重要な差異があると考えるからであるとして，口座払いを個別的合意のみで認めるべきでなく，労働協約も必要とすべきとの意見もあった[87)]。しかしこの見解に対しては，集団的合意と個別同意の両者を要求する根拠が明らかでないとの批判が加えられた[88)]。

こうした中，1987年の法改正は，上記学説の議論に踏みこむことなく，労働者の同意に基づく口座払いを認めていた従来の通達（昭和50・2・25基発112号）を，そのまま条文化した（第1編第4章第2節Ⅰ参照）。また，支払いが確

---

84) 第143回国会（1998年）参議院労働・社会政策委員会会議録第4号7頁［政府委員・伊藤庄平発言］。同旨，大沼・前掲注(63)論文・36頁，吉田美喜夫「裁量労働制」講座21世紀(5)・273頁。
85) 小西・前掲注(46)論文・8頁。
86) 高木紘一「賃金の支払方法」『労働基準法』季労別冊1号（1977年）239頁。
87) 片岡曻ほか『新労働基準法論』（法律文化社，1982年）245頁［長淵満男］。
88) 有泉＝青木編・前掲注(61)書・121頁［竹下］。

実であり現金と同様に取り扱われている[89]として，退職手当の小切手等の支払いも新たに認められた（労基則7条の2第2項）。そしてその後，1998年の省令改正で，安全性が高く換金性が高いことを理由に[90]金融商品取引業者の預り金への払込みも可能とされている（同第1項2号）。もっとも，行政指導のレベルでは，1987年改正前から，口座振込みに際して労基法24条1項但書と同様の労使協定の締結を求めることとしており[91]，同改正以後も，口座払い等についてこの取扱いが維持されている[92]。ここで労働者の個別同意のほかに労使協定を要求する理由は明らかにされていない。

次に，⑥産後の就業制限については，母体の回復過程の個人差からみて強制休業期間を一律8週間とするのは適当でなく，また，国際労働条約（母性保護に関する条約（第103号）3条）では産後の強制的休暇期間が6週間であるため，それを超える場合に制限解除を認めたものと説明されている[93]。しかし，b類型と異なり集団的合意を不要とした理由は不明である。

以上のように，現行法上は，法規制の柔軟化における個別同意の要否や集団的合意との関係性について一部議論はあるものの，体系的検討がないため個別同意の位置づけが解明されていない。

(3) 比較法的示唆①：個別同意の要否の基準

では，個別同意の要否の基準はどう解すべきか。この点については，フランスのように本質的に労働契約に留保される事項があれば，明文がなくとも集団的枠組みを強制しえない場面が生じるので，集団的規律と個人の自由が理論的にいかに整理されるかが重要になる[94]。この点日本では，（労働契約の存否の問

---

89) 平賀俊行『改正労働基準法』（日本労働協会，1987年）290頁。
90) 平賀・前掲注89)書・290頁，平成10・9・10基発529号，平成13・2・2基発54号，平成14・4・1基発0401004号，平成19・9・30基発0930001号。
91) 高木・前掲注86)論文・239頁参照。
92) 平成10・9・10基発530号，平成13・2・2基発54号，平成19・9・30基発0930001号。
93) 労基局（下）・742頁。
94) なお，集団的合意よりも有利個別的合意の効力は有利原則の存否の問題であり，集団と個人の領域分配の問題ではない。

題を除き）本来的に集団が規律しえない事項はないとの理解が一般的である（第1編第4章第1節Ⅰ）。このような観点からは，bc類型は，集団的規範だけで逸脱を認めることに理論的障害はないものの，当該枠組みの適用を最終的に個々の労働者にゆだねる方が「より望ましい」と判断されたため，立法者が特別に個別同意を要求したものと解される。その意味で，日本では法規制からの逸脱における個別同意の要否は基本的に立法裁量の問題と位置づけられる。

では，個別同意を必要とする方が望ましいのはいかなる場合であろうか。この点について，bc類型に含まれる制度内容をみてみると，法規制から逸脱する枠組みが，自律的な働き方による本人の能力発揮を目的とすること（①④），個人の生活設計や経済的事情によってその要否に大きな差があること（②③⑥），実施に労働者の協力行為が必要で労働者の意思を無視しえないこと（⑤）が重視されたものと分析できる。このことからすれば，日本では，例外的枠組みの趣旨・目的，労働者のニーズ，実施の確実性等から，労働者個人の判断にゆだねる方が労働者の利益に適い，またそうしても企業に格別不利益がない事項について，労働者の同意を要件に組み込み，そうでないものを集団的合意のみで実施可能としてきたと整理することができる。この判断基準は実情に適合的であり，妥当である。

なお，日本では労働者の同意の要否は理論的には立法裁量の問題であるから，同じ趣旨をもつ制度でも，立法当時の労使の関心度や立法過程の議論の動向によって，個別同意の要否に違いがでてきうる。しかし，同趣旨の制度では労働者の同意の取扱いを統一することが望ましく，専門業務型裁量労働制についても労働者の同意を要件化するのが妥当である[95]。また，企画業務型裁量労働制についても，解釈の余地が生じないよう，法文上明確に労働者の同意を制度の実施要件とすべきである。

(4) 比較法的示唆②：労働者保護との関係

では，労働者の個別同意を逸脱の要件に組み込む場合に，労働者保護をいかに図るか。ここではまず，同意の獲得に慎重さを求めるため書面要件を設定し，かつ，同意しない労働者の不利益取扱いを明文で禁止することが妥当である。

---

[95] 同旨，盛誠吾「裁量労働制の要件変更」労旬1554号（2003年）9頁。

後者の点について，現行の企画業務型裁量労働制および高度プロフェッショナル労働制の構想では，同意しなかった労働者に対する不利益取扱いの禁止が労使委員会の決議事項であり，その履行確保が労使委員会にゆだねられている。しかし，不利益取扱禁止は使用者の圧力を排除する上で重要であるので，法律で直接定めて国家がその遵守を担保すべきである。

次に，より重要なのが，事実上同意が強制されるリスクにどのように対処するかである。この点，b 類型では，集団的合意によって一定の保護を及ぼそうとしているが，現状では，非組合代表には使用者と対等に交渉するための制度的基盤が欠けているため，集団的合意を要求しても労働者保護の実質は担保されない。＜集団的合意＋個別同意＞の b 類型がその意図通りに労働者保護に厚い制度となるには，非組合代表について 2(1)②で指摘した保護規定が不可欠である。

では，個別同意だけで労基法からの逸脱を認める c 類型はどうか。

この点，⑥の制度設計をみると，産後休業の解除は「その者について医師が支障がないと認めた業務」との前提があり（労基法 65 条 2 項但書），これによって使用者の恣意的決定を排除しようとしたと解される。ここで労使の集団的合意を要件としなかったのは，出産した女性の健康状態について医学的知識が必要であるからであり，集団的合意では適切な保護が提供されないと考えられたのであろう。

これに対し，⑤では，労働者の同意だけで法規制からの逸脱を可能とする点で現行法上極めて特殊である。こうした制度設計の背景については，上記の通り，学説等で説明が一部あるが，以下ではまず，個別契約単独での逸脱の許容がそもそも労働法規制のあり方として適切かという根本問題から考え，その後，⑤の規制手法が労働者保護の観点からいかに正当化されるかを検討してみたい。

個別の同意ないし合意を法規制の逸脱手段として承認することの当否については，労働時間規制の一部を個別的合意に開放したフランス法の展開が示唆的である。この点，フランスの判例や学説の議論からは，個別的合意による逸脱を認めることの有用性（個人の自由の尊重）よりもその危険性を読み取るべきである。日本では，2012 年 12 月に第 2 次安倍政権が誕生して以来，アベノミクスの経済政策の一環として，企業活動の自由を制約する規制の排除が強調さ

れ，労働法もたびたび規制緩和の対象として議論されている。しかし，労働者保護法の目的は経済的合理性の追求ではなく，究極的には憲法25条1項の生存権保障にある。このことを考慮せず，労働法規制を専ら経済的視点で柔軟化し個人の自由を拡大すれば，労働者保護規制の本来の趣旨が損なわれ，労働者に重大な不利益を及ぼしうる。重要な保護規定を個別契約に開放していないドイツや，一部開放したフランスの2008年改革への批判を踏まえると，日本では労働者の従属性を前提に形成された労働者保護規制は基本的に労働者個人の同意だけで例外設定を認めるべきでない。

この点，個別同意のみによる逸脱可能性を探求する近時の学説の中でも，労働者の従属性という現実を重視する西谷教授は，「労働者生活に重大な不利益を及ぼすおそれのない労働条件」に限定して，労働者の自己決定による逸脱を容認すべきとする[96]。個別同意による逸脱をこれより若干広く認めるのが土田教授であり，労働者の生命・健康に直接影響する事項，最低限の所得保障，雇用上の平等保障では保護規定を一律に適用すべきであるが，それ以外の，例えば（判例が認める）賃金の相殺や裁量労働のみなし制に関しては，（集団的合意に代えて）労働者個人の判断にゆだねる法制も考えられるとする[97]。

私見では，これらの学説が説くように労働者の健康に重大な影響を与える事項（労働時間規制の多くがこれに該当すると思われる）はもちろんのこと，それ以外でも，判例が例外を認める[98]賃金全額払原則を含め，労基法上の保護規制について個別同意による逸脱を認めることは，立法論としても労働者保護の理念に照らして妥当でない。労基法制定当初と異なり，労働者の経済生活が向上し，情報技術も飛躍的に進歩した現代社会では，使用者と対等に交渉しうる労働者も存在しうるが，この一部の労働者のために個別同意による逸脱の余地を認めれば，自由意思性の判断の困難性ゆえに，その他の大部分の従属的な労働者の保護が失われる危険が大きい。

もっとも，私見のように，労働者の同意だけで逸脱を認めるべきでないとす

---

96) 西谷2004・407頁。なお，西谷2016・165頁以下も参照。
97) 土田・前掲注22)論文・63頁以下。第1編第4章第2節Ⅱ参照。
98) 日新製鋼事件・最判二小判平成2・11・26民集44巻8号1085頁。

る理由を個人の従属性を前提とした労働者保護規制の契機・本質に見出すとすれば，逆に，① 当該規制自体が時代遅れで存在意義を失った場合やそれと近い程度に保護規制としての重要性が低下している場合，あるいは ② 原則的規制と異なる枠組みでも労働者保護が同程度に確保される場合には，国家規制から逸脱する枠組みの実施要件を厳格にする必要もないことになる。そして，現行法上労働者の同意だけで法規制からの逸脱を認める労基則7条の2は，②の観点から正当化できると思われる。すなわち，賃金通貨払原則は，価格の不安定な現物給付で労働の対価が支払われることで労働者の生活が不安定化することを防ぐ目的があり，現在でも重要な規制であるが，その例外としての口座振込みや銀行振出し小切手等は，今日，通貨と同程度に安全で確実な支払手段といってよい。そのため，これらの代替的な賃金支払方法を労働者に直接選択させても弊害はなく，それゆえにこそ，集団的合意（ないし実体的保護要件）を前提としなくとも，労働者保護の理念に反しないと解される[99]。上記(2)の口座払いをめぐる一部の学説[100]や行政による説明[101]はこの点を捉えたものであり，労基則7条の2の規制枠組みは，個人ではなく集団を重視してきた伝統的保護体系を修正するもの[102]とまではいえないと思われる。

---

[99] その意味で，口座払い等について現在行われている労使協定締結の行政指導（前掲注92)参照）は必要でない。

[100] 高木・前掲注86)論文・239頁。

[101] 前掲注90)参照。

[102] 学説には，賃金の口座振込みに関する労基法24条1項但書を，労働者の自己決定を排除してきた労働保護法の伝統的体系を修正する典型例と位置づけるものがある。土田・前掲注22)論文・56頁。

第3章

結論と展望

　本書は，近年労働者保護法において労使合意による逸脱可能な規定が増えている点に注目し，これを法規制の「柔軟化」の現象と捉え，そうした改革が労働者保護の観点からいかに評価されるかを分析してきた。これまで日本では，その時々のニーズを受けて柔軟化を進めてきたが，そうしたアプローチでは時として労働法の基礎にある労働者保護の要請を見失い，労働者に重大な不利益を与えかねない。本書はこうした問題意識から，個々の改革の意義や位置づけについて体系的な解答を導くことを試みた。以下，本書の分析結果を，特に労働者保護法のあり方という観点から整理し直してみよう。

I　労働者保護法の基礎と構造

　日本の労働者保護法は，憲法25条1項，27条2項・3項に基づき，最低労働条件規制を行うとともに，労働者について憲法上の人権規定を法律で具体化してきた。ただし，労働立法の形成は原則として立法裁量の問題であり，あるべき労働者保護規制が憲法上一律に導かれるものではない。特に，経済的弱者たる労働者の保護のために設定された強行規制は，ある時点で適切な内容とされても，その後の技術の発展や社会状況の変化の中でその正当性が失われることがある。そのため，日本で労働者保護法のあり方を考える上では，当該事項について国家が実体的規制を行うことの適否，当該規制の内容の適否，そして当該規制をあらゆる労働関係に全面的・一律に適用する手法の適否に遡った検討が必要である。

　そして，ある時点において，当該事項を規制することが完全に時代遅れとなった場合には，労使合意を媒介とするまでもなく当該規制を廃止すればよ

い[103]。しかし，そうでない場合は，憲法25条および27条2項・3項は経済的弱者である労働者に保護を及ぼすことを国家の責務とするため，労働法規制の見直しによって弱い立場にある労働者に保護が及ばなくなることがあってはならない。そのため，労働法分野では今後も国家が最低基準規制等を通じて契約内容を適正化する役割を担い続け，当該規制の全面的・一律の適用が実態に合わないのであれば，当該規制を維持しつつ，現場の事情に詳しい労使に例外設定を認めることで対応するのが妥当である。そしてこの場合に，国家規制からの逸脱権限を集団的労働者代表に付与すれば，労働者保護にも配慮した規範設定が期待でき，この点に集団的合意を媒介とした規制柔軟化のメリットがある。一般的には，原則となる国家規制のレベルが高ければ高いほど，それを全面的・一律に適用することによる実務上の不都合が生じやすく，集団的労使当事者による例外設定の正当性が高まるといえる。

ただし，国家規制を労使合意で逸脱可能とする場合には，労働者保護が後退しないよう十分配慮しなければならない。この点現行法は，非組合代表について，使用者から独立して対等に交渉するための制度的基盤を欠いたまま，労働組合とほぼ同じ範囲で逸脱を認めている点で，労働者保護の観点から重大な問題を抱えていた。労働者代表が使用者から独立して対等に交渉しうる制度的基盤を整えることは，国家規制を解除する際の前提条件とみるべきであり，非組合代表の多様化や権限拡大の前に，その制度的欠陥の解消が不可欠である[104]。

もっとも，非組合代表について一定の制度的手当を整えた後，なお労働組合との間に残る争議権保障の有無の違いに注目し，両者をほぼ同列に扱う制度設計の問題点を指摘しようとした本書のアプローチには限界があった。争議権の存在は，労働組合の法的権限の強さを示すものではあるが，日本では労働組合と非組合代表を法規制からの逸脱の担い手として大きく区別する基準にはならないと解されたのである。日本では，争議権保障の有無に関わらず，企業レベ

---

103) ただし，規制廃止による実務への影響を緩和するため，過渡的措置として労使合意による逸脱可能な枠組みとすることはあり得る。この場合には，労働者保護への配慮は必要ないため，個別的合意を逸脱の主たる要件とすることも正当化されよう。

104) 桑村・前掲注66)論文・55頁。

ルの労働者代表には国家による保護規制に匹敵する労働者保護を期待できないため，ドイツの伝統的枠組みのように，集団的合意（労働協約）に対して国家の実体的介入を後退させることは妥当でない。日本では，労働組合であれ非組合代表であれ，まずは国家が，労働者保護の実質を担保する実体規制を行った上で法規制の柔軟化を進め，労働者保護の結果に対する最終責任は国家が負うべきである。そして，国家が労働者代表の裁量をかなりの程度限定できるのであれば，労働者保護の観点からは，労働組合と非組合代表で逸脱の枠組みをさらに区別する必要はないといえる。ただし，労働者代表間の相互関係は，憲法28条の構造に照らし，争議権が行使可能な労働組合を非組合代表（従業員代表）に優先させることが適切である。

　続いて，法規制からの逸脱における労働者の同意の位置づけは，立法裁量の枠内での選択の問題であり，個別同意の要否と集団的合意との組み合わせは多様でありうる。労働法改正において重要なのは，当該規制の趣旨を十分踏まえた制度設計であり，労働者の従属的地位を前提として導入された労働者保護規制の逸脱を個別同意を根拠に認めるべきではない。個別同意は，集団的合意が許容する（またはこれに代わる実体的保護要件がある）例外的枠組みについて，これを自己に適用するかどうかの選択権を個々の労働者に付与する目的で活用するのが望ましい。そして，柔軟な枠組みの適用を最終的に個々の労働者の判断にゆだねる制度設計は，例外的枠組みの趣旨・目的，労働者のニーズの多様性，労働者の協力行為の要否等の視点から，集団的実施が適切でない事項に限定することが適切である。

　ただし，法規制の柔軟化の制度設計は，原則的規制に対する例外的措置が労働者に与える影響に左右されるため，例外的措置が労働者の地位にほとんど影響を与えない内容であれば，自己決定の理念を援用せずとも，個別同意による逸脱が正当化されうる。しかしその場合も，法的安定性の観点から，解釈によって例外を創出するのではなく，明文で許容すべきである。

　以上要するに，労働者保護法の形成において重要なのは労働者にとっての結果の妥当性であり，国家は，原則となる法規制の内容や重要性に応じて逸脱権限を付与するにふさわしい主体を見極め，問題となる事項ごとに適切な実体規制（逸脱事由の制約や逸脱の絶対的限界，義務的代償措置等）を選び出す作業が求

められる。そして，問題状況が複雑化した現代社会では，国家が尊重すべき基本原則を設定した上で，労使が実態に照らしてそれを具体化するという規制手法が有用であり，それが上記留意点を踏まえて進められれば，労働者保護規制のあり方として積極的に正当化されると考える。そうなれば，労使合意による逸脱が可能な，いわば中間的規制は，現在のように労働時間等の一部の分野に限定した規制手法である必要はなく，労働者保護法における原則的規制手法として発展する可能性さえ秘めているといえよう。

II　本書の成果と残された課題

　本書は，労働者保護法の制度設計において留意すべき視点を，国家規制・集団的合意・個別的合意（同意）の相互関係に注目して抽出した。今後個別の事項ごとに国家と労使の権限を分配した具体的規制枠組みを提言するには，労働者代表について，本書で検討した労働者保護のあり方だけでなく，労働者の意思反映のあり方（労働者代表の正統性・公正代表性）や，憲法28条の協約自治保障を侵害しない形での従業員代表への権限付与のあり方等の詳細な検討が必要である。

　次に，本書は経済的弱者としての労働者の位置づけを前提に労働者保護法のあり方を検討したものであるため，労働者の個別同意の真意性・自由意思性を（部分的にでも）肯定し，同意のみを根拠として法規制からの逸脱を認めることは妥当でないとの結論に至った。しかし同時に，原則的規制の重要性が著しく低下した場合や，例外的措置について国家が労働者の不利益性を解消する枠組みを用意できる場合には，労働者個人の同意を根拠に当該措置の導入を認めることも，伝統的な労働者保護の理念の枠内で十分正当化できることを新たに示した。これを超えて，労働者の自己決定権の観点から，同意に基づく逸脱をより積極的に認めるべきか否かについては，本書は直接解答を与えるものではない。これは，労働法の基本原理を何に求めるかの根源的問いであり，比較法的にも個別契約を主たる法源とする英米法を含めた検討が必要となろう。

　最後に，本書の分析結果は，労働者保護法という枠に限られず，その他の労働立法のあり方にも応用可能と思われる。近年の労働立法には，労働者保護だ

けでなく，ワーク・ライフ・バランスや雇用促進等の政策目的を含む立法や，使用者の利益も考慮して労使間で公正妥当な民事ルールを設定する立法（労働契約法）が存在する。これらの立法においても，国家による一律の規制になじまない事項があり，労使合意をどのように生かしていくかが問われている[105]。こうした動向を踏まえ，本書の分析結果を最も単純化すると，国家規制の見直しの際には当該規制の本来の趣旨に沿った制度設計が必要ということが導かれたのであり，労働立法の目的が労働者保護に限られないのであれば，その制度設計の重点が，労働者保護の実質の確保以外に置かれる可能性がある。今後，より広い観点から労働立法のあり方を考える際には，問題となる事項によって国家・集団・個人の規律関係が変わってくる可能性を踏まえ，それぞれの場面で国家と労使のいずれに主要な労働条件決定機能を担わせるか，労使であるとしてもその担い手をいかなる基準で選択し，どの程度決定権限を付与するかを，個別具体的に検討していく必要がある。これらの点は今後の研究課題としたい。

---

[105] 例えば，労働契約法の立法過程では，就業規則不利益変更において労働組合（多数組合）との合意がある場合に合理性を推定する構想が一時期あり（厚生労働省「今後の労働契約法制の在り方に関する研究会報告書」（2005年9月15日）），労使の交渉結果に対して国家による実体的コントロールを弱めることの当否が議論されていた。

事項索引

<A～Z>

accords dérogatoires ……………………211
Anschlusstarifverträge ………………105
Arbeitskampfbereitschaft ……………60
BAG 2010 年 7 月 7 日判決 …………114
Biedenkopf ………………………67, 83
Billigkeitskontrolle ……………………165
CGB ……………………………………57
CGB 系組合 ………………………100～
CGM の協約能力 ……………………107
CGT …………………………199～, 203, 260
CGZP …………………………………101
　――の協約能力 ……………………118
convention de forfait …………………286
derogation ………………………………34
DGB ……………………………………56
DGB 系組合 ………………99～, 113, 139～
EU 法 ……………………………73, 235
Gegnerunabhängigkeit …………………58
Grundsatz der Tarifeinheit ……………62
IG Metall ………………………57, 200
Kernbereich ……………………55, 67
leitende Angestellte ……………59, 145
Marburger Bund ……………57, 100, 114
Mehrheitsprinzip ……………………112
politique contractuelle ………………192
procéduralisation ……………………279
Richtigkeitsgewähr ……………………96
soziale Mächtigkeit ………………60, 103
Sozialstaatsprinzip ……………………53
Spartengewerkschaft …………………100
Spezialitätsprinzip ……………………112
tarifdispositives Recht …………………65
Tariffähigkeit …………………………59
Tarifkollision ……………………135-136
Tarifkonkurrenz ………………………62
Tarifpluralität …………………………62
UFO ……………………………100, 106
Verhältnismäßigkeitsgrundsatz ………56

＜あ　行＞

逸脱（derogation）………………34, 232
逸脱可能な公序 ………………………278
逸脱協定（accords dérogatoires）………211, 224, 234
　――の適用 …………………………240
一般的拘束力宣言 ……………63, 129～
一般平等取扱法 …………………76, 164
オプトアウト …………………………39, 289
オブリー法 ………………213, 266, 285
オルー改革 ………………………209, 252
オルドナンス ……………………195, 209

＜か　行＞

解雇制限 ……………170, 201, 254, 260, 262, 264
拡張産別協約 ………………211, 219, 224
過少性の禁止 ……………………53, 335
過半数代表 ……………………6, 13, 351, 357
過半数代表者 ……………………13, 353
過半数要件 ………………………246～, 268
幹部職員 ………………………………237
　――の特別な労働時間制度 ………285
管理職員（leitende Angestellte）……59, 145
企業委員会 ……………………193, 258～, 268
企業別協約 ………………………58, 128, 154
基本権保護義務 …………………87, 96
基本的権利（基本権）……54, 89, 164, 235, 239
協約開放条項 ………………148, 151～, 158
協約競合（Tarifkollision）……………135
協約自治 ……54, 127, 132～, 142, 197, 216, 342
　――の限界論 ……………………27, 331
　――の内在的制約 …………………94
協約自治強化法 ………………………130
協約選択基準 …………………………112
協約多元性（Tarifpluralität）……62, 110, 115
協約単一原則（Grundsatz der Tarifeinheit）
　……………………62, 92, 110, 140～
　――の機能 …………………………112
　――の廃止 …………………………110
　――の法定 …………………………135
協約単一法 ……………………………135

協約抵触（Tarifkonkurrenz）………………62
協約適用率の低下……………………127〜
協約能力（Tariffähigkeit）
　　………………59, 97, 102〜, 120, 140〜
協約優位原則……………………147〜, 160, 183
拒否権制度………………………………247〜
近接性原則（Spezialitätsprinzip）………112〜
勤務間インターバル………………………22
勤労条件法定主義…………………………3, 334
組合支部代表……………………………271
組合自由…………………………………196
組合代表委員……………193, 201, 250, 261〜
健康福祉確保措置……………22, 337〜, 350, 361
憲法院1996年11月6日判決……………264
交渉実力性（soziale Mächtigkeit）
　　…………………60〜, 103〜, 122, 140
　　――の判断基準………………104, 120〜
交渉主体の拡大…………………………258
交渉力審査……………………59, 102, 120
高度プロフェッショナル労働制
　　………10, 22, 28, 337, 349, 355, 361, 363
五大総同盟………………………………200, 203
個別契約…………………………………240, 284
　　――による抵抗………………………243
個別同意……………………25〜, 288〜, 362〜, 372

〈さ　行〉

最長労働時間……………209, 221, 227, 238
最低賃金…………………………………127, 228
最低賃金法………………………………130
裁量労働制………………………………10, 337
　　企画業務型――………8, 28, 355, 361, 363
　　専門業務型――………………7, 349, 364
三六協定…………………………………20, 336
差別禁止指令……………………………75
参加原則…………………………………196, 265
産業の労使同数委員会……264, 267〜, 270, 274
産業別組織原理…………………………56, 99
産別協約締結後に発令されるデクレ
　　………………………………219, 221〜
産別協約の拡張…………………………231, 233
産別組合…………………………………57, 124, 199
時間外・休日労働義務…………………27
時間外労働…………20, 167, 231, 242, 336〜, 361
　　――の代替休暇………………………21, 363

事業所委員会……………………………51, 144
　　――の交渉力…………………………168〜
事業所規範………………………………91
事業所協定………………………………51, 146
　　――に開かれた法規範………161, 163, 173
　　――による協約規定の援用…………159〜
　　――の公正審査（Billigkeitskontrolle）
　　………………………………165, 170
事業所自治………………………………144, 149
　　――の内在的制約……………………166
自己決定…………………………………31, 368
社会国家原理（Sozialstaatsprinzip）
　　…………………………53, 82, 87, 96, 163
社会的公序………………………………205, 278
従業員代表………………51, 144, 193, 258, 262
　　――との交渉……………………265, 270, 273
　　――の立法論…………………………19
従業員代表委員……………………193, 258〜
従業員代表選挙………247, 250〜, 260, 270, 272
柔軟化……………………………………34, 71, 207
　　――に付随する改革…………………246
受任労働者………………………………264, 268
　　――との交渉……………265, 267, 270, 274
職業の代表………………………………192, 251
職業の法…………………………………205
職業別組合（Spartengewerkschaft）
　　………………57, 100, 106, 110, 113, 117
　　――のストライキ……………………117, 139
ストライキ権……………………………198, 257
誠実交渉…………………………………255
生存権……………………………3, 335, 343, 368
争議行為（争議権）………36, 55, 142, 359
争議行為の禁止…………………………146
争議行為の準備（Arbeitskampfbereitschaft）
　　……………………………60, 97, 103

〈た　行〉

対抗者独立性（Gegnerunabhängigkeit）…58〜
代表性………………………124, 193, 202, 246, 271
　　――の擬制……………………………204, 250
　　――の個別証明………………………203, 250
多数派原則（Mehrheitsprinzip）…112〜, 136〜
単一組合…………………………………56, 124
団結自由…………………………………54, 117
団結体……………………………………58

団体交渉義務 …………………55, 109, 253〜
団体交渉権 ………………3, 193, 197, 256
団体交渉の方法・手続 …………252, 276
中核的領域（Kernbereich）……55, 67, 111, 116
賃　金
　　──の口座払い …………………8, 29, 364
　　──の全額払原則 ………………6, 30, 355
　　──の通貨払原則 ……………6, 354, 369
適正さの保障（Richtigkeitsgewähr）
　　……………………………96〜, 124, 142, 169
デクレ …………………196, 222, 225, 231
独立性 …………170, 203, 250, 265, 271, 358

＜な　行＞
内容規範 ……………………………92, 111
日曜休日原則の例外 …………………289
日新製鋼事件 …………………………30, 368

＜は　行＞
派遣労働者 ……………………215, 236
　　──の賃金下限 ……………………125
　　──の不利益取扱禁止原則 ……78〜, 89, 118
日立製作所武蔵工場事件 ………………27
平等原則 ………………………90, 163, 235
比例原則（Verhältnismäßigkeitsgrundsatz）
　　…………………………………56, 84, 133
複数組合主義 ………………196, 200, 204
フレックスタイム制 ………………7, 337
分権化 ……………………5, 151, 226, 228
変形（労働時間）制 ……7, 73, 231, 237, 296, 336
　　1年単位の── ……………………210, 220
　　パートタイム労働者の── ……214, 232
法定の開放条項 ……………………153, 180
法定労働時間の短縮 …………209, 213, 344
法の手続化 ……………………………279
法律に代替する判例法 ………………64, 68
補充規範 …………………………232, 278
ホワイトカラーエグゼンプション …………9

＜や　行＞
有利原則 ………94, 148, 166, 206, 223, 228, 240
　　──の例外 ………………………297
有利性比較 ……………………166, 217, 241
　　──の困難性 ……………………222

＜ら　行＞
連邦休暇法 ……………………………66, 87〜
労使委員会 …………………8, 14, 351, 355〜
労使協定 ………………………………6, 358
　　──の制限解除的効力 ……………26
労使協定代替決議 …………8, 16, 18, 351, 356
労使自治政策（politique contractuelle）
　　…………………………………192, 208, 219
労働協約 ……………………………6, 57, 204
　　──から自由な個人の領域 ………93
　　──に開放する義務 ………………84
　　──の援用 …………63, 92, 105〜, 124
　　──の拡張 ………………………204〜
　　──の拘束力の強化 ………………295
　　──の内容審査 ……………………122
労働協約制度 ……………………53, 195
労働協約に開かれた判例法 ……………68
労働協約に開かれた法規範（tarifdispositives Recht） ……………………………65, 82
　　──の再編 ………………………123
労働協約法 …………………51, 55, 130, 135
労働組合 ………………………56, 199, 351
　　強すぎる── ………………………117
　　弱すぎる── ………………………118
　　──の要件 …………………………59
　　──をめぐる状況変化 ………………99
労働契約の変更 ……………………242, 294
労働契約変更法理 ……………………241, 293
労働時間指令 …………75, 86, 213, 225, 236, 286
労働時間短縮推進委員会 ………………8, 17
労働時間等設定改善委員会 …………9, 17, 351
労働者送り出し法 ………………129, 131
労働者代表制度の不備 …………………13
労働者の同意 ……………………25, 291, 296
労働者派遣指令 ………………………79, 236
労働者派遣法 …………………………76, 125
労働者保護法（定義） …………………33
　　──の基礎と構造 ………186, 314, 333, 370
　　──の生成 ……………………49, 191
労働日数の一括合意 …………………285〜
労働法の基本原則 ………195, 223, 226, 234, 265
労務遂行条件の変更 …………………242, 294

＜0～9＞
1994年労働時間法 ……………72, 82, 156

377

1996 年 11 月 12 日の法律 …………………263	2013 年 6 月 14 日の法律 …………………297
2004 年 5 月 4 日の法律（2004 年法） …………………………223, 248, 267	2015 年 8 月 17 日の法律 …………………273
2007 年 1 月 31 日の法律 …………………230	2015 年労基法改正案 …………22, 28, 337, 361
2008 年 8 月 20 日の法律 ……230, 249, 270, 286	2016 年 8 月 8 日の法律 …………234, 251, 257

〔著者略歴〕

桑村 裕美子（くわむら ゆみこ）

1981年9月　鳥取県に生まれる
2004年3月　東京大学法学部卒業
　　同4月　東京大学大学院法学政治学研究科助手（〜2007年3月）
2007年4月〜現在　東北大学大学院法学研究科准教授

労働者保護法の基礎と構造
　―法規制の柔軟化を契機とした日独仏比較法研究
Toward a New Framework for Worker Protection Laws:
A Comparative Study of Flexibilization of Minimum
Labor Standards

2017年2月25日　初版第1刷発行

著　者　　桑村裕美子
発行者　　江草貞治
発行所　　株式会社　有斐閣
　　　　　郵便番号101-0051
　　　　　東京都千代田区神田神保町2-17
　　　　　電話(03) 3264-1314〔編集〕
　　　　　　　(03) 3265-6811〔営業〕
　　　　　http://www.yuhikaku.co.jp/

制作・株式会社有斐閣学術センター
印刷・大日本法令印刷株式会社／製本・牧製本印刷株式会社
© 2017, Yumiko Kuwamura. Printed in Japan
落丁・乱丁本はお取替えいたします。
★定価はカバーに表示してあります。

ISBN 978-4-641-14490-3

JCOPY　本書の無断複写（コピー）は、著作権法上での例外を除き、禁じられています。複写される場合は、そのつど事前に、(社)出版者著作権管理機構（電話03-3513-6969、FAX03-3513-6979、e-mail:info@jcopy.or.jp）の許諾を得てください。

本書のコピー，スキャン，デジタル化等の無断複製は著作権法上での例外を除き禁じられています。本書を代行業者等の第三者に依頼してスキャンやデジタル化することは，たとえ個人や家庭内での利用でも著作権法違反です。